경영수학의 이해

김태웅 · 장영봉

제3판

MANAGEMENT MATHEMATICS

경영수학의 이해

신영사

머리말

경영수학은 경영 및 인접 경제분야에서 발생하는 다양한 현상을 설명하기 위해 필요한 수학적인 분석 및 접근방법에 관한 것을 주된 내용으로 다루고 있다. 따라서 본서는 기 정립된 수학의 기초이론을 이해하고 이를 다양한 의사결정문제에 적용하여 그 결과를 분석하는 과정에 초점을 두었다.

물론 기업경영에서 수학적인 기법을 통해 도출된 최적해가 그대로 경영현장에 적용되는 경우는 그리 많지 않다. 수학적으로 잘 정의된 틀 안에서 복잡한 기업경영과 관리상의 문제를 완벽하게 표현하는 것이 쉽지 않기 때문이다. 그러나 주어진 문제를 수학적 기법 또는 모형의 식별 및 적용을 통해 해결할 수 있다면, 경영학 혹은 경제학을 전공하는 학생들이 경영현장에서 발생하는 제반 현상을 수학적인 틀 안에서 보다 효과적으로 이해할 수 있을 것으로 기대한다.

경영수학의 학습목표가 모형의 적용을 통한 문제해결에만 있는 것은 아니다. 경영수학에서 소개되는 다양한 수학적 모형을 적용하기 위해서는 적용대상이 되는 문제나 사례의 구조와 범위를 설정해야 한다. 현실문제 전부를 수학적인 모형으로 나타낼 수 없으므로 의사결정에 주된 영향을 미친다고 생각되는 요소들을 식별하고 구체적으로 분석하고자 하는 문제의 제약조건, 가정, 목적들까지 명확하게 밝혀내야 한다. 바로 이러한 요소들을 추출하고 분석하는 과정, 그리고 이를 통한 경영/경제 현상에 대한 깊은 이해를 도모하는 것이 경영수학을 학습하는 목표라고 할 수 있다.

본서는 다양한 배경을 가진 독자들을 대상으로 설계되었다. 경영학과 경제학에 대한 지식이 풍부한 독자들에게는 수학적인 개념을 응용하는 방법을 보다 깊이 있게 이해할 수 있도록 하고, 경영/경제 관련분야에 대한 선행지식이 적은 독자들은 제반 사회현상들이 어떻게 수학적 개념들과 연결되는지에 대한 이해를 높일 수 있을 것으로 기대한다.

아울러, 본서는 엄밀한 수학적 정의와 복잡한 증명보다는 다양한 수학적 모델이 경영관련 의사결정문제에 어떻게 적용되고 활용될 수 있는지에 주된 관심을 두었다. 이에 논리적 사고의 흐름에 영향을 주지 않는 범위 내에서 일부 정리는 복잡한 증명 없이 제시되었다. 이러한 맥락에서 반복적 연습을 통한 공학적 계산능력 함양을 목표로 하는 미적분학 연습 교과서와 차별되고, 엄밀한 이론적 증명과 전개를 주된 내용으로 하는 수학이론 교과서와 구별된다. 부연하자면, 수학적 엄밀함에만 초점을 맞춘 서적은 현실적인 경영의사문제의 해결과정에 대한 지식함양과 동떨어져 있어 독자들의 흥미를 끌지 못하고 있다. 본서에서는 경영 및 경제분야에서 발생하는 다양한 문제를 제시하고, 이를 기 정립된 탄탄한 수학적 이론과 정리로 어떻게 해결해 나갈지에 대한 방향을 제시해 줄 것이다. 또한 연습문제의 해답을 별책으로 출간하여 정답을 확인해 볼 수 있도록 하였다. 모쪼록 독자들의 전공분야 학문연구에 이 책이 조금이라도 도움이 되기를 바라는 바이다.

마지막으로 본서의 출판에 도움을 주신 신영사 임직원과 편집부 모두의 노고에 감사의 뜻을 보낸다.

2024년 7월 저자 일동

차 례

제 1 장 서 설

제 2 장 함수론

제 3 장 행렬의 기본개념

제 4 장 행렬식과 연립방정식

제 5 장 행렬의 응용

제 6 장 선형계획법

제 8 장 로그함수와 지수함수

제 9 장 일변수함수의 극대 · 극소

제10장 편미분법

제11장 다변수함수의 극치

제12장 제약조건하의 극대 · 극소

제13장 적분법

제14장 적분의 응용

CHAPTER

1 서 설

경영수학이란 경영 · 경제분야에서 정립된 이론들을 이해하고, 이를 현실적으로 접하게 되는 각종 의사결정문제에 적용하는 데 도움을 줄 수 있는 수학적 분석 및 접근방법을 의미한다. 본장에서는 경영수학의 의의와 수학적 모형의 구조 및 적용절차에 대해 간략히 알아본 뒤 본서의 구성내역에 대해 살펴보고자 한다.

제 1 절 경영수학의 의의

경영수학이란 경영 및 인접영역인 경제분야에서 이미 개발·정립된 이론들을 이해하고, 이를 현실적으로 접하게 되는 각종 의사결정문제에 적용하는 데 도움을 줄 수 있는 수학적 분석 및 접근방법을 의미한다. 물론 이론을 정립하든 또는 실제 문제를 분석하여 현실적인 대안을 도출하는 것이 목적이든 간에 수학적인 접근방법만이 최선일 수는 없다. 그러나 수학적인 접근방법을 채택하게 되면, ① 주어진 문제나 상황을 간결하고 정확하게 나타낼 수 있고, ② 수학에서 정립해 놓은 많은 이론들을 빌려 쓸 수 있으며, ③ 문제분석의 전제조건인 모든 가정을 명백히 나타낼 수 있도록 하여 예기치 않은 요소가 끼어들지 못하게 할 수 있고, ④ 문제의 일반화를 쉽게 유도할 수 있다.

이제 몇 가지 예를 중심으로 수학적 접근방법의 목적을 알아보기로 하자.

[예 1] 한국유지는 이번에 새로 개발한 무공해세제의 월수요량을 추정한 결과, 최대 18,000박스를 초과할 수는 없으며 또한 가격이 10% 상승하면 수요량은 약 25% 정도 줄어들 것이라는 것을 알 수 있었다. 판매가격을 박스당 12,000원으로 설정한다면 수요는 얼마나 될 것인가?

[예 2] 6대 도시에 거주하는 소비자들의 맥주 브랜드 선호패턴을 조사한 결과 가격이나 광고 또는 품질의 변화에 따라 선호하는 맥주가 달라질 수 있음을 확인하였는데, 일반적으로 이번 달에 한국맥주를 선호하는 소비자가 다음 달에도 한국맥주를 선호할 확률은 60%이며, 고려맥주로 바꾸어 마실 확률은 40%라 한다. 또한 고려맥주를 선호하는 소비자가 다음 달에도 계속 고려맥주를 마실 확률은 80%이며, 한국맥주로 바꾸어 마실 확률은 20%라 한다. 이와 같은 선호패턴이 앞으로도 계속된다면 현재 5 : 5인 한국맥주 대 고려맥주의 시장점유율은 5년 뒤 어떻게 변할 것인가?

[예 3] 가정용과 사무실용의 두 가지 타입의 최신정수기를 독점 생산·판매하는 한국통상은 정수기의 수요가 가격의 제곱에 반비례한다는 것을 알

수 있었으며, 가정용은 가격이 50만원 이상이면 수요가 전혀 없어지고 사무실용은 가격이 60만원을 넘어서면 수요가 소멸된다고 분석하고 있다. 이 두 품목의 생산비용은 가정용이 대당 5만원, 사무실용이 대당 10만원이며, 생산량에 관계없이 공장의 운영비용으로 월 2,000만원이 소요된다고 할 때 이익을 최대화하기 위해서는 두 품목을 각각 몇 대나 생산해야 하는가?

[예 4] 한국전자는 40인치와 42인치 LED TV만을 생산하는 중소기업이며, 생산된 LED TV는 전량 수출하고 있다. 최근 수출량의 급증으로 공급부족현상이 지속되어 설비 확장을 계획하고 있지만, 약 1년 정도의 시간이 소요되어 그동안이라도 이익을 최대화할 수 있는 적정생산계획을 수립하고자 한다. 40인치, 42인치 TV생산에 소요되는 조립 및 검사 시간, 그리고 대당 이익을 측정한 결과 조립시간이 40인치 TV는 3시간, 42인치 TV는 6시간이 소요되며 검사시간은 두 품목 모두 1시간임을 알 수 있었다. 한편 현재 고용하고 있는 기술인력을 감안해 볼 때 월평균 사용가능한 조립시간은 480시간, 검사시간은 100시간 정도로 판명되었다. 40인치 TV의 대당 이익은 8만원, 42인치 TV의 대당 이익은 10만원이라고 할 때 이익을 최대화하기 위해서는 40인치와 42인치 TV를 각각 몇 대씩 생산해야 하는가?

이와 같은 예에 잘 나타나 있는 바와 같이 경영수학은 주어진 현상이나 문제를 체계적으로 기술·요약하고 수학적인 분석을 통해 현재의 상황이 어떻게 나타났으며 또한 앞으로 어떻게 변화할 것인가를 알아보며, 선택가능한 다수의 대안 중 최선의 것을 선택하고자 하는 데 그 목적이 있다. 앞에서 논의한 [예 1]과 [예 2]는 주어진 상황이나 문제를 간략히 요약하고 앞으로의 변화에 대한 분석을 주된 내용으로 하고 있으며, [예 3]과 [예 4]는 한정된 자원의 효율적 배분을 목적으로 하는 최적의사결정문제를 예시하고 있다.

물론 수학적 접근방법을 채택하였다 하더라도 그 결과가 현실과 반드시 일치할 수는 없다. 현실세계의 문제에는 너무나도 많은 요인들이 포함되어 있어 이들 모두를 수학적으로 분석하기가 힘들며, 설사 가능하더라도 그럴 필요는 없다. 오히려 실제 의사결정을 내리는 데 큰 영향을 미치거나 분석자의 입장에서 중요하다고 생각되는 요소만을 추려내어 분석의 대상으로 삼는 것이 바람직하다.

제2절 수학적 모형의 구조

주어진 현상이나 문제의 기술·설명은 대개 그 자체를 간략히 나타낼 수 있는 모형을 통해 이루어지게 마련이다. 모형에는 모형비행기, 모형우주선과 같이 실물을 본떠 만든 형상모형(iconic models)이나 생산공정을 그림으로 나타낸 것과 같은 유사모형(analog models) 등도 포함되지만 본서에서의 초점은 수학적 모형에 있다.

수학적 모형의 골격은 관심의 대상이 되는 여러 요소간의 관계를 일목요연하게 표시해 줄 수 있는 방정식(equation)이나 부등식(inequality)의 형태를 띠게 되며, 이들 방정식이나 부등식은 실제 문제의 특성이나 형태를 설명해 줄 수 있는 변수(variable)와 매개변수(parameter)로 구성되어 있다.

변수는 그 특성에 따라 외생변수와 내생변수로 나누어 볼 수 있다. 외생변수(exogenous variable)는 그 값이 시스템 외부에서 모형으로 투입되는 변수들로서 분석자가 임의로 그 값을 결정할 수 없는 변수들을 의미하며, 내생변수(endogenous variable)는 모형 그 자체로부터 값이 결정되는 변수들로서 수학적 분석을 통해 그 값을 결정하고자 하는 변수들까지 포함하게 된다. 예를 들어 중동지역 내전으로 인한 유가상승 또는 미국연방준비제도의 금리인하는 개별 기업/관리자가 결정할 수 없는 외생변수라 할 수 있다. 반면, 이익을 최대화할 수 있는 생산량 수준이라든가 수요와 공급이 일치하는 가격 등과 같이 분석자의 관심이 집중되는 변수들은 모두 내생변수에 속한다.

이에 반해 매개변수는 수학적 모형에서 상수의 형태를 띠고 있는 것들을 의미한다. 예를 들어 두 품목을 판매하는 기업의 총이익을 $100x_1+200x_2$로 나타낼 경우 100이나 200은 매개변수가 된다. 또한 구체적인 숫자 대신 a_1이나 a_2로 그 값이 주어져 총이익이 $a_1x_1+a_2x_2$의 형태로 나타나더라도 이들 a_1이나 a_2는 매개변수에 속한다.

제3절 수학적 접근방법의 절차

수학적 모형을 통해 문제를 분석하고자 할 때 따라야 할 일반적인 절차는 [그림 1-1]에 요약되어 있는 바와 같이 문제의 정의, 모형의 설정, 모형의 타당성 검토와 자료의 수집, 최종결과의 도출 그리고 현실문제에의 적용으로 구성되어 있다.

그림 1-1

수학적 접근방법의 절차

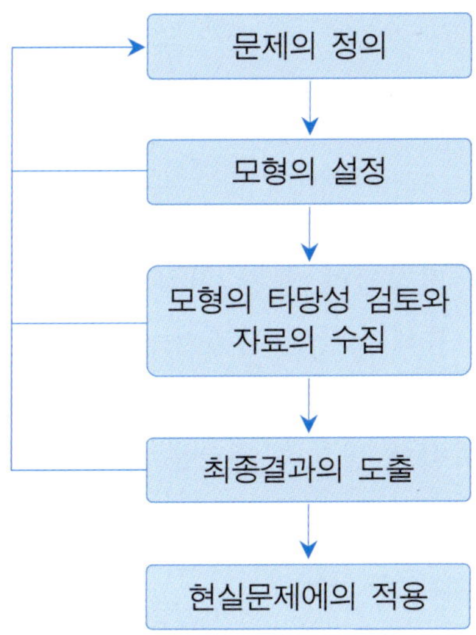

1. 문제의 정의

수학적 접근방법을 통해 주어진 문제를 해결하기 위해서는 우선 분석하고자 하는 문제의 구조와 범위를 설정해야 한다. 현실문제 전부를 수학적 모형에 담을 수는 없으므로 의사결정에 큰 영향을 미친다고 생각되는 요소들만을 추출해 내야 한다. 또한 구체적으로 분석하고자 하는 문제의 제약조건, 가정, 목적들까지 명확하게 밝혀내야 한다.

2. 모형의 설정

제2절에서 논의한 바와 같이 내생변수, 외생변수 그리고 이들 변수간의 관계를 수학적 방정식이나 부등식을 이용하여 간략하게 나타내야 한다. 이 단계에서는 문제의 배경이나 성격에 대한 폭넓은 이해를 할 수 있게 되며, 문제의 구조 및 이를 구성하는 각종 변수에 대한 심도깊은 분석이 이루어진다.

3. 모형의 타당성 검토와 자료의 수집

모형의 타당성은 앞에서 설정한 모형이 현실문제를 얼마나 정확하게 반영하고 있는가에 의해 결정된다. 물론 현실의 모든 여건과 상황을 그대로 반영할 필요는 없으나 모형을 통해 도출된 결과가 실제 의사결정에 쓰일 수 있도록 최소한도의 요건들을 반영해야 한다. 특히 모형에 도입한 변수간의 관계식을 분석하기가 극도로 어렵거나 또는 실제 필요한 자료를 구할 수 없는 경우에는 모형에 수정을 가하거나 민감도 분석을 통해 모델 결과의 강건성을 확보해야 한다.

4. 최종결과의 도출과 현실문제에의 적용

마지막으로 수학적 모형을 통해 도출된 결과를 현실문제에 반영하고자 할 때 고려해야 할 사항은 모형에 포함시키지 않은 여타 변수들의 영향이다. 수학적 모형이 현실문제를 100% 반영한 것이 아니므로 최종단계에서는 모형에서 제외된 변수들의 영향을 반드시 고려해야 한다.

제4절 본서의 구성

본서는 크게 네 부분으로 구성되어 있다. 제2장에서는 수학의 기초개념인 함수의 개념 등을 다루었으며, 제3장에서 제6장까지는 행렬에 대해 설명하고 있다. 제3장과 제4장은 행렬의 기본 개념과 이를 이용한 연립방정식의 해법에 대해 다루고 있으며, 제5장과 제6장에서는 경영 · 경제분야에서 흔히 접하게 되는 행렬을 응용한 각종 문제에 대해 예를 통해 간략히 설명하고 있다. 특히 제6장에서는 대표적인 계량적 경영분석기법인 선형계획법에 대해 논의하고 있다.

제7장에서 제14장까지는 미 · 적분법에 대한 내용을 수록하고 있다. 미분법은 제7장에서 제12장까지에서 다루고 있으며, 적분법은 제13장과 제14장에서 소개하고 있다. 미분의 기초개념과 이를 이용한 일변수함수의 극값도출과정은 제3장과 제4장에서 다룬 행렬의 기초지식이 없더라도 별문제가 없으나, 제11장과 제12장에서 다루게 되는 다변수함수의 극값도출과정과 제약조건하에서의 최적화문제는 행렬의 개념을 기초로 하지 않고서는 이해하기가 다소 어렵다. 본서의 마지막 부분인 제13장과 제14장에서는 적분의 개념과 응용문제에 대해 간략히 소개하고 있다. 따라서 제5장과 제6장에 수록된 행렬의 응용, 제11장과 제12장의 극값도출방법은 생략하더라도 전체적인 내용의 흐름에는 거의 지장을 주지 않는다고 볼 수 있다.

이상의 구성내역을 도시하면 [그림 1-2]와 같다.

그림 1-2

본서의 구성

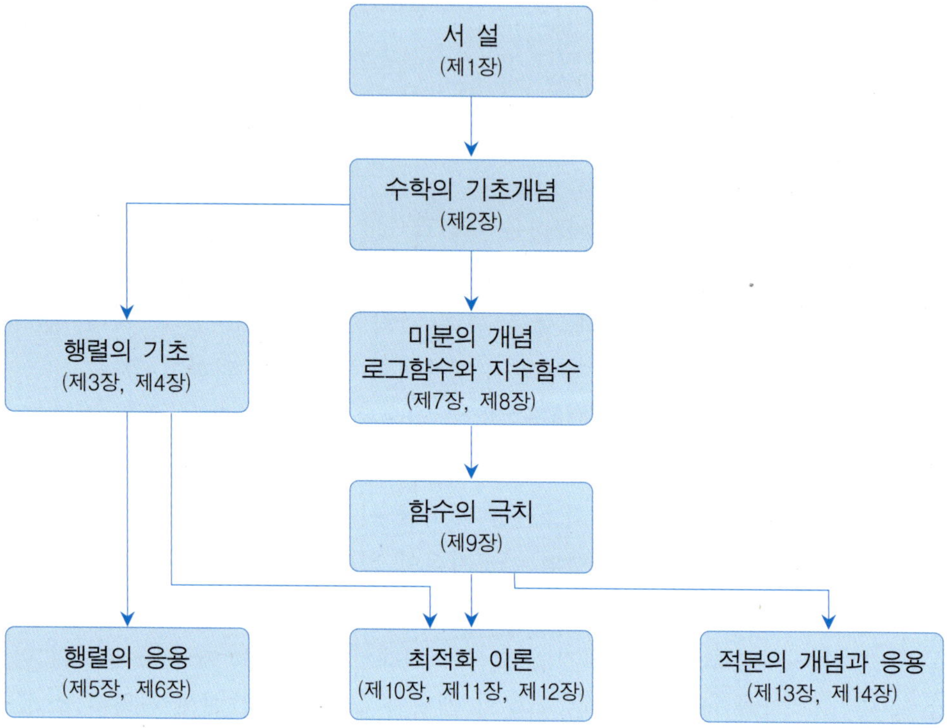
서 설
(제1장)
수학의 기초개념
(제2장)
행렬의 기초
(제3장, 제4장)
미분의 개념
로그함수와 지수함수
(제7장, 제8장)
함수의 극치
(제9장)
행렬의 응용
(제5장, 제6장)
최적화 이론
(제10장, 제11장, 제12장)
적분의 개념과 응용
(제13장, 제14장)

CHAPTER

2 함수론

경영 · 경제학의 이론은 기본적으로 복잡한 현실문제를 대상으로 하지만 이들 문제를 있는 그대로 다루지는 않는다. 실제 현실세계의 문제에는 엄청나게 많은 요소들이 포함되어 있으며, 이들 상호간의 관계도 쉽게 이해하기 힘들기 때문에 대개는 의사결정에 주된 영향을 미치는 요소들만을 추려내어 분석하게 된다.

본장에서는 이 같은 모형의 설정과 분석과정에 있어 필수적인 도구로 사용되는 **함수**의 개념과 정의방법에 대해 살펴보고자 한다.

제 1 절 함수의 개념

1. 함수의 정의역 · 공역 · 치역

두 집합 X와 Y가 주어져 있을 때 X의 각 원소에 대해 Y의 원소가 오직 하나씩 대응하는 관계를 X에서 Y로의 함수(function of X into Y)라 하고 다음과 같이 나타낸다.

$$f : X \to Y \quad \text{또는} \quad X \xrightarrow{f} Y$$

여기서 집합 X를 함수 f의 정의역(domain), 집합 Y를 이 함수의 공역(codomain)이라 한다. 정의역 X의 원소 x에 대응하는 Y의 유일한 원소는 $f(x)$로 나타내며, 이를 f에 대한 x의 상(image) 또는 단순히 x에서의 f의 함숫값이라 한다. 그리고 함숫값 전체의 집합인

$$\{f(x) \mid x \in X\}$$

를 이 함수의 치역(range)이라 한다.

예제 2.1

함수 $f : X \to Y$가 다음 그림과 같이 주어져 있을 때 정의역과 공역, 치역을 구하여라.

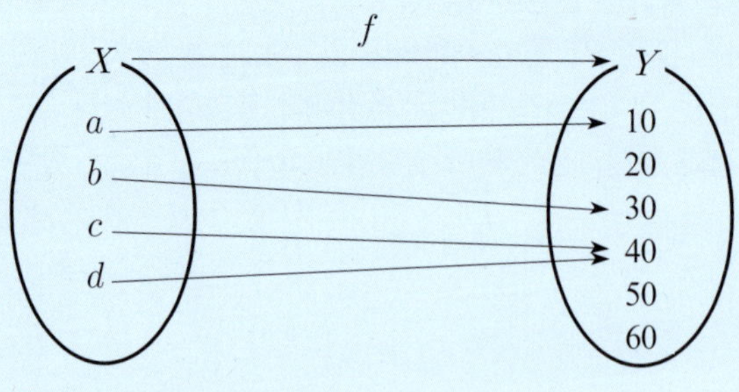

풀이

정의역 $=\{a, b, c, d\}$
공　역 $=\{10, 20, 30, 40, 50, 60\}$
치　역 $=\{10, 30, 40\}$

일반적으로 함수 $f: X \rightarrow Y$에서 공역 Y를 집합으로 표시하지 않아도 이해가 되는 경우, 함수 f를

$$y = f(x) \quad (x \in X)$$

의 형태로 나타내곤 한다. 여기서 독립적으로 그 값을 취할 수 있는 변수 x를 독립변수(independent variable)라 하며, x에 의해 그 값이 결정되는 y를 종속변수(dependent variable)라 한다.

예제 2.2

다음 함수들의 정의역을 구하여라. 단 이 함수들의 공역은 실수 전체의 집합으로 제한한다.

(a) $f(\mu) = \sqrt{\mu^2 - 4}$　　　　(b) $f(x) = \dfrac{x-2}{x^2 - 6x - 27}$

풀이

(a) $(-\infty, -2] \cup [2, \infty)$
(b) $\{x \mid x \neq 9$ 그리고 $x \neq -3\}$

참고로 함수 f의 정의역과 공역이 모두 실수의 집합 R일 때에는

$$f: R \longrightarrow R$$

로 표기하며, 함수 f의 정의역이 좌표평면상의 모든 점이지만 공역이 실수의 집합일 때에는

$$f : R^2 \longrightarrow R$$

로 표기한다. 예를 들어 $f(x, y) = x^2 + y^2$의 정의역은 $R^2 = \{(x, y) \mid x \in R, y \in R\}$이 되나, 공역은 $R = \{z \mid z \in R\}$이 된다.

2. 1 대 1 대응

함수 $f : X \to Y$에서 정의역 X의 임의의 원소 x_1, x_2에 대해

$$x_1 \neq x_2 \text{이면 } f(x_1) \neq f(x_2)$$

가 성립하면 함수 f를 1 대 1 함수라 하며, 함수 f가 1 대 1이고, 치역과 공역이 같으면 이 함수를 X에서 Y로의 1 대 1 대응이라고 한다.

예제 2.3

다음 그림과 같이 도시된 함수가 1 : 1 함수인지 또는 1 : 1 대응인지 결정하여라.

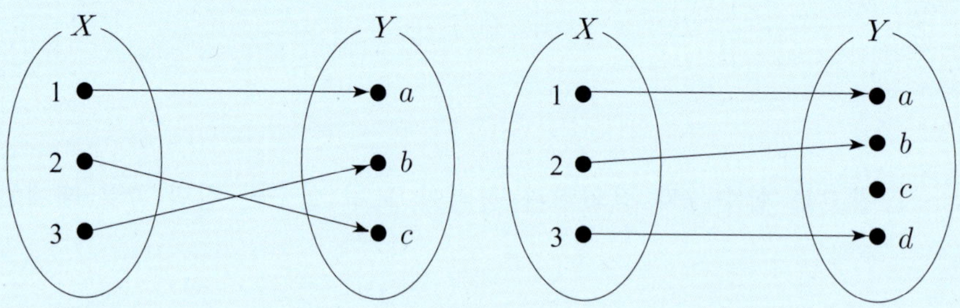

(a) (b)

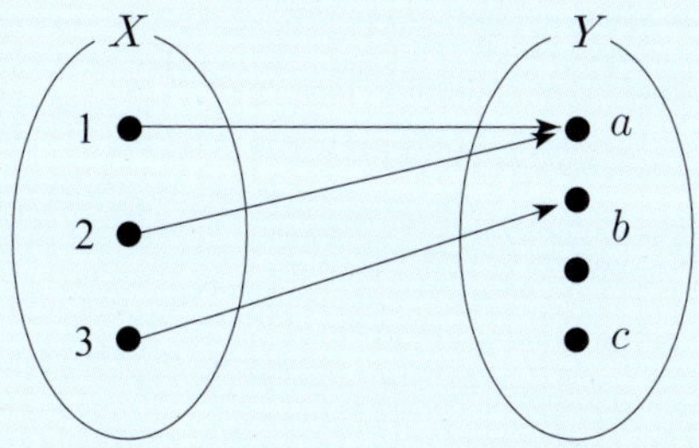

(c)

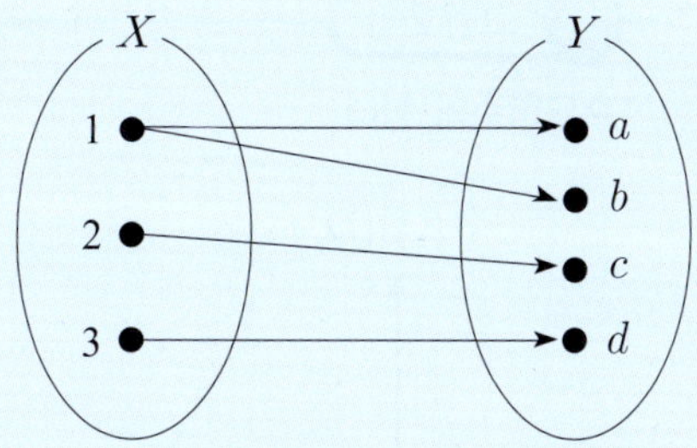

(d)

풀이

(a) 1 대 1 대응임.
(b) 1 대 1 함수이나 치역= $\{a, b, d\}$와 공역= $\{a, b, c, d\}$가 다르므로 1 대 1 대응은 아님.
(c) 함수로 정의는 되지만 1 대 1 함수는 아니고, 1 대 1 대응에도 해당되지 않음.
(d) 정의역에 포함된 원소 1에 대해 공역의 원소 a와 b가 대응하므로 함수가 아님.

이제 몇 가지 예제를 통해 경영 · 경제분야에서 많이 거론되는 수요함수와 공급함수를 함수의 개념적인 측면에서 살펴보기로 하자.

수요란 일반적으로 소비자가 재화나 용역을 구매하고자 하는 욕구를 의미하며, 수요량이란 일정기간 동안 소비자가 그 재화나 용역을 구매하고자 하는 수량으로 생각해 볼 수 있다. 따라서 수요함수란 소비자의 수요에 영향을 미치는 요인들과 수요량 간의 관계를 나타내는 함수라 정의할 수 있다. 재화의 시장수요함수는 그 재화의 가격, 다른 재화들의 가격, 소득, 소비자의 기호 등 다양한 변수들의 함수로 나타난다. 그러나 분석의 단순화를 위해 그 재화의 가격 이외의 모든 변수들이 일정불변이라 가정한다면 다음과 같이 하나의 변수로 구성된 함수로 나타낼 수 있다.

$$Q_d = D(p)$$

여기서 Q_d는 수요량, p는 그 재화의 가격을 의미한다.

시장수요함수는 일반적으로 [그림 2-1]과 같이 우하향의 형태를 띠게 되는데, 이는 가격이 상승하면 수요량이 감소하고 가격이 하락하면 수요량이 증가하게 되는 현상을 나타내고 있다. 즉 수요량과 가격 사이에는 負의 관계가 있음을 보여주고 있다.

그림 2-1

수요함수의 형태

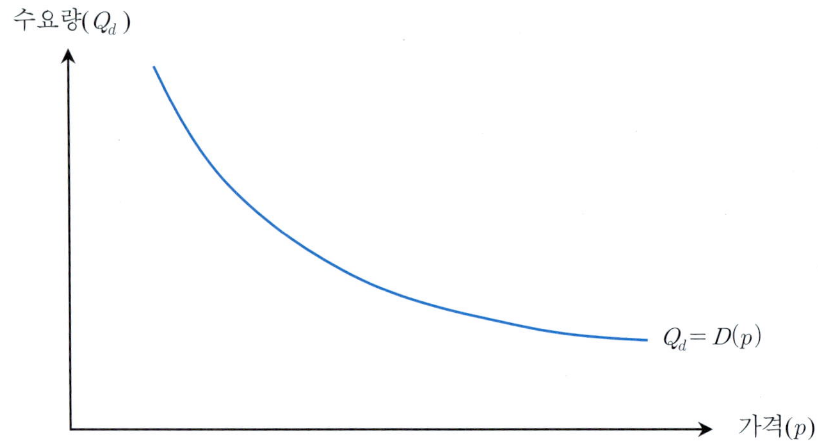

한편 공급이라 함은 생산자가 재화나 용역을 판매하고자 하는 욕구를 의미하며, 공급함수는 그 재화의 가격, 다른 재화들의 가격, 자본과 노동 등의 생산요소가격, 기술수준 등의 요인들과 공급량의 관계를 나타내는 함수이다. 그러나 수요함수와 마찬가지로 분석의 단순화를 위해 그 재화의 가격 이외의 모든 변수들이 일정불변이라 가정한다면 공급량 Q_s는 다음의 형태로 나타낼 수 있다.

$$Q_s = S(p)$$

공급함수는 [그림 2-2]와 같이 우상향의 기울기를 갖는 것으로 가정되는데, 이는 공급량과 가격 사이에는 正의 관계가 있음을 보여주고 있다.

일정재화에 대한 시장수요와 공급이 [그림 2-1]과 [그림 2-2]의 형태를 띤다면 소비자들의 의도와 생산자들의 의도, 즉 수요량과 공급량이 일치할 때의 균형조건인 균형가격과 균형수급량은 다음 식을 통해 구할 수 있다.

$$Q_d = Q_s \quad \text{또는} \quad D(p) = S(p)$$

그림 2-2

공급함수의 형태

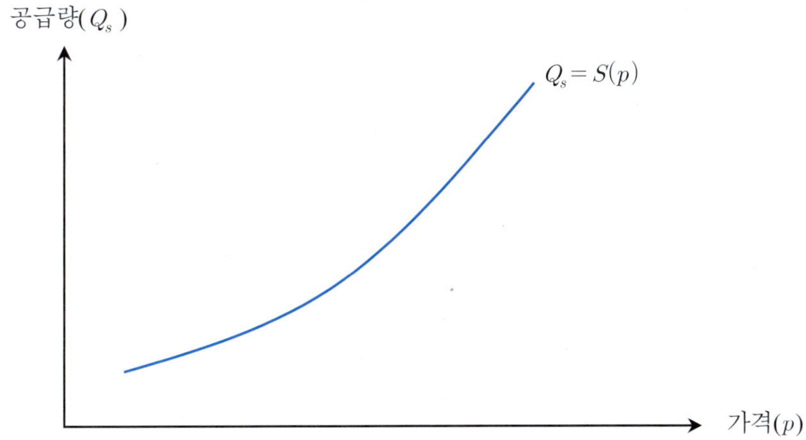

그림 2-3

균형가격과 균형수급량의 도시

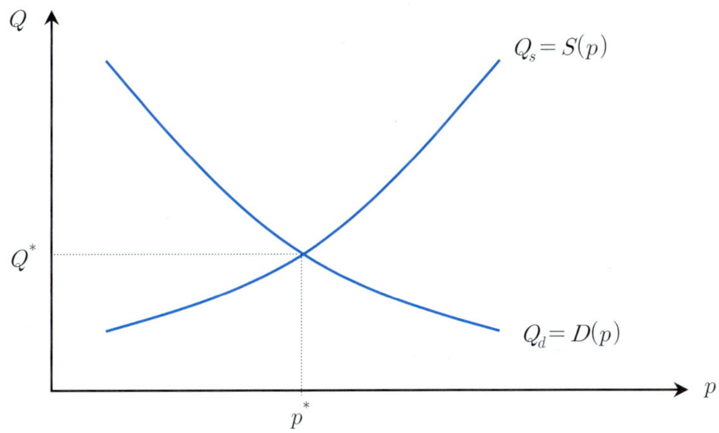

[그림 2-3]과 같이 시장의 균형은 수요곡선과 공급곡선이 교차하는 점에서 달성되며, 이때 얻어지는 가격 p^*와 수급량 Q^*가 곧 균형가격과 균형수급량이 된다.

예제 2.4

어느 농산품의 수요량이 $D(p)=\dfrac{48}{p}-3$으로 주어져 있다.

(a) 가격이 얼마 이상으로 상승하면 수요가 없어질 것인가?
(b) 수요함수의 정의역이 $[0, \infty)$이 되도록 수요함수를 재정의하고, 치역도 같이 구하여라.

풀이

(a) 수요가 전혀 없다는 것은 $\dfrac{48}{p}-3=0$을 의미한다. 따라서 $p=16$이면 수요가 0이 된다.

(b) 수요함수 $D(p)=\dfrac{48}{p}-3$은 $p>16$일 때 재화에 대한 수요량이 음의 값을 갖게 되어 현실적인 의미가 없어지게 된다. 따라서 수요함수의 정의역이 $[0, \infty)$이 되더라도 의미가 있기 위해서는

$$D(p)=\begin{cases} 0 & (p>16) \\ \dfrac{48}{p}-3 & (0<p\leq 16) \end{cases}$$

으로 재정의해야 한다. 이 경우 $D(p)$의 치역은 0보다 크거나 같은 실수 전체의 집합이 된다.
참고로 이 수요함수를 도시해 보면 [그림 2-4]와 같은데, 이는 소비자의 경제행위에 대한 다음과 같은 내용을 제시하고 있음을 알 수 있다.

그림 2-4

$D(p)$의 도시

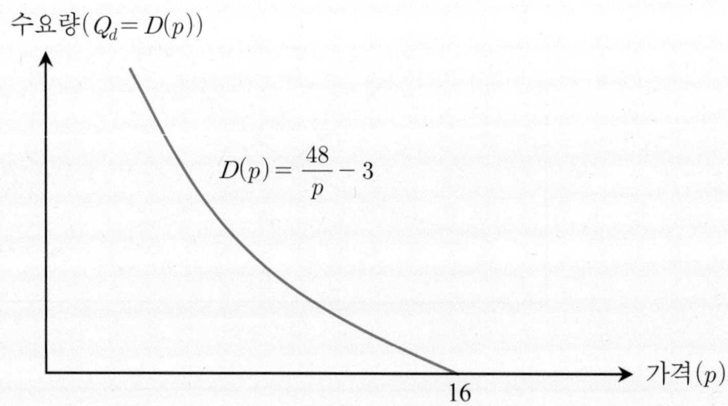

① 재화의 가격이 상승하면 수요량은 감소한다.
② 재화가 공짜이면($p=0$) 수요량은 무한히 커진다.
③ 가격이 일정수준($p=16$)보다 높아지면 수요량은 0이 된다.

예제 2.5

한국전자가 시판한 노트북 컴퓨터의 일일 수요가 $Q_d = D(p) = 101 - 0.4p$(가격단위 : 만원)로 추정된다고 한다.

(a) $p = 50$일 때의 수요량은 얼마인가?
(b) 가격이 얼마 이상이 되면 수요가 0이 되는가?
(c) 수요함수를 어떻게 재정의해야만 함수의 정의역이 $\{p \mid p \in R,\ p \geq 0\}$이 될 수 있는가?
(d) 노트북 컴퓨터의 공급함수가 $Q_s = S(p) = p^2 - 16$으로 추정될 때 수요와 공급이 일치하게 되는 균형가격 p^*는 얼마인가?
(e) 공급함수 $S(p)$의 치역을 구하여라.

풀이

(a) $p = D(50) = 101 - (0.4)(50) = 81$

(b) $101 - 0.4p = 0$에서 $p^* = 252.5$이므로 252.5 이상이면 수요가 0이 된다.

(c) $D(p) = \begin{cases} 0 & (p \geq 252.5) \\ 101 - 0.4p & (0 \leq p < 252.5) \end{cases}$

(d) $101 - 0.4p = p^2 - 16$에서 $p^* = 10.6$임을 구할 수 있다.

(e) $S(p) = \begin{cases} 0 & (0 \leq p < 4) \\ p^2 - 16 & (p \geq 4) \end{cases}$

로 정의하면 $S(p)$의 치역이 $[0, \infty)$임을 알 수 있다.

제 2 절 함수의 결합과 합성

서로 다른 두 개의 함수를 결합하거나 합성함으로써 새로운 함수를 정의해 낼 수 있다. 본절에서는 이와 같은 함수의 결합과 합성에 대해 간략히 살펴보고자 한다.

1. 함수의 결합

함수 f와 g가 모두 동일한 정의역 X를 가진다고 할 때 이들 두 함수를 결합하면 다음과 같이 새로운 함수를 정의할 수 있다.

$$(f+g)(x)=f(x)+g(x)$$
$$(f-g)(x)=f(x)-g(x)$$
$$(f\cdot g)(x)=f(x)\cdot g(x)$$
$$\left(\frac{f}{g}\right)(x)=\frac{f(x)}{g(x)}\ (\text{단, } g(x)\neq 0)$$

함수의 $f+g$, $f-g$, $f\cdot g$, $\frac{f}{g}$는 함수 f나 g와 같은 정의역 X를 공유하지만, 경우에 따라 $\frac{f}{g}$의 정의역은 X의 진부분집합일 수도 있다.

예제 2.6

f와 g가 다음과 같이 정의될 때 $(f+g)(x)$, $(f-g)(x)$, $(f\cdot g)(x)$, $\left(\frac{f}{g}\right)(x)$를 구하고 각 함수의 정의역도 구하여라.

$$f: R\rightarrow R,\ f(x)=x^2+x-7$$
$$g: R\rightarrow R,\ g(x)=x^2-1$$

풀이

(a) $(f+g)(x)=(x^2+x-7)+(x^2-1)=2x^2+x-8$

(b) $(f-g)(x)=(x^2+x-7)-(x^2-1)=x-6$

(c) $(f\cdot g)(x)=(x^2+x-7)\cdot(x^2-1)=x^4+x^3-8x^2-x+7$

(d) $\left(\frac{f}{g}\right)(x)=\frac{x^2+x-7}{x^2-1}$

(a), (b), (c)의 경우 함수의 정의역은 R이나 (d)의 $\left(\frac{f}{g}\right)(x)$의 경우 분모가 x^2-1이므로 $x^2-1=0$을 만족하는 $x=\pm1$을 제외한 실수 전체의 집합이 정의역이 된다.

즉, $\{x \mid x\in R,\ x\neq -1,\ x\neq 1\}$

이제 다음의 예제를 통해 함수의 결합과정을 적용해 보기로 하자.

예제 2.7

한국전자는 노트북형 PC를 독점생산·판매하고 있다. 이 신형 PC의 생산비용은 생산대수를 Q라 할 때 $C(Q)=100+20Q$로 추정되며, 1주일 수요량 $D(p)$는 가격을 p라 할 때 $D(p)=40-\frac{p}{2}$인 것으로 밝혀졌다.

(a) 한국전자의 수입을 판매량 Q의 함수로 나타내어라.

(b) 한국전자의 이익을 판매량 Q의 함수로 나타내어라.

풀이

(a) 수요량 $D(p)$를 Q라 한다면 $Q=40-\frac{p}{2}$에서

$$p=(40-Q)(2)=80-2Q$$

가 됨을 알 수 있다. 따라서 1주일 수입 $R(Q)$는

$$R(Q)=p\cdot Q=(80-2Q)(Q)=80Q-2Q^2$$

이 된다.

(b) 1주일 이익=1주일 수입−생산비용

$=(80Q-2Q^2)-(100+20Q)$

$=-2Q^2+60Q-100$

예제 2.8

새로운 50시리즈의 타이어를 독점생산하고 있는 고려타이어는 이 제품의 1주일간 수요가 $D(p)=3{,}000-50p$인 것으로 추정하고 있다. 1주일간의 총수입(total revenue)을 판매량 Q의 함수로 나타내고 이 함수의 정의역과 치역을 구하여라. 판매량이 얼마일 때 1주일간의 총수입이 최대가 되는가?

풀이

1주일간의 수입함수를 $R(Q)$라 한다면 $R(Q)=pQ$가 된다. 한편 판매량 Q는 가격 p에 의해 결정되는 수요량과 일치하므로 $Q=3{,}000-50p$에서

$$p=60-\frac{Q}{50}$$

임을 알 수 있다. 따라서 수입함수 $R(Q)$는

$$R(Q)=pQ=\left(60-\frac{Q}{50}\right)Q=60Q-\frac{Q^2}{50}$$

이다. 이 함수를 도시해 보면 [그림 2-5]와 같으므로 정의역은 $\{Q \mid 0\le Q\le 3{,}000\}$, 치역은 $\{R(Q) \mid 0\le R(Q)\le 45{,}000\}$이 됨을 알 수 있다. $R(Q)$함수를 재정리해 보면,

$$R(Q)=-\frac{1}{50}(Q^2-3{,}000Q)=-\frac{1}{50}(Q-1{,}500)^2+45{,}000$$

이므로, 판매량 $Q^*=1{,}500$일 때 1주일간의 총수입은 45,000으로 최대가 된다.

그림 2-5

$R(Q)=60Q-\dfrac{Q^2}{50}$의 도시

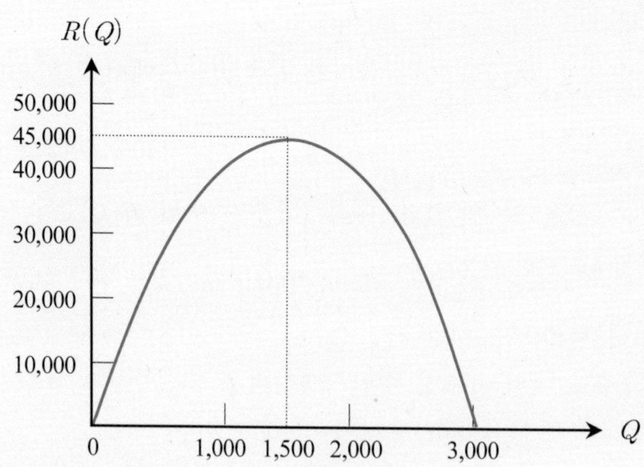

예제 2.9

향수 1병의 가격을 p라 할 때 순희의 수요함수는 $D_1(p) = 18 - 2p$로 나타낼 수 있으며 영희의 수요함수는 $D_2(p) = 6 - p$로 추정된다.

(a) $D(p) = (18 - 2p) + (6 - p)$, $0 \le p \le 9$는 순희와 영희가 구입하고자 하는 향수의 수요량이 될 수 없다. 그 이유는 무엇인가?

(b) 순희와 영희가 구입하고자 하는 향수의 양을 p의 함수로 나타내어라.

풀이

(a) p가 $0 \le p \le 6$일 경우에는 순희와 영희의 수요량 합계가 $D(p) = (18-2p) + (6-p)$로 나타나나, $6 < p \le 9$일 때에는 두 사람의 수요량 합계는 $(18-2p) + 0$이 되어야 하기 때문이다. 예를 들어 $p = 7$일 때 실제 총수요량은 $(18-14) + 0 = 4$이어야 하나 $D(7) = (18-14) + (6-7) = 3$이 되어 실제보다 적어진다.

(b) 우선 $D_1(p)$와 $D_2(p)$를 재정의해 보면,

$$D_1(p) = \begin{cases} 18-2p & (0 \le p \le 9) \\ 0 & (p > 9) \end{cases}$$

$$D_2(p) = \begin{cases} 6-p & (0 \le p \le 6) \\ 0 & (p > 6) \end{cases}$$

이 된다. 따라서 순희와 영희의 수요량 합계를 나타내는 함수 $D(p)$의 정의역이 $[0, \infty)$이기 위해서는 다음과 같이 $D(p)$를 재정의해야 한다.

$$D(p) = \begin{cases} D_1(p) + D_2(p) = 24 - 3p & (0 \le p \le 6) \\ D_1(p) + 0 = 18 - 2p & (6 < p \le 9) \\ 0 & (p > 9) \end{cases}$$

이를 그래프로 나타내면 [그림 2-6]과 같다.

그림 2-6

$D(p)$의 도시

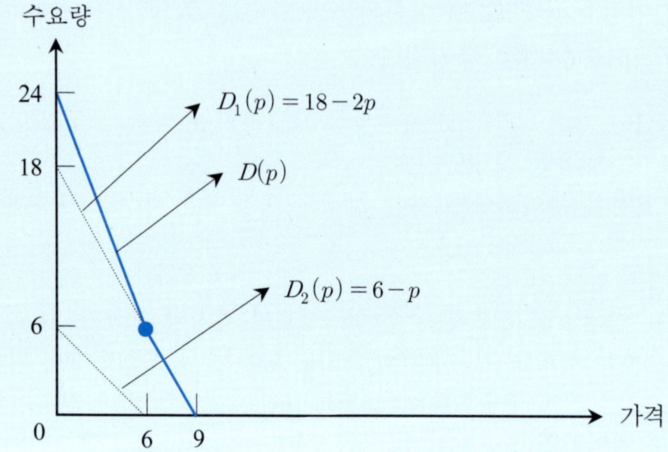

2. 합성함수

서로 다른 두 개의 함수 f와 g가 주어져 있을 때 함수 $g(x)$의 치역이 f의 정의역에 포함된다고 할 때, g를 f에 합성한 함수인 $f \circ g$는 다음과 같이 정의된다.

$$(f \circ g)(x) = f(g(x))$$

예를 들어 $g(x)$의 함숫값의 집합이 f의 정의역과 같은 경우, 즉 $g : X \to Y$, $f : Y \to Z$의 합성함수는

$$f \circ g : X \to Z$$

로 정의된다. [그림 2-7]을 살펴보면 함수 g는 X의 임의의 원소 x에 Y의 원소 $g(x)$를 대응시키며, 함수 f는 Y의 원소 $g(x)$에 Z의 원소 $f(g(x))$를 대응시켜, 결과적으로 $f \circ g$는 x에 $f(g(x))$를 대응시키는 새로운 함수가 된다.

그림 2-7

$f \circ g$의 도시

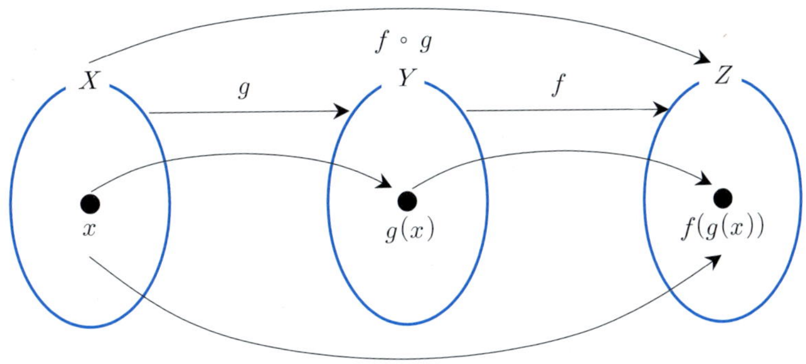

예제 2.10

$f(x) = x^2 + 1$, $g(x) = \dfrac{1}{2x}$로 주어져 있을 때 다음을 구하여라.

(a) $(f \circ g)(1)$

(b) $(f \circ g)(x)$

(c) $(g \circ f)(x)$

(d) $(f \circ f)(x)$

풀이

(a) $(f \circ g)(1) = f(g(1)) = f\left(\dfrac{1}{2}\right) = \left(\dfrac{1}{2}\right)^2 + 1 = \dfrac{5}{4}$

(b) $(f \circ g)(x) = f(g(x)) = f\left(\dfrac{1}{2x}\right) = \left(\dfrac{1}{2x}\right)^2 + 1 = \dfrac{1}{4x^2} + 1$

(c) $(g \circ f)(x) = g(f(x)) = g(x^2 + 1) = \dfrac{1}{2x^2 + 2}$

(d) $(f \circ f)(x) = f(f(x)) = f(x^2 + 1) = (x^2 + 1)^2 + 1 = x^4 + 2x^2 + 2$

이 예제에서 알 수 있듯이 일반적으로 $(f \circ g)(x) = (g \circ f)(x)$는 성립하지 않는다.

예제 2.11

$f(x)=x^2+1$, $g(x)=2-x$, $h(x)=x$일 때 다음의 합성함수를 구하여라.

(a) $(h\circ(g\circ f))(x)$ (b) $((h\circ g)\circ f)(x)$

풀이

(a) 우선 $(g\circ f)(x)$부터 구해보면

$$(g\circ f)(x)=g(f(x))=g(x^2+1)=2-x^2-1=1-x^2$$

이 되므로 $(h\circ(g\circ f))(x)=h(1-x^2)=1-x^2$이 된다.

(b) $(h\circ g)(x)=h(g(x))=h(2-x)=2-x$이므로

$$((h\circ g)\circ f)(x)=2-(x^2+1)=1-x^2$$

이 된다.

예제 2.12

$f(x)=\dfrac{x+5}{x-3}$, $g(x)=\sqrt{x}$일 때 다음을 구하여라.

(a) $(f\circ g)(x)$ (b) $(g\circ f)(x)$ (c) $(f\circ f)(x)$

풀이

(a) $(f\circ g)(x)=f(g(x))=\dfrac{\sqrt{x}+5}{\sqrt{x}-3}$

(b) $(g\circ f)(x)=g(f(x))=\sqrt{\dfrac{x+5}{x-3}}$

(c) $$(f\circ f)(x)=f(f(x))=\frac{\frac{x+5}{x-3}+5}{\frac{x+5}{x-3}-3}=\frac{x+5+5x-15}{x+5-3x+9}=\frac{6x-10}{-2x+14}$$

$$=\frac{3x-5}{7-x}$$

3. 역함수

함수 $f: X \to Y$가 X와 Y 사이에 1 대 1 대응이라면 공역 Y에 포함된 임의의 원소 y에 대해 $f(x) = y$가 성립하는 정의역 X의 원소 x가 반드시 하나 존재하게 된다. 따라서 Y의 각 원소 y에 대해 $f(x) = y$가 성립하는 X의 원소 x를 대응시키게 되면 Y에서 X로의 함수를 구할 수 있다. 이를 f의 역함수(inverse function)라 하며,

$$f^{-1}: Y \to X$$

로 나타낸다. [그림 2-8]에서와 같이 $y = f(x)$의 역함수는 $x = f^{-1}(y)$가 된다.

그림 2-8

역함수의 도시

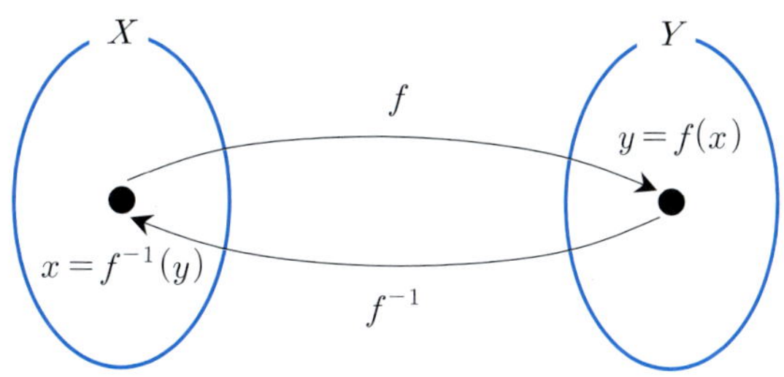

예제 2.13

$f: X \to Y$이고 $f^{-1}: Y \to X$일 때 다음과 같이 정의되는 합성함수를 구하여라.

(a) $(f^{-1} \circ f)(x)$ (b) $(f \circ f^{-1})(y)$

풀이

(a) $(f^{-1} \circ f)(x) = f^{-1}(f(x)) = f^{-1}(y) = x$

(b) $(f \circ f^{-1})(y) = f(f^{-1}(y)) = f(x) = y$

제3절 함수의 유형

제1절에서 함수 $f: X \rightarrow Y$가 주어져 있을 때 Y를 집합으로 표시하지 않아도 이해가 되는 경우, 이 함수를 $y=f(x)$로 나타내며, x를 독립변수, y를 종속변수라 한다고 언급한 바 있다.

함수는 독립변수의 수가 몇 개이냐에 따라 크게 일변수함수와 다변수함수로 나누어 볼 수 있는데, 우선 일변수함수에 속하는 함수들의 예부터 간략히 살펴보기로 하자.

1. 일변수함수

(1) 다항함수

a_0, a_1, a_2, $\cdots$, a_n이 실수이고 n이 0보다 크거나 같은 정수일 때

$$f(x)=a_0+a_1x+a_2x^2+\cdots+a_nx^n$$

과 같은 형태의 함수를 다항함수(polynomial function)라고 한다. 여기서 n은 0이 될 수도 있으므로 $f(x)=C$(C는 상수)와 같은 상수함수도 다항함수에 속한다고 볼 수 있다. 또 다항식이 일차, 이차, 삼차, $\cdots$일 때의 다항함수를 각각 일차함수, 이차함수, 삼차함수, $\cdots$라 한다. 이 중에서 경영·경제분야에서 자주 사용되는 일차함수의 특성을 간단히 살펴보기로 하자.

선형함수 또는 일차함수는 앞에서 설명한 바와 같이

$$y=f(x)=a_0+a_1x$$

로 나타난다. 선형함수의 기울기 a_1은 x의 단위당 변화에 따른 y변화의 방향과 크

기를 나타내준다. 또한 절편 a_0가 변하면 선형함수는 상하로 수평이동하며, 기울기가 변화하면 절편을 축으로 하여 회전하게 된다.

(2) 유리함수

$f(x)$, $g(x)$ (단 $g(x) \neq 0$)의 두 다항함수가 주어져 있을 때

$$r(x) = f(x)/g(x)$$

로 정의되는 함수를 유리함수(rational function)라 한다. 유리함수의 정의역은 실수 전체의 집합에서 $g(x) = 0$인 x를 제외한 집합이 된다. 즉 $\{x \mid x \in R,\ g(x) \neq 0\}$이 유리함수의 정의역이 된다.

(3) 무리함수

무리함수는 다항함수와 다항함수의 무리식(root) 또는 무리식으로 구성된 함수를 의미한다. 예를 들어 $y = \sqrt{2x}$, $y = \sqrt{2x} + x$는 모두 무리함수에 속한다.

예제 2.14

한국가구는 식탁만을 전문으로 생산하는 중소기업이다. 이 회사가 이번에 시판한 원탁형 식탁의 생산비용을 살펴보면 생산량에 관계없이 일정하게 소요되는 고정비용이 600만원이며 식탁 1조당 변동비용은 10만원으로 추정된다고 한다. 현재 식탁 1조의 판매가격은 12만원이며, 생산능력은 월평균 1,000조인 것으로 주어져 있다.

(a) 생산량을 Q로 한다면 식탁 1조당 평균생산비용 $\overline{C}(Q)$는 어떤 형태를 취할 것인가?
(b) 100조의 식탁을 생산할 때 식탁 1조당 평균생산비용은 얼마인가?
(c) 이 기업의 월총수입을 Q의 함수로 나타내어라.
(d) 이윤이 0이 될 때의 생산량을 구하여라.

풀이

(a) 생산량을 Q라 정의하면 총생산비용 $C(Q)$는 다음과 같으며,

$$C(Q) = 600 + 10Q$$

평균생산비용 $\overline{C}(Q)$는

$$\overline{C}(Q)=\frac{600}{Q}+10$$

으로 나타낼 수 있다.

(b) $Q=100$일 때 평균생산비용은 $\overline{C}(100)=6+10=16$이 된다.

(c) $R(Q)=$(판매량)(가격)$=(Q)(12)=12Q$

(d) $C(Q)=R(Q)$를 충족시키는 Q^*값을 구하면 $600+10Q=12Q$에서 $Q^*=300$임을 알 수 있다.

예제 2.15

한라출판사는 만화로 그린 아동용 역사책만을 전문으로 출판하는 기업이다. 저자에게 보통 15% 정도 인세를 지급하는데, 이번에 새로 출간한 만화책의 수요는 $x=200-5p$로 추정하고 있다. 여기에서 p는 만화책의 정가이고 x는 수요량이다. 한편, 출판사에서는 책의 출판비용(인세 불포함)을 $C=10+2x+x^2$으로 보고 있다. 저자의 수입과 출판사의 순이익을 x의 함수로 나타내어라.

풀이

$p=40-0.2x$이므로 저자 입장에서의 수입은 다음과 같다.

$$\begin{aligned}Y(x)&=(0.15)p\cdot x\\&=(0.15)(40-0.2x)x\\&=6x-0.03x^2\end{aligned}$$

출판사 입장에서 이윤을 구해보면,

$$\begin{aligned}\pi(x)&=px-(10+2x+x^2)-(6x-0.03x^2)\\&=(40-0.2x)(x)-(10+2x+x^2)-(6x-0.03x^2)\\&=32x-1.17x^2-10\end{aligned}$$

이다. 함수형태를 보면 저자의 수입을 최대로 하는 발행부수가 반드시 출판사의 이익을 최대로 하지는 않는다는 것을 알 수 있다.

2. 다변수함수

다변수함수는 두 개 이상의 독립변수를 가지는 함수를 의미한다. 예를 들어

$$f(x,\ y) = ax + by$$
$$f(x,\ y) = ax^k \cdot by^{1-k}$$
$$f(x,\ y,\ z) = a_0 + a_1x + a_2x^2 + a_3y + a_4z^2$$

등은 모두 다변수함수에 속한다.

일변수함수의 정의역은 실수 전체의 집합인 R, 또는 R의 부분집합이나, 독립변수가 두 개인 이변수함수의 정의역은 $R^2 = \{(x,\ y) \mid x \in R,\ y \in R\}$ 또는 R^2의 부분집합이 된다. 마찬가지로 삼변수함수의 정의역은 $R^3 = \{(x,\ y,\ z) \mid x \in R,\ y \in R,\ z \in R\}$ 또는 R^3의 부분집합이 된다.

독립변수가 두 개 이상이 되면 공간좌표를 이용하여 그 형태를 도시하기가 쉽지 않다. 그러나 $z = f(x,\ y)$와 같은 이변수함수의 경우 z값이 고정되어 있다면 이에 대응하는 모든 $(x,\ y)$의 집합을 좌표평면에 그려볼 수 있다. 이처럼 상수 c값이 주어져 있을 때 $c = f(x,\ y)$를 만족하는 모든 $(x,\ y)$의 집합을 함수 f의 등고선(level curve)이라 한다.

예제 2.16

$f(x,\ y) = x^2 + 2y$일 때 $f(x,\ y) = 4,\ 0,\ -2$에 해당하는 등고선을 각각 도시하여라.

풀이

$x^2 + 2y = 4,\ x^2 + 2y = 0,\ x^2 + 2y = -2$를 도시하기 위해서는 이 식들을 $y = g(x)$의 형태로 나타내는 것이 편리하다. $y = -\frac{1}{2}x^2 + 2,\ y = -\frac{1}{2}x^2,\ y = -\frac{1}{2}x^2 - 1$을 좌표평면에서 도시하면 [그림 2-9]와 같다.

그림 2-9

등고선의 도시

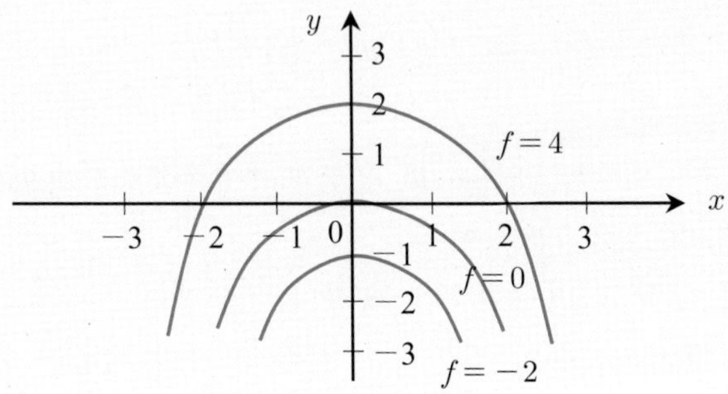

예제 2.17

효용(utility)이란 개인이 추구하는 다양한 행위로 얻는 만족도로 통상 정의된다. 경제학에서는 분석의 단순화를 위해 개인의 효용은 개인이 소비할 재화의 양에 의해 결정된다고 가정한다. 만약 두 개의 재화 x, y만을 고려하면 효용함수는 다음과 같다.

$$u = u(x,\ y)$$

경제이론에서 많이 접하게 되는 무차별곡선(indifference curve)은 개인에게 동일한 효용수준을 주는 재화의 조합으로 일정수준의 효용에 대한 x, y의 등고선으로 나타난다. 효용함수 $u = u(x,\ y) = 3x^{\frac{2}{3}}y^{\frac{1}{3}}$이라 할 때 효용수준 60과 90에 해당하는 등고선을 각각 도시하여라.

풀이

효용수준이 60인 경우 $3x^{\frac{2}{3}}y^{\frac{1}{3}} = 60$을 정리하면 $\left(x^{\frac{2}{3}}y^{\frac{1}{3}}\right)^3 = (20)^3$이 되므로 $y = \dfrac{8{,}000}{x^2}$이 성립한다. 같은 방법으로 효용수준이 90인 경우 $y = \dfrac{27{,}000}{x^2}$임을 알 수 있다. 이 두 무차별곡선을 도시하면 [그림 2-10]과 같으며, 이 그림에서 효용수준이 높을수록 무차별곡선이 우측에 위치한다는 사실도 알 수 있다.

그림 2-10

무차별곡선의 도시

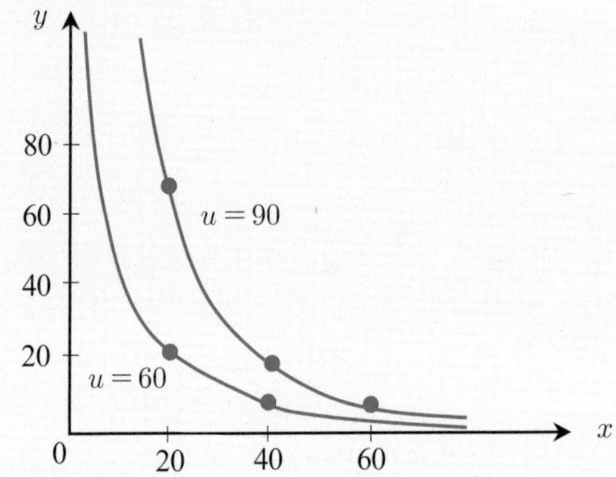

예제 2.18

생산함수란 생산에 투입되는 자원의 양과 이를 이용하여 산출해 낼 수 있는 생산량 간의 관계를 나타낸다. 일반적으로 생산에 투입되는 자원은 크게 자본재와 노동력으로 나누어진다. 생산함수 중 가장 널리 알려진 것으로는 다음과 같은 콥-더글러스(Cobb-Douglas)함수를 들 수 있다.

$$Z = F(x,\ y) = ax^k y^{1-k} \quad (0 < k < 1)$$

생산함수 $f(x,\ y)$가 0보다 큰 값인 t에 대해

$$f(tx,\ ty) = tf(x,\ y)$$

를 만족할 때 생산량은 자원투입량의 증가율만큼 증가하게 되는데, 이와 같은 함수를 일차의 동차함수(homogeneous of degree one)라 한다. 즉, 투입자원 x와 y를 각각 t배만큼 증가시켰을 때, 산출량은 t배만큼 증가한다. 앞에서 정의한 콥-더글러스함수가 일차의 동차함수임을 보여라.

풀이

$f(tx,\ ty)$를 계산해 보면

$$f(tx,\ ty) = a(tx)^k(ty)^{1-k} = t^k t^{1-k} \cdot ax^k y^{1-k}$$
$$= t^{(k+1-k)} \cdot ax^k y^{1-k} = tf(x,\ y)$$

가 되어 $f(x,\ y)$는 일차의 동차함수임을 알 수 있다.

예제 2.19

생산함수에 따라서는 투입자원의 양을 t배 늘리면 생산량은 t배 이상 증가할 수도 있으며 t배만큼 증가하지 않을 수도 있다. 만약 생산함수 f가 1보다 큰 임의의 t값에 대해

$$f(tx,\ ty) < tf(x,\ y)$$

를 만족하면 규모의 수익감소(decreasing return to scale)의 특성을 나타낸다고 하며, 1보다 큰 임의의 t값에 대해

$$f(tx,\ ty) > tf(x,\ y)$$

를 만족하면 규모의 수익증가(increasing return to scale)의 특성을 가진다고 한다. 한편 콥-더글러스함수처럼 $f(tx,\ ty) = tf(x,\ y)$를 만족하면 규모의 수익불변(constant return to scale)의 특성을 나타낸다고 한다. 다음에 주어진 생산함수를 위에서 정의한 특성에 따라 분류하여라.

(a) $f(x,\ y) = 20xy$ (b) $f(x,\ y) = 6x^{\frac{1}{2}}y^{\frac{1}{2}}$ (c) $f(x,\ y) = 8x^{\frac{2}{3}}y^{\frac{1}{5}}$

풀이

(a) $f(tx,\ ty) = 20(tx)(ty) = t^2 20xy$이므로 $t > 1$일 때 $f(tx,\ ty) > tf(x,\ y)$가 되어 $f(x,\ y)$는 규모의 수익증가 특성을 지님을 알 수 있다.

(b) 이 함수는 콥-더글러스함수이므로 규모의 수익불변의 특성을 가진다.

(c) $f(tx,\ ty) = 8(tx)^{\frac{2}{3}}(ty)^{\frac{1}{5}} = t^{\frac{13}{15}}(8x^{\frac{2}{3}}y^{\frac{1}{5}}) = t^{\frac{13}{15}}f(x,\ y)$이므로 $t > 1$일 때 $f(tx,\ ty) < tf(x,\ y)$가 되어 $f(x,\ y)$는 규모의 수익감소 특성을 지님을 알 수 있다.

예제 2.20

설비증감은 생산능력 과부족으로 인한 비용만을 고려하여 이루어질 수는 없다. 또 하나의 중요한 요소로 규모의 경제(economy of scale)를 들 수 있다. 이는 얼마만큼의 설비를 증대시켜야 최적생산 능력에 도달할 수 있는가의 문제와 밀접한 관계를 가지는 사항으로, 일시에 필요한 만큼 증설할 것인가 또는 점진적으로 증설할 것인가를 결정하는 문제라 할 수 있다. 예를 들어 향후 5년 내에 100만톤의 설비증설이 필요하다 하자. 이를 달성할 수 있는 방법은 여러 가지가 있을 수 있으나, 다음 세 방법만이 현실적으로 선택가능하다고 가정해 보자.

- 대안 1 : 매년 20만톤씩 증설
- 대안 2 : 2년째에 50만톤, 4년째에 50만톤 증설
- 대안 3 : 3년째에 100만톤 증설

건설비용만을 고려한다면 대안 3이 가장 경제적이다. 또한 5년 후부터의 시설의 운영비용을 고려해도, 역시 대안 3이 가장 효율적이라 할 수 있다. 다시 말해 여러 개의 작은 규모의 기계보다는 큰 기계 한 대를 구입, 가동하는 것이 설비투자비용이나 운영비용 면에서 경제적이라 할 수 있다. 이러한 현상을 수식으로 표시하면 다음과 같다.

$$C(V)= A \cdot V^k$$

여기서 V는 증설규모이고 $C(V)$는 이에 따른 건설 및 운영 비용이다. k는 0과 1 사이의 상수로 규모의 경제 정도를 나타내는데, 대개 0.6과 1 사이의 값을 취하게 된다. 이 식에서 k가 1이면 규모의 경제가 전혀 존재하지 않는 경우를 의미한다. 즉 V가 두 배로 될 때 $C(V)$도 두 배로 증가하므로 한꺼번에 설비를 증가시키는 데 따르는 이점이 없다. k가 0.8이라 가정할 때 최선의 대안을 선택하여라.

풀이

앞의 모형을 세 개의 대안에 각각 적용하면 그 결과는 다음과 같다.

- 대안 1 : 총비용 $= C(20)+C(20)+C(20)+C(20)+C(20)$
  $= 5 \cdot C(20) = 5 \cdot A \cdot (20)^{0.8} \fallingdotseq 55A$
- 대안 2 : 총비용 $= C(50)+C(50) = 2 \cdot A \cdot (50)^{0.8} \fallingdotseq 46A$
- 대안 3 : 총비용 $= C(100) = A(100)^{0.8} \fallingdotseq 40A$

따라서 대안 3을 선택하는 경우 대안 1에 비해 약 27%, 대안 2에 비해서는 약 13% 정도 비용을 절감할 수 있다.

규모의 경제만을 고려한다면 당연히 한꺼번에 큰 규모의 설비를 증설하는 것이 효율적이다. 그러나 설비규모가 커지게 되면 이에 따라 관리상의 문제점 및 여타의 비용이 증가할 가능성이 높다. 소위 "규모의 비경제"라 하는 개념으로, 다음의 몇 가지 형태로 나누어 볼 수 있다.

- 유통의 비경제(distribution diseconomy) : 제조공장의 규모와 공급대상지역의 크기가 확대됨에 따라 유통비용은 판매량보다 빨리 증가할 수 있다. 그 결과 기업의 단위당 총비용은 어느 수준까지는 생산규모의 경제 때문에 감소하지만 그 수준을 넘어서면 유통비용으로 인해 증가하기 시작한다.
- 관료화에 의한 비경제(diseconomy of bureaucratization) : 생산규모가 커지게 되면 감독자, 중간관리자의 수가 증가하여 조직 내에서의 의사전달과 의견조정이 어려워진다. 이에 따라 경영관리비가 증가되고 환경의 변화에 대한 조직의 대응시간이 길어져, 생산조직 전체의 효율성이 떨어진다.
- 혼란의 비경제(diseconomy of confusion) : 생산품목의 수가 증가하고 공정의 규모가 커지게 되면 생산계획 및 통제과정이 점점 더 복잡해지며 이에 따라 생산조직 전체가 구심점을 잃고 혼란에 빠질 수 있다. 각 부서간의 의사소통이 점차 어려워짐과 동시에 생산조직 전체의 효율성보다는 개별부서의 효율성만을 고려하게 되어, 조직 전체의 목표와는 괴리된 방향으로 조직이 이끌려 갈 위험을 내포하게 된다.

예제 2.21

한국커피물류는 베트남산 커피원두와 라오스산 커피원두를 사용하여 헬로커피와 굿바이커피라는 두 가지 브랜드의 커피를 생산하고 있다. 헬로커피는 베트남산 원두 6kg과 라오스산 원두 4kg을 혼합하여 생산하며, 굿바이커피는 베트남산 원두 3kg과 라오스산 원두 7kg을 혼합하여 생산한 다음, 각각 10kg 박스단위로 포장하여 전국 커피 프랜차이즈에 공급하고 있다. 현재 원두재고를 조사한 결과 270kg의 베트남산 원두와 430kg의 라오스산 원두가 남아 있는 것으로 파악되었다. 원두재고를 모두 소진하기 위해서는 헬로커피와 굿바이커피를 각각 몇 박스 생산해야 하는가? 한 박스의 커피 생산에는 모두 10kg의 원두가 소요된다.

풀이

헬로커피를 x박스, 굿바이커피를 y박스만큼 생산한다면 베트남산 커피원두는 $6x+3y$만큼 소요되고 라오스산 커피원두는 $4x+7y$만큼 소요된다. 원두재고수준이 270kg, 430kg이므로 다음 식이 성립해야 한다.

$$6x+3y=270,\ 4x+7y=430$$

이 방정식을 풀면, $x=20$, $y=50$이 도출된다. 따라서 헬로커피는 20박스, 굿바이커피는 50박스를 생산하면 모든 원두재고가 소진된다.

연습문제

CHAPTER 2

1. 다음 함수의 정의역을 구하여라.

(a) $f(x) = x^3 + 3$

(b) $g(x) = 7$

(c) $f(x) = \sqrt{3x-12}$

(d) $f(x) = \sqrt{x^2+5}$

(e) $y = \sqrt{x-1}$

(f) $m(t) = \dfrac{2}{t-3}$

(g) $y = \dfrac{x}{x^2-5x+4}$

(h) $f(x) = \dfrac{1}{\sqrt{3x-12}}$

2. 다음 함수의 정의역과 치역을 구하여라.

(a) $f(x) = x^2 + 1$

(b) $f(x) = \sqrt{x-2}$

(c) $f(x) = \dfrac{1}{x^2}$

(d) $f(x) = \dfrac{1}{x^2} + \sqrt{2-x}$

3. 어느 제품의 수요함수와 공급함수가 각각 다음과 같다.

$$D(p) = 36 - \frac{p^2}{4},\ S(p) = 5p - 20$$

(a) 그래프에 이 두 함수를 도시하고, 수요와 공급이 일치할 때의 균형가격과 균형수급량을 구하여라.

(b) 각 함수의 정의역과 치역을 구하여라.

4. 수요함수 $D(p)$와 공급함수 $S(p)$가 각각 다음과 같이 주어져 있다.

$$D(p) = 25 - p^2,\ S(p) = 2p + 1$$

(a) 이들 함수의 정의역이 $\{p \mid p \in R,\ p \geq 0\}$이 될 수 있도록 함수를 재정의하여라.

(b) 수요와 공급이 일치될 때의 가격과 수급량을 구하여라.

5. 다음과 같이 함수 f와 g가 정의될 때 $f+g$, $f-g$, fg, $\dfrac{f}{g}$와 $2f$를 구하여라.

(a) $f(x)=3x-2,\quad g(x)=6-2x$

(b) $f(x)=x^2-3x,\quad g(x)=x+\dfrac{1}{2}$

(c) $f(x)=\dfrac{3}{x-1},\quad g(x)=-\dfrac{1}{x}$

6. $f(x)=\dfrac{1}{x}$, $g(x)=x^2-4x+3$을 정의할 때 다음을 구하여라.

(a) $(f\circ g)(2)$

(b) $(g\circ f)(2)$

(c) $(f\circ g)(x)$

(d) $(g\circ f)(x)$

(e) $(f\circ f)(x)$

7. $f(x)=\sqrt{x}$, $g(x)=x^2+1$일 때 $(f\circ g)(x)$와 $(g\circ f)(x)$를 구하여라.

8. $f(x)=3x-4$이고 $g(x)=x^3$일 때 $(f\circ g)(x)$와 $(g\circ f)(x)$를 구하여라.

9. 다음 각각의 경우에 $f+g$, fg, $3g$를 구하여라.

(a) $f(x)=\begin{cases} x+7 & (x<1) \\ x^2 & (x\ge 1)\end{cases}\qquad g(x)=\begin{cases} 5 & (x<1) \\ x-4 & (x\ge 1)\end{cases}$

(b) $f(x)=9-x^2\qquad g(x)=\begin{cases} x+3 & (x<0) \\ 7 & (x\ge 0)\end{cases}$

(c) $f(x)=\begin{cases} 2x-2 & (x\le 3) \\ -2x^2 & (x>3)\end{cases}\qquad g(x)=\begin{cases} 3x-2 & (x<1) \\ 7 & (x\ge 1)\end{cases}$

10. 함수 $f(x)=2x-3$일 때 다음 물음에 답하여라.

(a) $f\circ f$를 구하여라.

(b) $(f\circ f)(x)=0$인 x를 구하여라.

(c) f^{-1}을 구하여라.

(d) $(f\circ f^{-1})(3)$의 값을 구하여라.

11. 독점기업인 한국조명기기의 총생산비용은 $C(Q) = 15Q + 100$으로 알려져 있다.

(a) Q대의 조명기기를 생산할 때 대당 평균생산비용은 얼마인가?

(b) 조명기기의 판매가격은 평균생산비용의 120%로 설정된다고 한다. 만약 1,000대를 생산하였다면 판매가격은 얼마이겠는가?

(c) Q대를 생산하였다면 판매가격은 얼마로 설정되겠는가?

12. 조명기기를 생산하는 한국조명의 총생산비용은 생산량과 1차식의 함수관계를 갖는 것으로 추정되고 있다. 100개의 조명기기를 생산하는 데 소요되는 총비용은 2,500만원이고, 200개의 조명기기를 생산하는 데에는 4,000만원이 소요된다고 한다.

(a) 생산비용 $C(Q)$를 생산량 Q의 선형함수로 나타내어라.

(b) 손익분기점이란 총수입과 총생산비용이 일치할 때의 생산량수준으로 정의된다. 조명기기 1대당 23만원에 판매할 수 있을 때, 이 회사의 손익분기점 판매량은 몇 대인가?

13. 한국도서가 이번에 출판할 아동교육문고의 생산비용은 $C(Q) = 1,200 + 1.5Q$(단위 : 만원)로 추정된다고 한다.

(a) 평균생산비용 $\overline{C}(Q)$를 구하여라.

(b) 판매가격을 평균생산비의 1.4배로 책정한다고 가정해 보자. 만약 초판으로 2,000부를 발행한다면 판매가격은 얼마가 될 것인가?

(c) 판매가격을 평균생산비의 1.4배로 책정한다고 가정하고 판매가격을 Q의 함수로 나타내어라.

14. 한국항공은 서울과 울릉도를 왕복하는 소형비행기를 운행하고 있다. 1회 운행에 소요되는 비용을 분석해 보면 승객수에 관계없이 발생하는 고정비용이 36만원이며, 승객 1인당 1만원이 추가비용으로 소요된다. 정부에서 비행기요금을 4만원으로 책정했다면 손익분기점 승객수는 몇 명인가?

15. 한국승용차는 소속판매사원에 대한 보너스 지급률을 자동차판매량에 따라 다음과 같이 달리 책정하고 있다.

$$B(x) = \begin{cases} 2\% & (0 \leq x \leq 3) \\ 3\% & (3 < x \leq 5) \\ 5\% & (5 < x \leq 12) \\ 5.75\% & (x > 12) \end{cases}$$

예를 들어 6대를 판매하게 되면 첫 3대에 대해서는 자동차가격의 2%, 그 다음 2대에 대해서는 3%, 마지막 1대에 대해서는 5%의 보너스를 지급받는다.

(a) 자동차 1대 가격을 1천만원이라 할 때, 6대를 판매한 사원의 보너스는 얼마인가?

(b) 자동차 1대 가격을 1천만원이라 할 때, 보너스액을 판매대수 x의 함수로 나타내어라.

16. 어느 제품의 총생산비용이 $C(x) = ax^2 + bx + c$라 가정해 보자.

(a) x개를 생산한 후 $x+1$번째 제품을 생산하는 데 소요되는 비용은 얼마인가?

(b) $a = -\frac{1}{50}$, $b = 12$, $c = 630$일 때 41번째 제품을 생산하는 데 소요되는 비용을 구하여라.

17. 남태평양 소인국에 거주하는 주민들은 다음과 같은 원칙에 따라 세금 $T(X)$를 내야 한다.

$$T(X) = \begin{cases} 0 & \text{만약 } X < E \\ t(X - E) & \text{만약 } X \geq E \end{cases}$$

여기서 X는 세금납부 이전의 소득이며, E와 t는 0보다 큰 상수로서 $t < 1$이다. 그렇지만 소득수준이 P보다 낮으면 정부로부터 보조를 받는다. 보조금 $B(X)$는 다음 형태를 띤다.

$$B(X) = \begin{cases} s(P - X) & \text{만약 } X < P \\ 0 & \text{만약 } X \geq P \end{cases}$$

여기서도 P와 s는 양수이고 $t < s < 1$의 특성을 가진다. 결과적으로 주민들이 실제 쓸 수 있는 가처분소득 Y는 다음과 같이 표시된다.

$$Y = F(X) = X - T(X) + B(X)$$

다음 각각의 경우에 $Y = F(X)$는 어떤 형태를 띠는가?

(a) $E > P$

(b) $E < P$, $s + t < 1$

18. Y를 국민소득, C를 총소비, T를 세금, I를 투자, G를 정부지출이라고 정의하고 다음과 같은 형태를 띠는 경제모형을 가상해 보자.

$$Y = C + I + G$$
$$C = c_0 + c_1(Y - T)$$
$$T = t_0 + t_1 Y$$

여기서 c_0, c_1, t_0, t_1은 모두 상수이며, $0 < c_1 < 1$, $0 < t_1 < 1$의 특성을 지닌다. Y, C 그리고 T를 I, G와 상수의 함수로 표시하여라. 만약 G가 x단위 늘어난다면 Y, C 그리고 T에는 어떤 변화가 일어날 것인가?

19. 한국시멘트는 건설경기의 호황에 따라 시멘트생산능력을 증설하고자 계획하고 있다. 설비증설에 따른 건설 및 운영비용 $C(V)$는 다음과 같은 함수형태를 취하는 것으로 분석된다.

$$C(V) = 1.5 \cdot V^{0.7} \qquad (V\text{의 단위 : 만톤})$$

현재 고려하고 있는 설비대안은 ① 50만톤 규모의 공장을 연내증설, ② 25만톤 규모의 공장을 올해와 내년에 각각 건설의 두 가지로 총비용만을 결정기준으로 삼고자 한다. ①과 ② 두 대안 중 어느 것을 선택해야 하는가?

20. 한국커피물류는 베트남산 커피원두와 라오스산 커피원두를 사용하여 헬로커피와 굿바이커피라는 두 가지 브랜드의 커피를 생산하고 있다. 헬로커피는 베트남산 원두 6kg과 라오스산 원두 4kg을 혼합하여 생산하며, 굿바이커피는 베트남산 원두 3kg과 라오스산 원두 7kg을 혼합하여 생산한 다음, 각각 10kg 박스단위로 포장하여 전국 커피 프랜차이즈에 공급하고 있다. 현재 원두재고를 조사한 결과 240kg의 베트남산 원두와 260kg의 라오스산 원두가 남아 있는 것으로 파악되었다.

(a) 원두재고를 모두 소진하기 위해서는 헬로커피와 굿바이커피를 각각 몇 박스 생산해야 하는가? 한 박스의 커피 생산에는 모두 10kg의 원두가 소요된다.

(b) 앞으로 굿바이커피는 공급중단하기로 결정하였다. 그렇다면 헬로커피는 최대 몇 박스나 생산할 수 있는가?

CHAPTER

3 행렬의 기본개념

행렬은 기본적으로 다수의 방정식을 포함하는 문제(equation system)를 보다 효율적으로 나타내는 데 필수적인 도구로 사용된다. 또한 행렬의 개념을 응용하면 이 같은 문제의 해가 존재하는지 여부도 쉽게 판정할 수 있을 뿐만 아니라, 그 해가 존재하는 경우에는 해 자체를 구할 수 있는 방법도 제시해 준다. 그뿐만 아니라 행렬은 다변수함수의 극값 문제, 제약조건을 포함하는 최적화 문제 등 여러 분야에 폭넓게 응용되고 있다. 본장에서는 행렬의 기본개념을 중심으로 하여 행렬의 연산, 단위행렬, 역행렬, 전치행렬 등에 대해 살펴보고자 한다.

제 1 절 행렬의 정의

행렬이란 수 또는 수를 나타내는 변수 등을 직사각형 모양으로 순서 있게 배열해 놓고 괄호로 묶은 것을 말한다. 예를 들어

$$\begin{bmatrix} 1 & 2 & 3 & 4 \\ 0 & 2 & 1 & -1 \\ 3 & 2 & 0 & -2 \end{bmatrix}$$

는 행렬이며, 괄호 안의 숫자와 같이 행렬을 구성하는 요소들을 행렬의 원소(element) 또는 성분이라 한다.

행렬에서 가로 줄은 행(row)이라 하고 세로 줄은 열(column)이라 하며, 제i행과 제j열이 교차하는 위치에 있는 행렬의 원소를 그 행렬의 $(i,\ j)$원소라고 한다. 예를 들어 위의 행렬에서 (2, 4)원소는 -1이고, (3, 2)원소는 2이다.

행렬에 있어서 그 행의 개수가 m이고 열의 개수가 n일 때 이 행렬을 $m\times n$행렬이라고 한다. 특히 $m=n$인 정사각형 형태의 행렬을 n차 정방행렬(square matrix)이라 하며, $1\times n$행렬은 n차 행벡터(row vector), $m\times 1$행렬은 m차 열벡터(column vector)라고 한다.

행렬은 대개 알파벳의 대문자로 나타내며, 행렬 **A**의 $(i,\ j)$원소를 a_{ij}라 하면 $m\times n$행렬 **A**는 다음과 같이 나타낼 수 있다.

$$\mathbf{A}=\begin{bmatrix} a_{11} & a_{12} & \cdots & a_{1n} \\ a_{21} & a_{22} & \cdots & a_{2n} \\ \vdots & \vdots & & \vdots \\ a_{m1} & a_{m2} & \cdots & a_{mn} \end{bmatrix}$$

여기서 a_{ij}의 첨자 i는 행의 번호를 의미하며, 첨자 j는 열의 번호를 의미한다.

제 2 절 행렬의 연산

1. 행렬의 상등

두 행렬 A와 B의 행의 개수와 열의 개수가 각각 같을 때, 이 두 행렬은 "같은 꼴"이라 한다. 또한 같은 꼴인 행렬 A와 B에 있어서 서로 대응하는 원소가 모두 같을 때 행렬 A와 B는 "서로 같다"라고 하고

$$A = B$$

로 나타낸다. 다시 말해 $m \times n$인 행렬 A가 B와 같기 위해서는 B도 $m \times n$인 행렬이 되어야 하며 모든 i와 j에 대해 A의 $(i,\ j)$원소인 a_{ij}가 B의 $(i,\ j)$원소인 b_{ij}와 같아야 한다.

예제 3.1

다음 등식을 만족하는 a, b, c, d를 구하여라.

$$\begin{bmatrix} 3a+1 & 5c \\ -4a & d+2 \end{bmatrix} = \begin{bmatrix} 2 & 3c+1 \\ 4b-1 & 8 \end{bmatrix}$$

풀이

$3a+1=2$에서 $a=\frac{1}{3}$, $5c=3c+1$에서 $c=\frac{1}{2}$, $-4a=(-4)\left(\frac{1}{3}\right)=4b-1$에서 $b=-\frac{1}{12}$, 그리고 $d+2=8$에서 $d=6$임을 알 수 있다.

2. 행렬의 덧셈과 뺄셈

두 행렬 A와 B의 합은 A와 B가 같은 꼴일 때에만 정의되며, 이 경우 A와 B의 합은 서로 대응하는 원소의 합을 각 원소로 하는 행렬이 된다.

예를 들어 $A=\begin{bmatrix} a_{11} & a_{12} \\ a_{21} & a_{22} \end{bmatrix}$와 $B=\begin{bmatrix} b_{11} & b_{12} \\ b_{21} & b_{22} \end{bmatrix}$의 합 A+B는 다음과 같이 구해진다.

$$A+B=\begin{bmatrix} a_{11}+b_{11} & a_{12}+b_{12} \\ a_{21}+b_{21} & a_{22}+b_{22} \end{bmatrix}$$

일반적으로 행렬의 덧셈에는 다음과 같은 성질이 있다.

정리

행렬 A, B, C가 서로 같은 꼴일 때

(a) $A+B=B+A$ (교환법칙)

(b) $(A+B)+C=A+(B+C)$ (결합법칙)

모든 원소가 0인 행렬은 영행렬(zero matrix)이라고 부르며 알파벳 대문자 O로 나타낸다. 예를 들어

$$O=\begin{bmatrix} 0 & 0 & 0 \\ 0 & 0 & 0 \end{bmatrix}$$

은 영행렬이다.

영행렬 O와 같은 꼴의 행렬 A가 주어져 있을 때

$$A+O=O+A=A$$

가 성립하며, 행렬 A의 모든 원소의 부호를 바꾼 것을 원소로 하는 행렬은 $-A$로 나타낸다.

예를 들어 $A=\begin{bmatrix} a_{11} & a_{12} \\ a_{21} & a_{22} \end{bmatrix}$이면 $-A=\begin{bmatrix} -a_{11} & -a_{12} \\ -a_{21} & -a_{22} \end{bmatrix}$이다. 따라서 행렬 A가 영행렬 O와 같은 꼴이면, O와 A 사이에는 다음의 정리가 성립한다.

정리

(a) $O+A=A+O=A$
(b) $(-A)+A=A+(-A)=O$

지금까지 살펴본 행렬의 연산법칙을 이용하면 행렬의 뺄셈도 쉽게 정의할 수 있다. 두 행렬 A와 B가 같은 꼴일 때 두 행렬의 차이 $A-B$는 $A+(-B)$로 나타낼 수 있으므로, 예를 들어

$$A=\begin{bmatrix} a_{11} & a_{12} \\ a_{21} & a_{22} \end{bmatrix},\ B=\begin{bmatrix} b_{11} & b_{12} \\ b_{21} & b_{22} \end{bmatrix}$$

일 때 $A-B$는 다음과 같다.

$$A-B=\begin{bmatrix} a_{11}-b_{11} & a_{12}-b_{12} \\ a_{21}-b_{21} & a_{22}-b_{22} \end{bmatrix}$$

예제 3.2

$$A=\begin{bmatrix} 1 & 2 \\ 3 & 4 \end{bmatrix},\quad B=\begin{bmatrix} 5 & 6 \\ 7 & 8 \end{bmatrix}$$

(a) $A+X=B$를 만족시키는 행렬 X를 구하여라.
(b) $Y+B=A$를 만족시키는 행렬 Y를 구하여라.

풀이

(a) $\begin{bmatrix} 1+x_{11} & 2+x_{12} \\ 3+x_{21} & 4+x_{22} \end{bmatrix}=\begin{bmatrix} 5 & 6 \\ 7 & 8 \end{bmatrix}$이 되어야 하므로 $x_{11}=4$, $x_{12}=4$, $x_{21}=4$, $x_{22}=4$임을 알 수 있다. 따라서

$$X = \begin{bmatrix} 4 & 4 \\ 4 & 4 \end{bmatrix}$$

(b) A−B=Y이므로 $Y = \begin{bmatrix} -4 & -4 \\ -4 & -4 \end{bmatrix}$가 된다.

3. 실수와 행렬의 곱셈

행렬 A가 주어져 있을 때

$$A + A = 2A,\ A + A + A = 3A,\ \cdots$$

와 같이 나타낸다. 수, 변수 등은 행렬과 구분하기 위해 스칼라(scalar)라 부르며, 스칼라 k와 행렬 A의 곱을 스칼라배(scalar multiple)라 하고 kA로 나타낸다. 예를 들어 $A = \begin{bmatrix} a_{11} & a_{12} \\ a_{21} & a_{22} \end{bmatrix}$이면

$$kA = \begin{bmatrix} ka_{11} & ka_{12} \\ ka_{21} & ka_{22} \end{bmatrix}$$

가 된다.

행렬 A와 B가 같은 꼴이며, s와 t를 스칼라라 할 때 다음의 정리가 성립한다.

정리

(a) $(st)A = s(tA)$
(b) $(s+t)A = sA + tA$
(c) $s(A+B) = sA + sB$

예제 3.3

$$A = \begin{bmatrix} 15 & 5 \\ 0 & -5 \end{bmatrix}, \quad B = \begin{bmatrix} 10 & -5 \\ 5 & 15 \end{bmatrix}$$

(a) $A + 2B = X$를 만족시키는 행렬 X를 구하여라.

(b) $B - 2A = X$를 만족시키는 행렬 X를 구하여라.

풀이

(a) $X = \begin{bmatrix} 15 & 5 \\ 0 & -5 \end{bmatrix} + (2)\begin{bmatrix} 10 & -5 \\ 5 & 15 \end{bmatrix}$

$= \begin{bmatrix} 35 & -5 \\ 10 & 25 \end{bmatrix}$

(b) $X = \begin{bmatrix} 10 & -5 \\ 5 & 15 \end{bmatrix} - (2)\begin{bmatrix} 15 & 5 \\ 0 & -5 \end{bmatrix}$

$= \begin{bmatrix} 10 & -5 \\ 5 & 15 \end{bmatrix} - \begin{bmatrix} 30 & 10 \\ 0 & -10 \end{bmatrix}$

$= \begin{bmatrix} -20 & -15 \\ 5 & 25 \end{bmatrix}$

예제 3.4

$A = \begin{bmatrix} 1 & 0 \\ 0 & 1 \end{bmatrix}$, $B = \begin{bmatrix} 1 & 2 \\ 2 & 1 \end{bmatrix}$일 때 행렬 $\begin{bmatrix} 4 & 2 \\ 2 & 4 \end{bmatrix}$를 실수 x와 y를 이용하여 두 행렬의 가중합인 $xA + yB$의 형태로 나타내어라.

풀이

$\begin{bmatrix} 4 & 2 \\ 2 & 4 \end{bmatrix} = x\begin{bmatrix} 1 & 0 \\ 0 & 1 \end{bmatrix} + y\begin{bmatrix} 1 & 2 \\ 2 & 1 \end{bmatrix}$

$\Rightarrow \begin{bmatrix} 4 & 2 \\ 2 & 4 \end{bmatrix} = \begin{bmatrix} x+y & 2y \\ 2y & x+y \end{bmatrix}$

따라서 $x + y = 4$, $2y = 2$의 방정식을 풀면 $x = 3$, $y = 1$이 도출된다.

$$\begin{bmatrix} 4 & 2 \\ 2 & 4 \end{bmatrix} = 3A + 1B$$

4. 행렬의 곱셈

다음과 같이 $1\times n$행렬(행벡터) A와 $n\times 1$행렬(열벡터) B가 주어져 있을 때,

$$A=\begin{bmatrix} a_1 & a_2 & \cdots & a_n \end{bmatrix},\quad B=\begin{bmatrix} b_1 \\ b_2 \\ \vdots \\ b_n \end{bmatrix}$$

행렬의 곱(벡터의 곱) AB는 다음과 같이 정의된다.

$$AB=\begin{bmatrix} a_1 & a_2 & \cdots & a_n \end{bmatrix}\begin{bmatrix} b_1 \\ b_2 \\ \vdots \\ b_n \end{bmatrix}=a_1b_1+a_2b_2+\cdots+a_nb_n$$

일반적으로 행렬의 곱 AB가 정의된다면 A의 열의 개수와 B의 행의 개수가 같아야 하며, AB의 $(i,\ j)$원소는 A의 제i행의 행벡터와 B의 제j행의 열벡터를 곱한 값이 된다. 예를 들어

$$A=\begin{bmatrix} a_{11} & a_{12} & \cdots & a_{1k} \\ a_{21} & a_{22} & \cdots & a_{2k} \\ \vdots & \vdots & & \vdots \\ a_{m1} & a_{m2} & \cdots & a_{mk} \end{bmatrix},\quad B=\begin{bmatrix} b_{11} & b_{12} & \cdots & b_{1n} \\ b_{21} & b_{22} & \cdots & b_{2n} \\ \vdots & \vdots & & \vdots \\ b_{k1} & b_{k2} & \cdots & b_{kn} \end{bmatrix}$$

이면

$$AB=\begin{bmatrix} \sum_{i=1}^{k} a_{1i}b_{i1} & \sum_{i=1}^{k} a_{1i}b_{i2} & \cdots\cdots & \sum_{i=1}^{k} a_{1i}b_{in} \\ \sum_{i=1}^{k} a_{2i}b_{i1} & \sum_{i=1}^{k} a_{2i}b_{i2} & \cdots\cdots & \sum_{i=1}^{k} a_{2i}b_{in} \\ \vdots & \vdots & & \vdots \\ \sum_{i=1}^{k} a_{mi}b_{i1} & \sum_{i=1}^{k} a_{mi}b_{i2} & \cdots\cdots & \sum_{i=1}^{k} a_{mi}b_{in} \end{bmatrix}$$

이 되어, AB는 $m \times n$행렬임을 알 수 있다. 즉,

$$(m \times k\text{행렬})(k \times n\text{행렬}) \Rightarrow (m \times n\text{행렬})$$

이 된다. 위의 행렬곱은 두 개의 행렬 A와 B의 곱을 A의 제i행의 행벡터와 B의 제j행의 열벡터 내적으로 해석한 것이다. 이와 더불어 행렬곱은 첫 번째 행렬이 두 번째 행렬의 각각의 열에 의해 선형결합된 형태로 해석할 수 있다. 예를 들어

$$\mathrm{A}=\begin{bmatrix} a_{11} & a_{12} & \cdots & a_{1k} \\ a_{21} & a_{22} & \cdots & a_{2k} \\ \vdots & \vdots & & \vdots \\ a_{m1} & a_{m2} & \cdots & a_{mk} \end{bmatrix}, \quad \mathrm{B}=\begin{bmatrix} b_{11} & b_{12} & \cdots & b_{1n} \\ b_{21} & b_{22} & \cdots & b_{2n} \\ \vdots & \vdots & & \vdots \\ b_{k1} & b_{k2} & \cdots & b_{kn} \end{bmatrix}$$

이면 $\mathrm{AB}=\mathrm{A}b_1+\mathrm{A}b_2+\cdots \mathrm{A}b_k$로 표현될 수 있다. 여기서 b_j는 행렬 B의 j번째 열벡터이다.

예제 3.5

다음 행렬의 곱을 계산하여라.

(a) $\begin{bmatrix} 1 \\ 3 \end{bmatrix}\begin{bmatrix} 10 & -20 \end{bmatrix}$

(b) $\begin{bmatrix} a & b & c \\ a^2 & b^2 & c^2 \end{bmatrix}\begin{bmatrix} -a & -a^2 \\ b & -b^2 \\ -b & -c^2 \end{bmatrix}$

풀이

(a) $\begin{bmatrix} 10 & -20 \\ 30 & -60 \end{bmatrix}$

(b) $\begin{bmatrix} -a^2+b^2-bc & -a^3-b^3-c^3 \\ -a^3+b^3-bc^2 & -a^4-b^4-c^4 \end{bmatrix}$

예제 3.6

다음 연립방정식을 AX= B의 형태로 나타내어라. 단 $\mathbf{X}=\begin{bmatrix} x_1 \\ x_2 \\ x_3 \end{bmatrix}$으로 정의한다.

$$\begin{aligned} 3x_1+4x_2+x_3&=15 \\ x_1-2x_2+5x_3&=20 \\ 6x_1+x_2-10x_3&=5 \end{aligned}$$

풀이

$\mathbf{A}=\begin{bmatrix} 3 & 4 & 1 \\ 1 & -2 & 5 \\ 6 & 1 & -10 \end{bmatrix}$, $\mathbf{B}=\begin{bmatrix} 15 \\ 20 \\ 5 \end{bmatrix}$로 설정한다면 문제의 연립방정식은 AX= B로 나타낼 수 있다.

예제 3.7

제2장의 연습문제에서 살펴본 선형거시경제모형

$$Y=C+I+G,\ C=\overline{C}+c(Y-T_x),\ T_x=tY$$

를 AX= B의 형태로 나타내어라. 단, $\mathbf{X}=\begin{bmatrix} Y \\ C \\ T_x \end{bmatrix}$로 설정한다.

풀이

$\mathbf{A}=\begin{bmatrix} 1 & -1 & 0 \\ -c & 1 & c \\ -t & 0 & 1 \end{bmatrix}$, $\mathbf{X}=\begin{bmatrix} Y \\ C \\ T_x \end{bmatrix}$, $\mathbf{B}=\begin{bmatrix} I+G \\ \overline{C} \\ 0 \end{bmatrix}$라 한다면, 문제의 거시경제모형은 AX= B로 나타낼 수 있다.

행렬의 곱셈에서는 AB가 정의된다 하더라도 BA가 반드시 정의되지는 않으며, 설사 BA가 정의되더라도 AB= BA가 반드시 성립하지는 않는다. 예를 들어 A가 $m\times k$행렬이고 B가 $k\times n$행렬이면 AB는 정의되지만 $m\neq n$인 경우 BA는 정의될 수 없다. $m=n$인 경우에도 AB= BA가 반드시 성립하지는 않는데, 예를 들어

$$A = [1 \quad 2 \quad 3],\ B = \begin{bmatrix} a \\ b \\ c \end{bmatrix} \text{일 때}$$

$$AB = a + 2b + 3c$$

$$BA = \begin{bmatrix} a & 2a & 3a \\ b & 2b & 3b \\ c & 2c & 3c \end{bmatrix}$$

가 되어 $AB \neq BA$임을 알 수 있다. 따라서 행렬의 곱셈에서는 일반적으로 교환법칙이 성립하지 않는다.

합과 곱이 정의되는 행렬 A, B, C가 주어져 있을 때 행렬의 곱과 합에는 다음과 같은 법칙이 성립한다.

정리

(a) $(kA)B = A(kB) = k(AB)$ (여기서 k는 스칼라)

(b) $(AB)C = A(BC)$

(c) $(A+B)C = AC + BC$

(d) $A(B+C) = AB + AC$

예제 3.8

행렬 $A = \begin{bmatrix} 1 & 2 \\ 3 & 4 \end{bmatrix}$, $B = \begin{bmatrix} x & y \\ z & w \end{bmatrix}$가 주어져 있을 때

$$(A+B)(A-B) \neq A^2 - B^2$$
$$(A+B)^2 \neq A^2 + 2AB + B^2$$

임을 보여라.

풀이

(a) $$(A+B)(A-B) = \begin{bmatrix} 1+x & 2+y \\ 3+z & 4+w \end{bmatrix} \begin{bmatrix} 1-x & 2-y \\ 3-z & 4-w \end{bmatrix}$$
$$= \begin{bmatrix} (1+x)(1-x)+(2+y)(3-z) & (1+x)(2-y)+(2+y)(4-w) \\ (3+z)(1-x)+(4+w)(3-z) & (3+z)(2-y)+(4+w)(4-w) \end{bmatrix}$$

$$A^2-B^2=\begin{bmatrix}1&2\\3&4\end{bmatrix}\begin{bmatrix}1&2\\3&4\end{bmatrix}-\begin{bmatrix}x&y\\z&w\end{bmatrix}\begin{bmatrix}x&y\\z&w\end{bmatrix}$$
$$=\begin{bmatrix}7&10\\15&22\end{bmatrix}-\begin{bmatrix}x^2+yz&xy+yw\\zx+wz&zy+w^2\end{bmatrix}$$
$$=\begin{bmatrix}7-x^2-yz&10-xy-yw\\15-zx-wz&22-zy-w^2\end{bmatrix}$$

A^2-B^2에는 $3y$, $2z$, $2x$를 포함하는 원소가 없으므로 더 이상의 계산을 할 필요도 없이 $(A+B)(A-B)\neq A^2-B^2$임을 알 수 있다.

(b) $(A+B)^2=\begin{bmatrix}(1+x)^2+(2+y)(3+z)&(1+x)(2+y)+(2+y)(4+w)\\(3+z)(1+x)+(4+w)(3+z)&(3+z)(2+y)+(4+w)^2\end{bmatrix}$

$A^2+2AB+B^2=\begin{bmatrix}7+x^2+yz+2x+4z&10+xy+yw+2y+4w\\15+zx+wz+6x+8z&22+zy+w^2+6y+8w\end{bmatrix}$

각 행렬의 첫 번째 원소만을 비교해 보더라도 $(A+B)^2\neq A^2+2AB+B^2$임을 알 수 있다.

예제 3.9

$A=\begin{bmatrix}1&3\\-1&-2\end{bmatrix}$일 때 $A^3=\begin{bmatrix}1&0\\0&1\end{bmatrix}$이다.

(a) A^{10}을 구하여라.

(b) A^{98}을 구하여라.

(c) $A^{11}\begin{bmatrix}x\\y\end{bmatrix}=\begin{bmatrix}-5\\2\end{bmatrix}$일 때 x와 y의 값은 얼마인가?

풀이

(a) $A^{10}=(A^3)^3A=\begin{bmatrix}1&3\\-1&-2\end{bmatrix}$

(b) $A^{98}=(A^3)^{32}A^2=I\cdot A^2=\begin{bmatrix}1&3\\-1&-2\end{bmatrix}\begin{bmatrix}1&3\\-1&-2\end{bmatrix}=\begin{bmatrix}-2&-3\\1&1\end{bmatrix}$

(c) $A^{11}=(A^3)^3A^2=A^2=\begin{bmatrix}-2&-3\\1&1\end{bmatrix}$

$\Rightarrow\begin{bmatrix}-2&-3\\1&1\end{bmatrix}\begin{bmatrix}x\\y\end{bmatrix}=\begin{bmatrix}-5\\2\end{bmatrix}\Rightarrow x=1,\ y=1$

예제 3.10

라이트도너츠는 플레인도너츠와 베이글형 도너츠 두 가지만 판매한다. 플레인 1세트는 10,000원이고, 베이글형은 1세트에 12,000원이다. 지난달 팔린 도너츠 매출량은 플레인이 18,000세트, 베이글형이 27,000세트였다. 한편, 도너츠생산에 투입되는 식자재는 세 가지 종류가 있는데 지난달에 사용된 양을 조사해 보니, 유기농밀가루가 11,000kg, 버터가 15,000kg, 그리고 설탕이 15,000kg이었다. 유기농밀가루, 버터, 그리고 설탕의 구입가격이 각각 kg당 10,000원, 10,000원, 8,000원이라 가정하고, 지난달 라이트도너츠의 순이익을 행렬을 이용하여 구하여라.

풀이

$$\text{매출액(단위 : 천원)} = [10 \quad 12]\begin{bmatrix} 18,000 \\ 27,000 \end{bmatrix}$$

$$\text{식자재비용(단위 : 천원)} = [10 \quad 10 \quad 8]\begin{bmatrix} 11,000 \\ 15,000 \\ 15,000 \end{bmatrix}$$

순이익$=(180,000+324,000)-(110,000+150,000+120,000)=124,000$천원

예제 3.11

디지털하우징은 조립식 주택을 건설하는 전문업체이다. A, B, C 세 가지 모델을 소비자에게 제공하고 있는데, 이 세 모델은 외장을 어떤 스타일로 꾸미는가에 따라 현대식과 전통식으로 나뉜다. 행렬 **P**는 다음 사분기에 건축할 주택 100채의 구성을 보여주고 있다.

$$\mathbf{P} = \begin{array}{c} \\ \text{모델 } A \\ \text{모델 } B \\ \text{모델 } C \end{array} \begin{array}{c} \text{현대식 전통식} \\ \begin{bmatrix} 0 & 30 \\ 10 & 20 \\ 20 & 10 \end{bmatrix} \end{array}$$

또한 현대식과 전통식 외장을 꾸미기 위해서는 콘크리트, 목재, 벽돌, 화학첨가제의 네 가지 자재가 투입되는데, 그 소요량은 다음과 같다. 예를 들어 현대식으로 외장을 꾸미고자 하는 경우 콘크리트 10단위, 목재 2단위, 화학첨가제 2단위가 소요되며 벽돌은 필요 없다.

$$\mathbf{Q} = \begin{array}{c} \\ \text{현대식} \\ \text{전통식} \end{array} \begin{array}{c} \text{콘크리트 \ 목재 \ 벽돌 \ 화학첨가제} \\ \begin{bmatrix} 10 & 2 & 0 & 2 \\ 50 & 1 & 20 & 2 \end{bmatrix} \end{array}$$

각 자재의 단위당 구입가격(단위 : 만원)이 다음과 같다고 할 때, 이번에 건축할 주택 100채 중에서 모델 A, B, C에 소요되는 외장자재비는 각각 얼마인가?

$$\mathbf{R} = \begin{matrix} \text{콘크리트} \\ \text{목 재} \\ \text{벽 돌} \\ \text{화학첨가제} \end{matrix} \begin{bmatrix} 20 \\ 100 \\ 60 \\ 10 \end{bmatrix}$$

풀이

주택모델별로 원가를 계산하기 위해서는 우선 **PQ**부터 구해야 한다. **PQ**는 모델별, 자재유형별 총투입 물량을 나타낸다. 여기에 **R**을 곱하면 모델별 외장자재비가 계산된다.

$$\mathbf{PQ} = \begin{bmatrix} 0 & 30 \\ 10 & 20 \\ 20 & 10 \end{bmatrix} \begin{bmatrix} 10 & 2 & 0 & 2 \\ 50 & 1 & 20 & 2 \end{bmatrix}$$

$$\begin{matrix} & \text{콘크리트} & \text{목재} & \text{벽돌} & \text{화학첨가제} & \\ = & \left[\begin{matrix} 1{,}500 \\ 1{,}100 \\ 700 \end{matrix} \right. & \begin{matrix} 30 \\ 40 \\ 50 \end{matrix} & \begin{matrix} 600 \\ 400 \\ 200 \end{matrix} & \left. \begin{matrix} 60 \\ 60 \\ 60 \end{matrix} \right] & \begin{matrix} \text{모델 } A \\ \text{모델 } B \\ \text{모델 } C \end{matrix} \end{matrix}$$

$$\mathbf{PQR} = \begin{bmatrix} 1{,}500 & 30 & 600 & 60 \\ 1{,}100 & 40 & 400 & 60 \\ 700 & 50 & 200 & 60 \end{bmatrix} \begin{bmatrix} 20 \\ 100 \\ 60 \\ 10 \end{bmatrix} = \begin{bmatrix} 69{,}600 \\ 50{,}600 \\ 31{,}600 \end{bmatrix}$$

따라서 모델 A는 69,600만원, B는 50,600만원, C는 31,600만원이 소요된다.

예제 3.12

A, B C 3개국을 연결하는 국제항공노선을 그림으로 나타내면 다음과 같다.

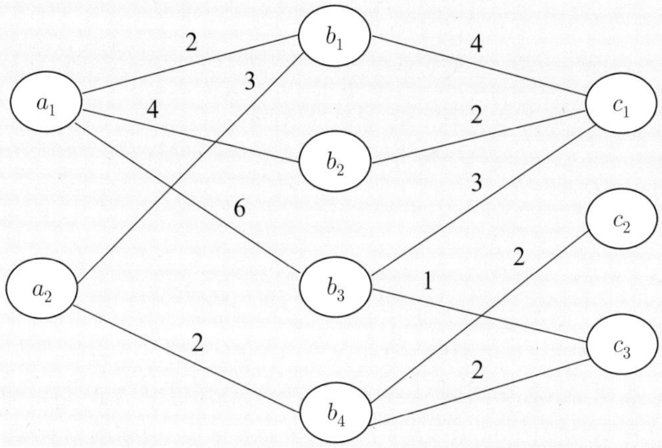

네트워크상에 나타난 숫자는 해당노선의 일간 왕복운행횟수이다. 예를 들어 A국의 국제공항 a_1에서 B국의 국제공항 b_1을 연결하는 국제항공운행횟수는 매일 왕복 2회이다. 마찬가지로 국제공항 a_1과 b_2구간에서는 매일 4회의 왕복운행서비스가 제공된다. A국의 국제공항과 C국의 국제공항을 연결하는 항공서비스는 매일 왕복 몇 회씩 제공되는가?

풀이

행렬 P와 Q를 다음과 같이 정의해 보자.

$$\mathrm{P} = \begin{array}{c} \\ a_1 \\ a_2 \end{array} \begin{array}{c} \begin{array}{cccc} b_1 & b_2 & b_3 & b_4 \end{array} \\ \begin{bmatrix} 2 & 4 & 6 & 0 \\ 3 & 0 & 0 & 2 \end{bmatrix} \end{array}$$

$$\mathrm{Q} = \begin{array}{c} \\ b_1 \\ b_2 \\ b_3 \\ b_4 \end{array} \begin{array}{c} \begin{array}{ccc} c_1 & c_2 & c_3 \end{array} \\ \begin{bmatrix} 4 & 0 & 0 \\ 2 & 0 & 0 \\ 3 & 0 & 1 \\ 0 & 2 & 2 \end{bmatrix} \end{array}$$

P는 A국과 B국을 연결하는 항공서비스횟수를 나타내며 Q는 B국과 C국을 연결하는 항공서비스횟수를 나타낸다.

$$PQ = \begin{bmatrix} 2 & 4 & 6 & 0 \\ 3 & 0 & 0 & 2 \end{bmatrix} \begin{bmatrix} 4 & 0 & 0 \\ 2 & 0 & 0 \\ 3 & 0 & 1 \\ 0 & 2 & 2 \end{bmatrix}$$

$$= \begin{bmatrix} 34 & 0 & 6 \\ 12 & 4 & 4 \end{bmatrix}$$

예를 들어 a_1과 c_1을 연결하는 항공노선수는 34회가 된다.

예제 3.13

제주도에서 가장 큰 규모의 렌터카 사업을 하고 있는 (주)아일랜드오토는 3곳에 사무실과 주차장을 두고 있다. 고객편의를 위해 차를 어디에서 빌렸든 간에 관계없이 3곳 어디에나 차를 반납하고 갈 수 있다. 고객편의를 위한 정책이기는 하지만 (주)아일랜드오토 입장에서는 어느 한곳에 차들이 몰릴까봐 다소 우려하고 있다. 사무실이 있는 북부, 서부, 남부 영업점의 자료를 분석한 결과, 북부영업점에서 차를 임대한 고객 중 80%는 북부영업점에 차를 반납하고, 10%는 서부영업점, 나머지 10%는 남부영업점에 차를 반납하는 것으로 나타났다. 서부영업점에서 차를 빌린 고객의 70%는 서부영업점에 그대로 반납하고 20%는 북부영업점, 10%는 남부영업점에 반납했다. 마지막으로 남부영업점에서 차를 빌린 고객의 60%는 남부영업점에 차를 반납하고, 25%는 북부영업점, 나머지 15%는 서부영업점에 반납했다.

현재 북부영업점에서는 100대가 임대되었고, 서부영업점에서는 80대, 그리고 남부영업점에서는 60대가 임대된 것으로 나타났다. 이들 240대의 자동차가 나중에 각 영업점에 어떻게 나뉘어 반납되었을 것으로 예상하는가?

풀이

고객이 자동차를 빌린 영업점을 i라 하고 반납한 영업점을 k라 한다면, 고객이 영업점 $i(i=1, 2, 3)$에서 빌리고 영업점 $k(k=1, 2, 3)$로 반납할 확률을 정리하면 다음과 같다.

		차를 반납한 영업점		
		북부	서부	남부
차를 빌린 영업점	북부	0.8	0.1	0.1
	서부	0.2	0.7	0.1
	남부	0.25	0.15	0.6

아침에 북부, 서부, 남부 영업점에서 각각 100대, 80대, 60대가 렌트되어 나갔다면, 이 중 북부영업점으로 반납될 자동차 대수는 (100)(0.8)+(80)(0.2)+(60)(0.25)=111대이다. 마찬가지로 서부영업점으로는 (100)(0.1)+(80)(0.7)+(60)(0.15)=75대가 반납될 것으로 예상할 수 있다. 즉,

$$[100 \quad 80 \quad 60]\begin{bmatrix} 0.8 & 0.1 & 0.1 \\ 0.2 & 0.7 & 0.1 \\ 0.25 & 0.15 & 0.6 \end{bmatrix} = [111 \quad 75 \quad 54]$$

의 식을 통해 반납되는 자동차 대수를 쉽게 계산할 수 있다.

제 3 절 단위행렬 · 역행렬 · 전치행렬

단위행렬과 역행렬의 개념을 소개하기에 앞서 다음과 같은 실수의 특성을 되새겨 보자.

(a) 임의의 실수 a에 1을 곱해도 a가 되며, 1에 a를 곱해도 a가 된다. 즉 $a \times 1 = 1 \times a = a$가 된다.

(b) 임의의 실수 a와 b가 $ab = 1$을 만족시킨다면 b는 $\frac{1}{a}$이 되며, 이를 a의 역수라 한다.

행렬의 경우도 이와 같은 특성을 지니는 행렬을 정의할 수 있다.

1. 단위행렬

행렬 중에서 왼쪽 위에서 오른쪽 아래로의 대각선상의 원소가 모두 1이고 그 밖의 원소는 모두 0인 $n \times n$정방행렬을 단위행렬(identity matrix, unit matrix)이라 부르며, I_n 또는 E_n으로 표기한다. 즉,

$$\mathbf{I}_n = \begin{bmatrix} 1 & 0 & \cdots & 0 \\ 0 & 1 & \cdots & 0 \\ \vdots & \vdots & \vdots & \vdots \\ 0 & 0 & \cdots & 1 \end{bmatrix}$$

행렬의 곱셈법칙에 의하면 $m \times n$행렬인 $\mathbf{A}$가 주어져 있을 때, $\mathbf{A}$에 $\mathbf{I}_n$을 곱하거나 $\mathbf{I}_m$에 $\mathbf{A}$를 곱하더라도 $\mathbf{A}$는 변하지 않는다. 즉

$$\mathbf{A}\mathbf{I}_n = \mathbf{I}_m\mathbf{A} = \mathbf{A}$$

가 성립한다.

예제 3.14

$\mathbf{A} = \begin{bmatrix} x & y \\ z & w \end{bmatrix}$일 때 다음이 성립함을 보여라.

(a) $(\mathbf{A}+\mathbf{I}_2)(\mathbf{A}-\mathbf{I}_2) = \mathbf{A}^2 - \mathbf{I}_2$

(b) $(\mathbf{A}+\mathbf{I}_2)^2 = \mathbf{A}^2 + 2\mathbf{A} + \mathbf{I}_2$

풀이

(a)
$$\begin{aligned}(\mathbf{A}+\mathbf{I}_2)(\mathbf{A}-\mathbf{I}_2) &= \begin{bmatrix} x+1 & y \\ z & w+1 \end{bmatrix}\begin{bmatrix} x-1 & y \\ z & w-1 \end{bmatrix} \\ &= \begin{bmatrix} (x^2-1)+yz & (x+1)y+y(w-1) \\ z(x-1)+(w+1)z & zy+(w^2-1) \end{bmatrix} \\ &= \begin{bmatrix} x^2+yz & xy+yw \\ xz+zw & w^2+zy \end{bmatrix} - \begin{bmatrix} 1 & 0 \\ 0 & 1 \end{bmatrix} \\ &= \mathbf{A}^2 - \mathbf{I}_2\end{aligned}$$

(b)
$$\begin{aligned}(\mathbf{A}+\mathbf{I}_2)^2 &= (\mathbf{A}+\mathbf{I}_2)(\mathbf{A}+\mathbf{I}_2) \\ &= \begin{bmatrix} x+1 & y \\ z & w+1 \end{bmatrix}\begin{bmatrix} x+1 & y \\ z & w+1 \end{bmatrix} \\ &= \begin{bmatrix} x^2+2x+1+yz & xy+2y+yw \\ xz+2z+zw & zy+w^2+2w+1 \end{bmatrix} \\ &= \begin{bmatrix} x^2+yz & xy+yw \\ xz+zw & w^2+zy \end{bmatrix} + 2\begin{bmatrix} x & y \\ z & w \end{bmatrix} + \begin{bmatrix} 1 & 0 \\ 0 & 1 \end{bmatrix} \\ &= \mathbf{A}^2 + 2\mathbf{A} + \mathbf{I}_2\end{aligned}$$

2. 역행렬

$n \times n$인 정방행렬 A에 대하여

$$AB = BA = I_n$$

을 만족시키는 $n \times n$행렬 B가 존재할 때 행렬 B를 행렬 A의 역행렬(inverse matrix)이라 하고, 기호로는 A^{-1}로 표시한다. 마찬가지로 행렬 A는 행렬 B의 역행렬이 되며 $A = B^{-1}$이 성립한다. 보다 일반적인 역행렬의 특성과 도출방법에 대해서는 제4장에서 다루기로 하고 본절에서는 2×2정방행렬을 중심으로 하여 그 개념만 살펴보기로 하자.

2×2행렬인 $A = \begin{bmatrix} a_{11} & a_{12} \\ a_{21} & a_{22} \end{bmatrix}$의 역행렬이 존재한다고 가정하고 $A^{-1} = \begin{bmatrix} x_{11} & x_{12} \\ x_{21} & x_{22} \end{bmatrix}$라 설정해 보자. $AA^{-1} = I_2$가 되어야 하므로

$$\begin{bmatrix} a_{11} & a_{12} \\ a_{21} & a_{22} \end{bmatrix} \begin{bmatrix} x_{11} & x_{12} \\ x_{21} & x_{22} \end{bmatrix} = \begin{bmatrix} 1 & 0 \\ 0 & 1 \end{bmatrix}$$

에서 다음 식이 성립함을 알 수 있다.

$$a_{11}x_{11} + a_{12}x_{21} = 1, \ a_{11}x_{12} + a_{12}x_{22} = 0$$
$$a_{21}x_{11} + a_{22}x_{21} = 0, \ a_{21}x_{12} + a_{22}x_{22} = 1$$

이 두 연립방정식의 해를 구하면

$$x_{11} = \frac{a_{22}}{a_{11}a_{22} - a_{12}a_{21}}, \quad x_{12} = \frac{-a_{12}}{a_{11}a_{22} - a_{12}a_{21}}$$
$$x_{21} = \frac{-a_{21}}{a_{11}a_{22} - a_{12}a_{21}}, \quad x_{22} = \frac{a_{11}}{a_{11}a_{22} - a_{12}a_{21}}$$

이 됨을 알 수 있다. 따라서 A^{-1}이 존재하기 위해서는 $a_{11}a_{22} - a_{12}a_{21} \neq 0$이 성립해

야 하며, 이때 $A^{-1}=\dfrac{1}{a_{11}a_{22}-a_{12}a_{21}}\begin{bmatrix} a_{22} & -a_{12} \\ -a_{21} & a_{11} \end{bmatrix}$이 됨을 알 수 있다.

이제 역행렬에 관한 기본적인 정리를 살펴보기로 하자.

정리

(a) A의 역행렬 A^{-1}이 존재하면 $(A^{-1})^{-1}=A$가 성립한다.
(b) A와 B의 역행렬 A^{-1}과 B^{-1}이 존재할 때 $(AB)^{-1}=B^{-1}A^{-1}$이 성립한다.

이 정리에서 (a)는 역행렬의 정의를 생각해 보면 당연한 결과가 되며, (b)는 $(AB)(B^{-1}A^{-1})$과 $(B^{-1}A^{-1})(AB)$를 구해보면 쉽게 증명할 수 있다. 즉

$$\begin{aligned}(AB)(B^{-1}A^{-1}) &= (ABB^{-1})A^{-1} = A(BB^{-1})A^{-1} \\ &= AIA^{-1} = AA^{-1} = I \\ (B^{-1}A^{-1})(AB) &= (B^{-1}A^{-1}A)B = B^{-1}(A^{-1}A)B \\ &= B^{-1}IB = B^{-1}B = I\end{aligned}$$

가 되므로 (b)가 성립함을 알 수 있다.

3. 전치행렬

$m\times n$인 행렬 A가 주어져 있을 때 A의 전치행렬(transpose)이란 A의 행과 열을 서로 뒤바꾸어 놓은 $n\times m$행렬을 의미하며, A^T 또는 A'로 표기한다.

$$A=\begin{bmatrix} 1 & 2 & 3 \\ -1 & -2 & -3 \end{bmatrix}\text{이면}\quad A^T=\begin{bmatrix} 1 & -1 \\ 2 & -2 \\ 3 & -3 \end{bmatrix}$$

이 된다. 따라서 행벡터의 전치행렬은 열벡터가 되며, 열벡터의 전치행렬은 행벡터가 된다. 즉

$$\begin{bmatrix} a_1 \\ a_2 \\ a_3 \\ a_4 \end{bmatrix}^T = [a_1 \ a_2 \ a_3 \ a_4], \quad [a_1 \ a_2 \ a_3 \ a_4]^T = \begin{bmatrix} a_1 \\ a_2 \\ a_3 \\ a_4 \end{bmatrix}$$

전치행렬의 기본적인 특성을 요약하면 다음 정리와 같다.

정리

행렬 A와 B에 대해 A+B, AB가 정의된다면

(a) $(A^T)^T = A$

(b) $(A+B)^T = A^T + B^T$

(c) $(kA)^T = kA^T$ (여기서 k는 스칼라임)

(d) $(AB)^T = B^T A^T$

이제 다음 예제를 통해 위 정리의 (d)를 증명해 보기로 하자.

예제 3.15

행렬 A 와 B가 다음과 같이 주어져 있을 때 $(AB)^T = B^T A^T$임을 보여라.

$$A = \begin{bmatrix} a_{11} & a_{12} \\ a_{21} & a_{22} \\ a_{31} & a_{32} \end{bmatrix}, \ B = \begin{bmatrix} b_{11} & b_{12} & b_{13} \\ b_{21} & b_{22} & b_{23} \end{bmatrix}$$

풀이

$$(AB)^T = \begin{bmatrix} a_{11}b_{11}+a_{12}b_{21} & a_{11}b_{12}+a_{12}b_{22} & a_{11}b_{13}+a_{12}b_{23} \\ a_{21}b_{11}+a_{22}b_{21} & a_{21}b_{12}+a_{22}b_{22} & a_{21}b_{13}+a_{22}b_{23} \\ a_{31}b_{11}+a_{32}b_{21} & a_{31}b_{12}+a_{32}b_{22} & a_{31}b_{13}+a_{32}b_{23} \end{bmatrix}^T = \begin{bmatrix} a_{11}b_{11}+a_{12}b_{21} & a_{21}b_{11}+a_{22}b_{21} & a_{31}b_{11}+a_{32}b_{21} \\ a_{11}b_{12}+a_{12}b_{22} & a_{21}b_{12}+a_{22}b_{22} & a_{31}b_{12}+a_{32}b_{22} \\ a_{11}b_{13}+a_{12}b_{23} & a_{21}b_{13}+a_{22}b_{23} & a_{31}b_{13}+a_{32}b_{23} \end{bmatrix}$$

$$B^T A^T = \begin{bmatrix} b_{11} & b_{21} \\ b_{12} & b_{22} \\ b_{13} & b_{23} \end{bmatrix} \begin{bmatrix} a_{11} & a_{21} & a_{31} \\ a_{12} & a_{22} & a_{32} \end{bmatrix} = \begin{bmatrix} a_{11}b_{11}+a_{12}b_{21} & a_{21}b_{11}+a_{22}b_{21} & a_{31}b_{11}+a_{32}b_{21} \\ a_{11}b_{12}+a_{12}b_{22} & a_{21}b_{12}+a_{22}b_{22} & a_{31}b_{12}+a_{32}b_{22} \\ a_{11}b_{13}+a_{12}b_{23} & a_{21}b_{13}+a_{22}b_{23} & a_{31}b_{13}+a_{32}b_{23} \end{bmatrix}$$

따라서 $(AB)^T = B^T A^T$가 성립함을 알 수 있다.

4. 대각행렬

대각행렬은 주 대각선을 제외한 모든 원소가 0인 행렬을 일컫는다. 주 대각선상의 원소는 어떤 값이든지 될 수 있다. 3×3대각행렬 D의 예시로 다음을 들 수 있다.

$$\mathrm{D} = diag(a_{11},\ a_{22},\ a_{33}) = \begin{bmatrix} a_{11} & 0 & 0 \\ 0 & a_{22} & 0 \\ 0 & 0 & a_{33} \end{bmatrix}$$

대각행렬의 거듭제곱은 주 대각선의 원소를 각각 거듭제곱한 결과로 나타낼 수 있으며, 주 대각선상 이외의 모든 항이 0이므로 대각행렬이 일반행렬의 오른쪽에 곱해지면 열에, 왼쪽에 곱해지면 행에만 영향을 준다.

대각행렬의 기본적 특성을 요약하면 다음과 같다.

정리

두 대각행렬을 곱할 때, 대응하는 위치의 원소끼리 곱한 값을 대각선에 배치하고 나머지는 모두 0으로 만든다. 대각행렬의 전치는 원래 행렬과 동일하다. 왜냐하면 대각행렬은 대각선을 제외한 부분이 모두 0이기 때문에, 전치했을 때에도 대칭되는 대각선을 중심으로 같은 값을 가지게 된다. 대각행렬의 역행렬은 대각선상의 원소들의 역수로 이루어진다. 만약 대각선상의 어떤 값이 0이면, 해당행렬에 대한 역행렬은 존재하지 않을 수 있다.

예제 3.16

(a) 행렬 D의 100제곱 행렬을 구하여라.

$$\mathrm{D} = \begin{bmatrix} 2 & 0 & 0 \\ 0 & 3 & 0 \\ 0 & 0 & 4 \end{bmatrix}$$

(b) 행렬 A, D에 대하여 AD와 DA를 구하여라.

$$\mathrm{A} = \begin{bmatrix} 1 & 2 & 3 \\ 3 & 2 & 5 \\ 5 & 0 & 1 \end{bmatrix},\ \mathrm{D} = \begin{bmatrix} 2 & 0 & 0 \\ 0 & 3 & 0 \\ 0 & 0 & 4 \end{bmatrix}$$

풀이

(a) $D^{100}=\begin{bmatrix}2^{100} & 0 & 0\\ 0 & 3^{100} & 0\\ 0 & 0 & 4^{100}\end{bmatrix}$

(b) $AD=\begin{bmatrix}2 & 6 & 12\\ 6 & 6 & 20\\ 10 & 0 & 4\end{bmatrix}$, $DA=\begin{bmatrix}2 & 4 & 6\\ 9 & 6 & 15\\ 20 & 0 & 4\end{bmatrix}$

CHAPTER 3

연습문제

1. 다음을 계산하여라.

(a) $3\begin{bmatrix}1\\2\\4\end{bmatrix}+6\begin{bmatrix}0\\-1\\5\end{bmatrix}$

(b) $\begin{bmatrix}2 & 6 & 5\end{bmatrix}\begin{bmatrix}4\\1\\7\end{bmatrix}$

(c) $\begin{bmatrix}4\\2\\-1\end{bmatrix}\begin{bmatrix}3 & 0 & 5\end{bmatrix}$

(d) $\begin{bmatrix}1 & 5\end{bmatrix}\begin{bmatrix}2 & -6 & 1 & 0\\0 & 0 & 3 & -1\end{bmatrix}$

(e) $\begin{bmatrix}x+1 & 2\\2 & x-4\end{bmatrix}\begin{bmatrix}y & 2\\1 & 3-y\end{bmatrix}$

(f) $\begin{bmatrix}3 & 2\\2 & 4\end{bmatrix}\begin{bmatrix}x_1 & x_3 & x_5\\x_2 & x_4 & x_6\end{bmatrix}$

2. 다음 등식을 만족하는 a, b, c, d값을 구하여라.

(a) $\begin{bmatrix}3a+1 & 5c\\-4a & d+2\end{bmatrix}=\begin{bmatrix}2 & 3c+1\\4b-1 & 6\end{bmatrix}$

(b) $\begin{bmatrix}3a-2b & b+c\\5a-1 & c-3d\end{bmatrix}=\begin{bmatrix}-1 & 5\\4 & 6\end{bmatrix}$

(c) $\begin{bmatrix}-2c & c+d\\c-d & d\end{bmatrix}=\begin{bmatrix}a & 8\\6 & -b\end{bmatrix}$

3. $A=\begin{bmatrix}1 & 3\\2 & 4\end{bmatrix}$, $B=\begin{bmatrix}1 & 0\\1 & 1\end{bmatrix}$, $C=\begin{bmatrix}0 & 1\\1 & 0\end{bmatrix}$일 때 다음을 계산하여라.

(a) $(AB)C$

(b) $A(B+C)$

4. $A=\begin{bmatrix}2 & 1\\0 & 3\end{bmatrix}$, $B=\begin{bmatrix}4 & 6\\1 & 0\end{bmatrix}$, $C=\begin{bmatrix}2 & 1\\-5 & 1\end{bmatrix}$일 때 다음을 계산하여라.

(a) $A(B+C)$

(b) $AB+AC$

(c) $(AB)C$

(d) $A(BC)$

(e) $(A-B)C$

(f) $AC-BC$

5. 한국전자는 3개의 사업본부로 구성되어 있다. 각 사업본부의 분기별 영업이익을 정리한 결과 다음과 같은 자료행렬을 구할 수 있었다.

$$\begin{array}{cc|ccc} & & \text{가전사업} & \text{산업전자} & \text{컴퓨터} \\ & 1 & 6 & 2 & 1 \\ \text{분기} & 2 & 5 & -1 & 2 \\ & 3 & 8 & 0 & 0 \\ & 4 & 4 & 3 & 1 \end{array}$$

(a) 각 행을 $\mathbf{R}_1, \mathbf{R}_2, \mathbf{R}_3, \mathbf{R}_4$라 할 때 $\mathbf{R}_1+\mathbf{R}_2+\mathbf{R}_3+\mathbf{R}_4$를 계산하고, 그 의미를 설명하여라.

(b) 각 열을 $\mathbf{C}_1, \mathbf{C}_2, \mathbf{C}_3$이라 할 때 $\mathbf{C}_1+\mathbf{C}_2+\mathbf{C}_3$을 계산하고, 그 의미를 설명하여라.

6. 한국가구는 식탁만을 전문으로 제조·판매하는 중소기업이다. 세 종류의 식탁이 주로 판매되는데, 각 품목의 제조에 소요되는 유리, 나무, 금속부품의 자재가격을 행렬로 나타내면 다음과 같다.

$$\begin{array}{cc|ccc} & & \text{유리} & \text{나무} & \text{금속부품} \\ & \text{I} & 30 & 15 & 1 \\ \text{식탁종류} & \text{II} & 3 & 25 & 8 \\ & \text{III} & 2 & 0 & 5 \end{array} \quad (\text{단위 : 만원})$$

품목 I을 10조, 품목 II를 4조, 품목 III을 5조 생산할 때 소요되는 자재비용은 얼마인가?

7. 한국PC는 세 종류의 개인용 컴퓨터를 생산하고 있다. 이들 세 가지 컴퓨터의 생산에 소요되는 부품 중 그 비중이 가장 큰 네 가지 부품의 소요량을 행렬로 나타내면 다음과 같다.

$$\begin{array}{cc|ccc} & & & \text{컴퓨터} & \\ & & \text{I} & \text{II} & \text{III} \\ & 1 & 3 & 2 & 4 \\ \text{부품} & 2 & 5 & 8 & 4 \\ & 3 & 1 & 1 & 1 \\ & 4 & 7 & 10 & 3 \end{array}$$

한편 이들 세 가지 컴퓨터는 인천과 부산 공장에서 각각 생산되는데, 2011년의 생산실적을 정리하면 다음과 같다.

$$\begin{array}{cc|cc} & & \text{인천공장} & \text{부산공장} \\ & \text{I} & 80 & 50 \\ \text{컴퓨터} & \text{II} & 20 & 200 \\ & \text{III} & 160 & 120 \end{array}$$

첫 번째 행렬을 $\mathbf{A}$, 두 번째 행렬을 $\mathbf{B}$라 할 때 $\mathbf{AB}$를 계산하고 그 의미를 설명하여라.

8. 한국레저는 인천과 거제에 각각 생산시설을 마련하고, 1인용, 2인용, 3인용 소형요트를 생산하고 있다. 각 제품별 생산에 소요되는 직접노동시간은 다음과 같다.

$$\mathbf{M} = \begin{array}{c} \\ \\ \end{array}\begin{matrix} \text{절단부서} & \text{조립부서} & \begin{matrix}\text{외장 및}\\ \text{포장부서}\end{matrix} \end{matrix}$$

$$\mathbf{M} = \begin{bmatrix} 0.6 & 0.6 & 0.2 \\ 1.0 & 0.9 & 0.3 \\ 1.5 & 1.2 & 0.4 \end{bmatrix} \begin{matrix} \text{1인용} \\ \text{2인용} \\ \text{3인용} \end{matrix} \quad \text{(단위 : 시간)}$$

지역별로 임금수준에 차이가 있는데, 그 내역은 다음과 같다.

시간당 임금 (인천, 거제)

$$\mathbf{N} = \begin{bmatrix} 2.5 & 2.0 \\ 3.0 & 3.5 \\ 4.0 & 4.0 \end{bmatrix} \begin{matrix} \text{절단} \\ \text{조립} \\ \text{외장 및 포장} \end{matrix} \quad \text{(단위 : 백만원)}$$

(a) 1인용 요트 1대를 생산하기 위해 필요한 인건비를 각 공장별로 계산하여라.

(b) 행렬 $\mathbf{MN}$을 계산하고, 그 의미가 무엇인지 제시하여라.

9. 한국디지털은 3가지 유형의 핸드폰을 생산 · 판매하고 있는데, 1사분기 생산량이 다음과 같다.

$$q = \begin{matrix} \text{모델 } A \\ \text{모델 } B \\ \text{모델 } C \end{matrix} \begin{bmatrix} 15{,}000 \\ 27{,}000 \\ 13{,}000 \end{bmatrix}$$

각 모델의 판매가격은 $p=$[10만원 12만원 5만원]이다. 이 생산목표를 달성하기 위해서는 2개의 핵심부품이 다음과 같이 공급되어야 한다.

$$Z = \begin{matrix} \text{부품 } a \text{ 소요량} \\ \text{부품 } b \text{ 소요량} \end{matrix} \begin{bmatrix} 50{,}000 \\ 30{,}000 \end{bmatrix}$$

이 두 부품의 구입원가가 각각 2만원과 3만원일 때 순이익을 얼마나 기대할 수 있는가?

10. 다음의 행렬 A는 지난 3사분기 동안 어느 대리점이 판매한 농기계 대수를 분기별, 모델별로 나타낸 것이다. 각 품목의 대당 판매이익과 판매원에게 지불해야 할 대당 판매수당을 정리한 것을 행렬 B라 할 때 각 분기별 총판매이익(단위 : 백만원)과 총판매수당(단위 : 백만원)은 각각 얼마인가?

$$\begin{array}{cc} & \begin{array}{cccc}\text{모델 I} & \text{모델 II} & \text{모델 III} & \text{모델 IV}\end{array} \\ A = \begin{array}{c}\text{1사분기}\\ \text{2사분기}\\ \text{3사분기}\end{array} & \begin{bmatrix} 6 & 19 & 14 & 46 \\ 8 & 28 & 12 & 40 \\ 4 & 26 & 17 & 55 \end{bmatrix} \end{array}$$

$$\begin{array}{cc} & \begin{array}{cc}\text{대당 이익} & \text{대당 판매수당}\end{array} \\ B = \begin{array}{c}\text{모델 I}\\ \text{모델 II}\\ \text{모델 III}\\ \text{모델 IV}\end{array} & \begin{bmatrix} 2 & 1 \\ 3 & 2 \\ 5 & 3 \\ 4 & 4 \end{bmatrix} \end{array}$$

11. 다음 행렬의 역행렬을 구하여라.

(a) $\begin{bmatrix} 1 & 8 \\ 0 & 3 \end{bmatrix}$ (b) $\begin{bmatrix} 1 & 1 \\ 5 & 8 \end{bmatrix}$

(c) $\begin{bmatrix} 1 & -4 \\ 0 & \frac{1}{3} \end{bmatrix}$ (d) $\begin{bmatrix} 4 & -\frac{1}{2} \\ -3 & \frac{1}{2} \end{bmatrix}$

12. 행렬의 곱 ABC와 $C^{-1}B^{-1}A^{-1}$이 정의될 수 있을 때 $(ABC)^{-1} = C^{-1}B^{-1}A^{-1}$임을 보여라.

13. 행렬 A, B, C가 다음과 같이 주어져 있을 때 A^T, B^T, C^T를 구하여라.

$A = \begin{bmatrix} 2 & 4 \\ -1 & 3 \end{bmatrix}$, $B = \begin{bmatrix} 0 & 1 \\ 3 & 8 \end{bmatrix}$, $C = \begin{bmatrix} 1 & 9 & 0 & 1 \\ 6 & 1 & 2 & 4 \end{bmatrix}$

14. 행렬의 곱 ABC와 $C^TB^TA^T$가 정의될 수 있을 때 $(ABC)^T = C^TB^TA^T$임을 보여라.

CHAPTER

4 행렬식과 연립방정식

행렬식은 정방행렬의 원소를 이용하여 계산하는 수치로 연립일차방정식의 해가 존재하는지 여부의 판정, 해를 도출하는 방법 등에 사용되는 매우 중요한 개념이다. 본장에서는 행렬식의 계산방법, 행렬식의 속성 등을 살펴본 후 역행렬을 구하는 몇 가지 방법에 대해 설명하고자 한다.

제 1 절 행렬식의 개념과 속성

1. 2×2행렬의 행렬식

$n \times n$인 행렬 A의 행렬식(determinant)이란 A의 원소를 이용하여 계산한 수치로 det A 또는 |A|로 표기한다. 예를 들어 A가 다음과 같이 2×2행렬일 때

$$\mathbf{A} = \begin{bmatrix} a_{11} & a_{12} \\ a_{21} & a_{22} \end{bmatrix}$$

A의 행렬식 det A는 $a_{11}a_{22} - a_{21}a_{12}$가 된다.

2. 3×3행렬의 행렬식

3×3인 행렬의 행렬식은 소행렬식(minor)이라고 불리는 2×2행렬식을 이용하여 계산한다. 행렬 A를 구성하는 원소 a_{ij}의 소행렬식 M_{ij}는 A에서 i번째 행과 j번째 열을 제거한 행렬의 행렬식으로 정의된다. 예를 들어

$$\mathbf{A} = \begin{bmatrix} a_{11} & a_{12} & a_{13} \\ a_{21} & a_{22} & a_{23} \\ a_{31} & a_{32} & a_{33} \end{bmatrix}$$

일 때, a_{23}의 소행렬식을 구하기 위해서는 두 번째 행과 세 번째 열을 제거하고 남은 원소로 구성된 행렬의 소행렬식을 구하면 된다. 즉 a_{23}의 소행렬식은 다음과 같다.

$$\begin{vmatrix} a_{11} & a_{12} \\ a_{31} & a_{32} \end{vmatrix} = a_{11}a_{32} - a_{31}a_{12}$$

$A_{ij}=(-1)^{i+j}M_{ij}$를 a_{ij}의 여인자(cofactor)라고 부르기로 할 때

$$\det \mathbf{A} = a_{11}A_{11} + a_{12}A_{12} + a_{13}A_{13}$$

으로 정의한다.

예를 들어 행렬 **A**가 다음과 같다고 하자.

$$\mathbf{A} = \begin{bmatrix} 8 & 0 & -2 \\ 3 & 4 & 1 \\ -5 & -2 & -6 \end{bmatrix}$$

이 중 첫 번째 열을 구성하는 $a_{11}=8$, $a_{21}=3$, $a_{31}=-5$의 소행렬식을 구하면

$$M_{11} = \begin{vmatrix} 4 & 1 \\ -2 & -6 \end{vmatrix} = -22$$

$$M_{21} = \begin{vmatrix} 0 & -2 \\ -2 & -6 \end{vmatrix} = -4$$

$$M_{31} = \begin{vmatrix} 0 & -2 \\ 4 & 1 \end{vmatrix} = 8$$

이 된다. 즉

$$\begin{aligned} \det \mathbf{A} &= (+1)a_{11}M_{11} + (-1)a_{21}M_{21} + (+1)a_{31}M_{31} \\ &= (8)(-22) \quad -(3)(-4) \quad +(-5)(8) \quad = -204 \end{aligned}$$

만약 첫 번째 열 대신 첫 번째 행인 $a_{11}=8$, $a_{12}=0$, $a_{13}=-2$를 선택하면 계산이 다소 간단해진다. 우선 각 a_{ij}에 대응하는 소행렬식을 구해보면 다음과 같다.

$$M_{11} = \begin{vmatrix} 4 & 1 \\ -2 & -6 \end{vmatrix} = -22$$

$$M_{12} = \begin{vmatrix} 3 & 1 \\ -5 & -6 \end{vmatrix} = -13$$

$$M_{13} = \begin{vmatrix} 3 & 4 \\ -5 & -2 \end{vmatrix} = 14$$

따라서

$$\begin{aligned} \det\ A &= (+1)a_{11}M_{11} + (-1)a_{12}M_{12} + (+1)a_{13}M_{13} \\ &= (8)(-22) \quad + (0)(-13) \quad + (-2)(14) \quad = -204 \end{aligned}$$

가 된다. 물론 $a_{12}=0$이므로 M_{12}는 계산할 필요가 없었다. 이 예에서 알 수 있듯이 가능한 한 0이 많이 포함되어 있는 행이나 열을 선택하면 행렬식의 계산시간을 상당히 절감할 수 있다.

예제 4.1

다음과 같이 행렬 **A**가 주어져 있을 때 두 번째 열을 구성하는 원소들의 소행렬식을 이용하여 det **A**를 구하여라.

$$A = \begin{bmatrix} 2 & 7 & -1 \\ 4 & 3 & 1 \\ 5 & -2 & -8 \end{bmatrix}$$

풀이

$$\begin{aligned} \det\ A &= (-1)a_{12}M_{12} + (+1)a_{22}M_{22} + (-1)a_{32}M_{32} \\ &= (-7)\begin{vmatrix} 4 & 1 \\ 5 & -8 \end{vmatrix} + (3)\begin{vmatrix} 2 & -1 \\ 5 & -8 \end{vmatrix} - (-2)\begin{vmatrix} 2 & -1 \\ 4 & 1 \end{vmatrix} \\ &= 259 - 33 + 12 = 238 \end{aligned}$$

행렬 **A**가 3×3인 경우 **A**의 행렬식은 다음 식을 통해 간단히 구할 수 있다.

$$A = \begin{bmatrix} a_{11} & a_{12} & a_{13} \\ a_{21} & a_{22} & a_{23} \\ a_{31} & a_{32} & a_{33} \end{bmatrix}$$

$$\det\ A = a_{11}a_{22}a_{33} + a_{12}a_{23}a_{31} + a_{13}a_{21}a_{32} - (a_{13}a_{22}a_{31} + a_{12}a_{21}a_{33} + a_{11}a_{23}a_{32})$$

이 방식을 그림으로 살펴보면 다음과 같으며, 이 방식을 Sarrus의 법칙이라 부른다.

그림 4-1

Sarrus의 법칙

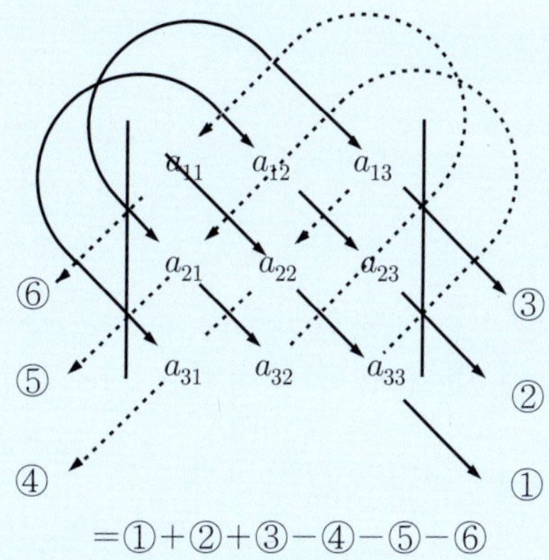

예제 4.2

위의 방식을 이용하여 [예제 4.1]의 행렬 A의 det A를 구하여라.

풀이

$$\det \mathbf{A} = (2)(3)(-8)+(7)(1)(5)+(-1)(4)(-2)-(-1)(3)(5)-(7)(4)(-8)-(2)(1)(-2) = 238$$

3. $n \times n$행렬의 행렬식

n이 4 이상인 $n \times n$행렬의 행렬식도 앞에서 설명한 방법을 이용하여 구할 수 있다. 예를 들어 $n \times n$행렬 A가 다음과 같을 때

$$\mathbf{A} = \begin{bmatrix} a_{11} & a_{12} & \cdots & a_{1n} \\ a_{21} & a_{22} & \cdots & a_{2n} \\ \vdots & \vdots & \cdots & \vdots \\ a_{n1} & a_{n2} & \cdots & a_{nn} \end{bmatrix}$$

$$\det\ A = \sum_{k=1}^{n} a_{ik} A_{ik} \qquad : i\text{행에 대한 전개}$$
$$= \sum_{k=1}^{n} a_{kj} A_{kj} \qquad : j\text{열에 대한 전개}$$

로 정의한다.

예제 4.3

행렬 A가 아래와 같을 때 네 번째 열을 구성하는 원소들의 소행렬식을 이용하여 det A를 구하여라.

$$A = \begin{bmatrix} 2 & 7 & -1 & 0 \\ 0 & 4 & 2 & 6 \\ 4 & 3 & 1 & 2 \\ 5 & -2 & -8 & 0 \end{bmatrix}$$

풀이

$$\det\ A = (-1)a_{14}M_{14} + (+1)a_{24}M_{24} + (-1)a_{34}M_{34} + (+1)a_{44}M_{44}$$
$$= 0 + (6)\begin{vmatrix} 2 & 7 & -1 \\ 4 & 3 & 1 \\ 5 & -2 & -8 \end{vmatrix} - (2)\begin{vmatrix} 2 & 7 & -1 \\ 0 & 4 & 2 \\ 5 & -2 & -8 \end{vmatrix} + 0$$
$$= (6)(238) - (2)(34) = 1{,}360$$

예제 4.4

행렬 C가 다음과 같이 대각선상의 원소를 제외하고 모두 0의 원소로 구성되어 있을 때 det C를 구하여라.

$$C = \begin{bmatrix} C_1 & 0 & \cdots & 0 \\ 0 & C_2 & \cdots & 0 \\ \vdots & \vdots & \cdots & \vdots \\ 0 & 0 & \cdots & C_n \end{bmatrix}$$

풀이

첫 번째 행을 선택하여 det C를 구하면

$$\det C = (+1)C_1\begin{vmatrix} C_2 & 0 & \cdots & 0 \\ 0 & C_3 & \cdots & 0 \\ \vdots & \vdots & \cdots & \vdots \\ 0 & 0 & \cdots & C_n \end{vmatrix} = C_1 \cdot C_2 \begin{vmatrix} C_3 & 0 & \cdots & 0 \\ 0 & C_4 & \cdots & 0 \\ \vdots & \vdots & \cdots & \vdots \\ 0 & 0 & \cdots & C_n \end{vmatrix}$$

$$= C_1 \cdot C_2 \cdot C_3 \begin{vmatrix} C_4 & 0 & \cdots & 0 \\ 0 & C_5 & \cdots & 0 \\ \vdots & \vdots & \cdots & \vdots \\ 0 & 0 & \cdots & C_n \end{vmatrix} = \cdots\cdots = C_1 \cdot C_2 \cdot C_3 \cdots C_n$$

이 된다.

4. 행렬식의 속성

본절에서 살펴볼 행렬식의 속성을 적절히 이용하면 복잡한 행렬의 행렬식이라 하더라도 계산시간을 상당히 절감할 수 있다.

(1) 전치행렬의 행렬식

행렬 A의 행과 열의 위치를 뒤바꾸어 만든 전치행렬 $\mathbf{A}^{\mathrm{T}}$의 행렬식은 A의 행렬식과 같다. 즉

$$|\mathbf{A}| = |\mathbf{A}^{\mathrm{T}}|$$

예를 들어 $\mathbf{A} = \begin{bmatrix} a_{11} & a_{12} \\ a_{21} & a_{22} \end{bmatrix}$이면, $\mathbf{A}^{\mathrm{T}} = \begin{bmatrix} a_{11} & a_{21} \\ a_{12} & a_{22} \end{bmatrix}$이므로

$$|\mathbf{A}| = a_{11}a_{22} - a_{21}a_{12}, \quad |\mathbf{A}^{\mathrm{T}}| = a_{11}a_{22} - a_{12}a_{21}$$

에서 $|\mathbf{A}| = |\mathbf{A}^{\mathrm{T}}|$임을 쉽게 알 수 있다. 따라서 행에 대하여 성립하는 성질은 열에 대하여도 성립한다는 것을 알 수 있다.

(2) 임의의 두 행(또는 두 열)을 서로 바꿀 경우

이 경우에는 행렬식의 부호만 바뀐다. 예를 들어

$$\begin{vmatrix} 2 & 7 & -1 \\ 4 & 3 & 1 \\ 5 & -2 & -8 \end{vmatrix} = (-7)\begin{vmatrix} 4 & 1 \\ 5 & -8 \end{vmatrix} + (3)\begin{vmatrix} 2 & -1 \\ 5 & -8 \end{vmatrix} - (-2)\begin{vmatrix} 2 & -1 \\ 4 & 1 \end{vmatrix}$$
$$= 259 - 33 + 12 = 238$$

이 되나, 만약 첫 번째와 두 번째 열을 서로 바꾸면

$$\begin{vmatrix} 7 & 2 & -1 \\ 3 & 4 & 1 \\ -2 & 5 & -8 \end{vmatrix} = (7)\begin{vmatrix} 4 & 1 \\ 5 & -8 \end{vmatrix} + (-3)\begin{vmatrix} 2 & -1 \\ 5 & -8 \end{vmatrix} - (-2)\begin{vmatrix} 2 & -1 \\ 4 & 1 \end{vmatrix}$$
$$= -259 + 33 - 12 = -238$$

이 된다.

(3) 임의의 한 행(또는 한 열)에 스칼라 k를 곱한 경우

행렬 $\mathbf{A}$의 한 행이나 열에 스칼라 k를 곱하게 되면 행렬식은 $k|\mathbf{A}|$가 된다. 예를 들어 $\mathbf{A}$와 $\overline{\mathbf{A}}$가 다음과 같이 정의될 때

$$\mathbf{A} = \begin{bmatrix} a_{11} & a_{12} \\ a_{21} & a_{22} \end{bmatrix}, \qquad \overline{\mathbf{A}} = \begin{bmatrix} ka_{11} & ka_{12} \\ a_{21} & a_{22} \end{bmatrix}$$
$$|\mathbf{A}| = a_{11}a_{22} - a_{21}a_{12}, \quad |\overline{\mathbf{A}}| = ka_{11}a_{22} - ka_{21}a_{12}$$

가 되어 $|\overline{\mathbf{A}}| = k|\mathbf{A}|$가 성립한다.

예제 4.5

$\begin{vmatrix} a_{11} & a_{12} \\ a_{21} & a_{22} \end{vmatrix} = 10$일 때 $\begin{vmatrix} 10a_{11} & 5a_{12} \\ 2a_{21} & a_{22} \end{vmatrix}$를 구하여라.

풀이

$$\begin{vmatrix} 10a_{11} & 5a_{12} \\ 2a_{21} & a_{22} \end{vmatrix} = (5)\begin{vmatrix} 2a_{11} & a_{12} \\ 2a_{21} & a_{22} \end{vmatrix} = (5)(2)\begin{vmatrix} a_{11} & a_{12} \\ a_{21} & a_{22} \end{vmatrix} = 100$$

(4) 한 행(또는 열)에 스칼라 k를 곱하여 다른 행(또는 열)에 더하거나 뺄 경우

이 경우에는 행렬식이 전혀 변하지 않는다. 예를 들어 행렬 **A**와 행렬 **A**의 첫 번째 행에 k를 곱하여 두 번째 행에 더해서 구한 행렬 $\overline{\mathbf{A}}$가 다음과 같을 때

$$\mathbf{A} = \begin{bmatrix} a_{11} & a_{12} \\ a_{21} & a_{22} \end{bmatrix}, \quad \overline{\mathbf{A}} = \begin{bmatrix} a_{11} & a_{12} \\ a_{21} + ka_{11} & a_{22} + ka_{12} \end{bmatrix}$$

$$\begin{aligned} \det \overline{\mathbf{A}} &= a_{11}a_{22} + a_{11}ka_{12} - a_{21}a_{12} - ka_{11}a_{12} \\ &= a_{11}a_{22} - a_{21}a_{12} \\ &= \det \mathbf{A} \end{aligned}$$

가 되어 행렬식은 변하지 않는다.

(5) 임의의 두 행(또는 열)이 서로 비례할 때

만약 한 행(또는 열)이 또 다른 행(또는 열)에 스칼라 k를 곱한 것과 같다면 행렬식은 0이 된다.

$$\begin{aligned} \begin{vmatrix} a_{11} & a_{12} & a_{13} \\ ka_{11} & ka_{12} & ka_{13} \\ a_{31} & a_{32} & a_{33} \end{vmatrix} &= a_{11}\begin{vmatrix} ka_{12} & ka_{13} \\ a_{32} & a_{33} \end{vmatrix} - ka_{11}\begin{vmatrix} a_{12} & a_{13} \\ a_{32} & a_{33} \end{vmatrix} + a_{31}\begin{vmatrix} a_{12} & a_{13} \\ ka_{12} & ka_{13} \end{vmatrix} \\ &= a_{11}k\begin{vmatrix} a_{12} & a_{13} \\ a_{32} & a_{33} \end{vmatrix} - a_{11}k\begin{vmatrix} a_{12} & a_{13} \\ a_{32} & a_{33} \end{vmatrix} + ka_{31}\begin{vmatrix} a_{12} & a_{13} \\ a_{12} & a_{13} \end{vmatrix} \\ &= a_{11}k(a_{12}a_{33} - a_{32}a_{13}) - a_{11}k(a_{12}a_{33} - a_{32}a_{13}) \\ &\quad + ka_{31}(a_{12}a_{13} - a_{12}a_{13}) \\ &= 0 \end{aligned}$$

(6) 두 행렬의 곱 AB의 행렬식

두 행렬의 곱 AB가 정의될 때, $|AB|=|A||B|=|B||A|=|BA|$가 성립한다. 예를 들어

$$|A|=\begin{vmatrix}1 & 2\\ 3 & 4\end{vmatrix}=-2,\quad |B|=\begin{vmatrix}1 & -1\\ 2 & -3\end{vmatrix}=-1$$

이면

$$|AB|=\begin{vmatrix}5 & -7\\ 11 & -15\end{vmatrix}=-75-(-77)=2$$

$$|BA|=\begin{vmatrix}-2 & -2\\ -7 & -8\end{vmatrix}=16-(14)=2$$

가 되어 $|AB|=|A||B|=|B||A|=|BA|$임을 알 수 있다.

제 2 절 연립일차방정식과 행렬식

1. 연립방정식과 행렬

행렬은 다음과 같은 다원일차연립방정식을 간결하게 나타내는 데 효과적으로 쓰일 수 있다.

$$\begin{aligned} a_{11}x_1 + a_{12}x_2 + \cdots + a_{1n}x_n &= b_1 \\ a_{21}x_1 + a_{22}x_2 + \cdots + a_{2n}x_n &= b_2 \\ \vdots \qquad\quad \vdots \qquad\qquad\quad \vdots \quad &\quad \vdots \\ a_{m1}x_1 + a_{m2}x_2 + \cdots + a_{mn}x_n &= b_m \end{aligned}$$

이 방정식을 행렬을 이용하여 나타내기 위해서는

$$\mathbf{A} = \begin{bmatrix} a_{11} & a_{12} & \cdots & a_{1n} \\ a_{21} & a_{22} & \cdots & a_{2n} \\ \vdots & \vdots & & \vdots \\ a_{m1} & a_{m2} & \cdots & a_{mn} \end{bmatrix}, \quad \mathbf{X} = \begin{bmatrix} x_1 \\ x_2 \\ \vdots \\ x_n \end{bmatrix}, \quad \mathbf{B} = \begin{bmatrix} b_1 \\ b_2 \\ \vdots \\ b_m \end{bmatrix}$$

으로 놓고

$$\mathbf{AX} = \mathbf{B}$$

로 표시하면 된다. 행렬 $\mathbf{A}$는 연립방정식의 계수로 구성되어 있다 하여 계수행렬(coefficient matrix)이라 한다. 위에 주어진 연립방정식의 해는 $\mathbf{AX} = \mathbf{B}$를 만족시키는 열벡터 $\mathbf{X}$를 구함으로써 얻을 수 있다. 예를 들어 열벡터 $\mathbf{R}$이 $\mathbf{AR} = \mathbf{B}$를 만족시키고

$$\mathbf{R} = \begin{bmatrix} r_1 \\ r_2 \\ \vdots \\ r_n \end{bmatrix}$$

이라면 $x_1 = r_1,\ x_2 = r_2,\ \cdots,\ x_n = r_n$은 연립방정식의 해가 된다.

행렬을 이용해 나타낼 수 있는 또 하나의 방법은

$$\mathbf{A}_1 = \begin{bmatrix} a_{11} \\ a_{21} \\ \vdots \\ a_{m1} \end{bmatrix},\ \mathbf{A}_2 = \begin{bmatrix} a_{12} \\ a_{22} \\ \vdots \\ a_{m2} \end{bmatrix},\ \cdots,\ \mathbf{A}_n = \begin{bmatrix} a_{1n} \\ a_{2n} \\ \vdots \\ a_{mn} \end{bmatrix}$$

으로 나타낸 뒤

$$x_1\mathbf{A}_1 + x_2\mathbf{A}_2 + \cdots + x_n\mathbf{A}_n = \mathbf{B}$$

로 표시하는 방법이다.

예제 4.6

다음 연립방정식을 행렬을 이용하여 나타내어라.

$$\begin{aligned} 3x_1 - x_2 + 2x_3 + x_4 &= 8 \\ x_1 - x_2 \qquad - x_4 &= -6 \\ -5x_1 + 2x_2 - x_3 + 6x_4 &= 12 \end{aligned}$$

풀이

행렬 A, B, X를 다음과 같이 정의하면

$$\mathbf{A} = \begin{bmatrix} 3 & -1 & 2 & 1 \\ 1 & -1 & 0 & -1 \\ -5 & 2 & -1 & 6 \end{bmatrix},\quad \mathbf{B} = \begin{bmatrix} 8 \\ -6 \\ 12 \end{bmatrix},\quad \mathbf{X} = \begin{bmatrix} x_1 \\ x_2 \\ x_3 \\ x_4 \end{bmatrix}$$

문제의 연립방정식은

$$\mathbf{AX} = \mathbf{B}$$

로 나타낼 수 있다. 또는

$$\mathbf{A}_1 = \begin{bmatrix} 3 \\ 1 \\ -5 \end{bmatrix},\ \mathbf{A}_2 = \begin{bmatrix} -1 \\ -1 \\ 2 \end{bmatrix},\ \mathbf{A}_3 = \begin{bmatrix} 2 \\ 0 \\ -1 \end{bmatrix},\ \mathbf{A}_4 = \begin{bmatrix} 1 \\ -1 \\ 6 \end{bmatrix}$$

이라 하면 문제의 연립방정식은

$$x_1\mathbf{A}_1 + x_2\mathbf{A}_2 + x_3\mathbf{A}_3 + x_4\mathbf{A}_4 = \mathbf{B}$$

로 나타낼 수 있다.

2. 크레머의 공식

이제 행렬식을 이용하여 연립일차방정식의 해를 구하는 과정을 살펴보기로 하자. 우선 다음과 같은 간단한 연립방정식을 생각해 보자.

$$\begin{bmatrix} a_{11} & a_{12} \\ a_{21} & a_{22} \end{bmatrix} \begin{bmatrix} x_1 \\ x_2 \end{bmatrix} = \begin{bmatrix} b_1 \\ b_2 \end{bmatrix}$$

일반적인 방정식 형태로 고치면

$$a_{11}x_1 + a_{12}x_2 = b_1$$
$$a_{21}x_1 + a_{22}x_2 = b_2$$

이며, 이 방정식의 해를 구하면

$$x_1 = \frac{b_1 a_{22} - b_2 a_{12}}{a_{11}a_{22} - a_{21}a_{12}}, \quad x_2 = \frac{b_2 a_{11} - b_1 a_{21}}{a_{11}a_{22} - a_{21}a_{12}}$$

이 된다. 물론 이 연립방정식이 단 하나의 해를 갖기 위해서는

$$a_{11}a_{22} - a_{21}a_{12} \neq 0$$

이 성립해야 한다.

이 분석과정을 좀더 자세히 살펴보면 $a_{11}a_{22}-a_{21}a_{12}$는 행렬 $\mathbf{A}=\begin{bmatrix} a_{11} & a_{12} \\ a_{21} & a_{22} \end{bmatrix}$의 행렬식과 일치하며, 해 x_1의 분자에 있는 $b_1a_{22}-b_2a_{12}$는 $\begin{vmatrix} b_1 & a_{12} \\ b_2 & a_{22} \end{vmatrix}$, 해 x_2의 분자에 있는 $b_2a_{11}-b_1a_{21}$은 $\begin{vmatrix} a_{11} & b_1 \\ a_{21} & b_2 \end{vmatrix}$와 일치함을 알 수 있다. 다시 말해 $b_1a_{22}-b_2a_{12}$는 행렬 $\mathbf{A}$의 첫 번째 열을 $\begin{bmatrix} b_1 \\ b_2 \end{bmatrix}$로 대체하고, $b_2a_{11}-b_1a_{21}$은 행렬 $\mathbf{A}$의 두 번째 열을 $\begin{bmatrix} b_1 \\ b_2 \end{bmatrix}$로 대체하여 계산한 행렬식이라 볼 수 있다.

이를 미지수가 n개이고 방정식 개수가 n인 연립일차방정식에 확대·적용한 것이 바로 크레머(cramer)의 공식이다.

정리

크레머의 공식

다음과 같은 연립방정식이 단 하나의 해를 갖기 위해서는 계수행렬 $\mathbf{A}$의 행렬식이 0이 아니어야 한다.

$$\begin{bmatrix} a_{11} & a_{12} & \cdots & a_{1n} \\ a_{21} & a_{22} & \cdots & a_{2n} \\ \vdots & \vdots & & \vdots \\ a_{n1} & a_{n2} & \cdots & a_{nn} \end{bmatrix} \begin{bmatrix} x_1 \\ x_2 \\ \vdots \\ x_n \end{bmatrix} = \begin{bmatrix} b_1 \\ b_2 \\ \vdots \\ b_n \end{bmatrix}$$

만약 $\det \mathbf{A} \neq 0$이면

$$x_j = \frac{\Delta_j}{\det \mathbf{A}} \quad (j=1,\ 2\ \cdots,\ n)$$

가 된다. 여기서 Δ_j는 행렬 $\mathbf{A}$의 j번째 열을 $[b_1,\ b_2,\ \cdots,\ b_n]^{\mathrm{T}}$로 대체한 후 계산한 행렬식이다.

이 정리에서 알 수 있듯이 계수행렬 $\mathbf{A}$의 행렬식이 0이 되면 연립방정식의 해가 존재하지 않는다. 이제 크레머의 공식을 이용하여 연립방정식의 해를 구해보기로 하자.

예제 4.7

다음 연립방정식의 해를 크레머의 공식을 이용하여 구하여라.

(a) $x \qquad -2z=0$

$8x+5y-\ z=3$

$2x+3y+4z=-2$

(b) $2x_1+4x_2-\ x_3=15$

$x_1-3x_2+2x_3=-5$

$6x_1+5x_2+\ x_3=28$

풀이

(a) 문제의 연립방정식을 AX=B의 형태로 나타내기 위해서는

$$\mathbf{A}=\begin{bmatrix}1 & 0 & -2\\ 8 & 5 & -1\\ 2 & 3 & 4\end{bmatrix},\ \mathbf{B}=\begin{bmatrix}0\\ 3\\ -2\end{bmatrix}$$

로 놓아야 한다. A의 첫 번째 행을 이용하여 det A를 구하면

$$\det \mathbf{A}=(1)(1)\begin{vmatrix}5 & -1\\ 3 & 4\end{vmatrix}+(-1)(0)+(1)(-2)\begin{vmatrix}8 & 5\\ 2 & 3\end{vmatrix}=-5$$

가 된다.

$$x=\frac{\Delta_1}{-5}=\frac{\begin{vmatrix}0 & 0 & -2\\ 3 & 5 & -1\\ -2 & 3 & 4\end{vmatrix}}{-5}=\frac{0+0-2\begin{vmatrix}3 & 5\\ -2 & 3\end{vmatrix}}{-5}=\frac{38}{5}$$

$$y=\frac{\Delta_2}{-5}=\frac{\begin{vmatrix}1 & 0 & -2\\ 8 & 3 & -1\\ 2 & -2 & 4\end{vmatrix}}{-5}=\frac{(1)\begin{vmatrix}3 & -1\\ -2 & 4\end{vmatrix}+0-(2)\begin{vmatrix}8 & 3\\ 2 & -2\end{vmatrix}}{-5}=-\frac{54}{5}$$

$$z=\frac{\Delta_3}{-5}=\frac{\begin{vmatrix}1 & 0 & 0\\ 8 & 5 & 3\\ 2 & 3 & -2\end{vmatrix}}{-5}=\frac{(1)\begin{vmatrix}5 & 3\\ 3 & -2\end{vmatrix}+0+0}{-5}=\frac{19}{5}$$

따라서 연립방정식의 해는 $\left(x=\frac{38}{5},\ y=-\frac{54}{5},\ z=\frac{19}{5}\right)$가 된다.

(b) $\mathbf{A}=\begin{bmatrix}2 & 4 & -1\\ 1 & -3 & 2\\ 6 & 5 & 1\end{bmatrix},\ \mathbf{X}=\begin{bmatrix}x_1\\ x_2\\ x_3\end{bmatrix},\ \mathbf{B}=\begin{bmatrix}15\\ -5\\ 28\end{bmatrix}$

로 설정한다. A의 첫 번째 열을 이용하여 det A를 구하면

$$\det A = (2)\begin{vmatrix} -3 & 2 \\ 5 & 1 \end{vmatrix} - (1)\begin{vmatrix} 4 & -1 \\ 5 & 1 \end{vmatrix} + (6)\begin{vmatrix} 4 & -1 \\ -3 & 2 \end{vmatrix}$$

$$= (2)(-13) - 9 + (6)(5) = -5$$

따라서

$$x_1 = \frac{\Delta_1}{-5} = \frac{(15)\begin{vmatrix} -3 & 2 \\ 5 & 1 \end{vmatrix} + (5)\begin{vmatrix} 4 & -1 \\ 5 & 1 \end{vmatrix} + (28)\begin{vmatrix} 4 & -1 \\ -3 & 2 \end{vmatrix}}{-5} = \frac{-10}{-5} = 2$$

$$x_2 = \frac{\Delta_2}{-5} = \frac{(-15)\begin{vmatrix} 1 & 2 \\ 6 & 1 \end{vmatrix} - (5)\begin{vmatrix} 2 & -1 \\ 6 & 1 \end{vmatrix} - (28)\begin{vmatrix} 2 & -1 \\ 1 & 2 \end{vmatrix}}{-5} = \frac{-15}{-5} = 3$$

마지막으로

$$x_3 = \frac{\Delta_3}{-5} = \frac{(15)\begin{vmatrix} 1 & -3 \\ 6 & 5 \end{vmatrix} + (5)\begin{vmatrix} 2 & 4 \\ 6 & 5 \end{vmatrix} + (28)\begin{vmatrix} 2 & 4 \\ 1 & -3 \end{vmatrix}}{-5} = \frac{-5}{-5} = 1$$

연립방정식의 해는 $(x_1 = 2,\ x_2 = 3,\ x_3 = 1)$이 된다.

3. 크레머의 공식을 이용한 역행렬계산

$n \times n$인 행렬 A의 역행렬도 크레머의 공식을 n번 적용하면 쉽게 구할 수 있다. 행렬 A와 A^{-1}을 각각 다음과 같이 설정한다면 A^{-1}은 n개의 연립방정식의 해로 구성된 행렬이라 할 수 있다.

$$A \cdot A^{-1} = I_n$$

$$\begin{bmatrix} a_{11} & a_{12} & \cdots & a_{1n} \\ a_{21} & a_{22} & \cdots & a_{2n} \\ \vdots & \vdots & & \vdots \\ a_{n1} & a_{n2} & \cdots & a_{nn} \end{bmatrix} \begin{bmatrix} x_{11} & x_{12} & \cdots & x_{1n} \\ x_{21} & x_{22} & \cdots & x_{2n} \\ \vdots & \vdots & & \vdots \\ x_{n1} & x_{n2} & \cdots & x_{nn} \end{bmatrix} = \begin{bmatrix} 1 & 0 & \cdots & 0 \\ 0 & 1 & \cdots & 0 \\ \vdots & \vdots & & \vdots \\ 0 & 0 & \cdots & 1 \end{bmatrix}$$

즉 A^{-1}의 첫 번째 열을 구성하고 있는 x_{11}, x_{21}, $\cdots$, x_{n1}을 미지변수로 놓으면

$$\begin{bmatrix} a_{11} & a_{12} & \cdots & a_{1n} \\ a_{21} & a_{22} & \cdots & a_{2n} \\ \vdots & \vdots & & \vdots \\ a_{n1} & a_{n2} & \cdots & a_{nn} \end{bmatrix} \begin{bmatrix} x_{11} \\ x_{21} \\ \vdots \\ x_{n1} \end{bmatrix} = \begin{bmatrix} 1 \\ 0 \\ \vdots \\ 0 \end{bmatrix}$$

이 되므로 크레머의 공식을 적용하여 x_{11}, x_{21}, $\cdots$, x_{n1}을 구할 수 있으며, A^{-1}의 다른 열도 같은 방법을 통해 구할 수 있다.

여기서 주의해야 할 사항은 이와 같은 방법으로 역행렬을 구할 수 있기 위해서는 행렬 A의 행렬식이 0이 되어서는 안 된다는 점이다. 이를 정리해 보면 다음과 같다.

정리

$n \times n$인 행렬 A의 행렬식이 0이면 A의 역행렬 A^{-1}이 존재할 수 없으며, 역행렬 A^{-1}이 존재하면 A의 행렬식은 0이 될 수 없다.

이제 다음 예제들을 통해 크레머의 공식을 이용한 역행렬 계산과정을 적용해 보기로 하자.

예제 4.8

행렬 A가 다음과 같이 주어져 있을 때 A^{-1}을 구하여라.

$$\mathrm{A} = \begin{bmatrix} 3 & 5 \\ 5 & 9 \end{bmatrix}$$

풀이

A의 행렬식은 $\det \mathrm{A} = 27 - 25 = 2$이므로 A^{-1}이 존재함을 알 수 있다.

만약

$$\mathbf{A}^{-1} = \begin{bmatrix} x_1 & y_1 \\ x_2 & y_2 \end{bmatrix}$$

라 한다면 $\mathbf{A}^{-1}$은 다음 두 연립방정식의 해를 구하면 계산할 수 있다.

$$\begin{bmatrix} 3 & 5 \\ 5 & 9 \end{bmatrix} \begin{bmatrix} x_1 \\ x_2 \end{bmatrix} = \begin{bmatrix} 1 \\ 0 \end{bmatrix}, \quad \begin{bmatrix} 3 & 5 \\ 5 & 9 \end{bmatrix} \begin{bmatrix} y_1 \\ y_2 \end{bmatrix} = \begin{bmatrix} 0 \\ 1 \end{bmatrix}$$

크레머의 공식을 적용하면

$$x_1 = \frac{\begin{vmatrix} 1 & 5 \\ 0 & 9 \end{vmatrix}}{2} = \frac{9}{2}, \quad x_2 = \frac{\begin{vmatrix} 3 & 1 \\ 5 & 0 \end{vmatrix}}{2} = -\frac{5}{2}$$

$$y_1 = \frac{\begin{vmatrix} 0 & 5 \\ 1 & 9 \end{vmatrix}}{2} = -\frac{5}{2}, \quad y_2 = \frac{\begin{vmatrix} 3 & 0 \\ 5 & 1 \end{vmatrix}}{2} = \frac{3}{2}$$

이 되어

$$\mathbf{A}^{-1} = \begin{bmatrix} \frac{9}{2} & -\frac{5}{2} \\ -\frac{5}{2} & \frac{3}{2} \end{bmatrix}$$

이 됨을 알 수 있다.

예제 4.9

행렬 B가 다음과 같이 주어져 있을 때 $\mathbf{B}^{-1}$을 구하여라.

$$\mathbf{B} = \begin{bmatrix} 4 & 2 & 1 \\ 3 & -1 & 3 \\ 0 & 8 & -7 \end{bmatrix}$$

풀이

우선 det B를 구하여 $\mathbf{B}^{-1}$이 존재하는가부터 살펴보기로 하자. B의 첫 번째 열을 중심으로 하여 det B를 구하면

$$\det \text{ B} = 4\begin{vmatrix} -1 & 3 \\ 8 & -7 \end{vmatrix} - 3\begin{vmatrix} 2 & 1 \\ 8 & -7 \end{vmatrix} + 0$$
$$= (4)(-17) - (3)(-22) = -2$$

가 되어 B^{-1}이 존재함을 알 수 있다. B^{-1}을 아래와 같이 정의하면

$$\text{B}^{-1} = \begin{bmatrix} x_1 & y_1 & z_1 \\ x_2 & y_2 & z_2 \\ x_3 & y_3 & z_3 \end{bmatrix}$$

B^{-1}의 원소는 다음 식의 해를 계산함으로써 구할 수 있다.

$$\begin{bmatrix} 4 & 2 & 1 \\ 3 & -1 & 3 \\ 0 & 8 & -7 \end{bmatrix}\begin{bmatrix} x_1 \\ x_2 \\ x_3 \end{bmatrix} = \begin{bmatrix} 1 \\ 0 \\ 0 \end{bmatrix}, \quad \begin{bmatrix} 4 & 2 & 1 \\ 3 & -1 & 3 \\ 0 & 8 & -7 \end{bmatrix}\begin{bmatrix} y_1 \\ y_2 \\ y_3 \end{bmatrix} = \begin{bmatrix} 0 \\ 1 \\ 0 \end{bmatrix},$$

$$\begin{bmatrix} 4 & 2 & 1 \\ 3 & -1 & 3 \\ 0 & 8 & -7 \end{bmatrix}\begin{bmatrix} z_1 \\ z_2 \\ z_3 \end{bmatrix} = \begin{bmatrix} 0 \\ 0 \\ 1 \end{bmatrix}$$

크레머의 공식을 첫 번째 연립방정식에 적용해 보면

$$x_1 = \frac{\begin{vmatrix} 1 & 2 & 1 \\ 0 & -1 & 3 \\ 0 & 8 & -7 \end{vmatrix}}{-2} = \frac{1\begin{vmatrix} -1 & 3 \\ 8 & -7 \end{vmatrix} + 0 + 0}{-2} = \frac{17}{2}$$

$$x_2 = \frac{\begin{vmatrix} 4 & 1 & 1 \\ 3 & 0 & 3 \\ 0 & 0 & -7 \end{vmatrix}}{-2} = \frac{-1\begin{vmatrix} 3 & 3 \\ 0 & -7 \end{vmatrix} + 0 + 0}{-2} = -\frac{21}{2}$$

$$x_3 = \frac{\begin{vmatrix} 4 & 2 & 1 \\ 3 & -1 & 0 \\ 0 & 8 & 0 \end{vmatrix}}{-2} = \frac{1\begin{vmatrix} 3 & -1 \\ 0 & 8 \end{vmatrix} + 0 + 0}{-2} = -12$$

가 되며, 같은 방법으로 다른 미지변수들을 구해보면

$$y_1 = -11, \qquad y_2 = 14, \qquad y_3 = 16$$

$$z_1 = -\frac{7}{2}, \qquad z_2 = \frac{9}{2}, \qquad z_3 = 5$$

가 되며, 이에 따라 B^{-1}은 다음과 같음을 알 수 있다.

$$B^{-1} = \begin{bmatrix} \frac{17}{2} & -11 & -\frac{7}{2} \\ -\frac{21}{2} & 14 & \frac{9}{2} \\ -12 & 16 & 5 \end{bmatrix}$$

예제 4.10

한국전자는 세 곳에서 공장을 운영하고 있는데, 각 공장의 비용함수는 다음과 같이 추정된다.

$$C_1(x_1) = 4x_1^2 + 3x_1 + 35$$
$$C_2(x_2) = 6x_2^2 + 7x_2 + 100$$
$$C_3(x_3) = x_3^2 + 5x_3 + 20$$

x_i는 각 공장에서의 생산량을 의미한다. 이 세 공장에서 모두 44개의 제품을 생산하고자 할 때, 비용최소화를 가능하게 하는 최적생산계획을 수립하여라.

풀이

최적해는 한계생산비용이 모두 같을 때 나타나므로

$$MC_1 = 8x_1 + 3$$
$$MC_2 = 12x_2 + 7$$
$$MC_3 = 2x_3 + 5$$

를 이용하여 연립방정식을 구성하면 다음과 같다.

$$\begin{aligned} 8x_1 + 3 &= 12x_2 + 7 & & 2x_1 - 3x_2 = 1 \\ 12x_2 + 7 &= 2x_3 + 5 & \Rightarrow \quad & 6x_2 - x_3 = -1 \\ x_1 + x_2 + x_3 &= 44 & & x_1 + x_2 + x_3 = 44 \end{aligned}$$

한편 행렬로 나타내면 다음과 같다.

$$\begin{bmatrix} 2 & -3 & 0 \\ 0 & 6 & -1 \\ 1 & 1 & 1 \end{bmatrix} \begin{bmatrix} x_1 \\ x_2 \\ x_3 \end{bmatrix} = \begin{bmatrix} 1 \\ -1 \\ 44 \end{bmatrix}$$

계수행렬의 행렬식을 구하면

$$(2)\begin{vmatrix} 6 & -1 \\ 1 & 1 \end{vmatrix} + (3)\begin{vmatrix} 0 & -1 \\ 1 & 1 \end{vmatrix} = 17$$

크레머의 공식을 이용하면 최적해는 다음과 같다.

$$x_1^* = \frac{\begin{vmatrix} 1 & -3 & 0 \\ -1 & 6 & -1 \\ 44 & 1 & 1 \end{vmatrix}}{17} = \frac{(1)(6+1)+(3)(-1+44)}{17} = 8$$

$$x_2^* = \frac{\begin{vmatrix} 2 & 1 & 0 \\ 0 & -1 & -1 \\ 1 & 44 & 1 \end{vmatrix}}{17} = \frac{(2)(-1+44)+(1)(-1+0)}{17} = 5$$

$$x_3^* = \frac{\begin{vmatrix} 2 & -3 & 1 \\ 0 & 6 & -1 \\ 1 & 1 & 44 \end{vmatrix}}{17} = \frac{(2)(264+1)+(1)(3-6)}{17} = 31$$

예제 4.11

다음과 같이 간단한 암호체계를 생각해 보기로 하자. 자음 14개에 1부터 14까지의 숫자를 지정하고 모음 10개에는 15부터 24까지의 숫자를 지정한다. 그리고 단어 사이의 공간은 0이라는 숫자를 지정한다.

ㄱ	ㄴ	ㄷ	ㄹ	ㅁ	ㅂ	ㅅ	ㅇ	ㅈ	ㅊ	ㅋ	ㅌ
1	2	3	4	5	6	7	8	9	10	11	12
ㅍ	ㅎ	ㅏ	ㅑ	ㅓ	ㅕ	ㅗ	ㅛ	ㅜ	ㅠ	ㅡ	ㅣ
13	14	15	16	17	18	19	20	21	22	23	24

예를 들어 "우리의 비밀"이라는 말은 다음의 숫자 모음에 일치한다.

8 21 4 24 8 23 24 0 6 24 5 24 4

물론 영어알파벳과는 달리 암호의 자음과 모음을 조합하여 글자를 만들 때 다소 어려움이 따르기는 하지만 약간의 시간을 투자하면 암호를 해독할 수 있다.

그렇지만 위와 같이 쉽게 해독 있는 상태로 보낼 수는 없으므로 암호화 행렬(encoding matrix)을 하나 만들어서 제3자가 알 수 없게 조치를 취해보기로 하자. 암호화 행렬은 역행렬이 존재하며 0보다 큰 정수로 구성된 행렬이면 충분하다. 예를 들어 $\mathbf{A} = \begin{bmatrix} 4 & 3 \\ 1 & 1 \end{bmatrix}$은 암호화 행렬로 사용할 수 있다.

우선 "우리의 비밀"을 숫자로 변환한 것을 행의 개수가 2가 되도록 첫 번째 열부터 순차적으로 재정렬한다.

$$\mathbf{B} = \begin{bmatrix} 8 & 4 & 8 & 24 & 6 & 5 & 4 \\ 21 & 24 & 23 & 0 & 24 & 24 & 0 \end{bmatrix}$$

이 행렬에서 마지막 요소로 0을 추가하여 행렬의 형태를 갖출 수 있도록 조정하였다.

$$\begin{aligned} \mathbf{AB} &= \begin{bmatrix} 4 & 3 \\ 1 & 1 \end{bmatrix} \begin{bmatrix} 8 & 4 & 8 & 24 & 6 & 5 & 4 \\ 21 & 24 & 23 & 0 & 24 & 24 & 0 \end{bmatrix} \\ &= \begin{bmatrix} 95 & 88 & 101 & 96 & 96 & 92 & 16 \\ 29 & 28 & 31 & 24 & 30 & 29 & 4 \end{bmatrix} \end{aligned}$$

암호화된 메시지는 다음과 같다.

95 29 88 28 101 31 96 24 96 30 92 29 16 4

예제 4.12

암호화 행렬 $\mathbf{A} = \begin{bmatrix} 4 & 3 \\ 1 & 1 \end{bmatrix}$을 이용하여 다음의 암호를 생성하였다. 이 암호를 해독하여라.

110 32 25 8 102 26

풀이

A의 역행렬은 $\begin{bmatrix} 1 & -3 \\ -1 & 4 \end{bmatrix}$이므로

$$\begin{bmatrix} 1 & -3 \\ -1 & 4 \end{bmatrix} \begin{bmatrix} 110 & 25 & 102 \\ 32 & 8 & 26 \end{bmatrix} = \begin{bmatrix} 14 & 1 & 24 \\ 18 & 7 & 2 \end{bmatrix}$$

따라서 암호메시지는 다음과 같으며, "혁신"이라는 단어와 일치한다.

14 18 1 7 24 2

제3절 가우스-조던 소거법과 역행렬

연립일차방정식의 해는 크레머의 공식을 이용하여 구할 수도 있지만, 미지변수의 수가 방정식의 개수보다 많을 수도 있는 보다 일반적인 연립일차방정식은 가우스-조던(Gauss-Jordan) 소거법(elimination)을 많이 이용한다.

1. 가우스-조던 소거법의 원리

예를 들어 다음과 같은 연립방정식을 생각해 보기로 하자.

$$\begin{cases} x_1 + 4x_2 - x_3 = 6 \\ 2x_1 - x_2 + 3x_3 = 9 \\ 3x_1 + 2x_2 - x_3 = 4 \end{cases}$$

이 연립방정식을 만족하는 해를 $(x_1^*,\ x_2^*,\ x_3^*)$라 할 때 각각의 일차방정식에 0이 아닌 상수를 곱하거나, 각 방정식의 위치를 뒤바꾸거나 또는 한 방정식에 0이 아닌 상수를 곱하여 다른 식에 더하거나 빼더라도 연립방정식의 해인 $(x_1^*,\ x_2^*,\ x_3^*)$의 값에는 변함이 없다. 가우스-조던 소거법은 이 원리를 이용하여 연립방정식의 형태를

$$\begin{cases} x_1 + 0x_2 + 0x_3 = k_1 \\ 0x_1 + x_2 + 0x_3 = k_2 \\ 0x_1 + 0x_2 + x_3 = k_3 \end{cases}$$

과 같이 변환시켜 $(x_1^* = k_1,\ x_2^* = k_2,\ x_3^* = k_3)$을 구하고자 하는 기법이다.

위의 연립방정식을 $\mathbf{AX} = \mathbf{B}$의 형태로 재구성하면 다음과 같다.

$$\begin{bmatrix} 1 & 4 & -1 \\ 2 & -1 & 3 \\ 3 & 2 & -1 \end{bmatrix} \begin{bmatrix} x_1 \\ x_2 \\ x_3 \end{bmatrix} = \begin{bmatrix} 6 \\ 9 \\ 4 \end{bmatrix}$$

이 중 행렬 $\mathbf{A}$와 $\mathbf{B}$를 같이 묶어 놓고 $\mathbf{A}$와 $\mathbf{B}$ 사이에 점선을 삽입하여 확장행렬(augmented matrix) 형태로 표현하면

$$\mathbf{C} = [\mathbf{A} \,\vdots\, \mathbf{B}] = \left[\begin{array}{ccc:c} 1 & 4 & -1 & 6 \\ 2 & -1 & 3 & 9 \\ 3 & 2 & -1 & 4 \end{array}\right]$$

와 같다. 행렬 $\mathbf{C}$가 주어져 있을 때

(a) 이 행렬의 임의의 두 행을 서로 바꾸거나,
(b) 임의의 한 행에 0이 아닌 상수를 곱하거나,
(c) 한 행에 0이 아닌 상수를 곱하여 다른 행에 더하거나 빼서

새로운 행렬 $C' = [A' \mid B']$를 만들더라도 연립방정식 $AX = B$의 해인 X^*는 $A'X^* = B'$를 만족하게 된다. 위에 기술한 (a), (b), (c)와 같은 연산과정을 행렬의 기본행연산(elementary row operation)이라 하며, 가우스-조던 소거법이란 바로 이 세 가지 연산과정을 반복·적용하여 연립방정식의 해를 구하는 과정이다.

이제 앞에서 예로 든 연립방정식을 가우스-조던 소거법과 초보적인 연립방정식 풀이법을 통해 풀어보기로 하자.

단계 1 :

$$\begin{matrix} R_1 \\ R_2 \\ R_3 \end{matrix} \left[\begin{array}{ccc|c} 1 & 4 & -1 & 6 \\ 2 & -1 & 3 & 9 \\ 3 & 2 & -1 & 4 \end{array}\right] \qquad \begin{array}{ll} ① & x_1 + 4x_2 - x_3 = 6 \\ ② & 2x_1 - x_2 + 3x_3 = 9 \\ ③ & 3x_1 + 2x_2 - x_3 = 4 \end{array}$$

여기서 R_1, R_2, R_3은 행렬의 행번호를 의미하여 ①, ②, ③은 첫 번째, 두 번째, 세 번째 일차식을 각각 의미한다.

단계 2 : $(-2)R_1$을 R_2에 더해 주고 $(-3)R_1$을 R_3에 더해 주면 그 결과는 다음과 같다.

$$\begin{matrix} R_1^{(1)} \\ R_2^{(1)} \\ R_3^{(1)} \end{matrix} \left[\begin{array}{ccc|c} 1 & 4 & -1 & 6 \\ 0 & -9 & 5 & -3 \\ 0 & -10 & 2 & -14 \end{array}\right] \qquad \begin{array}{ll} ① & x_1 + 4x_2 - x_3 = 6 \\ ② & -9x_2 + 5x_3 = -3 \\ ③ & -10x_2 + 2x_3 = -14 \end{array}$$

단계 3 : $R_2^{(1)}$에 $-\frac{1}{9}$을 곱해 준다.

$$\begin{matrix} R_1^{(2)} \\ R_2^{(2)} \\ R_3^{(2)} \end{matrix} \left[\begin{array}{ccc|c} 1 & 4 & -1 & 6 \\ 0 & 1 & -\frac{5}{9} & \frac{1}{3} \\ 0 & -10 & 2 & -14 \end{array}\right] \qquad \begin{array}{ll} ① & x_1 + 4x_2 - x_3 = 6 \\ ② & x_2 - \frac{5}{9}x_3 = \frac{1}{3} \\ ③ & -10x_2 + 2x_3 = -14 \end{array}$$

단계 4 : $(-4)\mathbf{R}_2^{(2)}$를 $\mathbf{R}_1^{(1)}$에 더해 주고 $(10)\mathbf{R}_2^{(2)}$를 $\mathbf{R}_3^{(2)}$에 더해 준다.

$$\begin{array}{c} \mathbf{R}_1^{(3)} \\ \mathbf{R}_2^{(3)} \\ \mathbf{R}_3^{(3)} \end{array} \left[\begin{array}{ccc:c} 1 & 0 & \frac{11}{9} & \frac{14}{3} \\ 0 & 1 & -\frac{5}{9} & \frac{1}{3} \\ 0 & 0 & -\frac{32}{9} & -\frac{32}{3} \end{array}\right] \qquad \begin{array}{ll} ① & x_1 + \frac{11}{9}x_3 = \frac{14}{3} \\ ② & x_2 - \frac{5}{9}x_3 = \frac{1}{3} \\ ③ & -\frac{32}{9}x_3 = -\frac{32}{3} \end{array}$$

단계 5 : $\mathbf{R}_3^{(3)}$에 $-\frac{9}{32}$를 곱해 준다.

$$\begin{array}{c} \mathbf{R}_1^{(4)} \\ \mathbf{R}_2^{(4)} \\ \mathbf{R}_3^{(4)} \end{array} \left[\begin{array}{ccc:c} 1 & 0 & \frac{11}{9} & \frac{14}{3} \\ 0 & 1 & -\frac{5}{9} & \frac{1}{3} \\ 0 & 0 & 1 & 3 \end{array}\right] \qquad \begin{array}{ll} ① & x_1 + \frac{11}{9}x_3 = \frac{14}{3} \\ ② & x_2 - \frac{5}{9}x_3 = \frac{1}{3} \\ ③ & x_3 = 3 \end{array}$$

단계 6 : $\left(-\frac{11}{9}\right)\mathbf{R}_3^{(4)}$를 $\mathbf{R}_1^{(4)}$에 더해 주고 $\left(\frac{5}{9}\right)\mathbf{R}_3^{(4)}$를 $\mathbf{R}_2^{(4)}$에 더해 준다.

$$\begin{array}{c} \mathbf{R}_1^{(5)} \\ \mathbf{R}_2^{(5)} \\ \mathbf{R}_3^{(5)} \end{array} \left[\begin{array}{ccc:c} 1 & 0 & 0 & 1 \\ 0 & 1 & 0 & 2 \\ 0 & 0 & 1 & 3 \end{array}\right] \qquad \begin{array}{ll} ① & x_1 = 1 \\ ② & x_2 = 2 \\ ③ & x_3 = 3 \end{array}$$

예제 4.13

다음 연립방정식의 해를 가우스-조던 소거법을 이용하여 구하여라.

(a)
$$\begin{aligned} 2x \qquad + z &= 20 \\ 2y - z &= 0 \\ -6x - 3y + z &= 0 \end{aligned}$$

(b)
$$\begin{aligned} 2p_1 \qquad + p_3 &= 30 \\ 4p_2 + p_3 &= 40 \\ p_1 - p_2 + 4p_3 &= 15 \end{aligned}$$

(c)
$$\begin{aligned} x_1 + 2x_2 - x_3 &= 4 \\ 2x_1 + x_2 + x_3 &= 8 \\ -x_1 + x_2 + x_3 &= -1 \end{aligned}$$

풀이

(a) 우선 문제의 연립방정식의 계수행렬과 우변을 행렬로 나타낸 뒤 가우스-조던 소거법을 적용하면 그 과정은 다음과 같다.

$$\left[\begin{array}{ccc|c} 2 & 0 & 1 & 20 \\ 0 & 2 & -1 & 0 \\ -6 & -3 & 1 & 0 \end{array}\right] \rightarrow \left[\begin{array}{ccc|c} 1 & 0 & \frac{1}{2} & 10 \\ 0 & 2 & -1 & 0 \\ 0 & -3 & 4 & 60 \end{array}\right]$$

$$\rightarrow \left[\begin{array}{ccc|c} 1 & 0 & \frac{1}{2} & 10 \\ 0 & 2 & -1 & 0 \\ 0 & -1 & 3 & 60 \end{array}\right] \rightarrow \left[\begin{array}{ccc|c} 1 & 0 & \frac{1}{2} & 10 \\ 0 & 2 & -1 & 0 \\ 0 & 0 & 5 & 120 \end{array}\right]$$

$$\rightarrow \left[\begin{array}{ccc|c} 1 & 0 & \frac{1}{2} & 10 \\ 0 & 1 & -\frac{1}{2} & 0 \\ 0 & 0 & 1 & 24 \end{array}\right] \rightarrow \left[\begin{array}{ccc|c} 1 & 0 & 0 & -2 \\ 0 & 1 & 0 & 12 \\ 0 & 0 & 1 & 24 \end{array}\right]$$

따라서 $x=-2$, $y=12$, $z=24$가 도출된다.

(b)

$$\left[\begin{array}{ccc|c} 2 & 0 & 1 & 30 \\ 0 & 4 & 1 & 40 \\ 1 & -1 & 4 & 15 \end{array}\right] \rightarrow \left[\begin{array}{ccc|c} 1 & 0 & \frac{1}{2} & 15 \\ 0 & 4 & 1 & 40 \\ 1 & -1 & 4 & 15 \end{array}\right]$$

$$\rightarrow \left[\begin{array}{ccc|c} 1 & 0 & \frac{1}{2} & 15 \\ 0 & 4 & 1 & 40 \\ 0 & -1 & \frac{7}{2} & 0 \end{array}\right] \rightarrow \left[\begin{array}{ccc|c} 1 & 0 & \frac{1}{2} & 15 \\ 0 & 1 & \frac{1}{4} & 10 \\ 0 & -1 & \frac{7}{2} & 0 \end{array}\right]$$

$$\rightarrow \left[\begin{array}{ccc|c} 1 & 0 & \frac{1}{2} & 15 \\ 0 & 1 & \frac{1}{4} & 10 \\ 0 & 0 & \frac{15}{4} & 10 \end{array}\right] \rightarrow \left[\begin{array}{ccc|c} 1 & 0 & \frac{1}{2} & 15 \\ 0 & 1 & \frac{1}{4} & 10 \\ 0 & 0 & 1 & \frac{40}{15} \end{array}\right]$$

$$\rightarrow \left[\begin{array}{ccc|c} 1 & 0 & 0 & \frac{205}{15} \\ 0 & 1 & 0 & \frac{140}{15} \\ 0 & 0 & 1 & \frac{40}{15} \end{array}\right]$$

따라서 $p_1 = \frac{205}{15}$, $p_2 = \frac{140}{15}$, $p_3 = \frac{40}{15}$ 이 도출된다.

(c)
$$\left[\begin{array}{ccc|c} 1 & 2 & -1 & 4 \\ 2 & 1 & 1 & 8 \\ -1 & 1 & 1 & -1 \end{array}\right] \to \left[\begin{array}{ccc|c} 1 & 2 & -1 & 4 \\ 0 & -3 & 3 & 0 \\ 0 & 3 & 0 & 3 \end{array}\right]$$
$$\to \left[\begin{array}{ccc|c} 1 & 0 & 1 & 4 \\ 0 & 1 & -1 & 0 \\ 0 & 0 & 3 & 3 \end{array}\right] \to \left[\begin{array}{ccc|c} 1 & 0 & 0 & 3 \\ 0 & 1 & 0 & 1 \\ 0 & 0 & 1 & 1 \end{array}\right]$$

따라서 $x_1 = 3$, $x_2 = 1$, $x_3 = 1$이 도출된다.

예제 4.14

다음 연립방정식의 해를 구하여라. 단, C는 상수이다.

$$\begin{aligned} x + y + Cz &= 1 \\ x + Cy + z &= 1 \\ Cx + y + z &= 1 \end{aligned}$$

풀이

$$\left[\begin{array}{ccc|c} 1 & 1 & C & 1 \\ 1 & C & 1 & 1 \\ C & 1 & 1 & 1 \end{array}\right] \to \left[\begin{array}{ccc|c} 2+C & 2+C & 2+C & 3 \\ 1 & C & 1 & 1 \\ C & 1 & 1 & 1 \end{array}\right]$$

만약 $C = -2$라면 첫 번째 행이 $[0 \ \ 0 \ \ 0 \mid 3]$이 되므로 연립방정식의 해가 존재할 수 없다. 따라서 $C \neq -2$인 경우만을 가정해 보자. 이 경우 위의 행렬은 다음과 같은 변환과정을 거치게 된다.

$$\left[\begin{array}{ccc|c} 1 & 1 & 1 & 3/(2+C) \\ 1 & C & 1 & 1 \\ C & 1 & 1 & 1 \end{array}\right] \to \left[\begin{array}{ccc|c} 1 & 1 & 1 & 3/(2+C) \\ 0 & C-1 & 0 & 1-3/(2+C) \\ C-1 & 0 & 0 & 1-3/(2+C) \end{array}\right]$$

만약 $C = -2$라면 연립방정식의 해는 존재하지 않고, $C = 1$이라면 $x = 1 - y - z$식을 만족하는 무수히 많은 해가 존재한다. 마지막으로 $C \neq 1$, $C \neq -2$인 경우에만 $x = y = z = 1/(C+2)$인 하나의 해가 존재한다.

2. 미지변수의 개수가 방정식 개수보다 많은 경우

미지변수의 개수가 일차방정식의 개수보다 많은 경우에는 일반적으로 무수히 많은 해가 존재하게 된다. 예를 들어 다음과 같은 연립방정식의 경우,

$$\begin{aligned} x_1 + x_2 + x_3 &= 5 \\ x_1 + \quad\ \ 2x_3 &= 7 \end{aligned}$$

x_1과 x_2를 다음과 같이 x_3의 함수로 나타낼 수 있기 때문에 x_3의 값에 따라 x_1과 x_2값도 변하게 된다.

$$\begin{aligned} x_1 &= \ \ \ 7 - 2x_3 \\ x_2 &= -2 + x_3 \end{aligned}$$

물론 $x_3 = 0$으로 놓는다면 $x_1 = 7$, $x_2 = -2$가 되어 위의 연립방정식을 만족시키는 구체적인 x_i값을 결정할 수는 있다.

보다 자세한 설명에 들어가기에 앞서 우선 앞에서 예로 든 연립방정식을 행렬을 이용하여 나타낸 뒤 가우스-조던 소거법을 적용해 보기로 하자.

$$\left[\begin{array}{ccc|c} 1 & 1 & 1 & 5 \\ 1 & 0 & 2 & 7 \end{array}\right] \rightarrow \left[\begin{array}{ccc|c} 1 & 1 & 1 & 5 \\ 0 & -1 & 1 & 2 \end{array}\right]$$

$$\rightarrow \left[\begin{array}{ccc|c} 1 & 1 & 1 & 5 \\ 0 & 1 & -1 & -2 \end{array}\right] \rightarrow \left[\begin{array}{ccc|c} 1 & 0 & 2 & 7 \\ 0 & 1 & -1 & -2 \end{array}\right]$$

일차방정식의 수가 미지변수의 수보다 적기 때문에 가우스-조던 소거법을 더 이상 적용하기는 어렵다. 이와 같은 경우 x_1, x_2를 기저변수(basic variable), x_3를 비기저변수(non-basic variable)라 하며 $x_3 = 0$으로 설정했을 때의 $x_1 = 7$, $x_2 = -2$를 $\{x_1,\ x_2\}$를 기저(basis)로 하는 기저해(basic solution)라고 한다. 물론 x_3 대신 x_1이나 x_2를 비기저변수로 설정하면 새로운 기저해가 도출될 수 있으므로, 이 문제에서는 모두 세 개의 기저해를 구할 수 있다.

이 계산과정에서 알 수 있듯이 특정변수를 비기저변수로 설정할 때 그 변수에 해당하는 열을 행렬에서 제거하고 가우스-조던 소거법을 적용하면 기저해를 구할 수 있다.

예제 4.15

다음 연립일차방정식의 기저해를 모두 구하여라.

$$
\begin{aligned}
x_1 + \ \ x_2 + 2x_3 &= 5 \\
x_1 + 2x_2 + 4x_3 &= 7
\end{aligned}
$$

풀이

(a) x_1을 비기저변수로 설정하면($x_1 = 0$) x_2와 x_3의 값은 아래 행렬에 가우스-조던 소거법을 적용하면 된다.

$$
\left[\begin{array}{cc|c} 1 & 2 & 5 \\ 2 & 4 & 7 \end{array}\right]
$$

그러나 $\begin{bmatrix} 1 & 2 \\ 2 & 4 \end{bmatrix}$의 역행렬이 존재하지 않음을 손쉽게 알 수 있으므로 이 경우에는 기저해가 존재할 수 없다.

(b) x_2를 비기저변수로 설정하면($x_2 = 0$)

$$
\left[\begin{array}{cc|c} 1 & 2 & 5 \\ 1 & 4 & 7 \end{array}\right] \rightarrow \left[\begin{array}{cc|c} 1 & 2 & 5 \\ 0 & 2 & 2 \end{array}\right] \rightarrow \left[\begin{array}{cc|c} 1 & 0 & 3 \\ 0 & 1 & 1 \end{array}\right]
$$

에서 $\{x_1 = 3,\ x_2 = 0,\ x_3 = 1\}$이 기저해가 됨을 알 수 있다.

(c) 마지막으로 x_3를 비기저변수로 설정하면($x_3 = 0$)

$$
\left[\begin{array}{cc|c} 1 & 1 & 5 \\ 1 & 2 & 7 \end{array}\right] \rightarrow \left[\begin{array}{cc|c} 1 & 1 & 5 \\ 0 & 1 & 2 \end{array}\right] \rightarrow \left[\begin{array}{cc|c} 1 & 0 & 3 \\ 0 & 1 & 2 \end{array}\right]
$$

에서 $\{x_1 = 3,\ x_2 = 2,\ x_3 = 0\}$이 기저해가 된다.

[예제 4.15] (a)의 경우 기저해가 있을 수 없다 하였는데, 만약 (b)와 (c)에서와 같이 가우스-조던 소거법을 적용한다면 어떤 결과가 나올 것인지 살펴보기로 하자.

$$\left[\begin{array}{cc|c} 1 & 2 & 5 \\ 2 & 4 & 7 \end{array}\right] \rightarrow \left[\begin{array}{cc|c} 1 & 2 & 5 \\ 0 & 0 & -3 \end{array}\right]$$

이 행렬의 두 번째 행을 살펴보면 $[0 \ \ 0 \mid -3]$으로 구성되어 있음을 알 수 있다. 다시 말해

$$0x_2 + 0x_3 = -3$$

이 되어야 한다는 의미이다. 물론 이 식이 성립할 수는 없다. 이는 "$\mid$" 표시 왼쪽에 표시된 행렬의 열공간에 우변항의 열공간이 포함되지 않음을 의미한다. 즉, "$\mid$" 표시 왼쪽의 원소가 모두 0인 데 반해 "$\mid$" 표시 오른쪽의 원소가 0이 아닌 경우에는 기저해가 존재하지 않는다.

예제 4.16

다음 방정식의 해를 구하여라.

$$\begin{aligned} x + 2y - \ \ z &= 0 \\ 3x - \ \ y + \ \ z &= 6 \\ -2x - 4y + 2z &= 0 \end{aligned}$$

풀이

$$\left[\begin{array}{ccc|c} 1 & 2 & -1 & 0 \\ 3 & -1 & 1 & 6 \\ -2 & -4 & 2 & 0 \end{array}\right] \rightarrow \left[\begin{array}{ccc|c} 1 & 2 & -1 & 0 \\ 0 & -7 & 4 & 6 \\ -2 & -4 & 2 & 0 \end{array}\right]$$

$$\rightarrow \left[\begin{array}{ccc|c} 1 & 2 & -1 & 0 \\ 0 & -7 & 4 & 6 \\ 0 & 0 & 0 & 0 \end{array}\right]$$

이 시점에서 더 이상의 소거가 불가능하다. 즉, z는 어떤 값을 취해도 무방하며 $x+2y-z=0$, $-7y+4z=6$을 정리하면

$$x = \frac{12}{7} - \frac{1}{7}z$$

$$y = -\frac{6}{7} + \frac{4}{7}z$$

의 관계가 있음을 알 뿐이다.

예제 4.17

한국이사도우미는 다양한 이사용 트럭을 렌트해 주는 회사이다. 이번에 소형, 중형, 대형 트럭을 25대 구매할 예정인데, 소형은 350kg, 중형은 700kg, 대형은 1,400kg까지 실을 수 있다고 한다. 총 25대를 구입할 계획이며, 신규구입을 통해 확보하고자 하는 이사물량은 총 28,000kg이다. 각 유형별로 몇 대를 구입해야 하는가?

풀이

소형, 중형, 대형 트럭 구매대수를 각각 x, y, z라고 한다면 이 문제는 다음과 같이 요약할 수 있다.

$$\text{총구입대수 } x+y+z=25$$
$$\text{확보물량 } 350x+700y+1{,}400z=28{,}000$$

행렬의 형태로 전환하고 가우스-조던 소거법을 적용하면 그 과정은 다음과 같다.

$$\left[\begin{array}{ccc|c} 1 & 1 & 1 & 25 \\ 350 & 700 & 1{,}400 & 28{,}000 \end{array}\right]$$
$$\to \left[\begin{array}{ccc|c} 1 & 1 & 1 & 25 \\ 1 & 2 & 4 & 80 \end{array}\right] \to \left[\begin{array}{ccc|c} 1 & 1 & 1 & 25 \\ 0 & 1 & 3 & 55 \end{array}\right]$$
$$\to \left[\begin{array}{ccc|c} 1 & 0 & -2 & -30 \\ 0 & 1 & 3 & 55 \end{array}\right]$$

이 시점에서 더 이상의 소거가 불가능하며,

$$x-2z=-30 \to x=2z-30$$
$$y+3z=55 \to y=-3z+55$$

가 되어, $z=t$라고 놓는다면

$$x=2t-30$$
$$y=-3t+55$$

가 된다. x나 y가 0보다 작을 수 없으므로

$$x = 2t - 30 \geq 0 \rightarrow t \geq 15$$

$$y = -3t + 55 \geq 0 \rightarrow t \leq \frac{55}{3}$$

가 되어, t값은 15, 16, 17, 18 중의 하나의 값을 취하게 된다. 따라서 $z = t = 15, 16, 17, 18$인 경우를 표로 정리해 보면 다음과 같다.

z	x	y
15	0	10
16	2	7
17	4	4
18	6	1

3. 역행렬의 도출

가우스-조던 소거법을 적용하여 연립방정식의 해를 구하는 과정을 다소 확장하면 계수행렬 A의 역행렬을 도출할 수도 있다.

AX= B의 해가 존재하는 경우 가우스-조던 소거법을 적용하면 $I_n X = B'$의 형태가 된다. AX가 $I_n X$로 변했다는 것은 곧 A^{-1}에 AX를 곱해 준 결과로 해석할 수 있는데, 이는 다시 $B' = A^{-1}B$임을 의미한다. 한편 B는 $I_n B$와 같으므로

$$B' = (A^{-1} I_n)B$$

가 성립한다. 따라서 행렬 A 옆에 I_n을 추가한 뒤 $[A \mid I_n]$ 전체에 가우스-조던 소거법을 적용하여 A를 I_n으로 변환시키면 I_n은 A^{-1}이 될 수밖에 없다. 이제 다음 예제를 통해 이 결과를 확인해 보도록 하자.

예제 4.18

가우스-조던 소거법을 응용하여 다음 행렬의 역행렬을 구하여라.

(a)
$$A=\begin{bmatrix}1 & 2 & -1\\ 0 & -1 & 0\\ -1 & 3 & 2\end{bmatrix}$$

(b)
$$B=\begin{bmatrix}1 & 0 & 1\\ 2 & -2 & -1\\ 3 & 0 & 0\end{bmatrix}$$

풀이

(a)

$$\left[\begin{array}{ccc|ccc}1 & 2 & -1 & 1 & 0 & 0\\ 0 & -1 & 0 & 0 & 1 & 0\\ -1 & 3 & 2 & 0 & 0 & 1\end{array}\right]\to\left[\begin{array}{ccc|ccc}1 & 2 & -1 & 1 & 0 & 0\\ 0 & -1 & 0 & 0 & 1 & 0\\ 0 & 5 & 1 & 1 & 0 & 1\end{array}\right]$$

$$\to\left[\begin{array}{ccc|ccc}1 & 2 & -1 & 1 & 0 & 0\\ 0 & 1 & 0 & 0 & -1 & 0\\ 0 & 5 & 1 & 1 & 0 & 1\end{array}\right]\to\left[\begin{array}{ccc|ccc}1 & 2 & -1 & 1 & 0 & 0\\ 0 & 1 & 0 & 0 & -1 & 0\\ 0 & 0 & 1 & 1 & 5 & 1\end{array}\right]$$

$$\to\left[\begin{array}{ccc|ccc}1 & 0 & -1 & 1 & 2 & 0\\ 0 & 1 & 0 & 0 & -1 & 0\\ 0 & 0 & 1 & 1 & 5 & 1\end{array}\right]\to\left[\begin{array}{ccc|ccc}1 & 0 & 0 & 2 & 7 & 1\\ 0 & 1 & 0 & 0 & -1 & 0\\ 0 & 0 & 1 & 1 & 5 & 1\end{array}\right]$$

따라서 $A^{-1}=\begin{bmatrix}2 & 7 & 1\\ 0 & -1 & 0\\ 1 & 5 & 1\end{bmatrix}$이 도출된다.

(b)

$$\left[\begin{array}{ccc|ccc}1 & 0 & 1 & 1 & 0 & 0\\ 2 & -2 & -1 & 0 & 1 & 0\\ 3 & 0 & 0 & 0 & 0 & 1\end{array}\right]\to\left[\begin{array}{ccc|ccc}1 & 0 & 1 & 1 & 0 & 0\\ 0 & -2 & -3 & -2 & 1 & 0\\ 3 & 0 & 0 & 0 & 0 & 1\end{array}\right]$$

$$\to\left[\begin{array}{ccc|ccc}1 & 0 & 1 & 1 & 0 & 0\\ 0 & -2 & -3 & -2 & 1 & 0\\ 0 & 0 & -3 & -3 & 0 & 1\end{array}\right]\to\left[\begin{array}{ccc|ccc}1 & 0 & 1 & 1 & 0 & 0\\ 0 & 1 & \frac{3}{2} & 1 & -\frac{1}{2} & 0\\ 0 & 0 & -3 & -3 & 0 & 1\end{array}\right]$$

$$\to\left[\begin{array}{ccc|ccc}1 & 0 & 1 & 1 & 0 & 0\\ 0 & 1 & \frac{3}{2} & 1 & -\frac{1}{2} & 0\\ 0 & 0 & 1 & 1 & 0 & -\frac{1}{3}\end{array}\right]\to\left[\begin{array}{ccc|ccc}1 & 0 & 0 & 0 & 0 & \frac{1}{3}\\ 0 & 1 & \frac{3}{2} & 1 & -\frac{1}{2} & 0\\ 0 & 0 & 1 & 1 & 0 & -\frac{1}{3}\end{array}\right]$$

$$\rightarrow \left[\begin{array}{ccc|ccc} 1 & 0 & 0 & 0 & 0 & \frac{1}{3} \\ 0 & 1 & 0 & -\frac{1}{2} & -\frac{1}{2} & \frac{1}{2} \\ 0 & 0 & 1 & 1 & 0 & -\frac{1}{3} \end{array}\right]$$

따라서 $B^{-1}=\begin{bmatrix} 0 & 0 & \frac{1}{3} \\ -\frac{1}{2} & -\frac{1}{2} & \frac{1}{2} \\ 1 & 0 & -\frac{1}{3} \end{bmatrix}$ 이 도출된다.

예제 4.19

다음 방정식의 해를 가우스-조던 소거법을 이용하여 구하고, 계수행렬의 역행렬도 구하여라.

$$\begin{aligned} x_1+2x_2+3x_3&=3 \\ 2x_1+3x_2+2x_3&=4 \\ 3x_1+3x_2+4x_3&=5 \end{aligned}$$

풀이

연립방정식의 해와 계수행렬의 역행렬을 동시에 구하기 위해서는 다음과 같은 행렬에 가우스-조던 소거법을 적용해야 한다.

$$\left[\begin{array}{ccc|ccc|c} 1 & 2 & 3 & 1 & 0 & 0 & 3 \\ 2 & 3 & 2 & 0 & 1 & 0 & 4 \\ 3 & 3 & 4 & 0 & 0 & 1 & 5 \end{array}\right]$$

소거법의 적용과정을 간단히 정리해 보면 다음과 같다.

$$\left[\begin{array}{ccc|ccc|c} 1 & 2 & 3 & 1 & 0 & 0 & 3 \\ 0 & -1 & -4 & -2 & 1 & 0 & -2 \\ 0 & -3 & -5 & -3 & 0 & 1 & -4 \end{array}\right] \rightarrow \left[\begin{array}{ccc|ccc|c} 1 & 0 & -5 & -3 & 2 & 0 & -1 \\ 0 & 1 & 4 & 2 & -1 & 0 & 2 \\ 0 & 0 & 7 & 3 & -3 & 1 & 2 \end{array}\right]$$

$$\rightarrow \left[\begin{array}{ccc:ccc:c} 1 & 0 & 0 & -\frac{6}{7} & -\frac{1}{7} & \frac{5}{7} & \frac{3}{7} \\ 0 & 1 & 0 & \frac{2}{7} & \frac{5}{7} & -\frac{4}{7} & \frac{6}{7} \\ 0 & 0 & 1 & \frac{3}{7} & -\frac{3}{7} & \frac{1}{7} & \frac{2}{7} \end{array}\right]$$

따라서 $\left(x_1^* = \frac{3}{7},\ x_2^* = \frac{6}{7},\ x_3^* = \frac{2}{7}\right)$의 해가 도출되며 계수행렬 **A**의 역행렬은 다음과 같다.

$$\mathbf{A}^{-1} = \begin{bmatrix} -\frac{6}{7} & -\frac{1}{7} & \frac{5}{7} \\ \frac{2}{7} & \frac{5}{7} & -\frac{4}{7} \\ \frac{3}{7} & -\frac{3}{7} & \frac{1}{7} \end{bmatrix}$$

예제 4.20

가우스-조던 소거법을 이용하여 $C=2$, $C=-2$, $C=0$일 때 다음 행렬의 역행렬을 구하여라.

$$\mathbf{A} = \begin{bmatrix} 0 & 0 & 2 & 4 \\ 1 & -2 & 0 & 0 \\ 0 & 0 & 1 & C \\ 4 & 7 & 0 & 0 \end{bmatrix}$$

풀이

$$\left[\begin{array}{cccc:cccc} 0 & 0 & 2 & 4 & 1 & 0 & 0 & 0 \\ 1 & -2 & 0 & 0 & 0 & 1 & 0 & 0 \\ 0 & 0 & 1 & C & 0 & 0 & 1 & 0 \\ 4 & 7 & 0 & 0 & 0 & 0 & 0 & 1 \end{array}\right] \rightarrow \left[\begin{array}{cccc:cccc} 1 & -2 & 0 & 0 & 0 & 1 & 0 & 0 \\ 4 & 7 & 0 & 0 & 0 & 0 & 0 & 1 \\ 0 & 0 & 1 & C & 0 & 0 & 1 & 0 \\ 0 & 0 & 2 & 4 & 1 & 0 & 0 & 0 \end{array}\right]$$

$$\rightarrow \left[\begin{array}{cccc:cccc} 1 & 0 & 0 & 0 & 0 & \frac{7}{15} & 0 & \frac{2}{15} \\ 0 & 1 & 0 & 0 & 0 & -\frac{4}{15} & 0 & \frac{1}{15} \\ 0 & 0 & 1 & C & 0 & 0 & 1 & 0 \\ 0 & 0 & 2 & 4 & 1 & 0 & 0 & 0 \end{array}\right]$$

$$\rightarrow \left[\begin{array}{cccc|cccc} 1 & 0 & 0 & 0 & 0 & \frac{7}{15} & 0 & \frac{2}{15} \\ 0 & 1 & 0 & 0 & 0 & -\frac{4}{15} & 0 & \frac{1}{15} \\ 0 & 0 & 1 & C & 0 & 0 & 1 & 0 \\ 0 & 0 & 0 & 4-2C & 1 & 0 & -2 & 0 \end{array}\right]$$

만약 $C=2$라면 $\mathbf{A}^{-1}$은 존재하지 않는다. $C\neq 2$인 경우 마지막 행을 $(4-2C)$로 나눌 수 있다. 따라서 $C=0$이라면

$$\mathbf{A}^{-1}=\begin{bmatrix} 0 & \frac{7}{15} & 0 & \frac{2}{15} \\ 0 & -\frac{4}{15} & 0 & \frac{1}{15} \\ 0 & 0 & 1 & 0 \\ \frac{1}{4} & 0 & -\frac{1}{2} & 0 \end{bmatrix}$$

이 되고, $C=-2$라면 마지막 행을 $(4-2C)$로 나눈 다음 그 행을 이용하여 세 번째 행의 C를 0으로 전환시키면 된다. 따라서 $C=-2$인 경우 역행렬은 다음과 같다.

$$\mathbf{A}^{-1}=\begin{bmatrix} 0 & \frac{7}{15} & 0 & \frac{2}{15} \\ 0 & -\frac{4}{15} & 0 & \frac{1}{15} \\ \frac{1}{4} & 0 & \frac{1}{2} & 0 \\ \frac{1}{8} & 0 & -\frac{1}{4} & 0 \end{bmatrix}$$

4. 추축연산법

본 소절에서는 가우스-조던 소거법을 이용하여 역행렬을 구하는 과정을 추축연산법의 개념을 토대로 설명해 보고자 한다. 다음 행렬의 역행렬을 구해보기로 하자.

$$\mathbf{A}=\begin{bmatrix} -1 & -3 & 2 \\ 2 & 5 & -3 \\ 3 & -2 & 4 \end{bmatrix}$$

$$[\mathbf{A} \,\vdots\, \mathbf{I}_3]=\left[\begin{array}{ccc:ccc} \textcircled{-1} & -3 & 2 & 1 & 0 & 0 \\ 2 & 5 & -3 & 0 & 1 & 0 \\ 3 & -2 & 4 & 0 & 0 & 1 \end{array}\right] \xrightarrow{\text{I}} \left[\begin{array}{ccc:ccc} 1 & 3 & -2 & -1 & 0 & 0 \\ 0 & \boxed{-1} & 1 & 2 & 1 & 0 \\ 0 & -11 & 10 & 3 & 0 & 1 \end{array}\right]$$

$$\xrightarrow{\text{II}} \left[\begin{array}{ccc:ccc} 1 & 0 & 1 & 5 & 3 & 0 \\ 0 & 1 & -1 & -2 & -1 & 0 \\ 0 & 0 & \textcircled{\textcircled{-1}} & -19 & -11 & 1 \end{array}\right] \xrightarrow{\text{III}} \left[\begin{array}{ccc:ccc} 1 & 0 & 0 & -14 & -8 & 1 \\ 0 & 1 & 0 & 17 & 10 & -1 \\ 0 & 0 & 1 & 19 & 11 & -1 \end{array}\right] = [\mathbf{I}_3 \,\vdots\, \mathbf{A}^{-1}]$$

단계 1 : $[\textcircled{-1}\; -3\;\; 2 \,\vdots\, 1\;\; 0\;\; 0]$을 추축행이라 하고, $\textcircled{-1}$을 추축원소라고 하며 $\begin{bmatrix} \textcircled{-1} \\ 2 \\ 3 \end{bmatrix}$을 추축열이라고 한다.

i) 추축행을 추축원소로 나누어 $[\textcircled{-1}\; -3\;\; 2 \,\vdots\, 1\;\; 0\;\; 0] \div \textcircled{-1}$
$= [1\;\; 3\;\; -2 \,\vdots\, -1\;\; 0\;\; 0]$으로 바꾼다.

ii) 추축열 $\begin{bmatrix} \textcircled{-1} \\ 2 \\ 3 \end{bmatrix}$은 $\begin{bmatrix} 1 \\ 0 \\ 0 \end{bmatrix}$으로 변환시킨다.

iii) 나머지 원소들은 추축원소 $\textcircled{-1}$을 중심으로 다음의 규칙 ◸에 의하여 변환된다.

예를 들면 제2열 $\begin{bmatrix} -3 \\ 5 \\ -2 \end{bmatrix}$의 5는 $\begin{bmatrix} \textcircled{-1} & -3 \\ 2 & 5 \end{bmatrix}$에서 $\left(5-\dfrac{2\times(-3)}{\textcircled{-1}}=-1\right)$로,

-2는 $\begin{bmatrix} \textcircled{-1} & -3 \\ 3 & -2 \end{bmatrix}$에서 $\left(-2-\dfrac{3\times(-3)}{\textcircled{-1}}=-11\right)$로 바뀐다.

제3열, 제4열에 대하여도 같은 방법으로 하면 된다. 제5열, 제6열은 변화가 없다. 이와 같이 계산하는 것을 추축연산(pivoting)이라고 한다.

단계 2 : 추축행(제2행)을 추축원소 $\boxed{-1}$로 나누어 $[0\;\; \boxed{-1}\;\; 1 \,\vdots\, 2\;\; 1\;\; 0] \div \boxed{-1}$
$= [0\;\; 1\;\; -1 \,\vdots\, -2\;\; -1\;\; 0]$으로 바꾸고,

추축열(제2열) $\begin{bmatrix} 3 \\ -1 \\ -11 \end{bmatrix}$은 $\begin{bmatrix} 0 \\ 1 \\ 0 \end{bmatrix}$으로 바꾼다.

제3열 $\begin{bmatrix} -2 \\ 1 \\ 10 \end{bmatrix}$의 -2는 $\begin{bmatrix} 3 & -2 \\ \boxed{-1} & 1 \end{bmatrix}$에서 $\left(-2-\dfrac{3\times 1}{\boxed{-1}}=1\right)$로,

10은 $\begin{bmatrix} \boxed{-1} & 1 \\ -11 & 10 \end{bmatrix}$에서 $\left(10-\dfrac{(-11)\times 1}{\boxed{-1}}=-1\right)$로 바뀐다.

제4열, 제5열에 대하여도 같은 방법으로 하면 된다. 제1열, 제6열은 변화가 없다.

단계 3 : 추축행(제3행)을 추축원소 $\circledcirc\!{-1}$로 나누어 $[0\ \ 0\ \ \circledcirc\!{-1}\ \vdots\ -19\ \ -11\ \ 1]\div \circledcirc\!{-1} = [0\ \ 0\ \ 1\ \vdots\ 19\ \ 11\ \ -1]$로 고치고,

추축열(제3열) $\begin{bmatrix} 1 \\ -1 \\ \circledcirc\!{-1} \end{bmatrix}$은 $\begin{bmatrix} 0 \\ 0 \\ 1 \end{bmatrix}$로 고친다.

제4열 $\begin{bmatrix} 5 \\ -2 \\ -19 \end{bmatrix}$의 5는 $\begin{bmatrix} 1 & 5 \\ \circledcirc\!{-1} & -19 \end{bmatrix}$에서 $\left(5-\dfrac{1\times(-19)}{\circledcirc\!{-1}}=-14\right)$로,

-2는 $\begin{bmatrix} -1 & -2 \\ \circledcirc\!{-1} & -19 \end{bmatrix}$에서 $\left(-2-\dfrac{(-1)\times(-19)}{\circledcirc\!{-1}}=17\right)$로 바뀐다.

제5열, 제6열에 대하여도 같은 방법으로 한다. 제1열, 제2열은 변화가 없다.

일반적으로 $n\times n$행렬 A의 0이 아닌 원소 a_{ij}에 대하여 추축연산을 하고자 할 때, a_{ij}를 추축원소, i행을 추축행이라 하고, j열을 추축열이라고 부르며 다음의 규칙에 따라 변환된다.

$$\mathbf{A}=\begin{bmatrix} a_{11} & a_{12} & \cdots & a_{1j} & \cdots & a_{1n} \\ \vdots & \vdots & & \vdots & \cdots & \vdots \\ a_{i1} & a_{i2} & \cdots & a_{ij} & \cdots & a_{in} \\ \vdots & \vdots & & \vdots & \cdots & \vdots \\ a_{m1} & a_{m2} & \cdots & a_{mj} & \cdots & a_{mn} \end{bmatrix} \rightarrow \begin{bmatrix} b_{11} & b_{12} & \cdots & 0 & \cdots & b_{1n} \\ \vdots & \vdots & & \vdots & \cdots & \vdots \\ b_{i1} & b_{i2} & \cdots & 1 & \cdots & b_{in} \\ \vdots & \vdots & & \vdots & \cdots & \vdots \\ b_{m1} & b_{m2} & \cdots & 0 & \cdots & b_{mn} \end{bmatrix}=\mathbf{B}$$

i) 추축행의 모든 원소들은 추축원소 a_{ij}로 나눈다. 즉,

$$[a_{i1}\ \ a_{i2}\ \cdots\ a_{in}] \to \left[\frac{a_{i1}}{a_{ij}}\ \ \frac{a_{i2}}{a_{ij}}\ \cdots\ \frac{a_{in}}{a_{ij}}\right] = [b_{i1}\ \ b_{i2}\ \cdots\ 1\ \cdots\ b_{in}]$$

ii) 추축열은 $\begin{bmatrix} a_{1j} \\ \vdots \\ a_{i-1,\ j} \\ a_{ij} \\ a_{i+1,\ j} \\ \vdots \\ a_{mj} \end{bmatrix} \to \begin{bmatrix} 0 \\ \vdots \\ 0 \\ 1 \\ 0 \\ \vdots \\ 0 \end{bmatrix}$ 으로 변환한다.

iii) 나머지 원소들은 규칙 ▽에 의하여 변환된다. 즉,

$$\begin{bmatrix} a_{i1} & \textcircled{a_{ij}} & \cdots & a_{is} & \cdots & a_{in} \\ \vdots & \vdots \triangledown & & \vdots & & \vdots \\ a_{t1} & a_{tj} & \cdots & a_{ts} & \cdots & a_{tn} \end{bmatrix}$$

$b_{ts} = a_{ts} - \dfrac{a_{tj} \times a_{is}}{a_{ij}}$ 에 의하여 구하면 된다.

보론 1 벡터의 개념과 일차독립

$n \times n$인 정방행렬 A를 계수행렬로 가지는 연립방정식 $AX = B$가 해를 갖기 위해서는 A의 역행렬 A^{-1}이 존재해야 한다. 역행렬 A^{-1}은 A의 행렬식이 0이 아닌 경우에만 존재한다는 특성은 본장의 제3절에서 이미 설명한 바 있다.

본 [보론]에서는 det A를 계산하는 대신, 행렬을 구성하는 벡터의 특성을 이용하여 A^{-1}이 존재하는가 여부를 알아보는 방법을 살펴보고자 한다.

1. 벡터의 일차독립

$n \times 1$인 두 개의 벡터 $\mathbf{v}_1$과 $\mathbf{v}_2$가 주어져 있을 때 각각의 벡터를 스칼라 k_1, k_2로 각각 곱하여 합하면 $k_1\mathbf{v}_1 + k_2\mathbf{v}_2$가 된다. 이와 같은 벡터의 가중합(weighted sum)을 벡터의 일차결합(linear combination)이라 한다.

만약 $k_1\mathbf{v}_1 + k_2\mathbf{v}_2 = 0$(여기서 0은 $m \times 1$인 0벡터임)을 만족하는 스칼라가 $k_1 = k_2 = 0$밖에 없다면 $\mathbf{v}_1$과 $\mathbf{v}_2$는 일차독립(linearly independent)이라 하며, k_1과 k_2 중 최소한 하나가 0이 아닌 경우에는 $\mathbf{v}_1$과 $\mathbf{v}_2$는 일차종속(linearly dependent)이 된다.

보론예제 4.1

다음 두 벡터가 일차독립인지 판정하여라.

$$\mathbf{v}_1 = \begin{bmatrix} 2 \\ 6 \\ 4 \end{bmatrix}, \ \mathbf{v}_2 = \begin{bmatrix} 3 \\ 9 \\ 6 \end{bmatrix}$$

풀이

두 벡터의 일차결합을 구해보면

$$k_1\mathbf{v}_1 + k_2\mathbf{v}_2 = \begin{bmatrix} 2k_1 + 3k_2 \\ 6k_1 + 9k_2 \\ 4k_1 + 6k_2 \end{bmatrix} = \begin{bmatrix} 0 \\ 0 \\ 0 \end{bmatrix}$$

에서 $k_1 = 3$, $k_2 = -2$임을 알 수 있다. $k_1 = k_2 = 0$이 아니므로 $\mathbf{v}_1$과 $\mathbf{v}_2$는 일차종속이다.

보론예제 4.2

다음과 같이 행렬 $\mathbf{A}$가 정의된다.

$$\mathbf{A} = \begin{bmatrix} 1 & 5 & -2 \\ 1 & 3 & 1 \\ 2 & 2 & 0 \end{bmatrix}$$

(a) $\mathbf{AX} = \mathbf{O}$를 만족시키는 해 $\mathbf{X}$를 구하고, 행렬 $\mathbf{A}$의 열들이 일차독립인지 판정하여라. 만약 일차독립이 아니라면 다음을 만족하는 α_1, α_2, α_3를 구하여라.

$$\alpha_1 a^1 + \alpha_2 a^2 + \alpha_3 a^3 = 0$$

여기서 a^1, a^2, a^3는 행렬 $\mathbf{A}$의 열을 나타낸다.

(b) $\mathbf{A} = \begin{bmatrix} -1 & 0 & 4 \\ 1 & 2 & 4 \\ 1 & -1 & 8 \end{bmatrix}$로 가정하고 (a)에 대한 답을 다시 구해 보아라.

풀이

(a) $x_1^* = x_2^* = x_3^* = 0$일 때만 $\mathbf{AX} = \mathbf{O}$이 성립하므로 $\mathbf{A}$의 열들은 일차독립이다.

(b) $x_1^* = 4\lambda$, $x_2^* = -4\lambda$, $x_3^* = \lambda$(여기서 λ는 어떤 값이어도 무관함)이면 되므로, $\mathbf{A}$의 열은 일차독립이 아니다. 예를 들어 $\alpha_1 = 4$, $\alpha_2 = -4$, $\alpha_3 = 1$이면 다음이 성립한다.

$$\alpha_1 a^1 + \alpha_2 a^2 + \alpha_3 a^3 = 0$$

일차독립과 일차종속의 개념은 벡터가 n개 있을 때에도 적용된다. n개의 벡터 $\mathbf{v}_1$, $\mathbf{v}_2$, $\cdots$, $\mathbf{v}_n$이 주어져 있을 때

$$k_1\mathbf{v}_1 + k_2\mathbf{v}_2 + \cdots + k_n\mathbf{v}_n = 0$$

을 만족하는 스칼라가 $k_1 = k_2 = \cdots = k_n = 0$밖에 없을 때 이들 벡터는 일차독립이 되며, 그렇지 않을 때에는 일차종속이 된다. 주어진 벡터들이 일차종속이라는 것이 알려져 있으면 이들 벡터 중 최소한 하나의 벡터는 다른 벡터들의 일차결합으로 나타낼 수 있다. 예를 들어 4개의 벡터 $\mathbf{v}_1$, $\mathbf{v}_2$, $\mathbf{v}_3$, $\mathbf{v}_4$가 일차종속이고, $k_1 \neq 0$이라 가정하면

$$\mathbf{v}_1 = (-k_2/k_1)\mathbf{v}_2 + (-k_3/k_1)\mathbf{v}_3 + (-k_4/k_1)\mathbf{v}_4$$

로 나타낼 수 있다.

2. 일차독립의 기하학적 해석

m개의 원소로 구성된 $m \times 1$벡터는 m차원의 공간에서 그 의미를 해석해 볼 수 있다. 예를 들어 벡터 $\mathbf{u} = \begin{bmatrix} 1 \\ 2 \end{bmatrix}$는 [보론그림 4-1]에서와 같이 원점 (0, 0)에서 점 (1, 2)를 연결하는 직선으로 볼 수 있으며, 벡터 $\mathbf{u}$에 스칼라 2를 곱한 새로운 벡터 $2\mathbf{u} = \begin{bmatrix} 2 \\ 4 \end{bmatrix}$는 기존의 벡터 $\mathbf{u}$에 겹치면서 그 길이가 2배인 벡터로 생각해 볼 수 있다.

보론그림 4-1

u와 2u의 도시

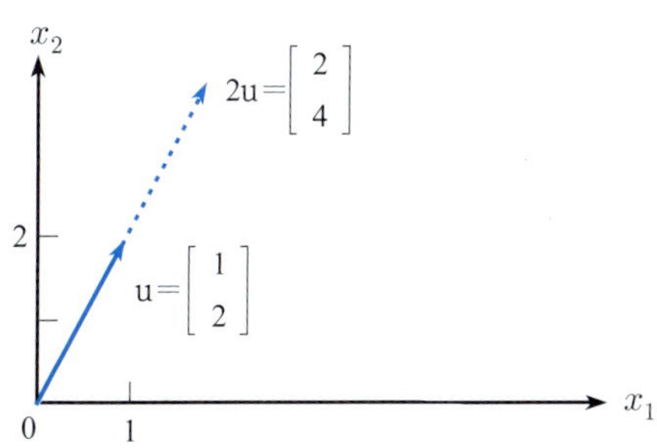

한편 일차독립인 두 벡터 $\mathbf{u}=\begin{bmatrix}1\\2\end{bmatrix}$, $\mathbf{v}=\begin{bmatrix}3\\1\end{bmatrix}$의 합인 $\mathbf{u}+\mathbf{v}=\begin{bmatrix}4\\3\end{bmatrix}$은 [보론그림 4-2]에서처럼 원점을 지나는 평행사변형의 대각선으로 볼 수 있다.

보론그림 4-2

u+v의 도시

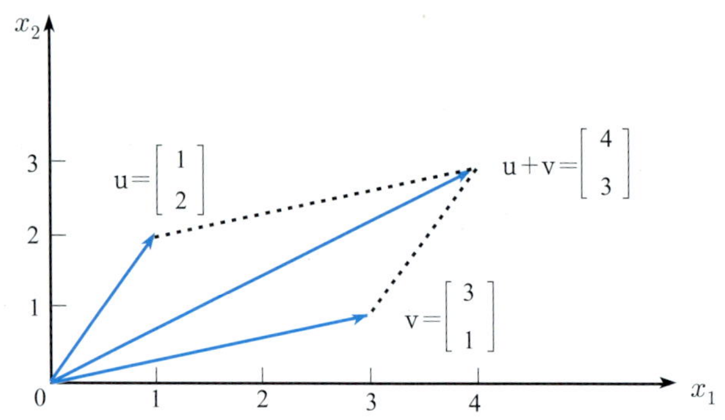

이제 이와 같은 벡터의 개념을 기초로 하여 일차종속과 일차독립의 개념을 다시 한번 살펴보기로 하자. 두 벡터 $\mathbf{u}$와 $\mathbf{v}$가 일차종속이라는 것은 $\mathbf{u}$와 $\mathbf{v}$를 좌표상에 표시하면 서로 겹친다는 의미이며, 두 벡터 $\mathbf{u}$와 $\mathbf{v}$가 일차독립이라는 것은 $\mathbf{u}$와 $\mathbf{v}$를 늘리거나 줄이며, 또는 방향을 바꾼 다음, 합하면 좌표상의 모든 벡터들을 나타낼 수 있다는 것이다. 예를 들어 벡터 $\mathbf{u}=\begin{bmatrix}1\\0\end{bmatrix}$와 $\mathbf{v}=\begin{bmatrix}0\\1\end{bmatrix}$은 일차독립이다. 다시 말해 $k_1\begin{bmatrix}1\\0\end{bmatrix}+k_2\begin{bmatrix}0\\1\end{bmatrix}=\begin{bmatrix}0\\0\end{bmatrix}$을 만족시키는 0이 아닌 k_1과 k_2는 존재하지 않는다는 것이다. $\begin{bmatrix}1\\0\end{bmatrix}$과 $\begin{bmatrix}0\\1\end{bmatrix}$이 주어지면 이 두 벡터의 일차결합을 통해 2차원의 어떤 벡터라도 만들어 낼 수 있다. 따라서 2차원평면에서 3개 이상의 벡터가 주어지면 이들은 반드시 일차종속이 될 수밖에 없다.

이와 같은 의미에서 2차원평면에서 일차독립인 2개의 벡터는 2차원의 기저(basis)를 이루며, 이들 벡터는 2차원평면을 생성(span)한다고 말한다. 마찬가지로 3차원의 기저는 3개의 일차독립인 벡터로 구성되며, 이 벡터들의 일차결합으로 3차원 공간의 모든 벡터를 도출해낼 수 있다.

보론 2 고윳값 및 고유벡터

고윳값은 선형대수학에서 파생된 중요한 응용개념 중 하나로 정방행렬 A에 대하여 다음의 식을 만족시키는 스칼라값 λ를 일컫는다.

$$\mathbf{A}x = \lambda x$$

일반적으로 행렬 A가 벡터(x)에 곱해지는 경우 벡터(x)의 방향과 크기가 변하게 된다. 고유벡터는 행렬 A가 곱해진 후 변환된 벡터 중 방향이 기존 벡터와 평행한 벡터를 일컫는다. 이와 더불어 고윳값은 행렬 A가 곱해진 후 원 벡터가 방향의 변화 없이 얼마나 확대 혹은 축소되었는지를 나타낸다.

고윳값을 찾는 과정은 $\mathbf{A}x = \lambda x$를 만족하는 0이 아닌 벡터 x와 스칼라 λ를 찾는 과정으로 볼 수 있다. 이를 다시 표현하면

$$\begin{bmatrix} a_{11} & \cdots & a_{1n} \\ \vdots & & \vdots \\ a_{n1} & \cdots & a_{nn} \end{bmatrix} \begin{bmatrix} x_1 \\ \vdots \\ x_n \end{bmatrix} = \lambda \begin{bmatrix} x_1 \\ \vdots \\ x_n \end{bmatrix}$$

예를 들어 2×2행렬 $\mathbf{A} = \begin{bmatrix} -4 & -6 \\ 3 & 5 \end{bmatrix}$가 주어졌을 때, 행렬 A의 고윳값과 고유벡터를 구하는 과정은 다음을 만족하는 특성방정식의 해를 구하는 것과 같다.

$$\mathbf{A}x = \lambda x \Rightarrow |\mathbf{A} - \lambda I| = 0$$

행렬 $\mathbf{A} - \lambda I$가 가역행렬일 경우, $|\mathbf{A} - \lambda I| = 0$을 만족하는 벡터는 0벡터일 수밖에 없다. 따라서 고유벡터를 구하기 위해서는 $\mathbf{A} - \lambda I$를 비가역행렬로 만드는 λ값을 찾아야 한다. 제시된 행렬식을 0으로 만드는 λ를 특성방정식을 구성하여 쉽게 구할 수 있다. 특성방정식을 통해 구한 두 개의 고윳값은 2와 -1이다.

각각의 고윳값에 대하여 $\begin{bmatrix} -4 & -6 \\ 3 & 5 \end{bmatrix}\begin{bmatrix} x_1 \\ x_2 \end{bmatrix}=2\begin{bmatrix} x_1 \\ x_2 \end{bmatrix}$와 $\begin{bmatrix} -4 & -6 \\ 3 & 5 \end{bmatrix}\begin{bmatrix} x_1 \\ x_2 \end{bmatrix}=-1\begin{bmatrix} x_1 \\ x_2 \end{bmatrix}$ 식을 풀면, 고윳값 2와 -1에 대응하는 고유벡터는 임의의 실수 r과 s에 대하여 각각 $r\begin{bmatrix} 1 \\ -1 \end{bmatrix}$과 $s\begin{bmatrix} -2 \\ 1 \end{bmatrix}$이 됨을 쉽게 확인할 수 있다.

CHAPTER 4

연습문제

1. 다음에 주어진 행렬의 행렬식을 구하여라.

(a) $\begin{bmatrix} 1 & 3 & 2 \\ 2 & -1 & 5 \\ -2 & 4 & -4 \end{bmatrix}$ (b) $\begin{bmatrix} -3 & 5 & 7 \\ -5 & -4 & 3 \\ 2 & 5 & 6 \end{bmatrix}$ (c) $\begin{bmatrix} 1 & 2 & -1 \\ 4 & 1 & 2 \\ 1 & 1 & -3 \end{bmatrix}$

(d) $\begin{bmatrix} 2 & 1 & 4 & 7 \\ 3 & 0 & 1 & 5 \\ -4 & -3 & 3 & 4 \\ 2 & 2 & -1 & 0 \end{bmatrix}$ (e) $\begin{bmatrix} 4 & 0 & 2 & 0 \\ 0 & 1 & 0 & 3 \\ 5 & 0 & 7 & 0 \\ 0 & 8 & 0 & 6 \end{bmatrix}$

2. 다음 행렬의 행렬식이 $(-1)^{\frac{n(n-1)}{2}} \cdot d_1 d_2 \cdots d_n$임을 보여라.

$$\begin{bmatrix} 0 & 0 & \cdots & 0 & d_1 \\ 0 & 0 & \cdots & d_2 & 0 \\ \vdots & \vdots & \cdots & \vdots & \vdots \\ d_n & 0 & \cdots & 0 & 0 \end{bmatrix}$$

3. 크레머의 공식을 이용하여 다음 연립방정식의 해를 구하여라.

$$\begin{aligned} 2x_1 - 4x_2 &= 8 \\ 3x_1 + x_2 &= 5 \end{aligned}$$

4. 다음 연립방정식의 해를 크레머의 공식을 이용하여 구하여라.

(a) $\begin{aligned} 2x_1 + 2x_2 - x_3 &= 2 \\ -3x_1 - x_2 + 3x_3 &= -2 \\ 4x_1 + 2x_2 - 3x_3 &= 0 \end{aligned}$ (b) $\begin{aligned} 5p_1 + p_2 - p_3 &= 9 \\ -2p_1 + 5p_2 - p_3 &= 3 \\ -p_1 - p_2 + 7p_3 &= 17 \end{aligned}$

5. 다음에 주어진 행렬의 역행렬을 크레머의 공식을 이용하여 구하여라.

$$A = \begin{bmatrix} 1 & -3 \\ -2 & 4 \end{bmatrix}, \quad B = \begin{bmatrix} 3 & -3 & 6 \\ -1 & 0 & 1 \\ -1 & 0 & -2 \end{bmatrix}$$

6. 다음 연립방정식의 해를 가우스-조던 소거법으로 구하여라.

(a) $\begin{cases} 2x - y = 0 \\ y + z + 2w = 100 \\ x + 2y + 2z = 60 \\ -x + z - w = -10 \end{cases}$ (b) $\begin{cases} x + y + z = 0 \\ y = 20 \\ -x + 2z = 10 \end{cases}$ (c) $\begin{cases} 2x_1 + x_2 + x_3 = 8 \\ 4x_1 + x_2 = 8 \\ -2x_1 + 2x_2 + x_3 = 8 \end{cases}$

(d) $\begin{cases} x_2 = 6 \\ 2x_1 - x_3 = 12 \\ x_1 + 3x_2 + x_3 = 15 \end{cases}$ (e) $\begin{cases} x_1 - x_2 - 3x_3 = -3 \\ x_1 + 2x_2 + 3x_3 = 3 \\ x_1 + 2x_2 + 6x_3 = 7 \end{cases}$ (f) $\begin{cases} x - y + 5z = -6 \\ 3x + 3y - z = 10 \\ x + 3y + 2z = 5 \end{cases}$

(g) $\begin{cases} 2x + 5y + 3z = 19{,}500 \\ 3x + 4y + z = 14{,}900 \\ x + 6y + 4z = 21{,}600 \end{cases}$ (h) $\begin{cases} 2x + 8y + 6z = 20 \\ 4x + 2y - 2z = -2 \\ -6x + 4y + 10z = 24 \end{cases}$ (i) $\begin{cases} 2x + 8y + 6z = 20 \\ 4x + 2y - 2z = -2 \\ 3x - y + z = 11 \end{cases}$

7. 다음 행렬의 역행렬을 가우스-조던 소거법을 응용하여 구하여라.

(a) $\begin{bmatrix} 2 & 8 & 6 \\ 4 & 2 & -2 \\ 3 & -1 & 1 \end{bmatrix}$ (b) $\begin{bmatrix} 2 & 4 & 3 \\ 0 & 1 & -1 \\ 3 & 5 & 7 \end{bmatrix}$ (c) $\begin{bmatrix} 2 & 1 & 1 \\ 4 & 1 & 0 \\ -2 & 2 & 1 \end{bmatrix}$

(d) $\begin{bmatrix} 3 & 1 \\ 1 & 1 \end{bmatrix}$ (e) $\begin{bmatrix} 1 & 2 & 3 \\ 0 & 1 & -1 \\ 1 & 2 & 1 \end{bmatrix}$ (f) $\begin{bmatrix} 2 & 1 & 2 \\ 3 & 1 & 1 \\ 3 & 1 & 2 \end{bmatrix}$

8. 한국K다이어트센터는 자체 개발한 3가지 종합 처방패키지로 필요한 영양소를 공급하고 있다. A, B, C 세 가지 음식패키지가 다이어트 고객에게 공급할 수 있는 영양소 중 핵심인 칼슘, 철분, 비타민 A는 다음과 같다.

	1패키지(50g)당 영양소		
	A	B	C
칼슘	10	10	20
철분	30	10	20
비타민 A	10	30	20

(a) 매일 칼슘 180mg, 철분 340mg, 비타민 A 220mg을 정확하게 공급하기 위해서는 영양소 패키지 A, B, C를 각각 몇 단위를 제공해야 하는가?

(b) 비타민 A는 다른 음식으로도 공급이 가능하여 고객에 대한 영양소 공급조건에서 빠진다면 (a)의 답이 어떻게 바뀌게 되는가?

9. $\mathbf{A}=\begin{bmatrix} 3 & -1 \\ 2 & 1 \end{bmatrix}$, $\mathbf{B}=\begin{bmatrix} 0 & 3 & 4 \\ 2 & 0 & 3 \\ -1 & 1 & 0 \end{bmatrix}$의 역행렬이 $\mathbf{A}^{-1}=\begin{bmatrix} \frac{1}{5} & \frac{1}{5} \\ -\frac{2}{5} & \frac{3}{5} \end{bmatrix}$, $\mathbf{B}^{-1}=\begin{bmatrix} 3 & -4 & -9 \\ 3 & -4 & -8 \\ -2 & 3 & 6 \end{bmatrix}$ 으로 주어져 있다. 이 결과를 활용하여 다음 연립방정식의 해를 구하여라.

(a) $\begin{cases} 3x_1 - x_2 = 5 \\ 2x_1 + x_2 = 15 \end{cases}$

(b) $\begin{cases} 3x_2 + 4x_3 = 5 \\ 2x_1 + 3x_3 = -1 \\ -x_1 + x_2 = 2 \end{cases}$

10. 슈퍼컴퓨터를 생산하는 (주)디지털테크는 세 곳에 공장을 운영하고 있으며 비용함수는 다음과 같다.

$$C_1(y_1) = 2y_1^2 + 3y_1 + 90$$
$$C_2(y_2) = 6y_2^2 + 7y_2 + 40$$
$$C_3(y_3) = y_3^2 + 5y_3 + 30$$

여기서 y_1, y_2, y_3는 각 공장의 생산량을 나타낸다. 이 회사는 지금 세 곳의 공장에서 총 52대의 슈퍼컴퓨터 생산을 계획하고 있다. 최적생산계획을 수립하여라.

11. 알파벳을 이용하여 간단한 암호체계를 만들어보고자 한다. 단어 사이의 공간은 0을 이용한다.

A	B	C	D	E	F	G	H	I	J	K	L	M
1	2	3	4	5	6	7	8	9	10	11	12	13
N	O	P	Q	R	S	T	U	V	W	X	Y	Z
14	15	16	17	18	19	20	21	22	23	24	25	26

암호화 행렬을 $\mathbf{A} = \begin{bmatrix} 4 & 3 \\ 1 & 1 \end{bmatrix}$로 설정할 경우 다음 암호는 어떤 단어를 의미하는가?

91 24 66 21 80 25 9 3 72 19 20 5

12. 앞 문제의 알파벳 체계를 사용하지만 암호화 행렬은 $\mathbf{A} = \begin{bmatrix} 1 & 2 \\ 1 & 3 \end{bmatrix}$으로 설정하고 "PRIDE AND PREJUDICE"를 암호메시지로 생성해 보아라.

13. 행렬 $\mathbf{A} = \begin{bmatrix} 1/2 & 1/2 \\ 1/2 & 1/2 \end{bmatrix}$의 고윳값과 고유벡터를 구하여라.

CHAPTER

5 행렬의 응용

본장에서는 제3장과 제4장에서 살펴본 행렬의 개념을 **투입-산출분석, 마코브 분석, 공분산, 상관계수**의 문제 등 경영 · 경제의 여러 문제에 적용하는 방법에 대해 살펴보고자 한다.

행렬의 개념을 기초로 하는 대표적인 계량적 분석기법인 선형계획법은 독립된 장으로 하여 제6장에서 보다 자세히 설명하고자 한다.

제 1 절 투입-산출분석

제4장에서 살펴본 바와 같이 $AX=B$의 연립방정식에서 A의 역행렬 A^{-1}만 구해 놓으면 행렬 B가 바뀌더라도 손쉽게 X를 구할 수 있다. 투입-산출분석은 바로 이와 같이 A^{-1}을 반복적으로 이용하는 계산과정을 핵심적인 도구로 사용한다.

투입-산출분석의 목적은 각 산업부분의 생산에 필요한 자원소요량과 소비자수요를 충족시키기 위한 생산량수준(output level)을 결정하는 데에 있다. 투입-산출분석의 개념을 살펴보기 위해 농업과 제조업의 2개 산업부문으로 구성되어 있는 국민경제시스템을 가정해 보자. 이들 각각의 산업은 서로 다른 종류의 재화나 서비스를 창출하며 창출된 재화나 서비스(output)의 일부는 다시 이들 각각의 산업에서 미래의 생산을 위한 투입물(input)로 사용되고 나머지는 소비자들에게 공급된다. 이제 이러한 관계를 〈표 5.1〉의 간단한 산업연관표를 사용하여 살펴보기로 하자.

〈표 5.1〉 산업연관표의 예 (단위 : 10억원)

투입 \ 산출	농 업	제조업	최종수요	총생산액
농 업	40	100	60	200
제조업	50	100	90	240
기본생산요소	110	40		
총투입액	200	240		440

부문별 산출측면은 행벡터로 나타나는데, 농업부문 200의 총생산액 중 40과 100이 농업과 제조업 분야의 생산에 사용되었고 나머지 60은 최종수요에 사용되었다. 제조업의 경우도 동일한 설명이 이루어질 수 있는데, 각 부문 모두 「총생산액=중간재수요+최종수요」가 됨을 알 수 있다. 투입측면을 열벡터로 살펴보면, 농업부문의 생산을 위해 농업 그 자체에서 40, 제조업에서 50이 중간재로 투입되었고 노동 등 기본생산요소의 투입이 110만큼 이루어져서 「총투입액=투입액+기본생산요소」가 성립함을 알 수 있다. 산출부문과 투입부문을 함께 고려하면, 「총투입액=

총산출액」도 성립한다.

〈표 5.1〉에 나타난 투입-산출관계를 부호로 나타내면 〈표 5.2〉와 같으며, 식으로 나타내면 식 ①과 같다.

〈표 5.2〉 투입-산출관계의 일반화

투입 \ 산출	농 업	제조업	최종수요	총생산액
농 업	X_{11}	X_{12}	D_1	X_1
제조업	X_{21}	X_{22}	D_2	X_2
기본생산요소	Y_1	Y_2		Y
총투입액	X_1	X_2		

$$\left.\begin{aligned} X_{11} + X_{12} + D_1 = X_1 \\ X_{21} + X_{22} + D_2 = X_2 \end{aligned}\right\} \cdots\cdots\cdots\cdots ①$$

이제 위의 투입-산출관계를 단위당 생산에 필요한 투입-산출관계로 바꾸어 보자. 농업부문의 생산 1단위를 위해서 농업부문에서 $\frac{X_{11}}{X_1} = \frac{40}{200}$, 제조업부문에서 $\frac{X_{21}}{X_1} = \frac{50}{200}$이 투입되어야 하고, 제조업생산의 경우 농업부문에서 $\frac{X_{12}}{X_2} = \frac{100}{240}$, 제조업부문에서 $\frac{X_{22}}{X_2} = \frac{100}{240}$이 투입되어야 한다.

앞에서 예로 든 〈표 5.1〉을 단위생산당 투입-산출관계로 나타내면 다음과 같으며, 이렇게 최종산출로 정규화(normalize)한 행렬을 투입계수행렬(coefficient matrix)이라고 한다.

투입 \ 산출	농 업	제조업
농 업	$a_{11} = \frac{40}{200}$	$a_{12} = \frac{100}{240}$
제조업	$a_{21} = \frac{50}{200}$	$a_{22} = \frac{100}{240}$

투입계수행렬에서 i번째 행과 j번째 열에 해당하는 원소 a_{ij}는 j번째 산업부문에서 1원의 가치를 지니는 산출물을 생산해 내기 위해 i번째 산업에서 공급해야 하는 투입물의 가치를 의미한다. 따라서 투입계수행렬의 j번째 열은 j번째 산업에서 1원의 가치를 지니는 산출물을 생산해 내기 위해 필요한 투입물의 종류와 가치를 요약한 것이라 볼 수 있다.

식 ①을 투입계수 $\left(a_{ij} = \dfrac{X_{ij}}{X_j}\right)$를 사용하여 재정리하면 다음과 같다.

$$a_{11}X_1 + a_{12}X_2 + D_1 = X_1$$
$$a_{21}X_1 + a_{22}X_2 + D_2 = X_2$$

이를 제4장에서 설명된 방식에 의해 행렬로 나타내면 다음과 같다.

$$\begin{bmatrix} a_{11} & a_{12} \\ a_{21} & a_{22} \end{bmatrix} \begin{bmatrix} X_1 \\ X_2 \end{bmatrix} + \begin{bmatrix} D_1 \\ D_2 \end{bmatrix} = \begin{bmatrix} X_1 \\ X_2 \end{bmatrix}$$

또는

$$\mathbf{AX} + \mathbf{D} = \mathbf{X} \cdots\cdots\cdots\cdots\cdots\cdots ②$$

여기서,

$$\mathbf{A} = \begin{bmatrix} a_{11} & a_{12} \\ a_{21} & a_{22} \end{bmatrix}, \quad \mathbf{X} = \begin{bmatrix} X_1 \\ X_2 \end{bmatrix}, \quad \mathbf{D} = \begin{bmatrix} D_1 \\ D_2 \end{bmatrix}$$

이다.

식 ②를 이용하면 적정산출물과 적정투입량 및 수요량 간의 관계, 한 산업의 생산변화가 다른 산업에 미치는 영향 등 경제부문 상호간의 재화나 서비스의 흐름을 분석할 수 있으므로 경제계획 또는 경제정책 입안에 필요불가결한 분석도구라 할 수 있다.

이제 투입-산출분석과정을 n개의 산업으로 구성된 경제시스템에 적용해 보기로 하자. 우선 최종 소비자집단이 필요로 하는 산출물의 가치는 수요행렬 D로 표시하기로 하자.

$$\mathbf{D} = \begin{bmatrix} d_1 \\ d_2 \\ \vdots \\ d_n \end{bmatrix}$$

미지변수인 각 산업분야의 산출물 수준을 $n \times 1$인 행렬 **X**로 표시하면

$$\mathbf{X} - \mathbf{AX} = \mathbf{D}$$

가 성립한다. 행렬 **X**에 단위행렬인 $\mathbf{I}_n$을 곱해도 아무런 변화가 없으므로

$$\mathbf{I}_n\mathbf{X} - \mathbf{AX} = \mathbf{D}$$
$$(\mathbf{I}_n - \mathbf{A})\mathbf{X} = \mathbf{D}$$

가 성립한다. 이 식에서 $\mathbf{I}_n - \mathbf{A}$는 레온티예프행렬(Leontief matrix)이라고도 불린다. 만약 레온티예프행렬의 역행렬이 존재하면 총산출량 $\mathbf{X}^*$는 다음과 같이 구할 수 있다.

$$\mathbf{X}^* = (\mathbf{I}_n - \mathbf{A})^{-1}\mathbf{D}$$

예제 5.1

두 개의 산업분야로 구성된 경제시스템의 투입계수행렬이 다음과 같다.

$$\begin{array}{c} \\ \mathrm{A} \\ \mathrm{B} \end{array} \begin{array}{c} \begin{array}{cc} \mathrm{A} & \mathrm{B} \end{array} \\ \begin{bmatrix} 0.2 & 0.4 \\ 0.4 & 0.3 \end{bmatrix} \end{array}$$

(a) 산업 A는 30,000억원의 가치를 지닌 재화를 생산하고 산업 B는 40,000억원의 가치를 지니는 재화를 생산한다면 소비자에게 공급될 수 있는 재화의 양은 얼마인가?

(b) 레온티예프행렬 $\mathbf{I}_2 - \mathbf{A}$를 구하고 $(\mathbf{I}_2 - \mathbf{A})^{-1}$을 계산하여라.

(c) 산업 A에서 생산하는 재화에 대한 소비자의 수요가 40,000억원이고 산업 B에서 생산하는 재화에 대한 소비자의 수요가 32,000억원이라 할 때, 각 산업분야에서 생산해야 할 재화의 양을 계산하여라.

풀이

(a) $$\begin{bmatrix} 30,000 \\ 40,000 \end{bmatrix} - \begin{bmatrix} 0.2 & 0.4 \\ 0.4 & 0.3 \end{bmatrix}\begin{bmatrix} 30,000 \\ 40,000 \end{bmatrix} = \begin{bmatrix} 30,000 \\ 40,000 \end{bmatrix} - \begin{bmatrix} 22,000 \\ 24,000 \end{bmatrix} = \begin{bmatrix} 8,000 \\ 16,000 \end{bmatrix}$$

(b) $$\mathbf{I}_2 - \mathbf{A} = \begin{bmatrix} 1 & 0 \\ 0 & 1 \end{bmatrix} - \begin{bmatrix} 0.2 & 0.4 \\ 0.4 & 0.3 \end{bmatrix} = \begin{bmatrix} 0.8 & -0.4 \\ -0.4 & 0.7 \end{bmatrix}$$

$$(\mathbf{I}_2 - \mathbf{A})^{-1} = \begin{bmatrix} 0.8 & -0.4 \\ -0.4 & 0.7 \end{bmatrix}^{-1} = \frac{1}{0.56 - 0.16}\begin{bmatrix} 0.7 & 0.4 \\ 0.4 & 0.8 \end{bmatrix} = \begin{bmatrix} \frac{7}{4} & 1 \\ 1 & 2 \end{bmatrix}$$

(c) $$\mathbf{X}^* = (\mathbf{I}_2 - \mathbf{A})^{-1}\mathbf{D} = \begin{bmatrix} \frac{7}{4} & 1 \\ 1 & 2 \end{bmatrix}\begin{bmatrix} 40,000 \\ 32,000 \end{bmatrix} = \begin{bmatrix} 102,000 \\ 104,000 \end{bmatrix}$$

예제 5.2

다음과 같은 투입계수행렬과 수요행렬이 주어져 있을 때 적정산출량 수준인 $\mathbf{X}$를 구하여라.

	모바일	애니메이션	음악·영상
모바일	0.2	0.1	0.2
애니메이션	0.5	0.2	0.1
음악·영상	0.3	1.2	0.1

$$\mathbf{A} = \begin{bmatrix} 0.2 & 0.1 & 0.2 \\ 0.5 & 0.2 & 0.1 \\ 0.3 & 1.2 & 0.1 \end{bmatrix}, \quad \mathbf{D} = \begin{bmatrix} 1,000 \\ 1,200 \\ 800 \end{bmatrix}$$

풀이

우선 $(\mathrm{I}_n-\mathrm{A})^{-1}$부터 구해보면 다음과 같다.

$$\mathrm{I}_n-\mathrm{A}=\begin{bmatrix}0.8 & -0.1 & -0.2\\ -0.5 & 0.8 & -0.1\\ -0.3 & -1.2 & 0.9\end{bmatrix},\quad (\mathrm{I}_n-\mathrm{A})^{-1}=\frac{1}{0.264}\begin{bmatrix}0.60 & 0.33 & 0.17\\ 0.48 & 0.66 & 0.18\\ 0.84 & 0.99 & 0.59\end{bmatrix}$$

따라서 X^*는 다음과 같이 계산된다.

$$\mathrm{X}^*=(\mathrm{I}_n-\mathrm{A})^{-1}\,\mathrm{D}$$
$$=\frac{1}{0.264}\begin{bmatrix}0.60 & 0.33 & 0.17\\ 0.48 & 0.66 & 0.18\\ 0.84 & 0.99 & 0.59\end{bmatrix}\begin{bmatrix}1{,}000\\ 1{,}200\\ 800\end{bmatrix}=\begin{bmatrix}4{,}287.88\\ 5{,}363.64\\ 9{,}469.70\end{bmatrix}$$

예제 5.3

전력산업, 석탄산업 그리고 철강산업 간의 투입계수행렬이 다음과 같이 추정되고 있다.

$$\mathrm{A}=\begin{array}{c}\\ \text{전력}\\ \text{석탄}\\ \text{철강}\end{array}\begin{array}{c}\begin{array}{ccc}\text{전력} & \text{석탄} & \text{철강}\end{array}\\ \begin{bmatrix}0.15 & 0.15 & 0.09\\ 0.50 & 0 & 0.10\\ 0.10 & 0.03 & 0.20\end{bmatrix}\end{array}$$

이 세 산업을 제외한 외부섹터에서의 수요를 추정한 결과, 전력이 1,156.5억원, 석탄이 685억원, 그리고 철강이 1,668억원 정도가 필요한 것으로 나타났다. 외부섹터로부터의 수요를 충족시켜주고 나면, 이 세 산업분야에 남겨질 석탄의 가치는 얼마인가?

풀이

$$\mathrm{T}=\mathrm{I}_n-\mathrm{A}=\begin{bmatrix}0.85 & -0.15 & -0.09\\ -0.5 & 1 & -0.1\\ -0.1 & -0.03 & 0.8\end{bmatrix}$$

$$|\mathrm{T}|=(0.85)(0.8-0.003)+(0.15)(-0.4-0.01)-(0.09)(0.015+0.1)$$
$$=0.67745-0.0615-0.01035=0.6056$$

$$x_2^* = \frac{\begin{vmatrix} 0.85 & 1{,}156.5 & -0.09 \\ -0.5 & 685 & -0.1 \\ -0.1 & 1{,}668 & 0.8 \end{vmatrix}}{0.6056} = 1{,}900\text{억원}$$

외부수요가 685억원이므로 답은 1,900억원−685억원=1,215억원이 된다.

제 2 절 마코브 분석

마코브 분석(Markov analysis)은 관심의 대상이 되는 시스템의 상태나 상황이 시간의 흐름에 따라 확률적으로 변해가는 경우에 이용되는 기법으로, 최종적인 의사결정에 도움을 줄 수 있는 확률적 정보를 제공해 준다. 마코브 분석은 시계열 분석(time series analysis), 동태적 거시경제모형(dynamic macroeconomic model), 설비보수 · 유지문제, 상표전환문제(brand switching problem), 도로보수문제 등 여러 경우에 사용될 수 있는데, 본절에서는 이 중 상표전환문제를 통해 마코브 분석의 개념과 원리를 알아보고자 한다.

예를 들어 수도권에 거주하고 있는 소비자들의 맥주브랜드 선호패턴을 조사한 결과, 가격이나 광고, 또는 품질의 변화에 따라 선호하는 맥주가 달라질 수 있음을 확인하였는데, 일반적으로 이번 달에 한국맥주를 선호하던 소비자가 다음 달에도 한국맥주를 선호할 확률은 60% 정도이고, 고려맥주로 바꾸어 마실 확률은 40%인 것으로 나타났다. 또한 이번 달에 고려맥주를 즐겨 마시던 소비자가 다음 달에도 계속 고려맥주를 선호할 확률은 80%이고, 한국맥주로 바꾸어 마실 확률은 20% 수준인 것으로 밝혀졌다. 그렇다면 지금 한국맥주를 선호하는 소비자가 9개월 뒤에도 한국맥주를 계속 선호할 가능성은 얼마이겠는가?

이와 같은 문제를 분석하기 위해서는 우선 소비자들의 상표 선호에 있어서의 변화가능성을 간단한 표로 요약해 볼 필요가 있다.

〈표 5.3〉 상표 선호패턴의 요약

		다음 달		
		한국맥주	고려맥주	
이번 달	한국맥주	0.6	0.4	1.0
	고려맥주	0.2	0.8	1.0

만약 〈표 5.3〉의 확률이 시간의 변화에 관계없이 항상 일정할 뿐만 아니라, 모든 소비자에게 일률적으로 적용될 수 있다고 가정한다면 9개월 뒤의 맥주시장의 점유현황을 확률적으로 분석해 볼 수 있다. 우선 필요한 변수를 정의해 보면 다음과 같다.

$A_A(i)$ =현재 한국맥주(A)를 선호하는 소비자가 i번째 기간에도 한국맥주(A)를 선호할 확률

$B_A(i)$ =현재 한국맥주(A)를 선호하는 소비자가 i번째 기간에는 고려맥주(B)를 선호할 확률

$A_B(i)$ =현재 고려맥주(B)를 선호하는 소비자가 i번째 기간에는 한국맥주(A)를 선호할 확률

$B_B(i)$ =현재 고려맥주(B)를 선호하는 소비자가 i번째 기간에도 고려맥주(B)를 선호할 확률

다시 말해 위의 네 변수에서 첨자(subscripts)는 현재 소비자가 선호하는 맥주브랜드를 의미하며 괄호 안의 숫자는 해당기간을 의미한다. 따라서 현재 한국맥주를 선호하는 소비자는 $[A_A(1)=1 \quad B_A(1)=0]$으로 정의할 수 있으며, 현재 고려맥주를 선호하는 소비자는 $[A_B(1)=0 \quad B_B(1)=1]$로 정의할 수 있다.

만약 어느 소비자가 현재 한국맥주를 선호한다면, 즉 $[A_A(1)=1 \quad B_A(1)=0]$이라면 다음 달에는 다음과 같이 변하게 된다.

$$[A_A(2) \quad B_A(2)] = [A_A(1) \quad B_A(1)] \begin{bmatrix} 0.6 & 0.4 \\ 0.2 & 0.8 \end{bmatrix}$$

$$= [1 \;\; 0] \begin{bmatrix} 0.6 & 0.4 \\ 0.2 & 0.8 \end{bmatrix} = [\,0.6 \quad 0.4\,]$$

이와 같은 방법으로 $A_A(k)$, $B_A(k)$, $k \geq 3$을 계산해 보면 다음과 같다.

$$[A_A(3) \quad B_A(3)] = [A_A(2) \quad B_A(2)] \begin{bmatrix} 0.6 & 0.4 \\ 0.2 & 0.8 \end{bmatrix}$$

$$= [\,0.6 \quad 0.4\,] \begin{bmatrix} 0.6 & 0.4 \\ 0.2 & 0.8 \end{bmatrix}$$

$$= [\,0.44 \quad 0.56\,]$$

$$[A_A(4) \quad B_A(4)] = [\,0.44 \quad 0.56\,] \begin{bmatrix} 0.6 & 0.4 \\ 0.2 & 0.8 \end{bmatrix}$$

$$= [\,0.38 \quad 0.62\,]$$

$$[A_A(5) \quad B_A(5)] = [\,0.38 \quad 0.62\,] \begin{bmatrix} 0.6 & 0.4 \\ 0.2 & 0.8 \end{bmatrix}$$

$$= [\,0.35 \quad 0.65\,]$$

$$[A_A(6) \quad B_A(6)] = [\,0.34 \quad 0.66\,]$$

$$[A_A(7) \quad B_A(7)] = [\,0.34 \quad 0.66\,]$$

$$[A_A(8) \quad B_A(8)] = [\,0.33 \quad 0.67\,]$$

$$[A_A(9) \quad B_A(9)] = [\,0.33 \quad 0.67\,]$$

이 계산과정을 계속 반복하게 되면 확률치의 변화는 점점 작아져 결국 $[\,0.33 \quad 0.67\,]$에 수렴하게 된다.

마찬가지로 지금 현재 고려맥주를 선호하는 소비자를 대상으로 하더라도, 즉 $[A_B(1) = 0, \ B_B(1) = 1]$인 경우에도 최종적으로는 $[\,0.33 \quad 0.67\,]$에 수렴하게 된다. 이를 확인해 보면 다음과 같다.

$$[A_B(2) \quad B_B(2)] = [\,0 \quad 1\,] \begin{bmatrix} 0.6 & 0.4 \\ 0.2 & 0.8 \end{bmatrix} = [\,0.2 \quad 0.8\,]$$

$$[A_B(3) \quad B_B(3)] = [\,0.2 \quad 0.8\,] \begin{bmatrix} 0.6 & 0.4 \\ 0.2 & 0.8 \end{bmatrix} = [\,0.28 \quad 0.72\,]$$

$$[A_B(4) \quad B_B(4)] = [\,0.28 \quad 0.72\,] \begin{bmatrix} 0.6 & 0.4 \\ 0.2 & 0.8 \end{bmatrix} = [\,0.31 \quad 0.69\,]$$

$$[A_B(5) \quad B_B(5)] = [\,0.32 \quad 0.68\,]$$
$$[A_B(6) \quad B_B(6)] = [\,0.33 \quad 0.67\,]$$
$$[A_B(7) \quad B_B(7)] = [\,0.33 \quad 0.67\,]$$
$$[A_B(8) \quad B_B(8)] = [\,0.33 \quad 0.67\,]$$
$$[A_B(9) \quad B_B(9)] = [\,0.33 \quad 0.67\,]$$

따라서 1기에 소비자가 한국맥주(*A*)를 선호했든, 고려맥주(*B*)를 선호했든 간에 결과적으로는 $[\,0.33 \quad 0.67\,]$에 수렴하게 된다.

이 분석과정에서 $\begin{bmatrix} 0.6 & 0.4 \\ 0.2 & 0.8 \end{bmatrix}$과 같은 행렬을 전이행렬(transition matrix)이라 하며 최종적인 확률값인 $[\,0.33 \quad 0.67\,]$과 같은 확률을 안정상태하의 확률(steady-state probabilities)이라 한다.

물론 안정상태하의 확률을 이처럼 복잡한 과정을 거쳐 계산할 필요는 없다. 일정기간이 지나게 되면

$$[A_A(n) \quad B_A(n)] = [A_A(n+1) \quad B_A(n+1)]$$
$$[A_B(n) \quad B_B(n)] = [A_B(n+1) \quad B_B(n+1)]$$

이 성립하게 되어 괄호 안의 기간표시가 불필요해지므로

$$A_A + B_A = 1$$

인 점과 다음 식을 이용하면 안정상태하의 확률을 쉽게 구할 수 있다.

$$[A_A \quad B_A] = [A_A \quad B_A]\begin{bmatrix} 0.6 & 0.4 \\ 0.2 & 0.8 \end{bmatrix}$$

위 식을 풀면 $A_A = 0.33$, $B_A = 0.67$이므로 만약 현재 이 지역에 10,000명의 소비자가 있다면 장기적으로 한국맥주의 소비자는 3,300명, 고려맥주의 소비자는 6,700명이 될 것이라 기대할 수 있다.

이제 이러한 수치에 접한 한국맥주가 적극적인 광고 및 판촉 활동을 전개하여 전이행렬을 다음과 같이 변화시킬 수 있었다고 생각해 보자.

	한국맥주	고려맥주
한국맥주	0.7	0.3
고려맥주	0.2	0.8

전이행렬이 이와 같이 변하게 되면 안정상태하의 확률값 역시 변하게 되는데

$$[A_A \quad B_A] = [A_A \quad B_A] \begin{bmatrix} 0.7 & 0.3 \\ 0.2 & 0.8 \end{bmatrix}$$

의 관계식을 풀면

$$0.7A_A + 0.2B_A = A_A$$
$$0.3A_A + 0.8B_A = B_A$$

가 된다. 이 두 식을 정리하면 $0.3A_A - 0.2B_A = 0$인 관계가 도출된다. 여기서 $A_A + B_A = 1$이라는 식을 추가하면

$$\begin{bmatrix} 0.3 & -0.2 \\ 1 & 1 \end{bmatrix} \begin{bmatrix} A_A \\ B_A \end{bmatrix} = \begin{bmatrix} 0 \\ 1 \end{bmatrix}$$

이 되어

$$\begin{bmatrix} A_A \\ B_A \end{bmatrix} = \begin{bmatrix} 0.3 & -0.2 \\ 1 & 1 \end{bmatrix}^{-1} \begin{bmatrix} 0 \\ 1 \end{bmatrix}$$
$$= \begin{bmatrix} 2 & 0.4 \\ -2 & 0.6 \end{bmatrix} \begin{bmatrix} 0 \\ 1 \end{bmatrix} = \begin{bmatrix} 0.4 \\ 0.6 \end{bmatrix}$$

임을 알 수 있다. 따라서 시장점유율이 33%에서 40%로 증가하리라 기대해 볼 수 있다.

예제 5.4

새로 입주를 시작한 아파트촌에 햇님과 달님의 2개 아이스크림가게가 입주하여 치열한 경쟁을 벌이고 있다. 이번 주와 다음 주 사이의 고객들의 아이스크림 브랜드 선호패턴을 요약하면 다음 표와 같다.

$$\begin{array}{cc} & \text{다음 주} \\ & \begin{array}{cc} \text{햇님} & \text{달님} \end{array} \\ \text{이번 주} \begin{array}{c} \text{햇님} \\ \text{달님} \end{array} & \begin{bmatrix} 0.9 & 0.1 \\ 0.8 & 0.2 \end{bmatrix} \end{array}$$

장기적으로 보아 각 아이스크림가게의 점유율은 어느 수준에 달할 것으로 보이는가?

풀이

$$[a \quad b] = [a \quad b]\begin{bmatrix} 0.9 & 0.1 \\ 0.8 & 0.2 \end{bmatrix}$$

이를 정리하면

$$a = (0.9)a + (0.8)b$$
$$b = (0.1)a + (0.2)b$$
$$a + b = 1$$

안정상태의 확률은 $a = 0.89$, $b = 0.11$이 되어, 햇님의 시장점유율은 89%에 달하나 달님은 11%에 그칠 것으로 전망된다.

예제 5.5

한국기계는 현재 채택하고 있는 설비보수시스템을 그대로 유지하면 기계고장에 관한 전이행렬이 다음과 같아짐을 분석할 수 있었다.

$$\begin{array}{cc|cc} & & \multicolumn{2}{c}{i+1\text{번째 기간}} \\ & & \text{가동} & \text{고장} \\ i\text{번째 기간} & \begin{array}{c}\text{가동}\\ \text{고장}\end{array} & \multicolumn{2}{c}{\begin{bmatrix} 0.9 & 0.1 \\ 0.7 & 0.3 \end{bmatrix}} \end{array}$$

(a) 안정상태하의 확률을 구하여라.

(b) 새로운 설비보수원리인 종합적 설비보수시스템(total productive maintenance system)을 채택하게 되면 전이행렬이 다음과 같이 변할 수 있다고 한다.

$$\begin{array}{cc|cc} & & \multicolumn{2}{c}{i+1\text{번째 기간}} \\ & & \text{가동} & \text{고장} \\ i\text{번째 기간} & \begin{array}{c}\text{가동}\\ \text{고장}\end{array} & \multicolumn{2}{c}{\begin{bmatrix} 0.95 & 0.05 \\ 0.90 & 0.10 \end{bmatrix}} \end{array}$$

고장난 기계의 비율이 얼마나 감소할 것인가?

풀이

(a) 안정상태에서의 가동확률을 P_O, 고장확률을 P_B라 정의한다면,

$$[P_O \quad P_B] = [P_O \quad P_B] \begin{bmatrix} 0.9 & 0.1 \\ 0.7 & 0.3 \end{bmatrix}$$

이 되며, $P_O + P_B = 1$을 추가하여 연립방정식을 풀면

$$P_O = 0.875, \ P_B = 0.125$$

가 됨을 알 수 있다.

(b) 마찬가지로 새로운 설비보수시스템하에서의 안정상태하의 확률을 P_O', P_B'라 한다면

$$[P_O' \quad P_B'] = [P_O' \quad P_B'] \begin{bmatrix} 0.95 & 0.05 \\ 0.90 & 0.10 \end{bmatrix}$$
$$P_O' + P_B' = 1$$

에서 $P_O' = \dfrac{18}{19}$, $P_B' = \dfrac{1}{19}$이 되므로 고장난 기계의 비율은 7.24%p 정도 감소하게 됨을 알 수 있다.

예제 5.6

한국대학은 직장인을 위한 빅데이터 MS과정을 운영하고 있다. 신규로 등록한 학생은 최소 15학점 이상을 수강해야만 전공심화과목을 수강하고 학위논문을 쓸 수 있는 고급과정으로 올라가게 된다(15학점을 이수하지 못한 학생은 초급과정에 머물게 된다). 과거 데이터를 리뷰한 결과, 매년 연말이 되면 초급과정 학생의 10%는 학교를 그만두고, 30%는 고급과정으로 올라가며, 나머지 60%의 초급과정 학생은 계속해서 초급과정에 머문 상태로 새학기를 맞이하게 된다. 한편, 고급과정에서 수강하고 있던 학생의 10%는 학교를 그만두며, 40%는 학위를 취득하나, 나머지 50%의 고급과정 학생은 계속해서 고급과정에 몸담으면서 학업을 이어가게 된다.

(a) 전이행렬을 구하여라.

(b) 초급과정 학생이 4년 내에 학위를 취득할 확률을 계산하여라.

풀이

(a) 초급과정 재학중, 고급과정 재학중, 학위취득, 학업포기의 4가지 상태를 각각 I, A, G, D로 표기하고 간단한 그림으로 재학생의 상태변화를 그려보면 다음과 같다.

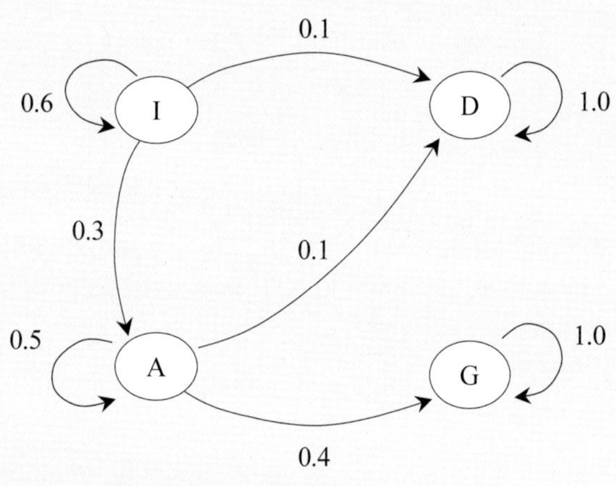

한편 전이행렬 P는 다음과 같이 정의된다.

$$
P = \begin{array}{c} \\ I \\ D \\ A \\ G \end{array}
\begin{array}{c}
\begin{array}{cccc} I & D & A & G \end{array} \\
\begin{bmatrix} 0.6 & 0.1 & 0.3 & 0 \\ 0 & 1.0 & 0 & 0 \\ 0 & 0.1 & 0.5 & 0.4 \\ 0 & 0 & 0 & 1.0 \end{bmatrix}
\end{array}
$$

(b) 1년 뒤의 상태가 **P**이므로, 4년 뒤의 상태는

$$
\mathbf{P}^4 = \mathbf{P}^2 \cdot \mathbf{P}^2 = \begin{bmatrix} 0.6 & 0.1 & 0.3 & 0 \\ 0 & 1.0 & 0 & 0 \\ 0 & 0.1 & 0.5 & 0.4 \\ 0 & 0 & 0 & 1.0 \end{bmatrix} \begin{bmatrix} 0.6 & 0.1 & 0.3 & 0 \\ 0 & 1.0 & 0 & 0 \\ 0 & 0.1 & 0.5 & 0.4 \\ 0 & 0 & 0 & 1.0 \end{bmatrix} \mathbf{P}^2
$$

$$
= \begin{bmatrix} 0.36 & 0.19 & 0.33 & 0.12 \\ 0 & 1 & 0 & 0 \\ 0 & 0.15 & 0.25 & 0.6 \\ 0 & 0 & 0 & 1 \end{bmatrix} \begin{bmatrix} 0.36 & 0.19 & 0.33 & 0.12 \\ 0 & 1 & 0 & 0 \\ 0 & 0.15 & 0.25 & 0.6 \\ 0 & 0 & 0 & 1 \end{bmatrix}
$$

$$
= \begin{bmatrix} 0.1296 & 0.3079 & 0.2013 & 0.3612 \\ 0 & 1 & 0 & 0 \\ 0 & 0.1875 & 0.0625 & 0.75 \\ 0 & 0 & 0 & 1 \end{bmatrix}
$$

따라서 초급과정 학생이 4년 내에 학위를 취득할 확률은 0.3612가 된다. 이 분석과정에서 G나 D는 일단 그 상태에 도달하게 되면, 더 이상 상태가 변하지 않는다. 이런 상태를 흡수상태(absorbing state)라고 부른다.

제 3 절 분산 · 공분산과 상관계수

통계란 일반적으로 자료를 수집 · 정리 · 요약하는 과정뿐만 아니라 의사결정에 도움을 주기 위해 요약된 자료를 분석하는 과정까지 포괄하는 분야로서, 그 목적은 주어진 현상의 기술과 설명, 그리고 앞으로 일어날 현상에 대한 예측과 통제로 요약해 볼 수 있다.

어떤 목적으로 통계를 사용하든 간에 수집된 자료를 효율적으로 정리 · 요약하지 않고서는 체계적인 통계분석이 어려워진다. 주어진 자료의 특징이나 전체적 경향(tendency)을 나타내는 통계적 수치로는 보통 평균(mean)을 사용하며, 이들 자료에 포함된 관측치들이 서로 얼마나 밀집해 있는가를 알아보기 위해서는 분산(variance)이나 표준편차(standard deviation)를 사용하곤 한다.

각 관찰대상(observation)에서 하나의 관측치만을 구한 경우 평균과 분산의 계산은 극히 간단하다. 예를 들어 n개의 관측치 x_1, x_2, $\cdots$, x_n이 주어져 있을 때 표본의 평균인 $\bar{x}$와 분산 s^2은 다음과 같이 계산된다.

$$\text{평균 } \bar{x} = \frac{x_1 + x_2 + \cdots + x_n}{n}$$

$$\text{분산 } s^2 = \frac{\sum_{i=1}^{n}(x_i - \bar{x})^2}{n-1}$$

$$\text{표준편차 } s = \sqrt{s^2}$$

그러나 하나의 관찰대상에서 p개의 서로 다른 요소 또는 변수에 대한 관측치를 수집한 경우, 이들 변수 자체의 평균이나 표준편차뿐만 아니라 변수와 변수 간의 관계도 알아볼 필요가 있다. 예를 들어 증권시장에 상장되어 있는 기업의 주식가격과 그 회사의 규모, 부채비율, 매출액 등에 관한 자료를 상장기업별로 수집하여 주식가격과 이에 영향을 미치는 요소 간의 관계를 분석하는 문제나 각종 재무 · 회계자료를 기업별로 수집하여, 기업의 파산가능성에 대한 분석을 수행하고자 하는 연구에서는 하나의 관찰대상(여기서는 기업)에서 여러 개의 관측치를 얻게 된다. 이와 같은 경우 행렬을 이용하면 평균이나 표준편차는 물론 변수와 변수 간의 관계를 나타내주는 공분산(covariance)이나 상관계수(correlation coefficient)도 손쉽게 구할 수 있다.

우선 다음 예를 통해 공분산을 구하는 절차에 대해 알아보기로 하자. 〈표 5.4〉는 모 대학 교수진들의 연간 논문발표편수(x)와 당해연도의 연구비 수주액(y) 자료를 예시한 것이다. 연간 논문발표편수가 많을수록 연구비 수주액이 많은가와 같은 인과관계 문제를 논의하기보다는 단순히 이 두 변수간에 밀접한 관계가 있는가, 있다면 같은 방향으로 움직이는가, 또는 서로 다른 방향으로 움직이는가에 대해서만 관심을 갖기로 한다.

〈표 5.4〉 공분산 계산을 위한 예시자료

	연간 논문발표편수(x) (단위 : 편)	연간 연구비 수주액(y) (단위 : 천만원)
1	2	4
2	3	5
3	5	7
4	3	10
5	4	9
6	4	8
7	3	6
8	6	13
9	4	8
10	6	10
평 균	4	8

그림 5-1

예시자료의 도시

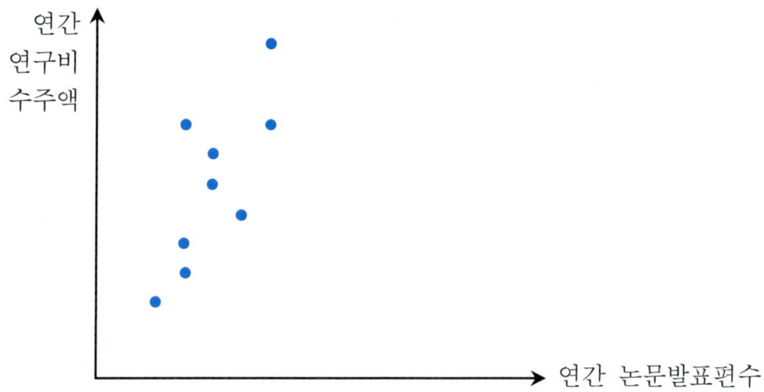

연간 논문발표편수(x)와 당해연도의 연구비 수주액(y)의 평균을 구하면 각각 4와 8이다. 이제 각각의 10개 데이터 (x_i, y_i)를 평균을 이용하여 그 위치를 움직여 보기로 하자. 개별 x_i 값에서 x의 산술평균값인 4를 빼고, y_i에서는 y의 평균값인 8을 뺀다. 그렇게 데이터를 변환시킨 후 다시 좌표상에 그 위치를 그려보면, 〈표 5.5〉 및 [그림 5-2]와 같다. 실질적으로 좌표축의 원점이 (0, 0)에서 (4, 8)로 이동한 것이다.

〈표 5.5〉 원점이동 후의 변숫값

번 호	평균을 빼준 뒤의 x값	평균을 빼준 뒤의 y값
1	−2	−4
2	−1	−3
3	1	−1
4	−1	2
5	0	1
6	0	0
7	−1	−2
8	2	5
9	0	0
10	2	2

그림 5-2

원점이동 후의 예시자료

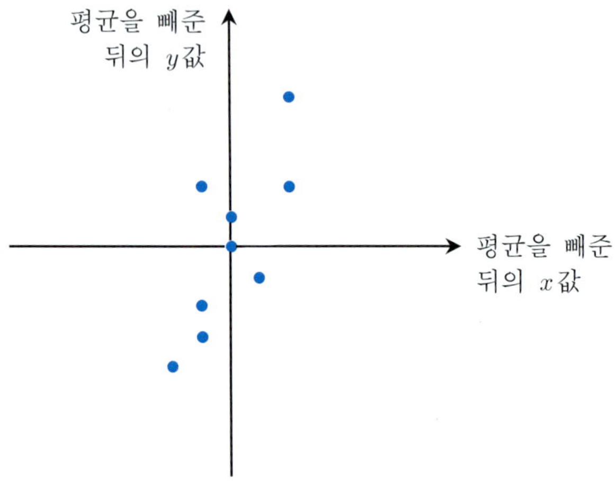

좌표축의 원점을 이동하기 전에는 (x_i, y_i) 데이터는 모두 0보다 큰 값이었다. 그러나 [그림 5-2]와 같이 변환된 뒤에는 0보다 큰 값도 있고, 작은 값도 있으며, 0인 경우도 볼 수 있다. 이제 이렇게 변환된 [그림 5-2]의 x변수와 y변수를 서로 곱해 보기로 하자. 〈표 5.2〉에서 몇 개만 골라 계산해 보면 다음과 같다.

- 1번 데이터 : $(-2)(-4)=8$
- 3번 데이터 : $(1)(-1)=-1$
- 4번 데이터 : $(-1)(2)=-2$
- 10번 데이터 : $(2)(2)=4$

이전에는 변수 x와 변수 y를 곱해도 모두 0보다 큰 값이 나왔지만, 원점을 이동한 후에는 해당 데이터의 위치에 따라 0보다 큰 경우, 0보다 작은 경우, 0인 경우가 나온다. 만약 이렇게 곱한 결과를 전부 더한다면 어떻게 될 것인가? 데이터의 위치에 따라 그 합이 0보다 클 수도 있고 작을 수도 있으며, 경우에 따라 0일 수도 있을 것이다.

전체 합계의 값이 0보다 매우 크다면 많은 데이터들이 좌표평면에서 1사분면과 3사분면에 위치하고 있을 것이고, 반대로 전체 합계의 값이 0보다 매우 작다면 많은 데이터들이 좌표평면에서 2사분면과 4사분면에 위치하고 있을 것이다. 0에 매우 가깝다면 좌표평면 전체에 퍼져 있다는 의미이다.

데이터들이 대부분 1사분면과 3사분면에 위치한다면 변수 x와 변수 y는 같은 방향으로 움직인다고(즉, 변수 x가 증가하면 변수 y도 증가하고, 마찬가지로 변수 y가 증가하면 변수 x도 증가) 볼 수 있고, 반대로 데이터들이 2사분면과 4사분면에 위치한다면 x변수와 y변수는 서로 다른 방향으로 움직인다고 볼 수 있다. 좌표평면 전체에 고르게 퍼져 있다면 두 변수간에는 별로 밀접한 관계가 형성되어 있지 않다는 결론을 내릴 수 있다.

그림 5-3

데이터들이 1사분면과 3사분면에 주로 위치한 경우

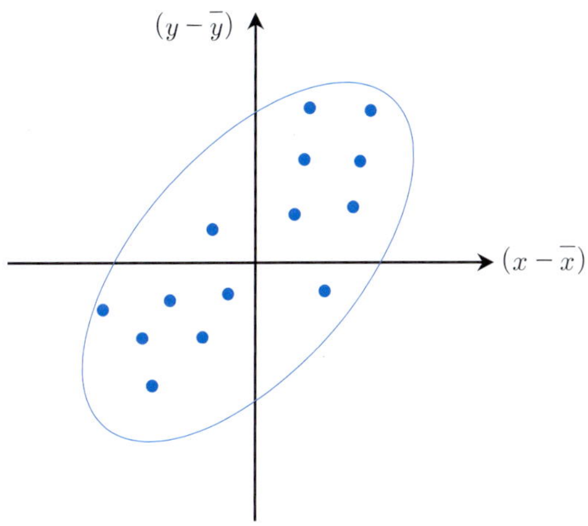

그림 5-4

데이터들이 2사분면과 4사분면에 주로 위치한 경우

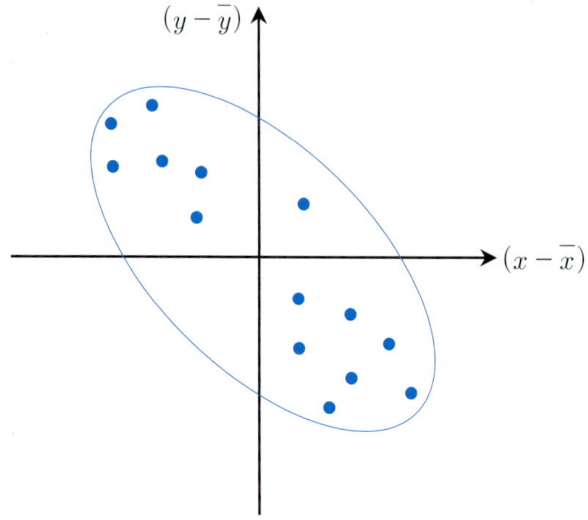

공분산은 바로 이런 논리적인 사고를 토대로 정의된 통계량이다. s_{xy}로 표기되는 x와 y의 공분산(covariance)은 원점을 이동시켜 그 값을 변환시킨 후, 변수 x의 값과 변수 y의 값을 곱한 결과치를 모두 더해서 $(n-1)$로 나눈 것이다.

$$x\text{와 } y \text{ 사이의 공분산 } s_{xy} = \frac{\sum_{i=1}^{n}(x_i-\bar{x})(y_i-\bar{y})}{n-1}$$

이제 〈표 5.4〉의 표본자료를 이용하여 공분산을 구하면 다음과 같다.

$$s_{xy} = \frac{\sum_{i=1}^{n}(x_i-\bar{x})(y_i-\bar{y})}{n-1} = \frac{24}{10-1} = 2.667$$

〈표 5.6〉 공분산의 계산과정

번 호	평균을 빼준 뒤의 x값	평균을 빼준 뒤의 y값	두 변수의 곱
1	−2	−4	8
2	−1	−3	3
3	1	−1	−1
4	−1	2	−2
5	0	1	0
6	0	0	0
7	−1	−2	2
8	2	5	10
9	0	0	0
10	2	2	4
합 계			24

공분산이 두 변수간의 관계정도를 나타내 주기는 하지만 측정단위에 따라 그 값이 크게 변할 수 있다. 따라서 다양한 자료를 서로 비교하기 위해서는 측정단위의 영향을 배제시킬 수 있는 통계치가 필요하다. 공분산값을 x의 표준편차와 y의 표준편차로 나누어 구한 상관계수(correlation coefficient)는 바로 이런 특성을 지니는 통계치이다.

$$\text{상관계수 } \rho_{xy} = \frac{x\text{와 } y\text{의 공분산}}{(x\text{의 표준편차})(y\text{의 표준편차})}$$

$$= \frac{\sum_{i=1}^{n}(x_i-\bar{x})(y_i-\bar{y})/(n-1)}{\sqrt{\dfrac{\sum_{i=1}^{n}(x_i-\bar{x})^2}{n-1}}\sqrt{\dfrac{\sum_{i=1}^{n}(y_i-\bar{y})^2}{n-1}}}$$

$$= \frac{\sum_{i=1}^{n}(x_i-\bar{x})(y_i-\bar{y})}{\sqrt{\sum_{i=1}^{n}(x_i-\bar{x})^2}\sqrt{\sum_{i=1}^{n}(y_i-\bar{y})^2}}$$

상관계수 r은 측정단위와 상관없이 항상 -1과 1 사이의 값을 갖는다. r의 값이 -1이나 $+1$이라는 것은 $(x_i,\ y_i)$값들이 일직선 위에 위치하는 경우이다. r이 $+1$에 가까울수록 강한 양(+)의 상관관계를 가지며 r이 -1에 가까울수록 강한 음(−)의 상관관계를 가진다. r이 0에 가까우면 x와 y 사이에는 별다른 관계가 없다고 볼 수 있다.

예제 5.7

두 변수 x와 y의 값이 다음과 같이 주어져 있을 때 각 변수의 평균 $\bar{x}$, $\bar{y}$와 분산 s_x^2, s_y^2 그리고 공분산 s_{xy}와 상관계수 ρ_{xy}를 구하여라.

변수 \ 관측치	1	2	3	4
x	42	52	48	58
y	4	5	4	3

풀이

우선 각 변수의 평균과 표준편차를 구해보면 다음과 같다.

$$\bar{x}=\frac{1}{4}(42+52+48+58)=50$$

$$\bar{y}=\frac{1}{4}(4+5+4+3)=4$$

$$s_x^2=\frac{1}{4-1}[(42-50)^2+(52-50)^2+(48-50)^2+(58-50)^2]=45.33$$

$$s_y^2=\frac{1}{4-1}[(4-4)^2+(5-4)^2+(4-4)^2+(3-4)^2]=0.67$$

공분산과 상관계수의 공식을 적용해 보면 다음과 같다.

$$s_{xy}=\frac{1}{4-1}\begin{bmatrix}(42-50)(4-4)+(52-50)(5-4)\\+(48-50)(4-4)+(58-50)(3-4)\end{bmatrix}=-2$$

$$\rho_{xy}=\frac{s_{xy}}{s_x s_y}=\frac{-2}{\sqrt{45.33}\ \sqrt{0.67}}=-0.363$$

이 예제에서와 같이 변수의 수가 2개인 경우에는 공분산이나 상관계수를 간단히 구할 수 있지만 변수의 수가 많아지게 되면 계산에 상당한 시간을 요하게 된다. 이제 행렬을 이용하여 평균, 분산, 공분산, 상관계수를 계산하는 과정을 살펴보기로 하자.

p개의 서로 다른 변수에 관한 관측치가 n개의 관찰대상 각각에 대해 주어져 있을 때, j번째 관찰대상의 i번째 변수를 x_{ij}라 정의한다면, 주어진 자료는 다음과 같이 $p \times n$행렬로 나타낼 수 있으며 각 변수의 평균값도 이를 이용하여 손쉽게 계산할 수 있다.

$$\underset{(p \times n)}{\mathbf{X}} = \begin{bmatrix} x_{11} & x_{12} & \cdots & x_{1n} \\ x_{21} & x_{22} & \cdots & x_{2n} \\ \vdots & \vdots & & \vdots \\ x_{p1} & x_{p2} & \cdots & x_{pn} \end{bmatrix} = [\mathbf{X}_1 \ \mathbf{X}_2 \ \cdots \ \mathbf{X}_n]$$

$$\overline{\mathbf{X}} = \begin{bmatrix} \bar{x}_1 \\ \bar{x}_2 \\ \vdots \\ \bar{x}_p \end{bmatrix} = \begin{bmatrix} \sum_{i=1}^{n} x_{1i}/n \\ \sum_{i=1}^{n} x_{2i}/n \\ \vdots \quad \vdots \\ \sum_{i=1}^{n} x_{pi}/n \end{bmatrix} = \frac{1}{n} \begin{bmatrix} x_{11} & x_{12} & \cdots & x_{1n} \\ x_{21} & x_{22} & \cdots & x_{2n} \\ \vdots & \vdots & & \vdots \\ x_{p1} & x_{p2} & \cdots & x_{pn} \end{bmatrix} \begin{bmatrix} 1 \\ 1 \\ \vdots \\ 1 \end{bmatrix} = \frac{1}{n}\mathbf{X1}$$

여기서 $\mathbf{X}_i = [x_{1i} \ \ x_{2i} \ \ \cdots \ \ x_{pi}]^{\mathrm{T}}$, $\mathbf{1} = [1 \ 1 \ \cdots \ 1]^{\mathrm{T}}$로 정의한다. 일단 평균값이 구해지면 분산과 공분산은 동시에 구할 수 있다.

$$\begin{aligned} \mathbf{S} &= \frac{1}{n-1} \sum_{j=1}^{n} (\mathbf{X}_j - \mathbf{X})(\mathbf{X}_j - \mathbf{X})^{\mathrm{T}} \\ &= \frac{1}{n-1} \sum_{j=1}^{n} \begin{bmatrix} x_{1j} - \bar{x}_1 \\ x_{2j} - \bar{x}_2 \\ \vdots \\ x_{pj} - \bar{x}_p \end{bmatrix} [x_{1j} - \bar{x}_1 \quad x_{2j} - \bar{x}_2 \quad \cdots \quad x_{pj} - \bar{x}_p] \end{aligned}$$

$$= \frac{1}{n-1}\begin{bmatrix} \sum_{j=1}^{n}(x_{1j}-\bar{x}_1)(x_{1j}-\bar{x}_1) & \sum_{j=1}^{n}(x_{1j}-\bar{x}_1)(x_{2j}-\bar{x}_2) & \cdots & \sum_{j=1}^{n}(x_{1j}-\bar{x}_1)(x_{pj}-\bar{x}_p) \\ \sum_{j=1}^{n}(x_{2j}-\bar{x}_2)(x_{1j}-\bar{x}_1) & \sum_{j=1}^{n}(x_{2j}-\bar{x}_2)(x_{2j}-\bar{x}_2) & \cdots & \sum_{j=1}^{n}(x_{2j}-\bar{x}_2)(x_{pj}-\bar{x}_p) \\ \vdots & \vdots & & \vdots \\ \sum_{j=1}^{n}(x_{pj}-\bar{x}_p)(x_{1j}-\bar{x}_1) & \sum_{j=1}^{n}(x_{pj}-\bar{x}_p)(x_{2j}-\bar{x}_2) & \cdots & \sum_{j=1}^{n}(x_{pj}-\bar{x}_p)(x_{pj}-\bar{x}_p) \end{bmatrix}$$

이 행렬의 $(i,\ i)$의 원소는 변수 i의 분산을 의미하며 $(i,\ k)$ 원소는 변수 i와 변수 k 간의 공분산을 나타낸다. 그러나 행렬 S의 각 원소를 구하기 위해서는 $\sum_{j=1}^{n}(x_{ij}-\bar{x}_i)(x_{kj}-\bar{x}_k)$를 계산해야 하므로 이 계산과정 역시 행렬의 계산과정으로 바꾸어야 한다.

이를 위해 우선 행렬 $\overline{\mathbf{X}}\mathbf{1}^{\mathrm{T}}$, $\mathbf{X}-\frac{1}{n}\mathbf{X}\mathbf{1}\mathbf{1}^{\mathrm{T}}$, $(\mathbf{X}-\frac{1}{n}\mathbf{X}\mathbf{1}\mathbf{1}^{\mathrm{T}})(\mathbf{X}-\frac{1}{n}\mathbf{X}\mathbf{1}\mathbf{1}^{\mathrm{T}})^{\mathrm{T}}$를 구해보기로 하자.

$$\overline{\mathbf{X}}\,\mathbf{1}^{\mathrm{T}} = \frac{1}{n}\mathbf{X}\,\mathbf{1}\,\mathbf{1}^{\mathrm{T}} = \begin{bmatrix} \bar{x}_1 & \bar{x}_1 & \cdots & \bar{x}_1 \\ \bar{x}_2 & \bar{x}_2 & \cdots & \bar{x}_2 \\ \vdots & \vdots & & \vdots \\ \bar{x}_p & \bar{x}_p & \cdots & \bar{x}_p \end{bmatrix}$$

$$\mathbf{X}-\frac{1}{n}\mathbf{X}\,\mathbf{1}\,\mathbf{1}^{\mathrm{T}} = \begin{bmatrix} x_{11}-\bar{x}_1 & x_{12}-\bar{x}_1 & \cdots & x_{1n}-\bar{x}_1 \\ x_{21}-\bar{x}_2 & x_{22}-\bar{x}_2 & \cdots & x_{2n}-\bar{x}_2 \\ \vdots & \vdots & & \vdots \\ x_{p1}-\bar{x}_p & x_{p2}-\bar{x}_p & \cdots & x_{pn}-\bar{x}_p \end{bmatrix}$$

$$(\mathbf{X}-\frac{1}{n}\mathbf{X}\,\mathbf{1}\mathbf{1}^{\mathrm{T}})(\mathbf{X}-\frac{1}{n}\mathbf{X}\,\mathbf{1}\mathbf{1}^{\mathrm{T}})^{\mathrm{T}}$$

$$
= \begin{bmatrix} \sum_{j=1}^{n}(x_{1j}-\bar{x}_1)(x_{1j}-\bar{x}_1) & \sum_{j=1}^{n}(x_{1j}-\bar{x}_1)(x_{2j}-\bar{x}_2) & \cdots & \sum_{j=1}^{n}(x_{1j}-\bar{x}_1)(x_{pj}-\bar{x}_p) \\ \sum_{j=1}^{n}(x_{2j}-\bar{x}_2)(x_{1j}-\bar{x}_1) & \sum_{j=1}^{n}(x_{2j}-\bar{x}_2)(x_{2j}-\bar{x}_2) & \cdots & \sum_{j=1}^{n}(x_{2j}-\bar{x}_2)(x_{pj}-\bar{x}_p) \\ \vdots & \vdots & & \vdots \\ \sum_{j=1}^{n}(x_{pj}-\bar{x}_p)(x_{1j}-\bar{x}_1) & \sum_{j=1}^{n}(x_{pj}-\bar{x}_p)(x_{2j}-\bar{x}_2) & \cdots & \sum_{j=1}^{n}(x_{pj}-\bar{x}_p)(x_{pj}-\bar{x}_p) \end{bmatrix}
$$

따라서

$$
(\mathbf{X}-\frac{1}{n}\mathbf{X}\,\mathbf{1}\mathbf{1}^{\mathrm{T}})(\mathbf{X}-\frac{1}{n}\mathbf{X}\,\mathbf{1}\mathbf{1}^{\mathrm{T}})^{\mathrm{T}} = (n-1)\mathbf{S}
$$

가 됨을 쉽게 알 수 있다.

이제 이 식의 괄호를 풀어보기 위해 $(\mathbf{AB})^{\mathrm{T}} = \mathbf{B}^{\mathrm{T}}\mathbf{A}^{\mathrm{T}}$의 특성을 이용하면

$$
\begin{aligned}
&(\mathbf{X}-\frac{1}{n}\mathbf{X}\,\mathbf{1}\mathbf{1}^{\mathrm{T}})(\mathbf{X}-\frac{1}{n}\mathbf{X}\,\mathbf{1}\mathbf{1}^{\mathrm{T}})^{\mathrm{T}} \\
&= \mathbf{X}(\mathbf{I}-\frac{1}{n}\,\mathbf{1}\mathbf{1}^{\mathrm{T}})(\mathbf{I}-\frac{1}{n}\,\mathbf{1}\mathbf{1}^{\mathrm{T}})\mathbf{X}^{\mathrm{T}} \\
&= \mathbf{X}\left[\mathbf{I}-\frac{1}{n}\,\mathbf{1}\mathbf{1}^{\mathrm{T}}-\frac{1}{n}\,\mathbf{1}\mathbf{1}^{\mathrm{T}}+\frac{1}{n^2}(\mathbf{1}\mathbf{1}^{\mathrm{T}})(\mathbf{1}\mathbf{1}^{\mathrm{T}})\right]\mathbf{X}^{\mathrm{T}} \\
&= \mathbf{X}(\mathbf{I}-\frac{1}{n}\,\mathbf{1}\mathbf{1}^{\mathrm{T}})\mathbf{X}^{\mathrm{T}}
\end{aligned}
$$

가 된다 ($\frac{1}{n}\,\mathbf{1}\mathbf{1}^{\mathrm{T}} = \frac{1}{n^2}(\mathbf{1}\mathbf{1}^{\mathrm{T}})(\mathbf{1}\mathbf{1}^{\mathrm{T}})$이므로).

지금까지의 전개과정을 요약해 보면

$$
\text{평균행렬 } \overline{\mathbf{X}} = \frac{1}{n}\mathbf{X}\mathbf{1}
$$

$$
\text{분산·공분산 행렬 } \mathbf{S} = \frac{1}{n-1}\mathbf{X}(\mathbf{I}-\frac{1}{n}\,\mathbf{1}\mathbf{1}^{\mathrm{T}})\mathbf{X}^{\mathrm{T}}
$$

가 됨을 알 수 있다.

한편 표준편차를 이용한 행렬 $\mathrm{D}^{-\frac{1}{2}}$을 다음과 같이 정의하면 상관계수행렬 R은 $\mathrm{D}^{-\frac{1}{2}}\mathrm{SD}^{-\frac{1}{2}}$이 된다.

$$\mathrm{D}^{-\frac{1}{2}}=\begin{bmatrix} \frac{1}{\sqrt{S_{11}}} & 0 & \cdots & 0 \\ 0 & \frac{1}{\sqrt{S_{22}}} & \cdots & 0 \\ \vdots & \vdots & \vdots & \vdots \\ 0 & 0 & \cdots & \frac{1}{\sqrt{S_{pp}}} \end{bmatrix}$$

$$\mathrm{R}=\begin{bmatrix} \frac{s_{11}}{\sqrt{s_{11}}\sqrt{s_{11}}} & \frac{s_{12}}{\sqrt{s_{11}}\sqrt{s_{22}}} & \cdots & \frac{s_{1p}}{\sqrt{s_{11}}\sqrt{s_{pp}}} \\ \frac{s_{21}}{\sqrt{s_{11}}\sqrt{s_{22}}} & \frac{s_{22}}{\sqrt{s_{22}}\sqrt{s_{22}}} & \cdots & \frac{s_{2p}}{\sqrt{s_{22}}\sqrt{s_{pp}}} \\ \vdots & \vdots & & \vdots \\ \frac{s_{1p}}{\sqrt{s_{11}}\sqrt{s_{pp}}} & \frac{s_{2p}}{\sqrt{s_{22}}\sqrt{s_{pp}}} & \cdots & \frac{s_{pp}}{\sqrt{s_{pp}}\sqrt{s_{pp}}} \end{bmatrix}$$

$$=\begin{bmatrix} 1 & r_{12} & \cdots & r_{1p} \\ r_{12} & 1 & \cdots & r_{2p} \\ \vdots & \vdots & & \vdots \\ r_{1p} & r_{2p} & \cdots & 1 \end{bmatrix}$$

$$=\mathrm{D}^{-\frac{1}{2}}\mathrm{SD}^{-\frac{1}{2}}$$

예제 5.8

다음과 같이 자료행렬이 주어져 있을 때 평균, 분산, 공분산, 상관계수를 구하여라.

$$\begin{array}{c} \quad\quad 관측치\ 1 \quad 관측치\ 2 \quad 관측치\ 3 \\ \mathbf{X} = \begin{bmatrix} 4 & -1 & 3 \\ 1 & 3 & 5 \end{bmatrix} \begin{matrix} 변수\ 1 \\ 변수\ 2 \end{matrix} \end{array}$$

풀이

평균행렬 $\overline{\mathrm{X}} = \frac{1}{n}\mathrm{X}\,\mathbf{1} = \frac{1}{3}\begin{bmatrix} 4 & -1 & 3 \\ 1 & 3 & 5 \end{bmatrix}\begin{bmatrix} 1 \\ 1 \\ 1 \end{bmatrix} = \begin{bmatrix} 2 \\ 3 \end{bmatrix}$

분산 · 공분산 행렬

$$\mathrm{S} = \frac{1}{n-1}\mathrm{X}(\mathrm{I} - \frac{1}{n}\mathbf{1}\mathbf{1}^{\mathrm{T}})\mathrm{X}^{\mathrm{T}}$$

$$= \frac{1}{3-1}\begin{bmatrix} 4 & -1 & 3 \\ 1 & 3 & 5 \end{bmatrix}\left[\begin{bmatrix} 1 & 0 & 0 \\ 0 & 1 & 0 \\ 0 & 0 & 1 \end{bmatrix} - \frac{1}{3}\begin{bmatrix} 1 \\ 1 \\ 1 \end{bmatrix}[1 \quad 1 \quad 1]\right]\begin{bmatrix} 4 & 1 \\ -1 & 3 \\ 3 & 5 \end{bmatrix}$$

$$= \begin{bmatrix} 7 & -1 \\ -1 & 4 \end{bmatrix}$$

상관계수행렬 $\mathrm{R} = \mathrm{D}^{-\frac{1}{2}}\mathrm{S}\mathrm{D}^{-\frac{1}{2}}$

$$= \begin{bmatrix} 0.378 & 0 \\ 0 & 0.5 \end{bmatrix}\begin{bmatrix} 7 & -1 \\ -1 & 4 \end{bmatrix}\begin{bmatrix} 0.378 & 0 \\ 0 & 0.5 \end{bmatrix}$$

$$= \begin{bmatrix} 1 & -0.189 \\ -0.189 & 1 \end{bmatrix}$$

CHAPTER 5

연습문제

1. 다음과 같은 투입계수행렬 A가 주어져 있다.

투입 \ 산출	I	II
I	0.2	0.4
II	0.6	0.1

산업 I은 70,000만원의 가치를 지니는 산출물을 생산하고, 산업 II는 80,000만원의 가치를 지니는 산출물을 생산할 것이라 하면 소비자에게 공급되는 양은 얼마나 되는가?

2. 산업 A에서 만원의 가치를 지니는 재화와 서비스를 생산하기 위해서는 천원의 가치를 지니는 산업 A 자체의 재화와 3천원의 가치를 지니는 산업 B에서 생산한 재화를 필요로 한다. 한편 산업 B에서 만원의 가치를 지니는 재화와 서비스를 생산하기 위해서는 2천원의 가치를 지니는 산업 B 자체의 재화와 4천원의 가치를 지니는 산업 A에서 생산한 재화를 필요로 한다.

   (a) 산업 A에서 생산하는 재화에 대한 소비자의 수요가 42,000억원이고, 산업 B에서 생산하는 재화에 대한 소비자 수요가 27,000억원일 때, 각 산업분야에서 생산해야 할 재화의 가치는 얼마이겠는가?

   (b) 만약 산업 A에서 생산하는 재화에 대한 소비자 수요가 25% 증가한다면 각 산업분야에서 생산해야 할 재화의 가치는 어떻게 변하겠는가?

3. 세 개의 산업으로 구성된 국민경제시스템의 투입계수행렬과 최종 소비자 수요가 각각 다음과 같다. $(I_3 - A)^{-1}$을 구하고 각 산업분야에서 생산해야 할 재화의 가치를 구하여라.

$$A = \begin{bmatrix} 0.2 & 0.3 & 0.2 \\ 0.4 & 0.1 & 0.2 \\ 0.1 & 0.3 & 0.2 \end{bmatrix}, \quad D = \begin{bmatrix} 10 \\ 5 \\ 6 \end{bmatrix}$$

4. 공교육, 사교육, 부동산임대 산업간의 투입계수행렬이 다음과 같다.

$$A = \begin{array}{c} \\ \text{공교육} \\ \text{사교육} \\ \text{부동산임대} \end{array} \begin{array}{c} \begin{array}{ccc} \text{공교육} & \text{사교육} & \text{부동산임대} \end{array} \\ \begin{bmatrix} 0.2 & 0.4 & 0.2 \\ 0 & 0.2 & 0.2 \\ 0 & 0 & 0.1 \end{bmatrix} \end{array}$$

이 세 산업섹터에 대한 외부수요를 추정한 결과 공교육이 50조원, 사교육이 40조원, 부동산임대가 90조원으로 나타났다. 이 세 산업분야에서 생산해야 할 재화의 양을 계산하여라.

5. 전력산업, 석탄산업 그리고 철강산업 간의 투입계수행렬이 다음과 같다.

$$A = \begin{array}{c} \\ \text{전력} \\ \text{석탄} \\ \text{철강} \end{array} \begin{array}{c} \begin{array}{ccc} \text{전력} & \text{석탄} & \text{철강} \end{array} \\ \begin{bmatrix} 0.1 & 0.2 & 0.2 \\ 0.5 & 0 & 0 \\ 0.2 & 0.3 & 0.6 \end{bmatrix} \end{array}$$

이 세 산업을 제외한 외부분야에서의 수요를 추정하면 전력이 130억원, 석탄이 250억원 그리고 철강이 240억원어치가 필요하다. 외부수요를 모두 충족시켜주고 나면, 이 세 산업분야에 투입할 수 있는 전력은 어느 정도 남을 것인가?

6. 세 개의 산업분야로 구성된 경제시스템의 투입계수행렬이 다음과 같다.

$$\begin{array}{c} \\ A \\ B \\ C \end{array} \begin{array}{c} \begin{array}{ccc} A & B & C \end{array} \\ \begin{bmatrix} 0.3 & 0.4 & 0 \\ 0 & 0.3 & 0.2 \\ 0.5 & 0 & 0.3 \end{bmatrix} \end{array}$$

소비자를 포함한 외부섹터에서의 수요가 산업 A와 산업 B에 대해서는 각각 100억달러, 산업 C에 대해서는 200억달러 규모로 추정될 때, 각 산업에서 생산해야 할 재화의 양을 계산하여라.

7. 유전, 서룡, 호서의 세 정유회사가 각축전을 벌이고 있는 수도권의 휘발유시장을 대상으로 하여 소비자의 선호패턴의 변화를 조사한 결과 다음과 같은 전이행렬을 구할 수 있었다.

		다음 주		
		유전	서룡	호서
	유전	0.5	0.3	0.2
이번 주	서룡	0.1	0.7	0.2
	호서	0.1	0.1	0.8

(a) 현재 서룡주유소를 이용하는 소비자가 3주째 들어서 호서주유소를 선호할 확률을 구하여라.

(b) 현재 유전주유소를 선호하는 소비자가 3주째 들어서 유전주유소를 선호할 확률을 구하여라.

8. 100만명이 거주하고 있는 행정중심형 신도시에서 트리뷴, 타임즈, 데일리의 3개 조간신문이 치열한 각축전을 벌이고 있다. 트리뷴지의 경우 평균적으로 독자의 65%가 다음 분기에도 그대로 트리뷴지를 구독하며 35%가 타임즈나 데일리로 이동해간다. 이런 독자들의 변심에 관한 자료를 정리한 결과 다음과 같은 전이행렬을 구축할 수 있다.

		다음 분기		
		트리뷴	타임즈	데일리
	트리뷴	0.65	0.20	0.15
이번 분기	타임즈	0.05	0.90	0.05
	데일리	0.10	0.10	0.80

현재 신도시 조간신문 시장의 40%는 트리뷴이 차지하고 있으며, 타임즈가 35%, 데일리가 25%로 그 뒤를 잇고 있다. 안정상태하에서의 각 신문사의 시장점유율은 어느 정도가 될 것인가?

9. 전국에 200여 개의 판매지점을 자랑하는 (주)여행천국은 신규 판매담당직원을 위한 교육과정을 운영하고 있다. 새롭게 고용되는 직원은 매 6개월마다 평가하여, 상급자의 세심한 감독이 필요한지 여부를 결정한다. 직원의 상태는 식스시그마경영에서와 같이 그린벨트(신입직원), 블랙벨트(중견직원), 마스터 블랙벨트(팀장급)로 구분한다. 6개월마다 시행되는 평가에서 그린벨트의 40%는 블랙벨트로 진입하나, 10%는 적성이 맞지 않아 퇴사하며, 나머지 50%는 그린벨트에 그대로 머물러 보다 세밀한 감독을 받게 된다. 한편 블랙벨트의 30%는 마스터 블랙벨트로 진급하며, 10%는 퇴사, 60%는 블랙벨트에 그대로 남아 있으면서 다음 기회를 엿보게 된다.

(a) 전이행렬을 구하여라.

(b) 그린벨트 직원이 1년 내에 블랙벨트가 될 확률은 얼마인가?

(c) 그린벨트 직원이 2년 내에 마스터 블랙벨트가 될 확률은 얼마인가?

10. 한국디지털크레디트는 온라인 판매를 통해 발생한 매출이 실제 현금으로 전환되는 비율을 다음과 같이 추정하고 있다.

$$\mathbf{T} = \begin{array}{c} \\ p \\ 1 \\ 2 \\ b \end{array}\begin{array}{c} \begin{array}{cccc} p & 1 & 2 & b \end{array} \\ \begin{bmatrix} 1 & 0 & 0 & 0 \\ 0.7 & 0 & 0.3 & 0 \\ 0.5 & 0 & 0 & 0.5 \\ 0 & 0 & 0 & 1 \end{bmatrix} \end{array}$$

이 행렬에서 p는 매출이 발생하자마자 바로 현금으로 수입이 잡히는 경우를 의미한다. 즉, 현금을 받고 판매하는 경우이다. 상태를 나타내는 1과 2는 각각 외상으로 상품을 가져간 지 1달, 2달이 되는 경우이며, b는 아예 상품대금을 지불하지 않는 경우를 의미한다.

전이행렬 T를 살펴보면, 외상으로 가져간 지 1달이 지난 경우 그 다음 달에도 여전히 대금을 지불하지 않을 확률은 30%이고, 지불할 확률은 70%이다. 외상으로 가져간 지 2달이 된 경우 그 다음 달에 현금으로 받을 수 있을 확률이 50%, 아예 받지 못할 확률도 50%이다. 일단 상태 b에 도달하면 다른 상태로 바뀌지는 않는다. 발생한 지 1달이 된 외상매출이 4,000만원, 2달이 된 외상매출이 6,000만원이라 할 때 이 중 얼마가 현금으로 전환될 것인가?

11. 국가경제의 성장과 더불어 에너지 소비는 급격히 증가해 간다. 에너지 소비는 민간부문뿐 아니라 생산부문에서도 크게 증가하였으며 이는 경제성장에 에너지원의 사용이 필수적이라는 것을 의미한다. 다음은 최근 수년간의 경제성장률과 에너지 소비증가율에 관한 자료이다.

에너지증가율(x)	3.0	2.0	5.0	4.0
경제성장률(y)	−1.0	3.0	6.0	5.0

(a) 이 자료를 xy좌표평면에 도시하여라.

(b) 이 자료를 이용하여 분산 · 공분산 행렬 S를 구하여라.

(c) 두 변수간의 상관계수를 구하여라.

12. 다음은 가계총소득과 생명보험 가입액에 관한 자료이다.

X(총가계소득 : 백만원)	Y(보험가입액 : 만원)
43	10
74	20
80	50
95	90
110	125
130	135

(a) 이 자료를 이용하여 분산 · 공분산 행렬 S를 구하여라.
(b) 두 변수간의 상관계수를 구하여라.

13. 일반적으로 특정제품의 진열면적을 넓게 하면 그 제품의 매상이 올라간다고 알려져 있다. 이러한 관계를 실제 자료를 이용하여 분석해 보기 위해, 하나슈퍼마켓에서는 A식품의 커피에 대하여 12주 동안 진열면적을 3칸, 6칸, 9칸으로 변경하면서 매상액을 관찰하여 다음 자료를 얻었다(이 기간 동안 타회사 제품은 3칸으로 고정하였음).

매상고(천원)	500	400	600	650	400	600	450	450
진열면적	6	3	6	9	3	9	6	3

(a) 이 자료를 이용하여 분산 · 공분산 행렬 S를 구하여라.
(b) 두 변수간의 상관계수를 구하여라.

14. 다음 자료를 이용하여 분산 · 공분산 행렬 S와 상관계수행렬 R을 구하여라.

변수 \ 관측치	1	2	3	4	5
X_1	2	4	2	3	5
X_2	10	15	10	20	15
X_3	4	6	5	5	4

15. TV시청이 65세 이상의 고령자의 생활에 미치는 영향을 분석하기 위해 25명의 노인을 피실험자로 선정하였다. 이 연구의 목적은 이들 노인계층의 기호와 요구에 맞는 특별 프로그램의 개발에 있으며, 이 연구에서 사용된 변수를 정의하면 다음과 같다.

X_1 = TV시청시간(단위 : 시간)

X_2 = 피실험자의 나이

X_3 = 교육수준(정규교육기관에서의 수학기간)

다음과 같이 주어진 피실험자에 관한 자료를 가지고 물음에 답하여라.

피실험자	X_1	X_2	X_3
1	0.5	73	14
2	0.5	66	16
3	0.8	65	15
4	0.8	65	16
5	0.8	68	9
6	0.9	69	10

(a) 이 자료를 이용하여 분산·공분산 행렬 S를 구하여라.

(b) 변수간의 상관계수행렬을 구하여라.

CHAPTER

6 선형계획법

선형계획법(linear programming)은 지금까지 개발된 계량적 분석기법 중 가장 많이 이용되며 또한 가장 널리 알려진 기법으로 생산품목의 결정문제(product mix), 원자재 혼합의 문제(blending), 생산계획(aggregate planning), 인력계획(manpower planning) 등 기본적으로 한정된 자원을 효율적으로 배분하고자 하는 문제에 주로 적용된다.

본장에서는 선형계획법의 이론적 분석은 생략하고 간단한 예를 중심으로 하여 그 원리와 최적해 도출방법만을 살펴보기로 한다.

제1절 선형계획법의 원리와 구조

선형계획법의 원리를 설명하기에 앞서 우선 이 모형이 어떠한 유형의 문제에 적용될 수 있는가부터 보기로 하자.

예제 6.1

한국전자는 50인치와 60인치 LED TV만을 생산하는 중소기업으로, 생산된 TV는 전량 수출하고 있다. 최근 수출량의 급증으로 공급부족현상이 지속되어 설비확장을 계획하고 있지만, 약 1년 정도의 시간이 소요되어 그동안이라도 이익을 최대화할 수 있는 적정생산계획을 수립하고자 한다. 50인치, 60인치 TV생산에 소요되는 조립 및 검사 시간, 그리고 대당 이익을 측정한 결과, 다음과 같은 자료를 작성할 수 있었다.

품 목	조립시간	검사시간	대당 이익
50인치	3	1	8만원
60인치	6	1	10만원

한편 현재 고용하고 있는 기술인력을 감안해 볼 때 월평균 사용가능한 조립시간은 480시간, 그리고 검사시간은 100시간 정도로 판명되었다. 이익을 최대화하기 위해서는 50인치와 60인치 LED TV를 각각 몇 대씩 생산해야 하는가?

이 문제를 선형계획법으로 해결하기 위해서는 우선 문제의 해답이라 할 수 있는 결정변수(decision variable)를 정의해야 한다.

x_1 = 50인치 TV 생산량

x_2 = 60인치 TV 생산량

결정변수가 정의되면 그 다음 단계는 목적함수(objective function)와 제약조건(constraint)을 설정해야 한다. 50인치 TV 1대에 8만원, 60인치 TV 1대에 10만원의 이익을 올릴 수 있으므로 50인치 TV를 x_1대, 60인치 TV를 x_2대만큼 생산한다면 순이익은 $8x_1 + 10x_2$가 된다. 이 문제에서는 이익의 극대화가 목적이므로 선형계획법의 목적함수는 다음과 같다.

$$\text{목적함수 : 최대화 } Z = 8x_1 + 10x_2$$

한편 사용가능한 자원의 양, 즉 총조립시간과 총검사시간이 제한되어 있으므로 필요한 만큼 마음대로 생산해 낼 수는 없다. 우선 조립시간부터 살펴보면, 50인치 TV가 대당 3시간, 60인치 TV가 대당 6시간이 소요되므로 총소요시간은 $3x_1 + 6x_2$가 되며, 사용가능한 조립시간이 총 480시간으로 제한되어 있으므로 첫 번째 제약조건은 다음과 같이 나타낼 수 있다.

$$3x_1 + 6x_2 \leq 480$$

이와 마찬가지로 검사시간 역시 총 100시간으로 제한되어 있으므로, 각 품목의 검사시간을 감안한다면 다음과 같은 제약조건을 설정할 수 있다.

$$x_1 + x_2 \leq 100$$

마지막으로 생산량이 0보다 작을 수는 없으므로 $x_1 \geq 0,\ x_2 \geq 0$의 비음(nonnegativity) 제약조건을 추가해야 한다. 이를 다시 정리해 보면 다음과 같다.

$$\begin{aligned} \text{목적함수 : } & \text{최대화 } Z = 8x_1 + 10x_2 \\ \text{제약조건 : } & (\text{조립})\ 3x_1 + 6x_2 \leq 480 \\ & (\text{검사})\ x_1 + x_2 \leq 100 \\ & \quad (x_1 \geq 0,\ x_2 \geq 0) \end{aligned}$$

이와 같이 선형계획법을 적용하기 위해서는 결정변수, 목적함수, 그리고 제약조건을 정확히 설정해야 한다. 어떤 수학적인 기법을 사용하든 간에 다 마찬가지이긴 하지만 선형계획법의 사용에 있어서도 가장 중요한 과제는 바로 이 모형의 수립과정이다. 아무리 우수한 계량적인 기법이 있다 하더라도 해결하고자 하는 문제가 모형의 수립과정에 제대로 반영되지 못한다면 오히려 그 기법을 적용하지 않음만 못한 결과를 초래하게 된다.

또 하나 주의할 점은 계량적인 기법에서 도출된 최적해는 그 모형의 최적해일 뿐 실제 해결하고자 하는 문제의 최적해는 아닐 수 있다는 점이다. 모형의 수립과정에서 모든 변수들을 다 고려할 수는 없으며, 특히 계량적으로 나타낼 수는 없다 하더라도 그 영향이 지대한 변수들이 있게 마련이므로 최종결정은 이러한 변수들까지 모두 고려하여 이루어져야 할 것이다.

이제 선형계획법의 일반적인 모형형태를 살펴보기로 하자. 선형계획법에서의 목적함수와 제약조건은 한국전자의 예에서와 같이

$$a_1x_1 + a_2x_2 + \cdots + a_nx_n$$

의 형태를 기본으로 하기 때문에 $a_1x_1^2$이나 $a_2x_1x_2$ 등의 형태는 취할 수 없다. 따라서 선형계획모형은 다음과 같은 구조를 갖게 된다.

$$\begin{aligned}
\text{목적함수}: \ & \text{최대화 또는 최소화 } Z = c_1x_1 + c_2x_2 + \cdots + c_nx_n \\
\text{제약조건}: \ & a_{11}x_1 + a_{12}x_2 + \cdots + a_{1n}x_n \le b_1 \\
& a_{21}x_1 + a_{22}x_2 + \cdots + a_{2n}x_n \le b_2 \\
& \qquad \vdots \\
& a_{m1}x_1 + a_{m2}x_2 + \cdots + a_{mn}x_n \le b_m \\
& (x_i \ge 0,\ i = 1,\ 2,\ \cdots,\ n)
\end{aligned}$$

여기서 a_{ij}, b_i, c_j는 상수로 0보다 클 수도 있고 작을 수도 있다. 어떤 문제든 간에 이러한 형태로 변형시킬 수 있으면 선형계획법에 의해 최적해를 도출해 낼 수 있다. 다만 이 최적해가 정수가 된다는 보장은 없다. 예컨대 한국전자의 생산량 결정문제에서 a_{ij}, b_i, c_j 등의 계숫값에 따라 50인치 TV가 50.8대, 60인치 TV가 40.2대 등으로 소수점 이하의 값이 최적해가 될 수 있다.

최적해가 정숫값을 취해야 하는 문제는 정수계획법(integer programming)을 이용해야 하나, 이것은 본서의 수준을 넘어서기 때문에 구체적인 내용은 생략한다.

예제 6.2

월드웰빙호프는 이번 한국시리즈 마지막 주일에 대비해 맥주를 준비하고자 한다. 세 가지 종류의 맥주를 준비할 수 있는데, 리터당 구입원가와 판매가, 그리고 그 주의 브랜드별 최대판매 가능량은 다음과 같다.

맥주 종류	리터당 구입원가	리터당 판매가	판매가능 최대수요
금나라	1,500원	3,000원	400리터
세금나라	900원	2,500원	500리터
열나라	500원	1,750원	300리터

현재 확보된 예산은 2,000만원이며, 호프의 보관용량은 1,000리터이다. 최적 구매계획을 수립하여라.

풀이

이 문제를 해결하기 위해서는 우선 변수를 다음과 같이 정의한다.

x_1= 금나라 맥주구입량
x_2= 세금나라 맥주구입량
x_3= 열나라 맥주구입량

최대화 $Z = (3,000-1,500)x_1 + (2,500-900)x_2 + (1,750-500)x_3$

제약조건 : $x_1 \leq 400$

$x_2 \leq 500$

$x_3 \leq 300$

$1,500x_1 + 900x_2 + 500x_3 \leq 20,000,000$

$x_1 + x_2 + x_3 \leq 1,000$

단, 모든 변수는 0보다 크거나 같음.

예제 6.3

글로벌스틸은 두 곳에 위치한 공장에서 세 가지 종류의 강판을 제조, 판매한다. 각 공장별 일일 생산능력은 다음과 같다. 예를 들어, 제1공장을 하루 가동하면 최고급강판 6톤, 고급강판 2톤, 일반강판 4톤이 생산된다. 즉, 하루에 총 12톤이 생산된다.

강판종류	제1공장의 생산능력(톤)	제2공장의 생산능력(톤)
최고급	6	2
고급	2	2
일반	4	10

현재 주문받은 내역을 보면 최고급강판이 12톤, 고급강판이 8톤, 일반강판이 5톤이다. 하루 운영비용으로 제1공장은 600만원, 제2공장은 700만원이 소요된다. 이번에 주문받은 것을 최소비용으로 모두 충족시켜 주기 위한 생산계획을 수립하여라.

풀이

이 문제를 해결하기 위해서는 우선 변수를 다음과 같이 정의한다(단, 하루 종일 가동하지 않을 경우 비용은 가동시간에 비례한다고 가정).

x_1= 제1공장 가동일수

x_2= 제2공장 가동일수

최소화 $Z = 600x_1 + 700x_2$

제약조건 : $6x_1 + 2x_2 \geq 12$

$2x_1 + 2x_2 \geq 8$

$4x_1 + 10x_2 \geq 5$

단, 모든 변수는 0보다 크거나 같음.

예제 6.4

한국온리원 다이어트센터에서는 미네랄, 비타민 등 최소한의 중요 영양분을 충족시키면서 칼로리를 최소화하는 시리얼 타입의 다이어트 식단을 개발중이다. 쌀, 보리, 콩을 섞어 한 끼 식사를 마련하는데, 이 중 가장 중요한 조건은 비타민 A, C 그리고 D의 함유량이다. 쌀, 보리, 콩 100g에 각각 포함된 비타민 함유량을 조사한 결과 다음과 같은 자료를 얻을 수 있었다.

(단위 : mg)

비타민	쌀	보 리	콩	한 끼당 최소요구량
A	10	20	8	100
C	5	10	18	200
D	7	14	12	70

쌀은 100g에 300칼로리, 보리는 100g에 100칼로리, 콩은 100g에 400칼로리의 에너지를 공급한다면 한 끼당 칼로리를 최소화하는 최적 믹스는 어떻게 도출해야 하는가?

풀이

x_i를 한 끼 식사에 들어가는 쌀, 보리, 콩의 양(단위 : 100g)이라 하면 수학적 모형은 다음과 같다.

최소화 $Z = 300x_1 + 100x_2 + 400x_3$

제약조건 : $10x_1 + 20x_2 + 8x_3 \geq 100$ (비타민 A)

$5x_1 + 10x_2 + 18x_3 \geq 200$ (비타민 C)

$7x_1 + 14x_2 + 12x_3 \geq 70$ (비타민 D)

$x_i \geq 0,\ i = 1,\ 2,\ 3$

예제 6.5

무사고종합병원의 응급실에 근무하는 간호사들은 주 5일 근무에 2일을 쉰다. 어느 요일에 시작하더라도 계속해서 5일을 근무한 다음에 2일을 쉰다. 각 요일별로 필요한 간호사 수가 다르기 때문에 적절한 작업일정의 수립이 필요하다. 다만, 여기서 간호사들의 개인적인 근무일정 선호에 관한 요구는 무시하기로 한다. 각 요일별로 필요한 간호사 수가 다음과 같을 때 스케줄을 구축하여라.

요 일	월	화	수	목	금	토	일
필요한 간호사 수	3	6	5	6	5	5	5

풀이

이 문제를 해결하기 위해서는 우선 $x_i = i$ 요일에 근무를 시작하는 간호사 수로 정의한다. 예를 들어 $x_1 =$ 월요일에 근무를 시작하는 간호사 수, $x_2 =$ 화요일에 근무를 시작하는 간호사 수 등으로 정의한다. 이 문제에서 핵심목표가 총 간호사 수의 최소화에 있다면 선형계획법을 이용하여 쉽게 해결할 수 있다.

최소화 $Z = x_1 + x_2 + x_3 + x_4 + x_5 + x_6 + x_7$

제약조건 : 월요일 $x_1 + x_4 + x_5 + x_6 + x_7 \geq 3$

화요일 $x_1 + x_2 + x_5 + x_6 + x_7 \geq 6$

수요일 $x_1 + x_2 + x_3 + x_6 + x_7 \geq 5$

목요일 $x_1+x_2+x_3+x_4 \qquad\qquad +x_7 \geq 6$

금요일 $x_1+x_2+x_3+x_4+x_5 \qquad\quad \geq 5$

토요일 $\qquad x_2+x_3+x_4+x_5+x_6 \quad \geq 5$

일요일 $\qquad\qquad x_3+x_4+x_5+x_6+x_7 \geq 5$

단, 모든 변수는 0보다 크거나 같으며 정수임.

예를 들어 첫 번째 제약조건은 월요일에 근무하는 간호사 수에 관한 식이다. 월요일에 근무하는 간호사는 월요일, 목요일, 금요일, 토요일, 일요일에 근무를 시작하는 간호사만 해당된다. 화요일이 5일의 첫째날에 해당하는 간호사들은 화요일부터 토요일까지 근무하고 일·월요일은 쉰다. 마찬가지로 수요일이 5일의 첫째날에 해당하는 간호사들도 수요일부터 일요일까지 근무하기 때문에 월·화요일은 쉰다. 결과적으로 월요일에 근무하는 간호사 수는

$$x_1+x_4+x_5+x_6+x_7$$

로 나타낼 수 있다. 이 값이 월요일에 필요한 간호사 수인 3보다 크거나 같아야 하므로 첫 번째 제약식이 성립한다. 이 식에서 모든 x_i 변수들은 사람수를 의미하므로 0보다 크거나 같은 정수여야 한다.

예제 6.6

(주)글로벌오일은 세 가지 종류의 휘발유를 생산, 판매하고 있다. 이들 세 가지 휘발유는 세 가지 서로 다른 원유를 섞어서 생산한다. 물론 그 배합비율은 다르다.

휘발유 종류	리터당 판매가
슈퍼	2,000원
프리미엄	1,600원
이코노믹	1,500원

원유(원료)	리터당 구입가	옥탄가 수준
원유 1	450원	95
원유 2	350원	90
원유 3	250원	80

(a) 슈퍼 브랜드는 평균옥탄가 수준이 최소 92 이상이 되어야 함.

(b) 프리미엄 브랜드는 평균옥탄가 수준이 88 이상이 되어야 함.

(c) 이코노믹 브랜드는 평균옥탄가 수준이 85 이상이 되어야 함.

현재 생산능력은 하루 140만 리터이다. 현재 판매가능한 최대수요는 슈퍼가 일일 평균 13만 리터, 프리미엄이 일일 평균 22만 리터, 이코노믹이 31만 리터이다(즉 이 이상은 판매가 불가능함). 또한 특정 브랜드에 대한 광고를 집중시키면 해당 브랜드 휘발유 수요는 증가하는데, 대략 하루 10,000원을 광고에 투입하면, 해당 브랜드 매출은 100리터가 늘어나는 것으로 추정하고 있다. 광고계획까지 고려한 생산계획을 수립하여라.

풀이

이 문제를 해결하기 위해서는 다음과 같이 변수를 정의한다.

x_{ij}=브랜드 j 휘발유 생산에 투입되는 원유 i의 양

원유 종류	슈 퍼	프리미엄	이코노믹
1	x_{1a}	x_{1b}	x_{1c}
2	x_{2a}	x_{2b}	x_{2c}
3	x_{3a}	x_{3b}	x_{3c}

y_i=브랜드 j 휘발유 광고를 위해 투입하는 광고비용

최대화 $Z= 2{,}000(x_{1a}+x_{2a}+x_{3a})+1{,}600(x_{1b}+x_{2b}+x_{3b})+1{,}500(x_{1c}+x_{2c}+x_{3c})$
$-450(x_{1a}+x_{1b}+x_{1c})-350(x_{2a}+x_{2b}+x_{2c})-250(x_{3a}+x_{3b}+x_{3c})-(y_a+y_b+y_c)$

제약조건 : 광고로 인한 수요증가

$$x_{1a}+x_{2a}+x_{3a}\le(130{,}000)+y_a/100$$
$$x_{1b}+x_{2b}+x_{3b}\le(220{,}000)+y_b/100$$
$$x_{1c}+x_{2c}+x_{3c}\le(310{,}000)+y_c/100$$

생산능력 제약

$$(x_{1a}+x_{2a}+x_{3a})+(x_{1b}+x_{2b}+x_{3b})+(x_{1c}+x_{2c}+x_{3c})\le 140{,}000$$

혼합비율

$$\frac{95x_{1a}+90x_{2a}+80x_{3a}}{x_{1a}+x_{2a}+x_{3a}}\ge 92$$
$$\frac{95x_{1b}+90x_{2b}+80x_{3b}}{x_{1b}+x_{2b}+x_{3b}}\ge 88$$
$$\frac{95x_{1c}+90x_{2c}+80x_{3c}}{x_{1c}+x_{2c}+x_{3c}}\ge 85$$

단, 모든 변수는 0보다 크거나 같음.

예제 6.7

모터사이클을 생산하는 하이퍼모터는 다음 4분기 동안의 생산계획을 구축하고자 한다. 각 분기별 수요를 요약하면 1사분기에 40대, 2사분기에 80대, 3사분기에 50대, 그리고 4사분기에 20대인 것으로 추정하고 있다. 관련비용을 살펴보면

(a) 각 분기말에 남아 있는 모터사이클 재고는 대당 100,000원의 재고비용을 부담해야 한다.
(b) 한 분기에서 다음 분기로 넘어갈 때 생산능력을 늘리려면 비용이 추가되는데, 생산능력을 1대 늘리는 데 700,000원의 추가비용이 소요된다.
(c) 반대로 한 분기에서 다음 분기로 넘어갈 때 생산능력을 줄이는 경우에도 비용이 추가되는데, 생산능력을 1대 줄이는 데 600,000원의 추가비용이 소요된다.

수요는 모두 제때 충족시켜 주어야 한다. 지난 분기의 생산능력은 50대이며, 초기재고는 없는 것으로 가정한다. 최적 생산계획을 구축하여라.

풀이

이 문제를 해결하기 위해서는 다음과 같이 변수를 정의한다.

Q_i= 분기 i의 생산량, x_i= 분기 i의 생산능력증가분, y_i= 분기 i의 생산능력감소분

최소화 $Z = (100{,}000)(I_1 + I_2 + I_3 + I_4)$
$+ (700{,}000)(x_1 + x_2 + x_3 + x_4)$
$+ (600{,}000)(y_1 + y_2 + y_3 + y_4)$

제약조건 : 생산관련 제약식

$Q_1 = 50 + x_1 - y_1$
$Q_2 = Q_1 + x_2 - y_2$
$Q_3 = Q_2 + x_3 - y_3$
$Q_4 = Q_3 + x_4 - y_4$

재고관련 제약식

$I_1 = Q_1 - 40$
$I_2 = I_1 + Q_2 - 80$
$I_3 = I_2 + Q_3 - 50$
$I_4 = I_3 + Q_4 - 20$

단, 모든 변수는 0보다 크거나 같음.

예제 6.8

한국가전주식회사는 원자재 및 완제품 재고관리를 효율적으로 도모하기 위해 자동창고시스템을 도입하고자 한다. 이 프로젝트에 필요한 작업과 각 작업들의 선후관계를 정리한 결과 다음과 같은 표와 그림을 작성할 수 있었다.

작업내용	작업시간(단위 : 주)	선행작업
A : 자동창고시스템의 용량과 형태의 결정	4	없음
B : 자동창고시스템 제조업자로부터의 설비계획서 입수 및 제조업자의 결정	6	A
C : 자동창고시스템의 설비 배치(Layout)의 설계	8	B
D : 컴퓨터 Interface 시스템의 설계	10	B
E : 자동창고시스템의 도입 및 설치	4	C
F : 컴퓨터 관리시스템의 설치	3	D, E
G : 창고 관리자의 훈련	5	E
H : 자동창고시스템의 테스트	3	F, G

그림 6-1

작업의 선후관계를 나타낸 네트워크

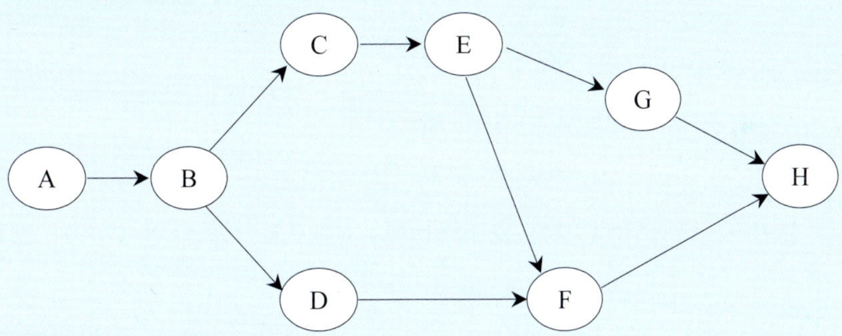

프로젝트관리에서 흔히 사용되는 CPM(critical path method)기법은 프로젝트를 구성하는 작업을 마무리하는 데 소요되는 시간을 계산하는 데 활용된다. 모든 작업을 동시에 시작할 수 있다면 계산할 필요도 없지만, 작업의 선후관계가 있어서 앞의 작업을 마무리한 다음에야 그 다음 단계의 작업에 돌입할 수 있는 경우에는 분석적인 도구의 지원이 요구된다.

X_i를 첫 번째 작업부터 시작하여 작업 i를 시작할 수 있는 가장 빠른 시간(earliest start time)이라 정의해 보기로 하자. 단, 첫 번째 작업의 X_i는 0으로 가정한다. 작업 i 바로 다음에 수행해야 할 작

업 j의 ET를 X_j라 한다면 다음과 같은 식이 성립하게 된다.

$$X_i + t_i \leq X_j$$

이 식에서 t_i는 작업 i의 소요시간이다. 따라서 프로젝트관리의 주목적이 프로젝트 완성시간의 최소화에 있다면 다음과 같은 선형계획법을 이용하여 최적해를 도출할 수 있다.

최소화 $Z = X_m$ (m은 최종작업을 의미)

제약조건 : $X_i + t_i \leq X_j$ (서로 연결되어 있는 모든 (i, j) 쌍)

$X_i, \ X_j \geq 0$

이 모형을 한국가전주식회사의 예에 적용해 보면 다음과 같다.

최소화 $Z = X_H$

제약조건 : $X_A + 4 \leq X_B$

$X_B + 6 \leq X_C$

$X_B + 6 \leq X_D$

$X_C + 8 \leq X_E$

$X_D + 10 \leq X_F$

$X_E + 4 \leq X_F$

$X_E + 4 \leq X_G$

$X_G + 5 \leq X_H$

$X_F + 3 \leq X_H$

모든 $X_i \geq 0$

이 문제를 풀면 각 작업의 X_i값이 도출되는데, 그림으로 나타내면 다음과 같다.

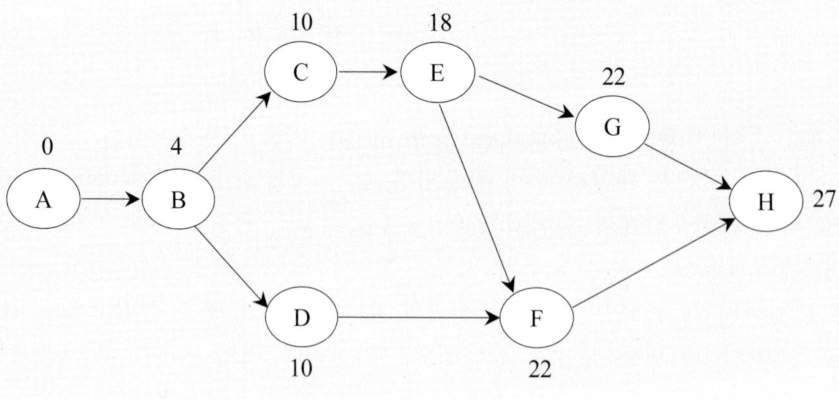

제 2 절 도식적 해법

결정변수가 2개 이하인 경우에는 복잡한 해법을 이용하지 않더라도 그래프를 이용하여 손쉽게 최적해를 구할 수 있다. 변수가 3개 이상인 경우에는 앞으로 설명할 심플렉스해법(simplex method)을 이용하여 해결할 수도 있으나 계산과정이 복잡하므로 일반적으로 컴퓨터를 이용하게 마련이다.

도식적 해법이란 제약조건을 그래프상에 도시하여 선택가능한 모든 해의 집합(feasible solution area)을 찾아내고, 목적함수를 그 위에 표시하여 최적해를 구하고자 하는 방법이다. 한국전자의 예를 통해 이 방법을 구체적으로 살펴보기로 하자.

목적함수 : 최대화 $Z = 8X_1 + 10X_2$

제약조건 : (조립) $3X_1 + 6X_2 \leq 480$

(검사) $X_1 + X_2 \leq 100$

$(X_1 \geq 0,\ X_2 \geq 0)$

그림 6-2

$3X_1 + 6X_2 \leq 480$의 그래프

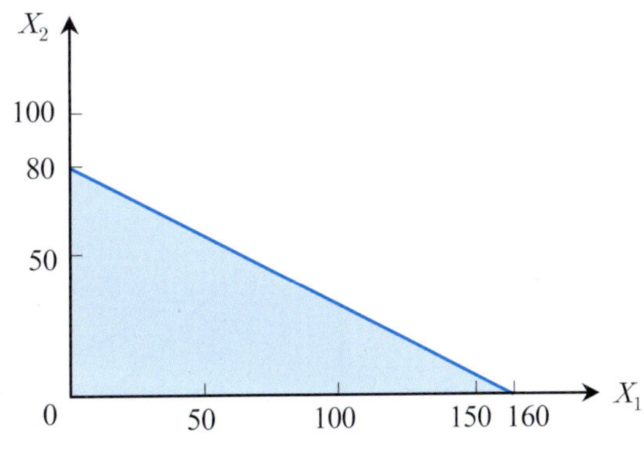

우선 선택가능한 해들의 집합, 즉 실행가능영역을 구하기 위해서는 제약조건들을 그래프상에 표시해야 한다. 첫 번째 제약조건을 만족시키는 영역은 [그림 6-2]에서와 같이 ($X_1 = 160$, $X_2 = 0$), ($X_1 = 0$, $X_2 = 80$)의 점을 연결하는 직선을 그래프상에 표시함으로써 쉽게 구할 수 있다.

[그림 6-2]에서 색깔 있는 부분은 첫 번째 제약조건과 $X_1 \geq 0$, $X_2 \geq 0$을 만족시키는 모든 점들의 집합을 의미한다.

그림 6-3

$X_1 + X_2 \leq 100$의 그래프

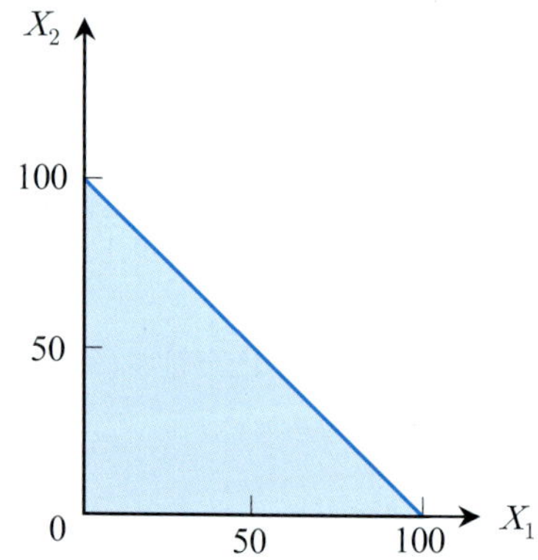

그림 6-4

실행가능영역

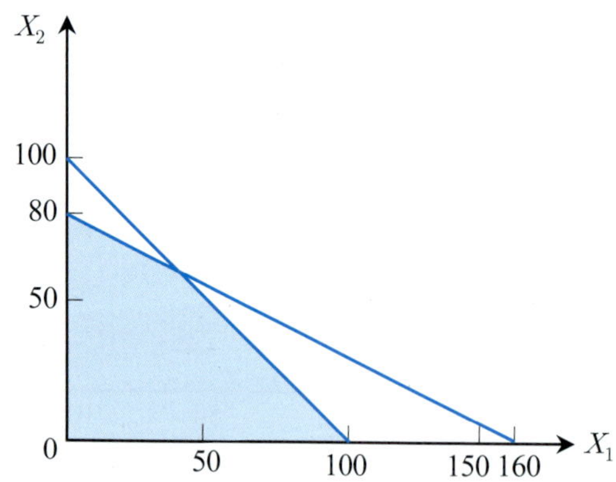

두 번째 제약조건을 만족시키는 영역은 [그림 6-3]에 나타나 있으며, 이들 두 제약조건을 모두 만족시키는 실행가능영역은 [그림 6-4]에 표시되어 있다.

일단 실행가능영역이 도출되면 이를 이용하여 최적해를 구할 방법을 모색해야 한다. 최적해는 실행가능영역에 포함되면서 목적함수의 값을 최대화할 수 있는 점이어야 한다. 목적함수의 최댓값을 현재로서는 알 수 없지만, 우선 임의로 목적함숫값을 800만원으로 정해 놓고, 이를 실현할 수 있는가를 생각해 보기로 하자. 목적함숫값, 즉 Z가 800이라면 목적함수는 $800 = 8X_1 + 10X_2$의 형태를 취하게 된다. 만약 이 함수가 [그림 6-4]의 실행가능영역을 통과한다면 800만원의 이익을 실현할 수 있는 생산계획이 가능하다고 볼 수 있다.

[그림 6-5]에 도시되어 있듯이 800만원의 이익을 실현할 수 있는 생산계획은 쉽게 찾아볼 수 있다. 예를 들어 $(X_1 = 100,\ X_2 = 0)$이나 $(X_1 = 0,\ X_2 = 80)$은 모두 제약조건을 만족시키면서 800만원의 이익을 실현시킬 수 있다. 그뿐만 아니라 이 두 점을 잇는 직선상의 모든 점이 다 800만원의 이익을 올릴 수 있는 실행가능한 계획이다.

그렇다면 이번에는 목표이익을 증가시켜 960만원이 가능한가를 분석해 보자. Z가 960이므로, 목적함수는 $960 = 8X_1 + 10X_2$가 되어 [그림 6-6]에 나타난 것과 같이 실행가능한 영역과는 교차하지 않는다. 즉 960만원의 이익을 올릴 수 있는 생산계획은 사용가능한 자원의 부족으로 인해 존재하지 않는다는 것을 의미한다.

그림 6-5

Z가 800만원인 경우

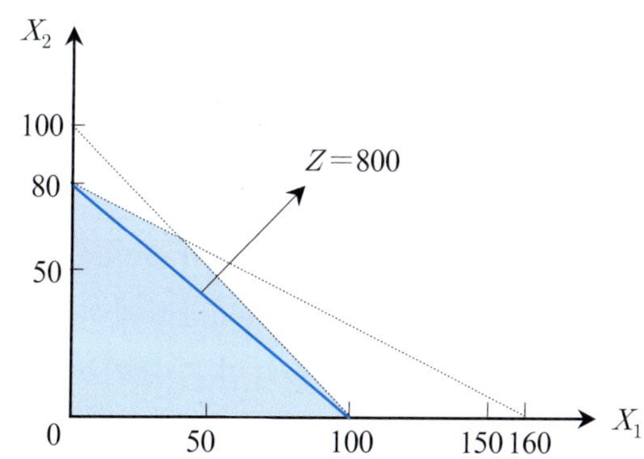

그림 6-6

Z가 960만원인 경우

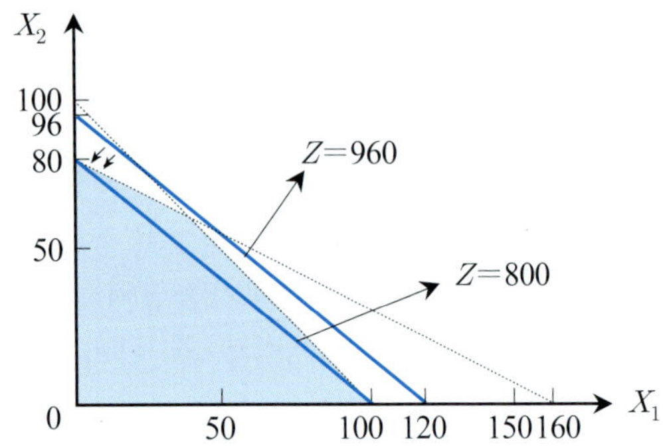

그림 6-7

목적함수의 평행이동

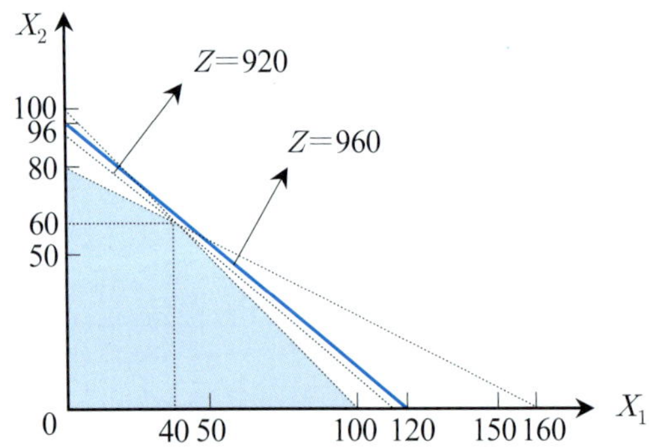

만약 960만원에서 시작하여 목표이익을 조금씩 줄여간다면 800만원선에 도달하기 전에 실행가능영역과 교차하는 점을 찾을 수 있을 것이다. 다시 말해 [그림 6-7]에 도시되어 있듯이 $Z=960$만원에서 시작하여 목적함수 그래프를 점진적으로 좌하향쪽으로 평행이동시킨다면 실행가능하면서도 이윤이 최대인 점을 찾을 수 있게 된다. 바로 이 점이 최적해로서 이 문제에서는 $X_1=40$, $X_2=60$, 그리고 $Z=920$인 경우에 성립하게 된다. $Z=920$을 만족시키는 점은 하나뿐이며, Z가 920보다 커지게 되면 실행가능영역에서 벗어나게 된다.

일반적으로 선형계획모형의 최적해는 실행가능영역의 극점(extreme point)에 위치한다. 여기서 극점이란 제약조건식을 모두 등식(equality constraint)으로 변형시켰을 때 두 개 이상의 등식이 교차하는 점으로, 실행가능영역 내에 위치하는 것들만을 말한다. 즉 $3X_1 + 6X_2 = 480$, $X_1 + X_2 = 100$, $X_1 = 0$, $X_2 = 0$의 등식이 주어져 있을 때 ($X_1 = 0$, $X_2 = 0$), ($X_1 = 100$, $X_2 = 0$), ($X_1 = 0$, $X_2 = 80$), ($X_1 = 40$, $X_2 = 60$)과 같이 두 개의 식이 교차하는 점이 바로 극점이다. 다음 절에서 설명할 심플렉스해법은 바로 이러한 극점들을 순차적으로 찾아가면서 최적해를 구하는 방법이라고 할 수 있다.

제 3 절 특이한 형태의 선형계획모형

선형계획모형 문제를 다루다 보면 반드시 최적해가 존재하는 것도 아니며, 경우에 따라서는 다수의 최적해가 존재할 수 있다. 결정변수가 2개인 경우를 중심으로 해서 이들 특이문제유형에 대해 살펴보기로 하자.

1. 실행가능해가 없는 경우(infeasible solution)

선형계획모형의 제약조건을 만족하는 해가 하나도 존재하지 않으면 이 문제는 실행불가능(infeasible) 문제로 분류된다. 다음의 문제를 예로 들어 보자.

목적함수 : 최대화 $Z = 5X_1 + 10X_2$

제약조건 : $X_1 + X_2 \leq 1$

$X_1 + X_2 \geq 2$

$X_1 \geq 0,\ X_2 \geq 0$

이 문제의 경우 실행가능영역을 그래프상에 표시하면 [그림 6-8]과 같다. 그러나 첫 번째 제약식과 두 번째 제약식을 통해 도출된 초평면(hyperplane)의 교점이 존재하지 않으므로, 즉 두 개의 제약식을 만족하는 중복된 영역이 존재하지 않기 때문에 이 문제의 실행가능해는 존재하지 않는다고 할 수 있다.

그림 6-8

실행가능영역이 존재하지 않는 경우

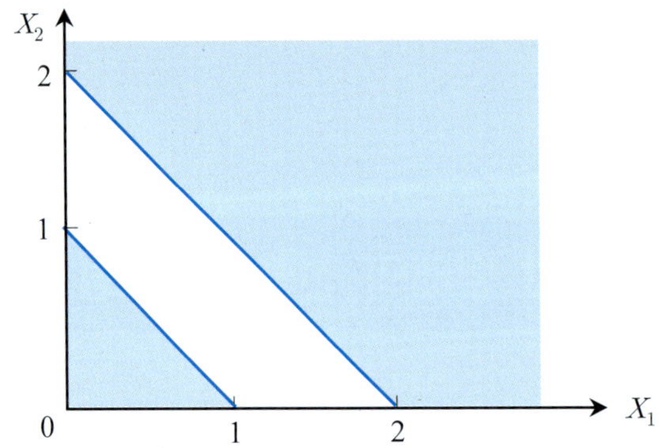

2. 목적함숫값이 무한대로 증가하는 경우(unbounded solution)

실행가능해는 존재하지만 목적함숫값이 무한대로 증가하거나 감소하는 경우 선형계획모형의 최적해는 존재하지 않는다. 이런 문제를 무한대 해(unbounded solution) 문제라 부른다. 다음의 문제를 예로 들어 보자. [그림 6-9]에서 알 수 있듯이 오른쪽으로 가면 갈수록 목적함숫값이 커지므로 결과적으로 최적해가 존재할 수가 없다.

$$
\begin{aligned}
\text{목적함수}: &\ \text{최대화}\ Z = 2X_1 + 2X_2 \\
\text{제약조건}: &\ -X_1 + X_2 \le 1 \\
&\ -X_1 + 2X_2 \le 4 \\
&\ X_1 \ge 0,\ X_2 \ge 0
\end{aligned}
$$

그림 6-9

목적함숫값이 끝없이 커지는 경우

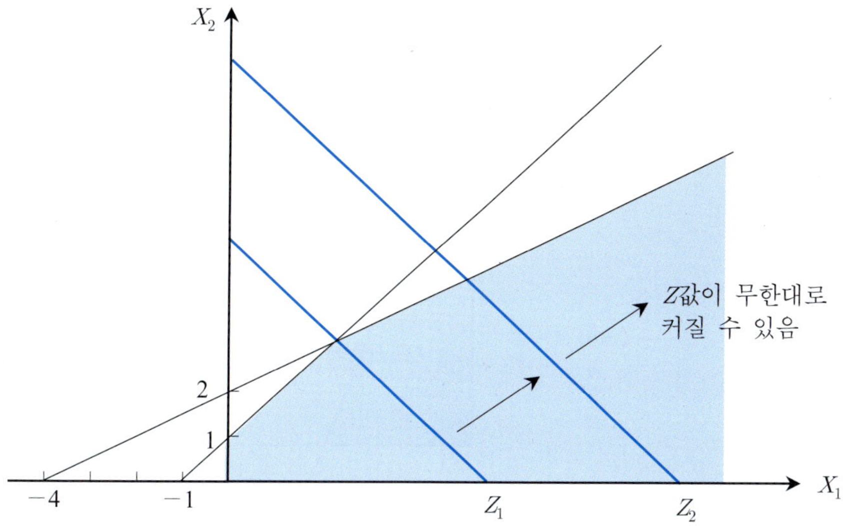

3. 최적해가 다수 존재하는 경우(multiple optimal solution)

실행가능해도 존재하고 최적해도 존재하는데, 다만 최적해의 개수가 무수히 많은 경우를 말한다. 다음의 문제를 예로 들어 보자.

$$
\begin{aligned}
\text{목적함수} &: \text{최대화 } Z = 10X_1 + 4X_2 \\
\text{제약조건} &: 3X_1 + 5X_2 \leq 15 \\
&\quad 10X_1 + 4X_2 \leq 20 \\
&\quad X_1 \geq 0,\ X_2 \geq 0
\end{aligned}
$$

그림 6-10

다수의 최적해가 존재하는 경우

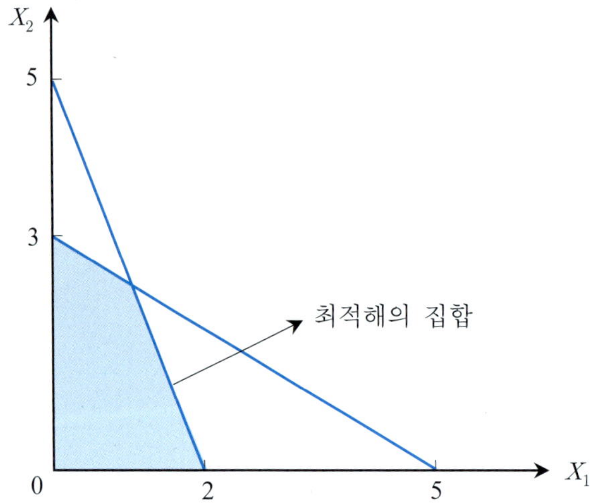

그림에서 알 수 있듯이 실행가능영역을 싸고 있는 제약식과 목적함수의 계수가 일치하는 경우 이런 유형의 문제가 발생한다. 이런 세 가지 유형의 문제는 많은 경우 입력오류에 기인하거나 제약식을 제대로 설정하지 못해 발생하는 경우가 많으므로 상당한 주의를 기울여 모형구축에 임해야 한다.

예제 6.9

다음의 선형계획법 문제에서 최적해가 존재하는지, 존재한다면 하나만 존재하는지 여부를 평가하여라.

(a) 최대화 $Z = x + y$

제약조건 : $4x + 3y \leq 48$

$2x + y \geq 24$

$x \leq 9$

$x,\ y \geq 0$

(b) 최대화 $Z = 2x + y$

제약조건 : $x - y \leq 0$

$2x - y \leq 4$

$x \leq 8$

$x,\ y \geq 0$

풀이

(a) 이 문제를 그래프를 통해 분석해 보기로 하자.

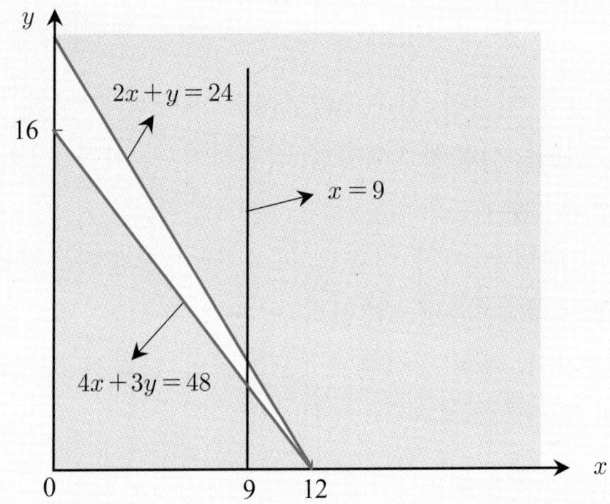

$4x+3y \leq 48$과 $2x+y \geq 24$가 교차하는 점은 $(x=12,\ y=0)$뿐이다. 그나마 이 점도 $x \leq 9$에는 포함되지 않아 실행가능해가 존재하지 않는다.

(b)

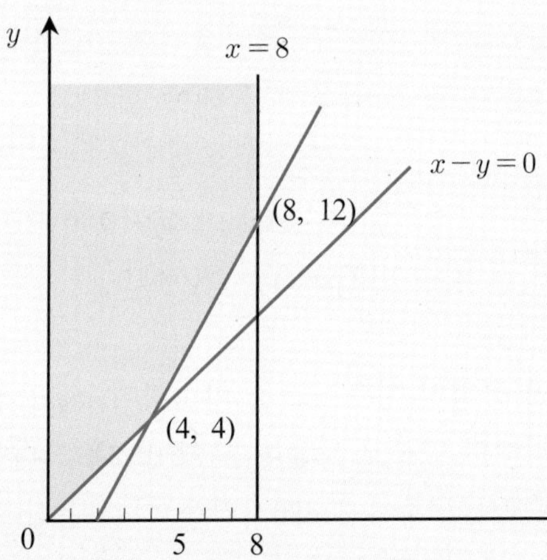

음영 부분이 실행가능영역이어서 이 문제는 무한대 해(unbounded solution) 문제에 해당한다. 즉, 최적해가 존재하지 않는다.

제4절 심플렉스해법의 원리

결정변수가 3개 이상인 경우 제2절에서 설명한 도식적 해법으로는 최적해를 찾기 어렵다. 이때에는 심플렉스해법을 적용하거나, 이를 프로그램화한 컴퓨터 소프트웨어를 이용하게 된다.

심플렉스해법은 이미 언급한 바와 같이 실행가능영역의 극점을 순차적으로 찾아가는 방법이다. 심플렉스해법의 이론적 분석은 본서의 수준을 넘어서므로 여기서는 한국전자의 예를 중심으로 그 절차만 간략히 설명하고자 한다.

1. 제약조건의 등식화

심플렉스해법의 첫 단계는 제약조건을 등식으로 전환하는 과정으로, 한국전자의 경우 $X_1 \geq 0$, $X_2 \geq 0$을 제외한 두 제약조건에 여유변수(slack variable)라는 새로운 변수를 도입하여 다음과 같은 식을 도출해야 한다.

$$3X_1 + 6X_2 + S_1 = 480$$
$$X_1 + X_2 + S_2 = 100$$

여기서 S_1은 조립공정의 여유시간을 의미하며, S_2는 검사공정의 여유시간을 의미한다. 예를 들어 최적해의 일부로 도출된 S_1이 0보다 크다면, 이는 곧 조립공정의 생산능력이 필요량을 초과하여 주어진 480시간을 다 사용할 필요가 없다는 의미가 된다.

한편 S_1과 S_2는 생산품목이 아니므로 목적함수에서 이들의 계수는 0이 된다. 따라서 S_1과 S_2를 포함한 선형계획모형을 설정하면 다음과 같다.

목적함수 : 최대화 $Z = 8X_1 + 10X_2 + 0S_1 + 0S_2$

제약조건 : $3X_1 + 6X_2 + S_1 = 480$

$$X_1 + X_2 + S_2 = 100$$
$$(X_1 \geq 0,\ X_2 \geq 0,\ S_1 \geq 0,\ S_2 \geq 0)$$

2. 심플렉스표의 작성

최적해의 도출과정을 일목요연하게 알아보기 위해서는 심플렉스표를 작성할 필요가 있다. 심플렉스표는 전단계에서 설정한 모형을 표로 옮겨놓은 것에 불과하다. 심플렉스표의 작성과 운영과정을 구체적으로 설명하기에 앞서, 이해를 돕기 위해 간단한 연립방정식을 먼저 고려해 보자.

전단계에서 수립한 선형계획모형에서 목적함수식을 삭제하면 다음과 같은 연립방정식이 된다.

$$3X_1 + 6X_2 + S_1 = 480 \cdots\cdots\cdots\cdots ①$$
$$X_1 + X_2 + S_2 = 100 \cdots\cdots\cdots\cdots ②$$

그러나 값을 알 수 없는 미지변수는 4개이고 식은 둘밖에 없으므로 이 방정식을 만족시키는 해는 무한히 많다. 만약 X_1과 X_2를 0으로 놓는다면 이 방정식을 만족시키는 해는 하나이며, 더 이상 계산할 필요도 없이 $S_1 = 480$, $S_2 = 100$이라는 결과가 나오게 된다. 이와 같이 0으로 고정시킨 X_1과 X_2와 같은 변수를 비기저변수(non-basic variable)라 하고, 연립방정식을 풀어 그 답이 나오는 S_1과 S_2와 같은 변수를 기저변수(basic variable)라 한다는 것은 이미 제4장에서 살펴본 바 있다.

S_1과 S_2가 기저변수일 때에는 계산이 불필요하지만, 그 외의 경우, 예를 들어 X_2와 S_2가 기저변수이고 X_1과 S_1이 비기저변수일 때에는 약간의 계산과정을 거쳐야 X_2와 S_2의 값을 구할 수 있다. 우선 식 ①의 양변에 1/6을 곱하여 식 ①을 변형시켜 놓고, 식 ②에서 변형된 식 ③을 빼면 그 결과는 식 ④와 같다.

$$1/2X_1 + X_2 + 1/6S_1 = 80 \cdots\cdots\cdots\cdots ③$$
$$1/2X_1 + 0X_2 - 1/6S_1 + S_2 = 20 \cdots\cdots\cdots\cdots ④$$

따라서 비기저변수인 X_1과 S_1을 0으로 고정시키면 $X_2 = 80$, $S_2 = 20$임을 쉽게 알 수 있다. 이번에는 X_1과 X_2를 기저변수, S_1과 S_2를 비기저변수로 놓아 보자. 식 ③에서 식 ④를 빼서 식 ③을 변형시키고, 식 ④의 양변에 2를 곱하면 다음과 같은 새로운 식이 도출된다.

$$0X_1 + X_2 + 1/3S_1 - S_2 = 60$$
$$X_1 + 0X_2 - 1/3S_1 + 2S_2 = 40$$

따라서 $S_1 = S_2 = 0$이면 $X_1 = 40$, $X_2 = 60$이 된다는 것을 쉽게 알 수 있다. 심플렉스해법은 이러한 계산과정에 목적함숫값을 가미한 것이라 보면 된다.

이제 구체적으로 심플렉스표의 작성 및 운영과정에 대해 알아보자. 한국전자의 문제를 심플렉스표로 표기하면 〈표 6.1〉과 같다.

〈표 6.1〉 심플렉스표

목적함수계수 C_j		8	10	0	0	
C_j	기저변수	X_1	X_2	S_1	S_2	해
0	S_1	3	6	1	0	480
0	S_2	1	1	0	1	100
Z_j		0	0	0	0	
$C_j - Z_j$		8	10	0	0	0

〈표 6.1〉에서 첫째 줄은 목적함수에 포함된 각 변수들의 계수를 나타내고 있으며, 둘째 줄은 각 열이 어떤 변수에 관련된 값인가를 표시해 주고 있다. 셋째, 넷째 줄은 제약조건에 들어가 있는 변수들의 계수를 나열한 것으로, 셋째 줄은 첫 번째 제약조건, 넷째 줄은 두 번째 제약조건과 일치한다. 여기서 기저변수 열에 S_1과 S_2가 들어가 있는데, 이는 다시 말해 최초의 해는 $S_1 = 480$, $S_2 = 100$, 그리고 X_1과 X_2는 비기저변수로 0으로 고정시켜 놓았다는 것을 의미한다. 기저변수 열의 왼쪽에 위치한 숫자는 목적함수에 포함된 기저변수들의 계수를 의미한다.

다섯째 줄의 Z_j값은 변수 j가 기저변수가 되어 한 단위 증가할 때 발생하는 손실을 의미한다. 즉 사용가능한 자원의 양이 제약되어 있으므로 변수 j의 값을 한 단위 증가시키기 위해서는 다른 변수의 값을 감소시켜야 하는데, 바로 이 변숫값이 줄어듦으로 인해 발생하는 목적함숫값의 감소분이 바로 Z_j이다. 한편, C_j는 변수 j를 한 단위 증가시킬 때 실현시킬 수 있는 이익이므로 마지막 줄의 $C_j - Z_j$는 기회비용, 또는 변수 j를 한 단위 증가시킬 때 얻을 수 있는 순이익을 나타낸다.

현재 비기저변수인 X_1이 기저변수가 되는 경우, 즉 X_1이 0보다 커지는 경우, 한 단위 증가할 때마다 조립시간이 3단위, 검사시간이 1단위 소모된다. 그러나 조립시간의 여유분, 즉 S_1의 가치나 검사시간의 여유분인 S_2의 가치는 0이므로 S_1이나 S_2의 값을 감소시키더라도 이로 인한 손실은 발생하지 않는다. 따라서

$$Z_1 = (0)(3) + (0)(1) = 0$$
$$Z_2 = (0)(6) + (0)(1) = 0$$

이 되어 $C_1 - Z_1 = 8 - 0 = 8$, $C_2 - Z_2 = 10 - 0 = 10$이 된다. 이는 다시 말해 X_1 또는 X_2를 기저변수로 전환시킨다면 X_1은 단위당 8, X_2는 단위당 10만큼의 이익이 증대될 수 있다는 것을 의미한다.

3. 최적해의 도출

비기저변수인 X_1 또는 X_2를 기저변수로 전환시킬 때 $C_j - Z_j$만큼의 이익이 증대될 수 있으므로 〈표 6.1〉에 주어진 해, 즉 $S_1 = 480$, $S_2 = 100$은 최적해가 될 수 없다. 따라서 X_1 또는 X_2를 기저변수로 전환시켜야 하는데, X_1은 단위당 8, X_2는 단위당 10의 이익을 올릴 수 있으므로 이익을 극대화하기 위해서는 우선 $C_j - Z_j$값이 최대인 X_2를 먼저 기저변수로 옮겨야 할 것이다. X_2가 기저변수로 전환되면 기존의 기저변수인 S_1, S_2까지 합쳐 총 3개의 기저변수가 생기므로 S_1이나 S_2 중 하나는 비기저변수로 전환시켜야 해를 구할 수 있다.

어떤 변수를 비기저변수로 할 것인가를 결정하기 위해서는 X_2의 증가에 따라 S_1 또는 S_2가 어떻게 변하는가를 분석해야 한다. 〈표 6.2〉에 나타나 있듯이 X_2를 한 단위 증가시키면 S_1은 6단위, S_2는 1단위가 감소한다. 다시 말해 X_2 한 단위를 생산하면 조립공정의 여유시간이 6시간, 검사공정의 여유시간이 1시간 감소하게

된다. 따라서 X_2가 가질 수 있는 최댓값은 $\frac{480}{6}$이나 $\frac{100}{1}$이 된다. 즉 X_2가 80보다 커지게 되면 조립공정의 여유시간인 S_1이 0보다 작아져 제약조건을 만족시키지 못하게 된다. 이는 곧 X_2를 기저변수로 도입할 때 S_1을 비기저변수로 전환시키는 것이 가장 합리적임을 의미한다.

〈표 6.2〉 새로운 기저변수와 비기저변수의 선택

C_j	C_j 기저변수	8 X_1	10 X_2	0 S_1	0 S_2	해	비율
0	S_1	3	⑥	1	0	480	$\frac{480}{6}$
0	S_2	1	1	0	1	100	$\frac{100}{1}$
C_j-Z_j		8	10	0	0	0	

새로운 기저변수가 결정되면 이를 기초로 하여 새로운 해를 계산해야 한다. 전 단계에서 설명한 연립방정식 풀이방법을 다시 적용하면 〈표 6.3〉과 같다.

〈표 6.3〉 새로운 해의 도출

C_j	C_j 기저변수	8 X_1	10 X_2	0 S_1	0 S_2	
10	X_2	$\frac{1}{2}$	1	$\frac{1}{6}$	0	80
0	S_2	$\frac{1}{2}$	0	$-\frac{1}{6}$	1	20
C_j-Z_j						

〈표 6.3〉을 완성하기 위해서 C_j-Z_j를 계산해야 한다. X_2와 S_2는 이미 기저변수로 도입되어 있으므로 이들의 C_j-Z_j는 0이 되어야 하는데, S_2의 C_j-Z_j는 0이므로 문제가 없으나 X_2의 C_j-Z_j를 0으로 전환시키기 위해서는 다음과 같이 〈표 6.3〉의 세 번째 줄에 -10을 곱하여 C_j-Z_j행에 더해 주어야 한다.

	−10 (1/2	1	1/6	0	80)
+	(8	10	0	0	0)
새로운 $C_j - Z_j$	(3	0	−10/6	0	−800)

이와 같이 계산한 새로운 $C_j - Z_j$값을 심플렉스표에 첨가하면 〈표 6.4〉와 같다. 이 표에서 $C_j - Z_j$행의 마지막에 위치하고 있는 −800은 X_1과 S_1을 비기저변수화할 때의 손실이므로 그 절댓값인 800은 지금과 같이 X_2와 S_2만을 기저변수로 설정할 때의 목적함수이다. 이 표의 작성과정에서 주목해야 할 부분은 X_2와 S_2에 해당하는 열이다. X_2열은 [1, 0, 0], S_2열은 [0, 1, 0]으로, 각 열에서 0이 아닌 계수는 하나밖에 없으며, 그것도 모두 1의 값을 취한다. 심플렉스표에서 기저변수에 해당하는 열은 언제나 이와 같은 형태를 취할 수 있도록 변환시켜야 한다.

〈표 6.4〉 완성된 심플렉스표

	C_j	8	10	0	0		
C_j	기저변수	X_1	X_2	S_1	S_2	해	비율
10	X_2	$\frac{1}{2}$	1	$\frac{1}{6}$	0	80	$80 \div \left(\frac{1}{2}\right)$
0	S_2	$\frac{1}{2}$	0	$-\frac{1}{6}$	1	20	$20 \div \left(\frac{1}{2}\right)$
$C_j - Z_j$		3	0	$-\frac{10}{6}$	0	−800	

일단 심플렉스표가 완성되면 $C_j - Z_j$값을 살펴보고 최적해가 도출되었는가를 판단해야 한다. 〈표 6.4〉에서 X_1의 $C_j - Z_j$값이 3이므로 X_1을 비기저변수에서 기저변수로 옮기게 되면 X_1 한 단위당 3만큼의 이익을 증가시킬 수 있게 된다. 따라서 X_1을 기저변수로 옮기고 X_2 또는 S_2 중 하나를 비기저변수로 전환시켜야 한다.

〈표 6.4〉에서와 같이 비율을 계산해 보면 $80 \div \left(\frac{1}{2}\right)$, $20 \div \left(\frac{1}{2}\right)$의 최솟값이 40이 되므로 S_2를 비기저변수로 전환시켜야 한다는 결론을 유도할 수 있다.

〈표 6.5〉는 X_1과 X_2를 기저변수로 설정했을 때의 심플렉스표를 나타내고 있다. 이 표에서 비기저변수인 S_1과 S_2의 $C_j - Z_j$값을 살펴보면 모두 0보다 작다. 즉 S_1 또는 S_2를 기저변수로 전환시켜 한 단위 증가하면 목적함수의 값이 감소한다는 의

미가 된다. 따라서 $X_1=40$, $X_2=60$이 이 문제의 최적해임을 알 수 있을 뿐만 아니라, 그에 대응하는 목적함숫값이 920임을 알 수 있다.

〈표 6.5〉 최종 심플렉스표의 도출

C_j	C_j 기저변수	8 X_1	10 X_2	0 S_1	0 S_2	해
10	X_2	0	1	$\frac{1}{3}$	−1	60
8	X_1	1	0	$-\frac{1}{3}$	2	40
C_j-Z_j		0	0	$-\frac{4}{6}$	−6	−920

4. 잠재가격의 분석

선형계획법은 한정된 자원의 효율적 분배에 그 목적이 있다는 것은 본장의 서두에서 밝힌 바 있다. 선형계획법에 의해 도출된 최적해가 사용가능한 자원을 모두 소비할 경우 이익의 증대를 위해 자원의 추가구입을 고려해 볼 수 있다.

한국전자의 경우 사용가능한 총조립시간 480시간과 검사시간 100시간이 모두 소요될 때 920만원의 이익을 기대할 수 있었다. 만약 시간당 3만원을 들여 검사시간을 1시간 추가할 수 있으며 또한 시간당 1만원을 들여 조립시간을 1시간 연장할 수 있다면, 이익의 극대화를 위해 어떤 방도를 취해야 하는가?

이 문제는 사용가능한 자원의 잠재가격(shadow price)을 계산해 봄으로써 쉽게 해결할 수 있다. 여기서 잠재가격이란 해당자원을 1단위 증가시키기 위해 지불할 수 있는 최대비용을 의미한다. 따라서 잠재가격이 실제구입비용보다 높을 때에는 그 자원을 구입하는 것이 타당할 것이고 이와 반대로 잠재가격이 낮을 때에는 구입하지 말아야 한다.

심플렉스해법을 설명하는 과정에서 C_j-Z_j값은 비기저변수를 한 단위 증가시킬 때 발생하는 이익의 증가분이라고 정의한 바 있다. 다음은 〈표 6.5〉의 최종 심플렉스표이다.

목적함수계수 C_j		8	10	0	0	
C_j	기저변수	X_1	X_2	S_1	S_2	해
10	X_2	0	1	$\frac{1}{3}$	-1	60
8	X_1	1	0	$-\frac{1}{3}$	2	40
C_j-Z_j		0	0	$-\frac{4}{6}$	-6	-920

이 표를 참고해 보면 여유변수 S_1의 C_j-Z_j값은 $-\frac{4}{6}$로, S_1을 0에서 1로 증가시키면 이익이 $\frac{4}{6}$만큼 감소한다는 것을 의미한다. 다시 말해 총조립시간이 480시간에서 479시간으로 감소되면(강제적으로 조립시간을 1시간 덜 사용하게 함으로써) 이익이 $\frac{4}{6}$만큼 감소된다는 것이다. 이를 역으로 해석하면 총조립시간이 480시간에서 481시간으로 1시간 증가하면 이익이 $\frac{4}{6}$만큼 증가된다는 것을 의미하기도 한다. 따라서 조립시간 1시간 추가에 1만원이 소요된다면 결과적으로 $\frac{2}{6}$만원의 손해를 보는 것과 마찬가지이다. 한편 S_2의 C_j-Z_j값은 -6으로, 검사시간을 1시간 증가시키면 6만원의 추가이익이 발생한다는 결론을 내릴 수 있다. 따라서 3만원의 비용을 감안하더라도 3만원의 순이익을 증대시킬 수 있다.

제 5 절 제약조건식의 형태와 Big M 해법

지금까지의 설명은 제약조건의 부등호가 $\leq$일 경우의 문제에 관한 것이었다. 제약조건의 부등호 표시가 바뀌거나 또는 등식형태(equality constraint)일 때에는 심플렉스 표를 작성하는 방법이 다소 달라지는데, 이 경우 Big M 해법을 이용하여 최적해를 구한다.

1. 잔여변수와 모조변수

예를 들어 한국전자의 예에서 TV의 총생산대수가 최소한 90대가 되어야 한다는 조건을 추가했다고 가정하자. 이 경우 제약조건에 $X_1 + X_2 \geq 90$이 추가되어 제약식은 총 3개가 된다. 이 제약식을 등식화하기 위해서는 $\leq$와 같은 부등식 형태의 제약식에 잔여변수(surplus variable)를 도입하여 좌변에서 빼주고 이와 함께 모조변수(artificial variable)를 추가로 도입하여 더해 주어야 한다. 잔여변수를 S_3라 하고 모조변수를 A_1이라 한다면 $X_1 + X_2 \geq 90$은 다음과 같이 변환된다.

$$X_1 + X_2 - S_3 + A_1 = 90$$

또한 목적함수에서 S_3의 계수는 0이지만 A_1의 계수는 임의의 매우 큰 값인 M으로 정하여 기존의 목적함수식에서 빼주어야 한다. 즉 새로운 목적함수식은 다음과 같아진다.

$$\text{최대화 } Z = 8X_1 + 10X_2 + 0S_1 + 0S_2 + 0S_3 - MA_1$$

여기서 모조변수 A_1은 심플렉스해법에서 최초의 기저해를 손쉽게 구하기 위해 도입된 것일 뿐 그 자체로서는 별 의미를 가지지 못한다.

만약 $X_1 + X_2 = 90$ 형태의 제약식이 추가되었다고 가정한다면, 모조변수 A_1만을 추가하면 된다. 즉 $X_1 + X_2 = 90$은 $X_1 + X_2 + A_1 = 90$이 되며 목적함수식에 $-MA_1$이 추가된다.

2. Big M 해법의 원리

이제 한국전자의 예에

$$X_1 + X_2 - S_3 + A_1 = 90$$

의 제약조건을 추가하여 잔여변수와 모조변수가 포함된 선형계획법 문제의 최적해를 도출하는 과정에 대해 살펴보기로 하자.

우선 심플렉스표를 작성해 보면 〈표 6.6〉과 같다.

〈표 6.6〉 심플렉스표-Big M 해법

목적함수계수 C_j		8	10	0	0	0	$-M$	
C_j	기저변수	X_1	X_2	S_1	S_2	S_3	A_1	해
0	S_1	3	6	1	0	0	0	480
0	S_2	1	1	0	1	0	0	100
$-M$	A_1	1	1	0	0	-1	1	90
Z_j		$-M$	$-M$	0	0	M	$-M$	$-90M$

이 표에서 알 수 있듯이 S_1, S_2, A_1을 기저변수로 설정하는 경우 〈표 6.6〉의 여섯 번째 줄에서 $C_j - Z_j$값을 계산하면 그 결과는 〈표 6.7〉과 같다.

새로운 기저변수를 찾기 위해서는 $C_j - Z_j$값을 살펴보아야 하는데, 비기저변수에서 기저변수로 옮길 때 단위당 이익이 가장 큰 변수는 X_2임을 알 수 있다. 따라서 X_2를 기저변수로 옮기고 S_1, S_2, A_1 중 하나를 비기저변수로 축출해야 한다. 〈표 6.7〉에서와 같이 비율을 계산해 보면 80, 100, 90의 최솟값이 80이 되므로 S_1을 비기저변수로 축출해야 함을 알 수 있다.

〈표 6.7〉 기저해의 도출

목적함수계수 C_j		8	10	0	0	0	$-M$		
C_j	기저변수	X_1	X_2	S_1	S_2	S_3	A_1	해	비율
0	S_1	3	6	1	0	0	0	480	$\frac{480}{6}$
0	S_2	1	1	0	1	0	0	100	$\frac{100}{1}$
$-M$	A_1	1	1	0	0	-1	1	90	$\frac{90}{1}$
$C_j - Z_j$		$8+M$	$10+M$	0	0	$-M$	0	$90M$	

X_2, S_2, A_1을 기저변수로 설정하고 심플렉스표를 작성해 보면 〈표 6.8〉과 같다.

〈표 6.8〉 X_2, S_2, A_1이 기저변수일 때의 심플렉스표

목적함수계수 C_j		8	10	0	0	0	$-M$	
C_j	기저변수	X_1	X_2	S_1	S_2	S_3	A_1	해
10	X_2	$\frac{1}{2}$	1	$\frac{1}{6}$	0	0	0	80
0	S_2	$\frac{1}{2}$	0	$-\frac{1}{6}$	1	0	0	20
$-M$	A_1	$\frac{1}{2}$	0	$-\frac{1}{6}$	0	-1	1	10
C_j-Z_j		$3+\frac{M}{2}$	0	$-\frac{5}{3}-\frac{M}{6}$	0	$-M$	0	$10M-800$

다시 한 번 C_j-Z_j값을 살펴보면 X_1의 C_j-Z_j값이 0보다 크다. 따라서 X_1을 기저변수로 설정하고 비율계산을 해보면 $80\div\left(\frac{1}{2}\right)$, $20\div\left(\frac{1}{2}\right)$, $10\div\left(\frac{1}{2}\right)$에서 A_1이 비기저변수로 축출되어야 함을 알 수 있다.

X_1, S_2, X_2를 기저변수로 설정할 때의 심플렉스표는 〈표 6.9〉와 같으나, 아직도 C_j-Z_j값이 모두 0보다 작거나 같지 않으므로 S_3를 기저변수로 채택하고 S_2를 비기저변수로 설정한 뒤 〈표 6.10〉과 같이 한 번 더 표를 작성해야 한다. 최종 심플렉스표인 〈표 6.10〉을 살펴보면 $X_1=40$, $X_2=60$이 최적해임을 알 수 있다.

〈표 6.9〉 X_1, X_2, S_2가 기저변수일 때의 심플렉스표

목적함수계수 C_j		8	10	0	0	0	$-M$	
C_j	기저변수	X_1	X_2	S_1	S_2	S_3	A_1	해
10	X_2	0	1	$\frac{1}{3}$	0	1	-1	70
0	S_2	0	0	0	1	1	-1	10
8	X_1	1	0	$-\frac{1}{3}$	0	-2	2	20
C_j-Z_j		0	0	$-\frac{4}{6}$	0	6	$-6-M$	-860

〈표 6.10〉 최종 심플렉스표

목적함수계수 C_j		8	10	0	0	0	$-M$	
C_j	기저변수	X_1	X_2	S_1	S_2	S_3	A_1	해
10	X_2	0	1	$\frac{1}{3}$	-1	0	0	60
0	S_3	0	0	0	1	1	-1	10
8	X_1	1	0	$-\frac{1}{3}$	2	0	0	40
$C_j - Z_j$		0	0	$-\frac{2}{3}$	-6	0	$-M$	-920

이와 같이 임의의 매우 큰 값인 M을 이용하여 최적해를 구하는 방법을 Big M 해법이라 한다.

제 6 절 추축연산을 이용한 단체법

본절에서는 심플렉스표만을 이용하여 최적해를 구해보자. 앞에서 예로 든 한국전자의 생산계획 문제를 다시 살펴보기로 하자.

목적함수 : 최대화 $Z = 8X_1 + 10X_2$

제약조건 : (조립) $3X_1 + 6X_2 \leq 480$

(검사) $X_1 + X_2 \leq 100$

$(X_1 \geq 0,\ X_2 \geq 0)$

먼저 여유변수 S_1과 S_2를 도입하여 제약조건을 등식으로 전환한다.

$$\text{목적함수 : 최대화 } Z = 8X_1 + 10X_2 + 0S_1 + 0S_2$$

$$\text{제약조건 : } \begin{cases} 3X_1 + 6X_2 + S_1 = 480 \\ X_1 + X_2 + S_2 = 100 \end{cases}$$

$$(X_1 \ge 0,\ X_2 \ge 0,\ S_1 \ge 0,\ S_2 \ge 0)$$

우선 S_1과 S_2를 기저변수로 하여 심플렉스표를 작성하면 〈표 6.11〉과 같다.

〈표 6.11〉 1단계 심플렉스표

목적함수계수 C_j		8	10	0	0			
C_j	기저변수	X_1	X_2	S_1	S_2	해	비율	
0	S_1	3	⑥	1	0	480	$\frac{480}{6}$	(최소)
0	S_2	1	1	0	1	100	$\frac{100}{1}$	
Z_j		0	0	0	0	0		
$C_j - Z_j$		8	10	0	0	0		

$$\max\{C_j - Z_j > 0\} = \max\{8,\ 10\} = 10$$

이므로 X_2가 새로운 기저변수가 되고 제2열의 추축열이 된다.

$$\min\left\{\frac{480}{6},\ \frac{100}{1}\right\} = \min\{80,\ 100\} = 80$$

이므로 S_1을 비기저변수로 전환하고 제1행이 추축행이 되며 ⑥이 추축원소가 된다. ⑥을 추축원소로 하여 추축연산을 시행하고 심플렉스표를 만들면 〈표 6.12〉와 같다.

〈표 6.12〉 2단계 심플렉스표

C_j	C_j 기저변수	8 X_1	10 X_2	0 S_1	0 S_2	해	비율
10	X_2	$\frac{1}{2}$	1	$\frac{1}{6}$	0	80	$80 \div \left(\frac{1}{2}\right)$
0	S_2	$\textcircled{\frac{1}{2}}$	0	$-\frac{1}{6}$	1	20	$20 \div \left(\frac{1}{2}\right)$ (최소)
$C_j - Z_j$		3	0	$-\frac{10}{6}$	0	-800	

$$\max\{C_j - Z_j > 0\} = \max\{3\} = 3$$

이므로 X_1이 새로운 기저변수가 되고

$$\min\left\{80 \div \left(\frac{1}{2}\right),\ 20 \div \left(\frac{1}{2}\right)\right\} = \min\{160,\ 40\} = 40$$

이므로 S_2가 비기저변수로 전환되고, 추축원소 $\left(\frac{1}{2}\right)$을 중심으로 추축연산을 시행하고 최종 심플렉스표를 만들면 〈표 6.13〉과 같다.

〈표 6.13〉 최종 심플렉스표

C_j	C_j 기저변수	8 X_1	10 X_2	0 S_1	0 S_2	해
10	X_2	0	1	$\frac{1}{3}$	-1	60
8	X_1	1	0	$-\frac{1}{3}$	2	40
$C_j - Z_j$		0	0	$-\frac{2}{3}$	-6	-920

$C_j - Z_j$값이 모두 0보다 작거나 같으므로, 최적해는 $X_1 = 40$, $X_2 = 60$이며, 이에 대응하는 최대목적함숫값은 920임을 알 수 있다.

예제 6.10

다음과 같이 제약조건이 3개인 최대화 문제의 최적해를 추축연산법을 이용하여 구하여라.

$$\text{최대화 } Z = 8X_1 + 10X_2$$

$$\text{제약조건 : } 3X_1 + 6X_2 \le 480$$
$$X_1 + X_2 \le 100$$
$$X_1 + X_2 \ge 90$$
$$(X_1 \ge 0,\ X_2 \ge 0)$$

풀이

먼저 여유변수 S_1과 S_2, 잔여변수 S_3, 그리고 A_1을 도입하고 A_1의 계수는 임의의 매우 큰 값인 M으로 정하여 기존의 목적함수식에서 빼주면, 다음과 같이 등식으로 전환된다.

$$\text{최대화 } Z = 8X_1 + 10X_2 + 0S_1 + 0S_2 + 0S_3 - MA_1$$

$$\text{제약조건 : } \begin{cases} 3X_1 + 6X_2 + S_1 = 480 \\ X_1 + X_2 + S_2 = 100 \\ X_1 + X_2 - S_3 + A_1 = 90 \end{cases}$$
$$(X_1 \ge 0,\ X_2 \ge 0,\ S_1 \ge 0,\ S_2 \ge 0,\ S_3 \ge 0,\ A_1 \ge 0)$$

우선 S_1, S_2, A_1을 기저변수로 하여 심플렉스표를 만들면 다음과 같다.

1단계 심플렉스표

목적함수계수 C_j		8	10	0	0	0	$-M$		
C_j	기저변수	X_1	X_2	S_1	S_2	S_3	A_1	해	비율
0	S_1	3	⑥	1	0	0	0	480	$\frac{480}{6}$ (최소)
0	S_2	1	1	0	1	0	0	100	$\frac{100}{1}$
$-M$	A_1	1	1	0	0	-1	1	90	$\frac{90}{1}$
Z_j		$-M$	$-M$	0	0	M	$-M$	$-90M$	
$C_j - Z_j$		$8+M$	$10+M$	0	0	$-M$	0	$90M$	

$$\max\{C_j - Z_j > 0\} = \max\{8+M,\ 10+M\} = 10+M$$

이므로 X_2가 새로운 기저변수가 되고, 제2열이 추축열이 된다.

$$\min\left\{\frac{480}{6},\ \frac{100}{1},\ \frac{90}{1}\right\}=\min\{80,\ 100,\ 90\}=80$$

이므로 S_1을 비기저변수로 전환하고 제1행이 추축행이 되며 ⑥이 추축원소가 된다. ⑥을 추축원소로 하여 추축연산을 시행하고 심플렉스표를 만들면 다음과 같다.

2단계 심플렉스표

C_j	기저변수 (C_j)	8 X_1	10 X_2	0 S_1	0 S_2	0 S_3	$-M$ A_1	해	비율	
10	X_2	$\frac{1}{2}$	1	$\frac{1}{6}$	0	0	0	80	$\frac{80}{\frac{1}{2}}$	
0	S_2	$\frac{1}{2}$	0	$-\frac{1}{6}$	1	0	0	20	$\frac{20}{\frac{1}{2}}$	
$-M$	A_1	($\frac{1}{2}$)	0	$-\frac{1}{6}$	0	-1	1	10	$\frac{10}{\frac{1}{2}}$	(최소)
C_j-Z_j		$3+\frac{M}{2}$	0	$-\frac{5}{3}-\frac{M}{6}$	0	$-M$	0	$10M-800$		

$$\max\{C_j-Z_j>0\}=\max\left\{3+\frac{M}{2}\right\}=3+\frac{M}{2}$$

이므로 X_1이 새로운 기저변수가 되고

$$\min\left\{80\div\left(\frac{1}{2}\right),\ 20\div\left(\frac{1}{2}\right),\ 10\div\left(\frac{1}{2}\right)\right\}=\min\{160,\ 40,\ 20\}=20$$

이므로 A_1이 비기저변수로 전환되고 추축원소 ($\frac{1}{2}$)을 중심으로 추축연산을 시행하고 심플렉스표를 만들면 다음과 같다.

3단계 심플렉스표

C_j	기저변수 (C_j)	8 X_1	10 X_2	0 S_1	0 S_2	0 S_3	$-M$ A_1	해	비율	
10	X_2	0	1	$\frac{1}{3}$	0	1	-1	70	$\frac{70}{1}$	
0	S_2	0	0	0	1	①	-1	10	$\frac{10}{1}$	(최소)
8	X_1	1	0	$-\frac{1}{3}$	0	-2	2	20	×	
C_j-Z_j		0	0	$-\frac{2}{3}$	0	6	$-6-M$	-860		

$$\max\{C_j - Z_j > 0\} = \max\{6\} = 6$$

이므로 S_3가 새로운 기저변수가 되고

$$\min\left\{\frac{70}{1},\ \frac{10}{1},\ \frac{20}{1}\right\} = 10$$

이므로 S_2가 비기저변수로 전환되고 추축원소 ①을 중심으로 추축연산을 시행하고 최종 심플렉스표를 만들면 다음과 같다.

최종 심플렉스표

C_j	C_j / 기저변수	8 X_1	10 X_2	0 S_1	0 S_2	0 S_3	$-M$ A_1	해
10	X_2	0	1	$\frac{1}{3}$	-1	0	0	60
0	S_3	0	0	0	1	1	-1	10
8	X_1	1	0	$-\frac{1}{3}$	2	0	0	40
$C_j - Z_j$		0	0	$-\frac{2}{3}$	-6	0	$-M$	-920

$C_j - Z_j$값이 모두 0보다 작거나 같으므로 최적해는 $X_1=40$, $X_2=60$이며, 이에 대응하는 최대목적함숫값은 920임을 알 수 있다.

예제 6.11

다음 선형계획법 문제의 최적해를 구하여라.

최대화 $Z = 400X_1 + 200X_2$

제약조건 : $X_1 + X_2 = 30$

$2X_1 + 8X_2 \geq 80$

$X_1 \leq 20$

$(X_1,\ X_2 \geq 0)$

풀이

여기서 여유변수 S_1, S_2와 모조변수 A_1, A_2를 도입하고 A_1, A_2의 계수는 임의의 매우 큰 값인 M으로 정하여 기존의 목적함수식에서 빼주면, 다음과 같이 등식으로 전환된다.

최대화 $Z = 400X_1 + 200X_2 + 0S_1 + 0S_2 - MA_1 - MA_2$

제약조건 : $\begin{cases} X_1 + X_2 + A_1 = 30 \\ 2X_1 + 8X_2 - S_1 + A_2 = 80 \\ X_1 + S_2 = 20 \end{cases}$

$(X_1 \geq 0,\ X_2 \geq 0,\ S_1 \geq 0,\ S_2 \geq 0,\ A_1 \geq 0,\ A_2 \geq 0)$

먼저 A_1, A_2, S_2를 기저변수로 하여 심플렉스표를 만들면 다음과 같다.

1단계 심플렉스표

목적함수계수 C_j		400	200	0	0	$-M$	$-M$		
C_j	기저변수	X_1	X_2	S_1	S_2	A_1	A_2	해	비율
$-M$	A_1	1	1	0	0	1	0	30	$\frac{30}{1}$
$-M$	A_2	2	8	-1	0	0	1	80	$\frac{80}{2}$
0	S_2	①	0	0	1	0	0	20	$\frac{20}{1}$ (최소)
Z_j		$-3M$	$-9M$	M	0	$-M$	$-M$	$-110M$	
$C_j - Z_j$		$400+3M$	$200+9M$	$-M$	0	0	0	$110M$	

$$\max\{C_j - Z_j > 0\} = \max\{400 + 3M,\ 200 + 9M\} = 400 + 3M$$

이므로 X_1이 새로운 기저변수가 되고 제1열이 추축열이 된다.

$$\min\left\{\frac{30}{1},\ \frac{80}{2},\ \frac{20}{1}\right\} = \min\{30,\ 40,\ 20\} = 20$$

이므로 S_2를 비기저변수로 전환하고 제3행이 추축행이 되며 ①이 추축원소가 된다. 추축원소 ①을 중심으로 하여 추축연산을 시행하고 심플렉스표를 만들면 다음과 같다.

2단계 심플렉스표

C_j 기저변수		C_j: 400 X_1	200 X_2	0 S_1	0 S_2	$-M$ A_1	$-M$ A_2	해	비율
$-M$	A_1	0	1	0	-1	1	0	10	$\frac{10}{1}$
$-M$	A_2	0	⑧	-1	-2	0	1	40	$\frac{40}{8}$ (최소)
400	X_1	1	0	0	1	0	0	20	×
C_j-Z_j		0	$200+9M$	$-M$	$-400-3M$	0	0	$50M-8,000$	

같은 방법으로 추축원소를 구하고 추축연산을 계속하면 다음과 같다.

최종 심플렉스표

C_j 기저변수		C_j: 400 X_1	200 X_2	0 S_1	0 S_2	$-M$ A_1	$-M$ A_2	해	비율
$-M$	A_1	0	0	$\frac{1}{8}$ (circled)	$-\frac{3}{4}$	1	$-\frac{1}{8}$	5	$5\div\left(\frac{1}{8}\right)$ (최소)
200	X_2	0	1	$-\frac{1}{8}$	$-\frac{1}{4}$	0	$\frac{1}{8}$	5	×
400	X_1	1	0	0	1	0	0	20	×
C_j-Z_j		0	0	$25+\frac{M}{8}$	$-350-\frac{3}{4}M$	0	$-25-\frac{9}{8}M$	$5M-9,000$	
0	S_1	0	0	1	-6	8	-1	40	
200	X_2	0	1	0	-1	1	0	10	
400	X_1	1	0	0	1	0	0	20	
C_j-Z_j		0	0	0	-200	$-200-M$	$-M$	$-10,000$	

C_j-Z_j의 값이 모두 0보다 작거나 같으므로 최적해는 $X_1=20$, $X_2=10$이며, 이에 대응하는 최대목적함숫값은 10,000이다.

참고로 어떤 제약조건 아래서 목적함수 Z를 최소화하는 문제는 목적함수 $(-Z)$를 최대화하는 문제와 같으므로, 새로운 목적함수 $-Z$를 만들고 심플렉스표를 작성하여 추축연산을 이용하여 $-Z$를 최대화시킨 후 부호를 바꾸면 최소목적함수 Z가 얻어진다.

보론 DEA를 이용한 서비스 성과의 평가

1. DEA(data envelopment analysis)기법의 등장배경

경영에서 성과측정만큼 중요하면서도 어려운 것은 없다. "측정할 수 없는 것은 관리할 수 없다"라는 말은 이를 잘 대변해주는 말이다. 경영에 필요한 모든 요소를 객관적으로 측정하는 것이 과연 가능할지는 의문이다. 기업조직은 오랫동안 성과측정을 자기자본수익률, 총자산수익률, 매출액 대비 영업이익률 등의 비율분석에 의존해왔으며, 공장이나 영업조직과 같은 기업 내의 한 부문은 1인당 생산성 등과 같은 간단한 지표를 이용하여 평가하기도 했다.

이런 비율분석과 같은 기존의 평가방법들에 의한 효율성 측정은 주로 단일투입물에 대한 산출물의 생산성으로 측정되어왔다. 투입물은 노동, 자본 등을 주로 사용하며, 산출물은 생산량(톤, 미터, 개, 원화가치 등)을 주로 사용한다.

$$\text{생산성} = \frac{\text{산출물}}{\text{투입물}}$$

그러나 이런 지표는 투입물이나 산출물의 종류가 둘 이상인 경우 바로 적용하기가 쉽지 않으며 그 대상이 서비스 기업인 경우에는 생산성 평가 자체가 매우 어렵다. 특히 병원, 레스토랑 체인점, 은행지점 등 비슷한 유형의 투입물과 산출물로 특징지어지는 다수의 평가대상들을 평가하고자 할 때 이런 문제에 부닥친다. 예를 들어 은행지점의 경우 다음과 같이 매우 다양하다.

- 투입물 : 지점의 크기, 직원 수, 해당지역의 경쟁은행 지점 수
- 산출물 : 은행계좌 수, 예금액, 대출건수

레스토랑의 경우도 마찬가지이다.

- 투입물 : 직원 수, 매장의 면적, 해당지역의 유동인구, 경쟁업체의 수
- 산출물 : 매출액, 서비스 고객 수

이런 조직의 생산성을 상대적으로 평가하고 인센티브를 부여하기 위해서는 평가의 기초가 되는 다수의 투입물과 산출물들을 감안한 종합적인 효율성 지표의 개발이 매우 절실하다. 우체국이나 은행지점처럼 같은 기능을 하는 영업단위가 여러 곳에 산재하고 있는 경우 새로운 영업점의 개설・폐쇄, 인센티브 제도의 도입 등의 전략적 의사결정과정에서 개별 영업단위의 효율성 평가자료가 그 무엇보다 중요하기 때문이다.

기본적으로 효율성은 산출물의 가치와 그 산출물을 창출해내기 위해 생산과정에서 소비한 투입물 가치의 비율로 나타낸다. 투입물이나 산출물의 시장가격이 존재하는 경우, 이 값을 가중치로 이용하여 산출물과 투입물의 가치를 계산할 수 있다. 즉, 가치가 높은 것은 가중치가 높고 이와 반대로 가치가 낮은 것은 가중치도 낮게 설정한다. 그러나 산출물의 종류가 다양한 경우에는 투입물의 가치를 적절히 평가하기가 쉽지 않다. 여러 품목들의 생산에 공통적으로 쓰이는 고정비적인 성격을 띠는 투입물의 배분이 어렵기 때문이다.

다수의 투입물과 산출물을 보유하는 평가대상의 효율성 지표문제는 1957년 Farrell이 처음으로 제시하였다. Farrell은 상대적 효율성(relative efficiency)을 다음과 같이 정의하였다.

$$\text{효율성} = \frac{\text{산출물의 가중합(weighted sum of outputs)}}{\text{투입물의 가중합(weighted sum of inputs)}}$$

예를 들어, j번째 평가대상의 효율성은 다음과 같이 정의된다.

$$j\text{번째 평가대상의 효율성} = \frac{u_1 y_{1j} + u_2 y_{2j} + \cdots\cdots}{v_1 x_{1j} + v_2 x_{2j} + \cdots\cdots}$$

여기서 u_r은 산출물 r에 부과된 가중치, y_{rj}는 j번째 평가대상에서 나온 산출물 r의 크기, v_i는 투입물 i에 부과된 가중치, 그리고 $x_{ij}=j$번째 평가대상의 투입물 i의 크기를 의미한다. 일반적으로 효율성은 0과 1 사이의 값을 갖도록 y_{rj}와 x_{ij}의 값을 조정하는 것이 보통이다. 이런 효율성 지표를 사용한다는 것은 곧 평가대상에 관계없이 가중치 u_r, v_i를 적용한다는 가정을 바탕으로 한다. 문제는 모든 평가대상에 공평한(fair) 가중치를 어떻게 구하느냐 하는 데에 있다. 무엇보다도 u_r와 v_i값 자체를 구하기가 어렵고 또 각 평가대상이 나름대로 유리한 가중치를 주장할 수 있기 때문이다.

2. DEA모형의 구조

1978년 Charnes, Cooper와 Rhodes는 상대적 효율성을 결정하는 데 필요한 가중치를 구하는 과정상의 어려움을 인식하고, 각 평가대상은 나름대로 각자에게 유리한 가중치를 선택할 수 있도록 해야 한다고 제안하였다. 이들이 제안한 DEA모형은 여러 가지 투입물의 가중평균에 대한 여러 가지 산출요소의 가중평균의 비율로 표시하며, 특정 의사결정단위(예를 들어, 은행지점, 우체국 등)의 효율성 정도는 유사한 투입·산출구조를 가지는 준거집단(peer group)과 비교하여 상대적으로 측정된다.

보론예제 6.1

다음과 같이 4개의 서비스팀을 평가대상으로 가정해보자. 예를 들어 평가대상 1은 200시간의 노동시간과 2,000개의 자재를 투입하여 100개의 물량을 생산한다. 비교대상인 2번째 팀은 400시간의 노동시간과 1,500개의 자재를 투입하여 100개의 물량을 생산한다.

평가대상팀	노동시간	자재투입량	생산물량
1	200	2,000	100
2	400	1,500	100
3	130	2,000	100
4	300	4,000	100

종합적인 평가는 투입물을 분모로 하고 생산물량을 분자로 하는 생산성지수인데, 노동과 자재투입량은 직접적인 평가가 어려우므로, 적절한 가중치를 도입하여 다음과 같이 평가하기로 한다.

$$\text{생산성지수} = \frac{(\text{가중치 } 1)(100)}{(\text{가중치 } 2)(200) + (\text{가중치 } 3)(2{,}000)}$$

이제 평가대상 1의 입장에서 스스로에게 가장 유리한 가중치를 구해보도록 하자. 이 문제는 다음과 같은 선형계획법 모형을 통해 최적 가중치를 구할 수 있다.

평가대상	노동시간	자재투입량	생산물량
1	200	2,000	100
2	400	1,500	100
3	130	2,000	100
4	300	4,000	100

$$Max\ \ h_0 = \frac{100u_1}{200v_1 + 2{,}000v_2}$$

$$\text{제약조건 : } \frac{100u_1}{200v_1 + 2{,}000v_2} \le 1.0 \quad (\text{평가대상 } 1)$$

$$\frac{100u_1}{400v_1 + 1{,}500v_2} \le 1.0 \quad (\text{평가대상 } 2)$$

$$\frac{100u_1}{130v_1 + 2{,}000v_2} \le 1.0 \quad (\text{평가대상 } 3)$$

$$\frac{100u_1}{300v_1 + 4{,}000v_2} \le 1.0 \quad (\text{평가대상 } 4)$$

단, u_1, v_1, v_2 는 0이 아닌 양수(평가대상 1이 정한 가중치)

여기서 u_1, v_1, v_2는 0보다 큰 값으로 정의했는데, 그 이유는 임의로 특정 투입물이나 산출물을 평가에서 제외시키는 부작용을 막기 위해서이다. 만약, $h_0 = 1$이면 평가대상 1은 다른 모든 평가대상과 비교할 때 상대적으로 효율적이나, $h_0 < 1$이면 다른 평가대상에 비해 효율적이지 못하다는 결론을 내릴 수 있다. 즉, 평가대상 1이 스스로 가장 유리한 가중치를 구했음에도 불구하고 다른 평가대상이 더 효율적이라는 것이다.

실제로 이 모형은 선형계획모형은 아니다. 따라서 적절한 보완과정을 거쳐 선형계획모형으로 전환해야 한다. 제약식은 분모를 오른쪽으로 옮기면 쉽게 선형이 된다.

$$
\begin{aligned}
\text{제약조건 :}\quad & 100u_1 - [200v_1 + 2{,}000v_2] \le 0 && \text{(평가대상 1)}\\
& 100u_1 - [400v_1 + 1{,}500v_2] \le 0 && \text{(평가대상 2)}\\
& 100u_1 - [130v_1 + 2{,}000v_2] \le 0 && \text{(평가대상 3)}\\
& 100u_1 - [300v_1 + 4{,}000v_2] \le 0 && \text{(평가대상 4)}\\
& u_1 \ge 0.00000001, && \text{(0이 안 되도록 하기 위한 조치임)}\\
& v_1 \ge 0.00000001, &&\\
& v_2 \ge 0.00000001 &&
\end{aligned}
$$

한편, 목적함수는 $Max\ h_0 = 100u_1$로 설정하고 여기에 제약식으로 다음을 추가하면 된다.

$$200v_1 + 2{,}000v_2 = 100(\%)$$

분모의 자원투입량을 100이라 설정하고 분자의 산출량을 최대화하는 문제라 할 수 있다. 결과적으로 분석모형은 다음과 같아진다.

$$
\begin{aligned}
& Max\ h_0 = 100u_1 \quad \text{(평가대상 1의 가중치 결정을 위한 함수)}\\
\text{제약조건 :}\quad & 200v_1 + \ 2{,}000v_2 = 100(\%) && \text{(평가대상 1)}\\
& 100u_1 - [200v_1 + 2{,}000v_2] \le 0 && \text{(평가대상 1)}\\
& 100u_1 - [400v_1 + 1{,}500v_2] \le 0 && \text{(평가대상 2)}\\
& 100u_1 - [130v_1 + 2{,}000v_2] \le 0 && \text{(평가대상 3)}\\
& 100u_1 - [300v_1 + 4{,}000v_2] \le 0 && \text{(평가대상 4)}\\
& u_1 \ge 0.00000001, && \text{(0이 안 되도록 하기 위한 조치임)}\\
& v_1 \ge 0.00000001, &&\\
& v_2 \ge 0.00000001 &&
\end{aligned}
$$

한편, 평가대상 2의 효율성은 위 모형의 목적함수를 평가대상 2에 해당하는 것으로 바꾸어 또 한 번 문제를 풀어야 한다.

$$
\begin{aligned}
& Max\ h_0 = 100u_1 \quad \text{(평가대상 2의 가중치 결정을 위한 함수)}\\
\text{제약조건 :}\quad & 400v_1 + 1{,}500v_2 = 100(\%) && \text{(평가대상 2)}\\
& 100u_1 - [200v_1 + 2{,}000v_2] \le 0 && \text{(평가대상 1)}\\
& 100u_1 - [400v_1 + 1{,}500v_2] \le 0 && \text{(평가대상 2)}\\
& 100u_1 - [130v_1 + 2{,}000v_2] \le 0 && \text{(평가대상 3)}\\
& 100u_1 - [300v_1 + 4{,}000v_2] \le 0 && \text{(평가대상 4)}\\
& u_1 \ge 0.00000001, && \text{(0이 안 되도록 하기 위한 조치임)}
\end{aligned}
$$

$v_1 \geq 0.00000001,$

$v_2 \geq 0.00000001$

평가대상 1의 입장에서 결정한 가중치와 평가대상 2의 입장에서 결정한 가중치가 같을 이유는 전혀 없다. 각자에게 평가가 가장 유리하도록 가중치를 정했기 때문이다. 만약 평가대상 1의 목적함숫값이 100% 또는 1.0이 못 된다면 라인 1은 정말 비효율적이다. 자신이 정한 가중치로도 100%가 못 되기 때문이다.

평가대상이 모두 4팀이므로 총 4개의 LP모형을 풀어야 한다. 실제로 답을 구해보면 다음과 같다.

평가대상팀	노동시간	자재투입량	생산물량	효율성(선형모형에서의 목적함숫값)
1	200	2,000	100	0.9453
2	400	1,500	100	1.0000
3	130	2,000	100	1.0000
4	300	4,000	100	0.4919

물론 이런 식의 가중치 선택의 신축성에는 분석상의 장단점이 있다. 투입물이나 산출물값과는 관계없는 엉뚱한 가중치의 선택으로 평가대상의 운영상에 내재되어 있는 비효율성을 숨길 수도 있다. 그러나 장점도 있다. 각각의 평가대상이 나름대로 가장 유리한 가중치를 택했어도 효율성이 100%가 못 된다면 가중치 자체의 신뢰성 문제는 완전히 해결된다. 결과적으로 DEA모형은 가중치에 대한 의견이 일치되지 않는 경우 유용하게 쓸 수 있다.

3. DEA기법의 특징

다른 여타의 모형과는 달리 DEA모형에서는 투입 및 산출변수의 수가 많아지면 분석결과의 의미가 퇴색될 가능성이 높다. 즉, 변수의 수가 많아질수록 효율적인 단위의 개수가 늘어난다. 경우에 따라서는 모든 평가대상의 효율성이 100%일 수도 있다. 각 평가대상이 나름대로 가장 유리한 가중치를 선택할 수 있기 때문이다. 이런 문제에 대해 실제 이 기법을 많이 적용해본 연구자들은 $K \geq 2(N+M)$의 식을 제시하고 있다. 여기서 K는 평가대상의 수이고 N, M은 각각 투입 및 산출자료의 수이다.

DEA모형을 이용하면 매우 다양한 정보를 얻어낼 수 있다. 첫째, DEA기법은 다수의 투입과 산출이 존재하나 이들을 적절한 방법으로 하나의 지수로 종합화하기 힘든 경우에 유용하게 사용될 수 있다. 특히 투입 및 산출요소들의 측정단위가 각각 다른 경우 또는 화폐단위로 표시 불가능하거나 매매의 대상이 될 수 없는 자원의 경우에도 적용가능하다. 둘째, DEA모형에서는 평가대상과 투입 및 산출구조가 다르지만 100% 효율적인 평가대상들을 먼저 선정하고 이들을 준거집단으로 하여 상대평가를 한다. 따라서 비효율적인 평가대상의 경우 실현가능한 목표치의 선정이 가능해지고 비효율성의 정도와 그 원인도 구체적으로 파악할 수 있다. 다시 말해 동질성이 높다고 판단된 준거집단과의 비교를 통해 과잉 투입된 자원은 무엇이고 얼마나 과잉 투입되었는지, 과소 산출된 재화는 무엇이고 얼마나 과소 산출되었는지를 분석하여 비효율적 조직이 효율적 조직으로 발전하기 위해 필요한 목표수치를 제시해 준다.

CHAPTER 6

연습문제

1. 한국백화점은 TV, 라디오 그리고 신문을 통해 개업 10주년 기념 대규모 세일광고를 내고자 한다. 계열광고회사의 자료를 기초로 하여 각 광고매체를 이용할 때 소요되는 비용과 이를 통해 접촉할 수 있는 잠재고객의 수를 추정한 결과 다음과 같은 표를 작성할 수 있었다.

광고매체	접촉가능한 소비자수	1회 사용비용
TV	20,000명	500만원
라디오	12,000명	150만원
신문	9,000명	100만원

다음과 같은 제약조건이 주어져 있다고 가정하고 접촉가능한 소비자수를 최대화하기 위해 선택해야 하는 광고매체의 종류와 광고횟수를 구하기 위한 선형계획모형을 수립하여라.

(a) 총예산은 3천만원으로 제한되어 있다.
(b) TV 광고는 4회를 초과할 수 없다.
(c) 라디오 광고는 10회를 초과할 수 없다.
(d) 신문 광고는 7회를 초과할 수 없다.
(e) 광고제작에 소요되는 시간을 감안하면 총광고횟수는 15회를 초과할 수 없다.

2. 시리얼(cereal) 생산회사인 한국식품은 이번에 새로 생산하고자 하는 시리얼에 들어가는 밀, 귀리, 쌀의 적정 혼합비율을 선형계획법을 이용하여 결정하고자 한다. 이 중 가장 중요한 조건은 비타민 A와 비타민 D의 함유량인데 밀, 귀리, 쌀 100g에 각각 포함된 비타민 함유량을 조사한 결과 다음과 같은 자료를 얻을 수 있었다.

(단위 : mg)

비타민	밀	귀 리	쌀	박스당 최소요구량
A	10	20	8	100
B	7	14	12	70

밀은 100g에 50원, 귀리는 100g에 100원, 쌀은 100g에 120원이라 할 때 총비용을 최소화하는 선

형계획모형을 수립하여라.

3. 월드웰빙백화점은 4명의 신규직원을 음식품부, 의류부, 전자제품부 중 하나에 각각 배정하고 남은 한 명은 재교육프로그램에 투입하고자 한다. 다음 표는 각각의 직원을 해당부서에 배정시 기대할 수 있는 월 매출액(단위 : 10만원)이다. 최적 배정계획을 수립하여라.

직 원	음식품부	의류부	전자제품부
1	130	150	90
2	275	300	100
3	180	225	140
4	200	120	160

4. 한국알루미늄은 두 곳의 공장에서 세 등급의 알루미늄을 생산하고 있는데, 각 공장의 생산능력을 알루미늄 등급별로 정리하면 다음과 같다.

(단위 : 톤)

알루미늄 등급	공장 1	공장 2
고	6	2
중	4	2
저	2	10

이번에 들어온 주문의 내역은 12톤의 고등급, 8톤의 중등급, 5톤의 저등급으로 구성되어 있다. 공장 1은 하루 운영에 600만원, 공장 2는 하루 운영에 700만원이 소요된다고 할 때 이 문제를 선형계획모형으로 수립하여라.

5. 한국석유는 세 가지 석유화학 혼합물을 섞어 세 가지 종류의 휘발유를 생산하고 있으며, 이들 각 혼합물의 일일 사용가능량과 비용은 다음과 같다.

혼합물	일일 최대 사용가능량(배럴)	배럴당 비용(원)
1	5,000	9,000
2	2,400	7,000
3	4,000	12,000

각 등급의 휘발유 성분을 적정으로 유지하기 위해서는 다음과 같은 규격에 맞추어 생산해야 한다고 할 때, 이 문제를 선형계획법으로 수립하여라.

등 급	규 격	판매가격(원)
보통	혼합물 1은 최소 40%가 함유되어 있어야 하며, 혼합물 2는 최대 20% 이상이 섞여 있어서는 안 되며 혼합물 3은 30% 이상 섞여 있어야 한다.	12,000
고급	혼합물 3이 최소 40% 이상 섞여 있어야 한다.	18,000
무연	혼합물 2의 함유비율은 50%를 넘을 수 없으며, 혼합물 1은 최소 10% 이상 섞여 있어야 한다.	10,000

6. 신도시의 집중우체국은 매일 필요한 직원수가 요일에 따라 다소 차이가 난다. 직원은 보통 주 5일을 연속적으로 근무하고 2일 동안 쉰다. 요일별 필요 직원수는 다음과 같다.

월	화	수	목	금	토	일
17	13	15	19	14	16	11

근무자들은 하루 8시간 작업한다. 따라서 월요일에 필요한 인원인 17명은 8시간×17명=136시간이 필요하다는 의미로 해석할 수 있다. 우체국은 이들과 같은 정규근무자들과 함께 시간제 계약직을 투입하여 수요에 대처할 수도 있다. 정규직은 하루 8시간, 주 5일을 연속적으로 근무하고, 계약직은 하루 4시간씩 연속적으로 5일을 근무해야 한다. 정규직은 시간당 15,000원, 계약직은 시간당 10,000원의 임금을 받는다. 다만 계약직은 주별 총작업소요시간의 25%까지 투입할 수 있도록 내규가 정해져 있다. 최적 인력스케줄 계획을 수립하여라.

7. 얼리바이트 호텔코리아는 호텔에 타월을 납품하는 기업이다. 이 회사는 가로폭 30cm, 세로폭 90cm인 원단을 재단하여 세 가지 크기의 타월을 만들어 주문에 따라 납품한다. 타월은 세로폭만 다를 뿐 가로는 모두 30cm이다. 어떤 식으로 재단해야만 자투리(투입원가)를 최소화할 수 있는가?

제품구분	A	B	C
가로	30cm	30cm	30cm
세로	50cm	40cm	30cm
주문량	100장	200장	150장

8. 옵티멀랩은 A, B, C의 세 가지 제품을 가공, 판매하고 있다. 하루 최대판매가능량은 A가 30개, B가 20개, C가 20개이다. 제품 C는 2개의 제품 A와 3개의 제품 B를 조립하여 생산한다. 제품 C의 생산에는 개당 5,000원의 가공비용이 투입된다. 제품 A와 B는 원자재 1이나 원자재 2 중 어

느 것을 사용해도 생산이 가능하다.

(a) 원자재 1을 구입, 가공하는 데 개당 6,000원이 소요되며, 원자재 1을 1단위 가공하면 제품 A가 2개, 그리고 제품 B가 3개 생산된다.

(b) 원자재 2를 구입, 가공하는 데 개당 3,000원이 소요되며, 원자재 2를 1단위 가공하면 제품 A가 1개, 제품 B가 2개 생산된다.

판매가격은 A가 개당 5,000원, B가 개당 4,000원, C가 개당 25,000원이다. 최적 생산계획을 수립하여라.

9. 월드웰빙푸드는 다음에 주어진 노선을 활용하여 제품을 인천(마디 1)에서 평택항(마디 5)으로 수송하여 수출한다. 각 노선에 주어진 숫자는 1톤의 제품을 철도차량에 싣고 해당경로를 지나가는 데 소요되는 시간이다. 예를 들어 인천(마디 1)에서 마디 3의 기차역까지 1톤을 수용하는 데 3시간이 걸린다. 5톤의 제품을 인천에서 평택으로 실어내는 데 각 역에서 소요되는 시간을 모두 합하면 얼마인가?

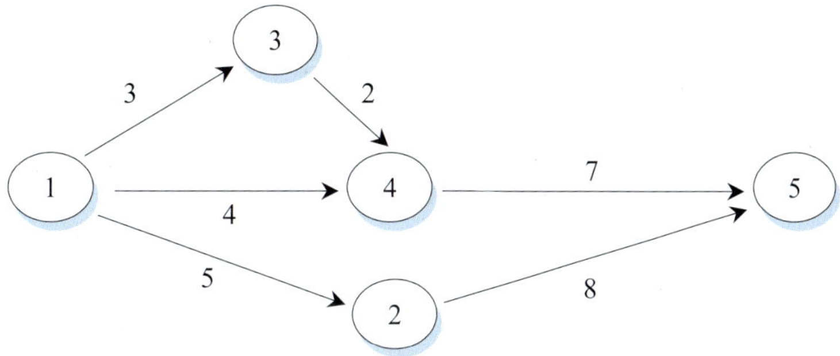

10. 월드컵 조직위원회는 이번 여름에 4명의 심판을 투입하여 국제시범경기를 담당하도록 조치하였다. 이들 4명의 심판이 배정될 도시까지의 거리를 추정한 결과가 다음과 같다. 총이동거리를 최소화하는 할당전략을 도출하여라. 단, 한 심판은 한 곳의 도시에만 배정이 가능하며(동시에 두 곳은 담당하지 못함), 각 도시는 최소 한 명의 심판이 배정되어야 한다.

심 판	도시 a	도시 b	도시 c	도시 d
1	210	90	180	160
2	100	70	130	200
3	175	105	140	170
4	80	65	105	120

11. 양궁 대표팀의 감독은 세계대회 3종목의 경기에 내보낼 4명의 선수를 선발하고자 한다. 본인이 지도하는 선수 중 가장 우수한 4명의 선수들에 대한 최근 기록은 다음과 같다. 단, 선수의 기록 결과는 낮을수록 기량이 우수한 것으로 간주한다.

	돌 이	철 이	갑 이	혁 이
30m	37.7	32.9	33.8	37.0
50m	43.4	33.1	42.2	34.7
70m	33.3	28.5	38.9	30.4

4명의 선수 중 3명은 각기 한 종목에 배정되고 나머지 1명을 탈락시킨다. 3명 선수의 기록결과의 합을 최소화하기 위해서는 어떻게 배정해야 하는가?

12. 글로벌페이퍼는 인천, 구미, 마산에 각각 공장을 가지고 있다. 이 세 공장에서 소비자에게 직접 유리를 공급하기도 하며 광주, 대구, 강릉에 소재한 대규모 물류센터를 통해 각 지방에 공급하기도 한다. 이 회사의 유통담당부서는 수송비용을 최소화하는 공급-수요망을 설계하고자 세 공장의 공급능력, 각 물류센터의 총수요, 그리고 공장에서 물류센터까지의 톤당 수송비용을 조사하였다.

(수송비용 : 만원, 공급 및 수요량 : 만톤)

공장 \ 물류센터	광 주	대 구	강 릉	공장의 공급능력
인 천	7	12	12	40
구 미	4	1	10	20
마 산	6	2	9	30
물류센터의 수요량	30	20	40	계 90

위의 표에서 예컨대 구미공장의 공급능력은 20만톤이며, 대구지역의 수요는 20만톤, 그리고 구미에서 대구까지의 톤당 수송비용은 만원이다. 총공급량과 총수요량은 각각 90만톤으로 수요량과 공급량이 일치한다. 이 문제를 선형계획모형을 통해 해결하고자 하는 경우 결정변수는 9개, 제약조건은 6개가 필요하게 된다. X_{ij}를 공장 i에서 물류센터 j로 공급하는 물량이라 정의하고 인천, 구미, 마산을 각각 1, 2, 3 그리고 광주, 대구, 강릉을 각각 A, B, C로 표시한다면 선형계획모형은 어떤 형태를 취하는가?

13. 리뉴얼페이퍼는 신문폐지, 무코팅폐지, 코팅폐지 등을 재생용지로 재처리하는 전문기업이다. 재생신문용지는 신문폐지와 무코팅된 폐지만을 활용하여 생산하지만, 재생코팅용지는 신문폐지와 코팅폐지를 활용한다. 한편 재생무코팅용지는 무코팅폐지와 코팅폐지를 사용하여 생산한다. 재생신문용지 생산공정에서는 투입폐지의 20%를 폐기물로 제거하며, 재생코팅용지는 투입폐지의 10%를 폐기물로 제거한다. 한편 재생무코팅용지는 투입폐지의 15%를 폐기물로 제거하기 때문에 재생종이 생산시에는 항상 생산목표량보다 더 많은 폐지를 투입해야 한다. 현재 수요는 재생신문용지가 최소 250톤, 무코팅재생지가 최소 300톤, 그리고 재생코팅지의 수요는 최소 150톤이다. 생산계획을 수립하여라.

	톤당 폐지구입가	톤당 처리비용	구입가능량
신문폐지	100,000원		500톤
코팅폐지	90,000원		300톤
무코팅폐지	80,000원		200톤
재생신문용지 생산에 투입되는 신문폐지		3,000원	
재생코팅용지 생산에 투입되는 신문폐지		4,000원	
재생신문용지 생산에 투입되는 무코팅폐지		4,000원	
재생무코팅용지 생산에 투입되는 무코팅폐지		1,000원	
재생무코팅용지 생산에 투입되는 코팅폐지		5,000원	
재생코팅용지 생산에 투입되는 코팅폐지		3,000원	

14. 6개의 주요 작업으로 구성된 프로젝트의 내역(단위 : 주)이 다음과 같이 주어져 있다. 프로젝트의 최소 완성시간을 구하여라. 이 중 조금이라도 지연되면 완성시간에 악영향을 미치는 작업들은 어떤 것들인가?

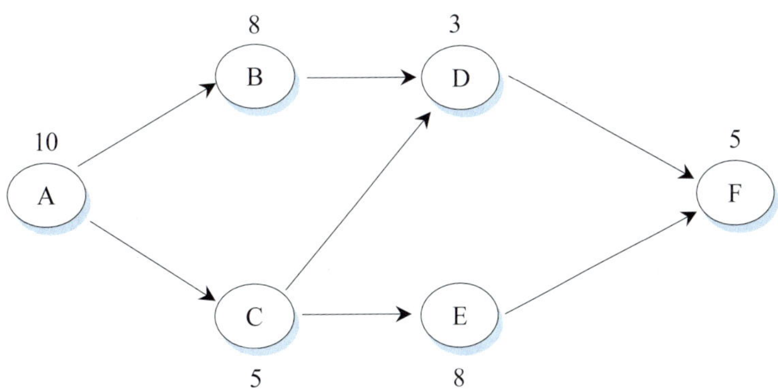

15. 다음과 같이 구성된 프로젝트의 완성시간을 구하여라. 이 중 조금이라도 지연되면 완성시간에 악영향을 미치는 작업들은 어떤 것들인가?

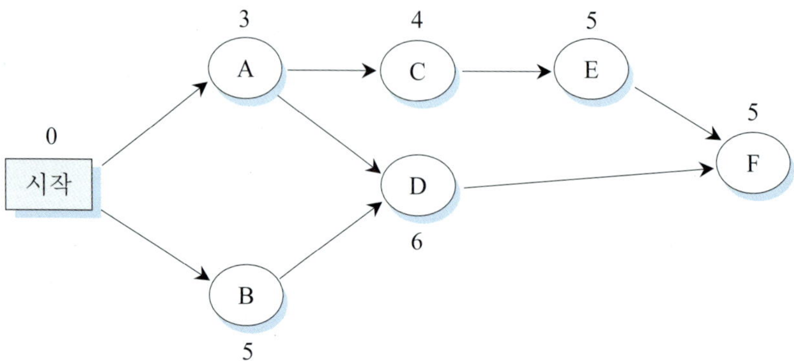

16. 다음 문제의 최적해를 그래프를 이용하여 구하여라.

최대화 $Z = 300X_1 + 400X_2$

제약조건 : $3X_1 + 2X_2 \le 18$

$2X_1 + 4X_2 \le 20$

$X_1 \le 4$

$(X_1,\ X_2 \ge 0)$

17. 다음 문제의 최적해를 그래프를 이용하여 구하여라.

최대화 $Z = 1.5X_1 + X_2$

제약조건 : $X_1 \le 4$

$X_2 \le 6$

$X_1 + X_2 \le 5$

$(X_1,\ X_2 \ge 0)$

18. 다음 문제의 최적해를 그래프를 이용하여 구하여라.

최대화 $Z = 5X_1 + 8X_2$

제약조건 : $3X_1 + 2X_2 \le 18$

$2X_1 + 4X_2 \le 20$

$X_1 \le 8$

$X_2 \le 10$

$(X_1,\ X_2 \ge 0)$

19. 다음 문제의 최적해를 그래프를 이용하여 구하여라.

최소화 $Z = 80X_1 + 50X_2$

제약조건 : $3X_1 + X_2 \ge 6$

$X_1 + X_2 \ge 4$

$2X_1 + 6X_2 \ge 12$

$(X_1,\ X_2,\ X_3 \ge 0)$

20. 다음 문제의 최적해를 그래프를 이용하여 구하여라. 최적해가 존재하는가?

최대화 $Z = 2X_1 + 2X_2$

제약조건 : $-X_1 + X_2 \le 1$

$-X_1 + 2X_2 \le 4$

$(X_1 \ge 0,\ X_2 \ge 0)$

21. 다음 문제의 최적해를 그래프를 이용하여 구하여라. 최적해가 존재하는가?

최대화 $Z = 10X_1 + 4X_2$

제약조건 : $3X_1 + 5X_2 \le 15$

$10X_1 + 4X_2 \le 20$

$(X_1 \ge 0,\ X_2 \ge 0)$

22. 다음 선형계획문제를 중심으로 하여 물음에 답하여라.

최대화 $Z = 4X_1 + 5X_2$

제약조건 : $X_1 + 2X_2 \leq 40$

$4X_1 + 3X_2 \leq 120$

$(X_1,\ X_2 \geq 0)$

(a) 두 개의 여유변수를 추가하여 심플렉스표를 작성하여라.

(b) 다음과 같은 중간단계의 심플렉스표가 주어져 있을 때 비기저변수로 축출되어야 하는 변수는 어떤 것인가?

목적함수계수 C_j		4	5	0	0	
C_j	기저변수	X_1	X_2	S_1	S_2	해
5	X_2	$\frac{1}{2}$	1	$\frac{1}{2}$	0	20
0	S_2	$\frac{5}{2}$	0	$-\frac{3}{2}$	1	60
Z_j		$\frac{5}{2}$	5	$\frac{5}{2}$	0	100
$C_j - Z_j$		$\frac{3}{2}$	0	$-\frac{5}{2}$	0	

(c) 최종 심플렉스표를 작성하여라.

23. 다음 자료를 기초로 하여 물음에 답하여라.

최대화 $Z = 10X_1 + 8X_2$

제약조건 : $30X_1 + 20X_2 \leq 120$

$2X_1 + 2X_2 \leq 9$

$4X_1 + 6X_2 \leq 24$

$(X_1,\ X_2 \geq 0)$

목적함수계수 C_j		10	8	0	0	0	
C_j	기저변수	X_1	X_2	S_1	S_2	S_3	해
0	S_1	30	20	1	0	0	120
0	S_2	2	2	0	1	0	9
0	S_3	4	6	0	0	1	24
Z_j		0	0	0	0	0	0
$C_j - Z_j$		10	8	0	0	0	

(a) 이 표에서 어느 변수가 비기저변수인가?

(b) S_1을 비기저변수로 축출하고 새 심플렉스표를 작성하여라.

24. 다음에 주어진 선형계획법 문제의 최적해를 구하여라.

최대화 $Z = 100X_1 + 20X_2 + 60X_3$

제약조건 : $3X_1 + 5X_2 \leq 60$

$2X_1 + 2X_2 + 2X_3 \leq 100$

$X_3 \leq 40$

$(X_1,\ X_2,\ X_3 \geq 0)$

25. 다음 선형계획문제를 중심으로 하여 물음에 답하여라.

최대화 $Z = 400X_1 + 200X_2$

제약조건 : $X_1 + X_2 = 30$

$2X_1 + 8X_2 \geq 80$

$X_1 \leq 20$

$(X_1,\ X_2 \geq 0)$

(a) 모조변수와 잔여변수를 추가하여 심플렉스표를 작성하여라.

(b) 다음과 같은 중간단계의 심플렉스표가 주어져 있을 때, S_1을 새 기저변수로 하여 다음 단계의 심플렉스표를 작성하여라.

목적함수계수 C_j		400	200	0	0	$-M$	
C_j	기저변수	X_1	X_2	S_1	S_2	A_1	해
$-M$	A_1	0	0	$\frac{1}{8}$	$-\frac{3}{4}$	1	5
200	X_2	0	1	$-\frac{1}{8}$	$-\frac{1}{4}$	0	5
400	X_1	1	0	0	1	0	20
$C_j - Z_j$		0	0	$25+\frac{M}{8}$	$-350-\frac{3M}{4}$	0	

26. 다음 자료를 기초로 하여 물음에 답하여라.

최소화 $Z = 6X_1 + 3X_2$

제약조건 : $2X_1 + 4X_2 \geq 16$

$4X_1 + 3X_3 \geq 24$

$(X_1,\ X_2 \geq 0)$

(a) 잔여변수와 모조변수를 각각 두 개씩 이용하여 심플렉스표를 작성하여라.

(b) 중간단계의 심플렉스표가 다음과 같을 때, A_1을 비기저변수로 축출하고 새로운 심플렉스표를 작성하여라.

목적함수계수 C_j		6	3	0	0	M	M	
C_j	기저변수	X_1	X_2	S_1	S_2	A_1	A_2	해
M	A_1	2	4	-1	0	1	0	16
M	A_2	4	3	0	-1	0	1	24
$C_j - Z_j$		$6M-6$	$7M-3$	$-M$	$-M$	0	0	

27. 다음 문제의 최적해를 구하여라.

최대화 $Z = 4X_1 + 5X_2$

제약조건 : $5X_1 + 5X_2 \geq 25$

$2X_1 + 4X_2 \leq 16$

$X_1 \leq 5$

$(X_1,\ X_2 \geq 0)$

28. 한국TV는 보급형과 고급형 두 종류의 QLED TV를 제조 · 공급하는 기업이다. QLED TV는 조립과 포장의 두 가지 공정을 거쳐 생산되는데, 일일생산능력은 조립이 120시간, 포장이 80시간으로 추정된다. 보급형 TV의 일일생산량을 X_1, 고급형 TV의 일일생산량을 X_2라 설정하고 이익을 극대화하기 위한 생산량결정 문제를 선형계획모형으로 수립하고 최적해를 구한 결과가 다음과 같다.

최소화 $Z = 4X_1 + 5X_2$

제약조건 : $X_1 + 2X_2 \leq 40$ (조립)

$4X_1 + 3X_2 \leq 120$ (포장)

$(X_1,\ X_2 \geq 0)$

목적함수계수 C_j		4	5	0	0	
C_j	기저변수	X_1	X_2	S_1	S_2	해
5	X_2	0	1	0.8	−0.2	8
4	X_1	1	0	−0.6	0.4	24
Z_j		4	5	1.6	0.6	136
$C_j - Z_j$		0	0	−1.6	−0.6	

(a) 조립공정의 잠재가격을 구하여라.

(b) 포장공정의 잠재가격을 구하여라.

(C) 추가적으로 생산능력을 늘린다면 어떤 공정의 생산능력부터 늘려야 하는가?

29. 한국캔제조주식회사는 두 종류의 알루미늄박스를 제조 · 공급하는 기업이다. 알루미늄박스는 스탬핑(stamping)과 코팅(coating)의 두 가지 공정을 거쳐 생산되는데, 일일생산능력은 스탬핑이 120시간, 코팅이 96시간으로 추정된다. 대형 알루미늄박스의 일일생산량을 X_1, 소형 알루미늄박스의 일일생산량을 X_2라 설정하고 이익을 극대화하기 위한 생산량결정문제를 선형계획법모형으로 수립하면 다음과 같다.

최대화 $Z = 20X_1 + 15X_2$ (단위 : 백만원)

제약조건 : $12X_1 + 4X_2 \leq 120$ (스탬핑)

$4X_1 + 6X_2 \leq 96$ (코팅)

$(X_1, X_2 \geq 0)$

이 문제를 심플렉스법으로 푼 결과 다음과 같은 최종 심플렉스표를 얻을 수 있었다.

목적함수계수 C_j		20	15	0	0	
C_j	기저변수	X_1	X_2	S_1	S_2	해
20	X_1	1	0	0.1071	−0.0714	6
15	X_2	0	1	−0.0714	0.2143	12
$C_j - Z_j$		0	0	−1.0714	−1.7857	

(a) 스탬핑 생산능력의 잠재가격을 구하여라.

(b) 코팅 생산능력의 잠재가격을 구하여라.

(c) 추가적으로 생산능력을 늘린다면 어떤 공정의 생산능력부터 늘려야 하는가?

(d) 스탬핑 생산능력을 1시간 증대시키기 위해서는 2백만원의 비용이 소요된다. 스탬핑 생산능력을 증대시키는 것이 바람직하다고 볼 수 있는가?

(e) 코팅 생산능력을 1시간 증대시키기 위해서는 백만원의 비용이 소요된다. 이 경우 코팅 생산능력을 1시간 증가시키는 것이 이익을 증가시킬 수 있는가?

30. 옥수수와 콩을 이용하여 두 가지 아침식사용 시리얼을 생산하는 한국농산은 원자재의 공급부족으로 인해, 옥수수는 월 500톤, 콩은 월 800톤 정도밖에 공급받을 수 없다. 이에 따라 한국농산은 원자재의 효율적 배분을 도모하기 위해 선형계획법모형을 통해 각 품목의 적정생산량을 계산해 보기로 하였다. 아이들이 좋아하는 초코칩 시리얼의 생산량을 X_1이라 하고, 어른들이 선호하는 다이어트 시리얼의 생산량을 X_2라 하자. 단, 다이어트 시리얼은 최소 10단위 이상 생산해야 한다.

최대화 $Z = 300X_1 + 500X_2$ (단위 : 백만원)

제약조건 : $20X_1 + 40X_2 \le 500$ (옥수수)

$10X_1 + 20X_2 \le 800$ (콩)

$X_2 \ge 10$

$(X_1,\ X_2 \ge 0)$

최종 심플렉스표가 다음과 같을 때 물음에 답하여라.

목적함수계수 C_j		300	500	0	0	0	0	
C_j	기저변수	X_1	X_2	S_1	S_2	A_1	S_3	해
300	X_1	1	0	0.05	0	−2	2	5
0	S_2	0	0	−0.5	1	0	0	550
500	X_2	0	1	0	0	1	−1	10
$C_j - Z_j$		0	0	−15	0	100	−100	6,500

(a) 옥수수와 콩 1톤의 잠재가격을 계산하여라.

(b) 옥수수 1톤과 콩 1톤의 가격이 같다면 옥수수와 콩 중 어느 것을 먼저 구입해야 하는가?

CHAPTER

7 미분법

미분은 제13장에서 다룰 적분과 함께 경영 · 경제분야의 여러 문제를 분석하는 데 없어서는 안 될 도구이다. 본장에서는 미분의 개념을 이해하는 데 필요한 함수의 연속성과 극한값 등을 간략히 살펴본 뒤, 도함수의 성질과 계산방법에 대해 알아보고자 한다. 또한 경제분야에서 흔히 접하게 되는 수요의 탄력성, 생산함수, 효용함수, 국민소득모형 등의 예를 통해 도함수의 응용방법을 설명하고자 한다.

제1절 도함수의 개념

1. 변화율과 도함수

두 변수 x와 y의 관계가 $y=f(x)$라는 함수에 의해 규정된다고 할 때, 변수 x의 변화에 의한 변수 y의 변화량을 생각해 보기로 하자. 예를 들어 변수 x가 x_0에서 x_1로 변화한다면 y는 $f(x_0)$에서 $f(x_1)$으로 변하게 된다. 만약 변수 x의 변화량인 x_1-x_0를 Δx라 표기하고, 이에 따른 변수 y의 변화량인 $f(x_0+\Delta x)-f(x_0)$를 Δy라 표기한다면, y의 평균변화율(average rate of change)은 다음과 같이 나타낼 수 있다.

$$\frac{\Delta y}{\Delta x}=\frac{f(x_0+\Delta x)-f(x_0)}{\Delta x}$$

이 식에서 Δx가 0에 가깝게 접근하게 되면, 즉 $\Delta x\to 0$이면 $\frac{\Delta y}{\Delta x}$는 x_0에서의 평균변화율(average rate of change)이 된다.

예를 들어 $f(x)=3x^2+4$라 정의한다면

$$f(x_0)=3(x_0)^2+4$$
$$f(x_0+\Delta x)=3(x_0+\Delta x)^2+4$$

$$\frac{\Delta y}{\Delta x}=\frac{3(x_0+\Delta x)^2+4-3(x_0)^2-4}{\Delta x}=\frac{6\Delta x\,x_0+3(\Delta x)^2}{\Delta x}=6x_0+3\Delta x$$
$$\lim_{\Delta x\to 0}\frac{\Delta y}{\Delta x}=\lim_{\Delta x\to 0}(6x_0+3\Delta x)=6x_0$$

이 된다. 이와 같이 $\Delta x\to 0$일 때의 $\frac{\Delta y}{\Delta x}$의 극한값을 $x=x_0$에서의 미분계수

(differential coefficient)라 한다. 여기서 주의할 점은 $\frac{\Delta y}{\Delta x}$가 x_0와 Δx의 함수인 데 반해 $x = x_0$에서의 미분계수는 x_0의 함수라는 점이다.

함수 $f(x)$의 정의구역 안의 임의의 원소 x_0에 대하여 미분계수 $f'(x_0)$를 대응시키는 함수를 $f(x)$의 도함수(derivative)라 하며, $f'(x)$ 또는 $\frac{dy}{dx}$로 표기한다. 즉

$$\frac{dy}{dx} \equiv f'(x) \equiv \lim_{\Delta x \to 0} \frac{\Delta y}{\Delta x}$$

예제 7.1

다음의 경우 임의의 점 $(x_0,\ y_0)$에서 기울기를 구하여라.

(a) $y = x^2$

(b) $y = \frac{1}{x}$

풀이

(a) $\Delta y = (x + \Delta x)^2 - x^2$이므로 $\frac{\Delta y}{\Delta x} = \frac{(x+\Delta x)^2 - x^2}{\Delta x} = 2x + \Delta x$이다.

$\Delta x \to 0$일 때, 도함수는 $2x$가 되므로 임의의 점 $(x_0,\ y_0)$에서 기울기는 $2x_0$이다.

(b) $\Delta y = \frac{1}{x+\Delta x} - \frac{1}{x} = \frac{x-(x+\Delta x)}{x(x+\Delta x)} = -\frac{\Delta x}{x(x+\Delta x)}$이므로 $\frac{\Delta y}{\Delta x} = -\frac{1}{x(x+\Delta x)}$이다.

$\Delta x \to 0$일 때, 도함수는 $-\frac{1}{x^2}$이다.

2. 함수의 극한값

지금까지 살펴본 바와 같이 도함수 $f'(x)$는 $\lim_{\Delta x \to 0} \frac{\Delta y}{\Delta x}$로 정의되므로 도함수의 특성과 그 유용성을 이해하기 위해서는 함수의 극한값에 대해 알아볼 필요가 있다.

일반적으로 $y = f(x)$라는 함수가 주어져 있고 x가 N에 한없이 가까워진다고 할 때 x는 N보다 큰 값에서부터 접근할 수도 있고 N보다 작은 값에서부터 접근할 수도 있다.

N보다 큰 값에서부터 접근할 때, 즉 $x \to N^+$일 때 $f(x)$의 극한값을 우극한(right-side limit), N보다 작은 값에서부터 접근할 때, 즉 $x \to N^-$일 때 $f(x)$의 극한값을 좌극한(left-side limit)이라 한다. 물론 이 두 극한값이 항상 같을 수는 없다. $f(x)$의 좌극한은 $\lim_{x \to N^-} f(x)$라 나타내고, 우극한은 $\lim_{x \to N^+} f(x)$로 나타낸다. 이때

$$\lim_{x \to N^-} f(x) = \lim_{x \to N^+} f(x)$$

가 성립하면 x가 N에 접근할 때의 $f(x)$의 극한값이 존재한다고 할 수 있으며 $\lim_{x \to N} f(x)$로 표기할 수 있다.

예제 7.2

다음 각각의 경우 $x \to 3$일 때의 극한값이 존재하는가를 분석하여라.

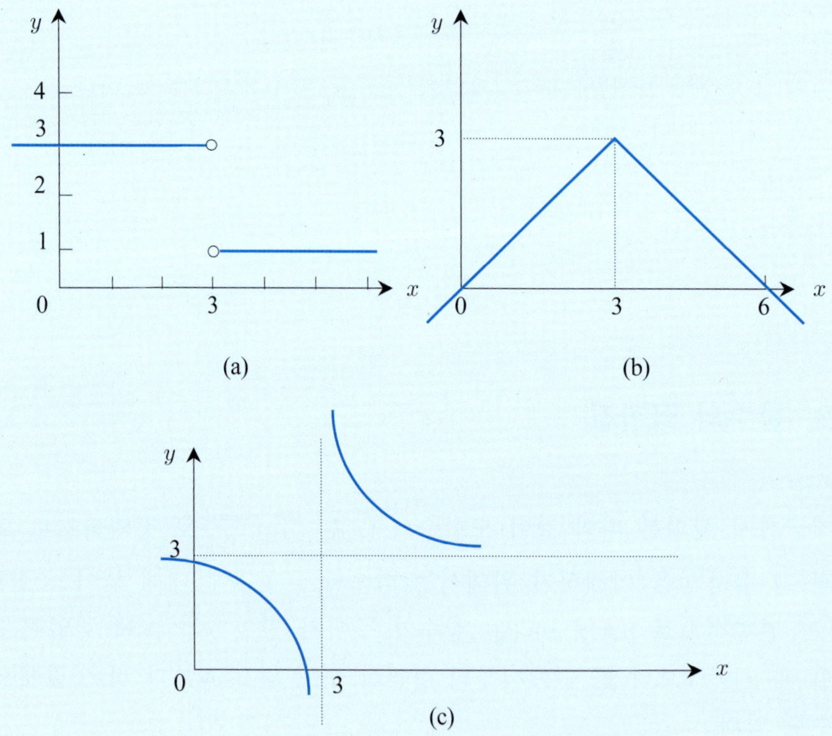

풀이

(a) x가 3보다 작은 값에서부터 3으로 접근하면 $f(x)$는 3에 접근하지만, x가 3보다 큰 값으로부터 접근하게 되면 $f(x)$는 1에 접근하므로 $\lim_{x\to 3} f(x)$는 존재하지 않는다.

(b) $\lim_{x\to 3^-} f(x)=3$이며 $\lim_{x\to 3^+} f(x)=3$이므로 $\lim_{x\to 3} f(x)=3$이 된다.

(c) x가 3보다 작은 값에서부터 3으로 접근하면 $f(x)$는 $-\infty$로 작아지게 되며, 반대로 3보다 큰 값에서부터 3으로 접근하면 $f(x)$는 $+\infty$로 커지게 된다. 따라서 $\lim_{x\to 3} f(x)$는 존재할 수 없다.

이제 구체적으로 함수의 극한값에 관한 기본 특성을 정리해 보기로 하자.

정리

$\lim_{x\to a} f(x)=\alpha$, $\lim_{x\to a} g(x)=\beta$일 때

(a) $\lim_{x\to a}\{cf(x)\}=c\lim_{x\to a} f(x)=c\alpha$ (c는 상수)

(b) $\lim_{x\to a}\{f(x)\pm g(x)\}=\lim_{x\to a} f(x)\pm\lim_{x\to a} g(x)=\alpha\pm\beta$

(c) $\lim_{x\to a}\{f(x)g(x)\}=\lim_{x\to a} f(x)\lim_{x\to a} g(x)=\alpha\beta$

(d) $\lim_{x\to a}\dfrac{f(x)}{g(x)}=\dfrac{\lim_{x\to a} f(x)}{\lim_{x\to a} g(x)}=\dfrac{\alpha}{\beta}$ (단 $g(x)\neq 0$, $\beta\neq 0$)

(e) $f(x)<g(x)$이면 $\lim_{x\to a} f(x)\leq\lim_{x\to a} g(x)$

(f) $f(x)=a_0+a_1x+\cdots+a_nx^n$ 이면

$\lim_{x\to a} f(x)=a_0+a_1a+a_2a^2+a_3a^3+\cdots+a_na^n$

(g) $\lim_{x\to a}\sqrt{f(x)}=\sqrt{\lim_{x\to a} f(x)}=\sqrt{\alpha}$ (단, $\alpha\geq 0$)

예제 7.3

다음과 같이 정의된 함수의 극한값을 계산하여라.

(a) $\lim_{x\to 3}(x^3-2x+6)$

(b) $\lim_{x\to 0}\left[\left(\dfrac{x(x+1)}{x}\right)+4x^3+3\right]$

(c) $\lim_{x\to 0}\frac{x(x+1)}{x}(4x^3+3)$

(d) $\lim_{x\to 1}(x^2+3x+5)^2$

(e) $\lim_{x\to 2}(x^2+1)^4$

(f) $\lim_{x\to 3}\frac{x+1}{x^2-2}$

(g) $\lim_{x\to 4}\frac{x^3-x^2-3}{x^2-3x+5}$

(h) $\lim_{x\to -1}\frac{x+1}{|x^2+3x|-2}$

(i) $\lim_{x\to\infty}(\sqrt{[x^2+x]}-x)$, 단 $[x]$는 x를 넘지 않는 최대정수이다.

풀이

(a) $\lim_{x\to 3}(x^3-2x+6)=3^3-(2)(3)+6=27$

(b) $\lim_{x\to 0}\left[\left(\frac{x(x+1)}{x}\right)+4x^3+3\right]=\lim_{x\to 0}\frac{x(x+1)}{x}+\lim_{x\to 0}(4x^3+3)=\lim_{x\to 0}(x+1)+3=4$

(c) $\lim_{x\to 0}\frac{x(x+1)}{x}(4x^3+3)=\left[\lim_{x\to 0}\frac{x(x+1)}{x}\right]\left[\lim_{x\to 0}(4x^3+3)\right]=(1)(3)=3$

(d) $\lim_{x\to 1}(x^2+3x+5)^2=\left[\lim_{x\to 1}(x^2+3x+5)\right]\left[\lim_{x\to 1}(x^2+3x+5)\right]=(9)(9)=81$

(e) $\lim_{x\to 2}(x^2+1)^4=\left[\lim_{x\to 2}(x^2+1)\right]^4=5^4=625$

(f) $\lim_{x\to 3}\frac{x+1}{x^2-2}=\left[\lim_{x\to 3}(x+1)\right]\div\left[\lim_{x\to 3}(x^2-2)\right]=\frac{4}{7}$

(g) $\lim_{x\to 4}\frac{x^3-x^2-3}{x^2-3x+5}=\frac{4^3-4^2-3}{4^2-(3)(4)+5}=\frac{45}{9}=5$

(h) $x\to -1$일 때 $(x^2+3x)\to -2$이므로

$$\lim_{x\to -1}\frac{x+1}{-(x^2+3x)-2}=\lim_{x\to -1}\frac{x+1}{-(x+1)(x+2)}=\lim_{x\to -1}\left(-\frac{1}{x+2}\right)=-1$$

(i) $[x^2+x]=x^2+x-k\,(0\le k<1)$로 설정하여 $[x]$의 부호를 제거해 버리면, 문제는

$$\lim_{x\to\infty}\left(\sqrt{[x^2+x]}-x\right)=\lim_{x\to\infty}\left(\sqrt{x^2+x-k}-x\right)$$

$=\lim_{x\to\infty}\frac{x-k}{\sqrt{x^2+x-k}+x}$(이 전 단계의 식에 분모와 분자에 $\sqrt{x^2+x-k}+x$를 곱해서 나온 결과임)

$$=\lim_{x\to\infty}\frac{1-\frac{k}{x}}{\sqrt{1+\frac{1}{x}-\frac{k}{x^2}}+1}=\frac{1}{2}$$

3. 함수의 연속성과 중간값 정리

[예제 7.2] (a)의 그림을 다시 살펴보면 다음 식으로 나타낼 수 있다.

$$y = f(x) = \begin{cases} 3 & (x < 3) \\ 1 & (x > 3) \end{cases}$$

즉, x가 3보다 작으면 y의 값은 항상 3이고 x가 3 보다 크면 y의 값은 늘 1이다. 그렇다면 $x=3$인 경우 y의 값은 얼마인가? $x=3$일 때의 y의 값이 정의되어 있지 않아 함수의 그림에 구멍이 나 있음을 알 수 있다. 간단히 말해서 위의 $y=f(x)$를 그릴 때 한 번에 그리지 못하고 한 번 이상 연필을 종이 위에서 떼어야 한다. 이러한 형태의 함수를 '불연속적(discontinuous)'이라고 한다. 함수의 연속성에 대한 엄격한 정의는 본서의 수준을 넘어서므로 여기서는 함수의 연속성에 대한 정의를 그림을 통해 알아보는 것으로 그치고자 한다.

예를 들어 $y=f(x)$가 x의 일정구간에 정의되어 있을 때, 그 구간 내의 특정한 점 x_0를 선택했을 때 함수 $f(x)$가 x_0에서 연속인지를 점검해 보자. x_0에 대한 y값을 $y_0 = f(x_0)$ 라 할 때 y_0 주변에 임의의 작은 양수 ϵ를 이용하여 정의한 구간 $(y_0-\epsilon,\ y_0+\epsilon)$를 고려해 보자. 이 경우 임의의 양수 δ를 이용하여 정의한 구간 $(x_0-\delta,\ x_0+\delta)$ 안에 있는 모든 점 x에 대해 $f(x)$와 $f(x_0)$의 차이가 위에서 선택한 ϵ보다 작을 때 함수 $f(x)$는 x_0에서 연속이라 한다.

이러한 함수의 연속성의 정의는 함수의 '구멍'을 배제한다는 사실을 [그림 7-1]을 통해 쉽게 알 수 있다.

그림 7-1

함수의 연속성의 정의

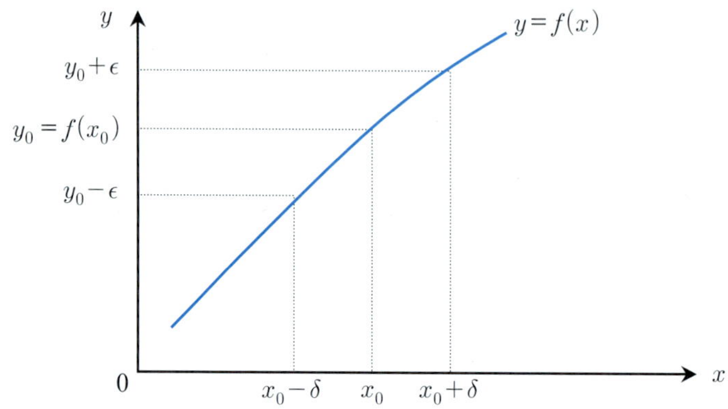

함수의 연속성 개념을 기반으로 중간값 정리를 활용하면 복잡한 형태의 함수가 실근을 가지는지에 대한 판단을 할 수 있다.

정리

중간값 정리

함수 f가 닫힌구간 $[a, b]$에서 연속이고 N이 $f(a)$, $f(b)$ 사이의 값이면, $f(c)=N$을 만족하는 $c \in (a, b)$가 적어도 하나 존재한다.

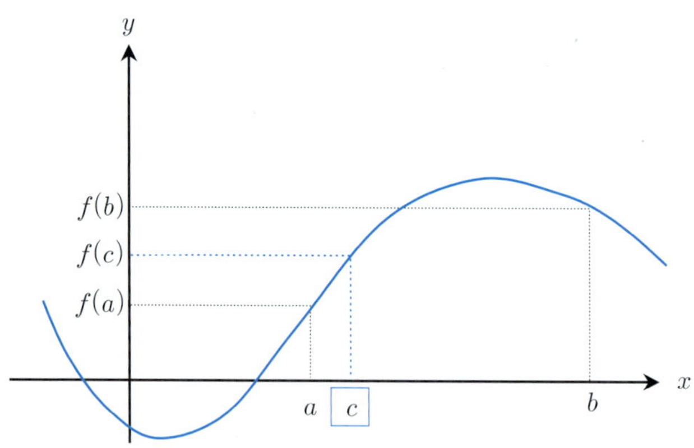

즉, 구간에서 정의된 실숫값을 가지는 연속함수는 구간 내 임의의 두 점에서의 함숫값 사이에 있는 값을 함숫값으로 가지는 점이 두 점 사이에 적어도 하나 이상 존재한다는 것을 말한다.

예제 7.4

함수 $f(x) = x^5 - x^2 + x - 7$가 적어도 하나의 근을 가짐을 보여라.

풀이

$f(2) = 23$ 그리고 $f(1) = -6$이 되므로 1과 2 사이에 $f(c) = 0$을 만족하는 적어도 하나의 실근이 존재한다.

4. 함수의 미분가능성

함수가 연속함수라 하더라도 반드시 도함수를 가질 수 있는 것은 아니다. $f(x)$가 $x = x_0$에서의 미분계수 $f'(x_0)$를 가질 수 있기 위해서는 $\Delta x \to 0$일 때의 $\dfrac{\Delta y}{\Delta x}$의 극한값이 존재해야 한다. 다시 말해

$$f'(x_0) = \lim_{\Delta x \to 0} \frac{\Delta y}{\Delta x} \equiv \lim_{\Delta x \to 0} \frac{f(x_0 + \Delta x) - f(x_0)}{\Delta x}$$

가 성립해야 한다. $f(x)$가 $x = x_0$에서 끊어지지 않고 연속되어 있다는 특성만으로는 $f'(x_0)$를 정의할 수 없다. 예를 들어 [그림 7-2]에서 $x = 3$일 때 $y = f(x)$는 곡선이 끊어지지 않고 연결되어 있음을 알 수 있다. 그러나 $x = 3$의 좌우에서 접근할 때의 $\dfrac{\Delta y}{\Delta x}$의 극한값을 구해 보면 서로 다른 값을 가짐을 알 수 있다. 즉

$$\lim_{x \to 3^+} \frac{(-x+6)-(3)}{x-3} = \lim_{x \to 3^+} -\frac{x-3}{x-3} = -1$$

$$\lim_{x \to 3^-} \frac{x-3}{x-3} = 1$$

그림 7-2

$y=3-|x-3|$의 도시

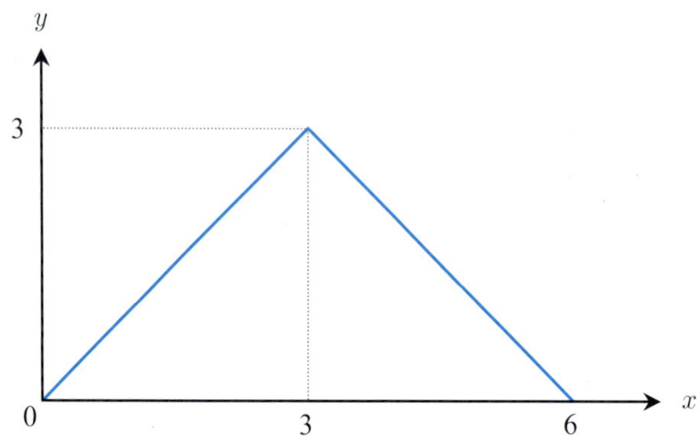

이를 종합해 보면, $x=3$의 왼쪽에서 3에 가까이 접근하게 되면 $\frac{f(x)-f(3)}{x-3}$의 극한값은 1이나 $x=3$의 오른쪽에서 3에 가까이 접근하게 되면 $\frac{f(x)-f(3)}{x-3}$의 극한값은 -1이 되어 서로 일치하지 않음을 알 수 있다. 따라서 함수가 어느 특정값에서 연속이라 하더라도 그 값에서 미분계수가 존재하지 않을 수 있다. 물론 임의의 값에서 미분계수가 존재한다면, 즉 미분이 가능하다면 그 함수는 당연히 연속함수이어야 한다.

이와 같은 특성은 [그림 7-2]에 도시된 함수를 $x=3$을 중심으로 하여 두 개의 함수로 구분하여 생각해 보면 쉽게 이해할 수 있다. $x=x_0$에서의 미분계수 $f'(x_0)$는 $y=f(x)$ 위의 점 $(x_0,\ f(x_0))$에서의 접선의 기울기를 의미한다. $x<3$일 경우 $f(x)=x$이므로 접선의 기울기는 1이 되며, $x>3$일 때에는 $f(x)=-x+6$이 되어 접선의 기울기는 -1이 된다. 그러나 $x=3$일 때에는 무수히 많은 접선을 구할 수 있기 때문에 접선의 기울기가 일정하지 않다. 따라서 $x=3$일 때에는 미분계수가 존재하지 않으며, 미분이 불가능하다.

5. 도함수를 활용한 선형 근사

앞서 기술된 도함수의 정의에 의하여, 임의의 점 x_0에서 함수 $f(x)$의 도함수는 다음과 같이 주어진다.

$$f'(x_0) = \lim_{h \to 0} \frac{f(x_0+h) - f(x_0)}{h}$$

여기에서 h가 0에 근접한 실수인 경우, 도함수 $f'(x_0) \approx \frac{f(x_0+h) - f(x_0)}{h}$로 표현할 수 있으며, 양변에 h를 곱한 후 정리하면 아래와 같은 식이 유도된다.

$$f(x_0+h) \approx f(x_0) + hf'(x_0)$$

함수 $y = f(x)$에 있는 임의의 한 점 P는 (x_0, y_0)이고 또 다른 한 점 Q는 x_0+h에서의 함숫값을 나타내며 R은 $f(x_0)+hf'(x_0)$로 표시된 함수 $f(x_0+h)$에 대한 근삿값으로 해석할 수 있다. 아래 그림에 제시된 바와 같이 h가 0에 근접하는 경우 PR로 표시된 탄젠트 접선(tangent line)은 PQ로 표시되는 곡선을 근사한다고 볼 수 있다.

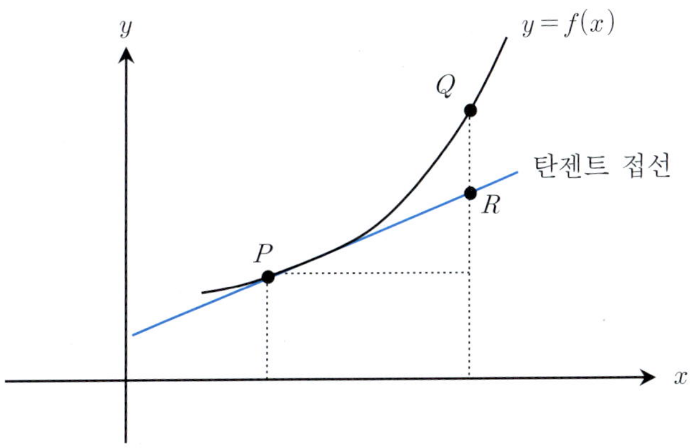

예제 7.5

주어진 함수 $f(x)=\sqrt{x+3}$에서 $f(3.98)$에 대한 근사치를 구하여라.

풀이

주어진 함수로부터 구한 도함수는 $f'(x)=\frac{1}{2}(x+3)^{-1/2}$이 됨을 알 수 있다. 함수 f와 도함수 f'에 1을 대입하면 $f(1)=2$, $f'(1)=\frac{1}{4}$을 얻는다. $x=1$ 근방에서 함수 f에 대한 근사치는 $\sqrt{0.98+3}=f(1)+f'(1)(0.98-1)=1.995$이다.

제 2 절 미분공식

1. 기본공식

이제 함수 $y=f(x)$가 주어져 있을 때 도함수 $f'(x)$를 구하는 방법에 대해 살펴보기로 하자.

정리

(a) c가 상수일 때 $f(x)=c$이면, $f'(x)=0$
(b) n이 실수일 때 $f(x)=x^n$이면, $f'(x)=nx^{n-1}$

이에 대한 증명은 생략하기로 하고 보다 일반적인 경우에 적용될 수 있는 미분공식을 요약하면 다음과 같다.

정리

(a) $\dfrac{d[f(x) \pm g(x)]}{dx} = f'(x) \pm g'(x)$

(b) $\dfrac{d[c \cdot f(x)]}{dx} = c \cdot f'(x)$ (c는 상수)

(c) $\dfrac{d[f(x) \cdot g(x)]}{dx} = f'(x) \cdot g(x) + f(x) \cdot g'(x)$

(d) $\dfrac{d\left[\dfrac{f(x)}{g(x)}\right]}{dx} = \dfrac{f'(x) \cdot g(x) - f(x) \cdot g'(x)}{[g(x)]^2}$ (단, $g(x) \neq 0$)

예제 7.6

다음과 같이 정의되는 함수의 도함수를 구하여라.

(a) $f(x) = 4x^3 + 3\sqrt{x}$

(b) $f(x) = \sqrt{x}(x^4 + 3)$

(c) $f(t) = (t^2 + 2)(t^3 - 5)$

(d) $h(x) = \dfrac{x}{x-1}$ (단, $x \neq 1$)

(e) $h(x) = (x^3 + 3)/\sqrt{x}$ (단, $x > 0$)

(f) $h(x) = (x^3 + x + 1)/(x^2 - 5)$ (단, $x^2 \neq 5$)

(g) $m(x) = (x^2 + 3)(x^3 + 2x^2 + 5)$

(h) $T(x) = (x^2 + 1)(2x + 1)(3x + 1)$

풀이

(a) $f'(x) = 12x^2 + (3)\left(\dfrac{1}{2}\right)x^{-\frac{1}{2}} = 12x^2 + \dfrac{3}{2\sqrt{x}}$

(b) $f'(x) = \left(\dfrac{1}{2}\dfrac{1}{\sqrt{x}}\right)(x^4 + 3) + (\sqrt{x})(4x^3) = \dfrac{9x^4 + 3}{2\sqrt{x}}$

(c) $f'(t) = (2t)(t^3 - 5) + (t^2 + 2)(3t^2) = 5t^4 + 6t^2 - 10t$

(d) $h'(x) = \dfrac{(1)(x-1) - (x)(1)}{(x-1)^2} = \dfrac{-1}{(x-1)^2}$

(e) $h'(x) = \dfrac{(3x^2)(\sqrt{x}) - (x^3 + 3)\left(\dfrac{1}{2}x^{-\frac{1}{2}}\right)}{(\sqrt{x})^2} = \dfrac{3x^{\frac{5}{2}} - \dfrac{1}{2}x^{\frac{5}{2}} - \dfrac{3}{2}x^{-\frac{1}{2}}}{x} = \dfrac{5}{2}x^{\frac{3}{2}} - \dfrac{3}{2}x^{-\frac{3}{2}}$

(f) $h'(x) = \dfrac{(3x^2+1)(x^2-5)-(x^3+x+1)(2x)}{(x^2-5)^2}$

$= \dfrac{x^4-16x^2-2x-5}{(x^2-5)^2}$

(g) $m'(x) = 2x(x^3+2x^2+5)+(x^2+3)(3x^2+4x)$

$= 5x^4+8x^3+9x^2+22x$

(h) $T'(x) = \dfrac{d(x^2+1)}{dx}(2x+1)(3x+1)+(x^2+1)\dfrac{d(2x+1)}{dx}(3x+1)+(x^2+1)(2x+1)\dfrac{d(3x+1)}{dx}$

$= 2x(2x+1)(3x+1)+(x^2+1)(2)(3x+1)+(x^2+1)(2x+1)(3)$

$= 24x^3+15x^2+14x+5$

2. 연쇄법칙

연쇄법칙(chain rule)이란 두 개 이상의 함수가 합성된 경우에 사용할 수 있는 미분공식이다. 예를 들어

$$f(x) = (x^2+2)^5$$

의 도함수를 구한다고 생각해 보자. 물론 $(x^2+2)^5$를 계산한 뒤 앞에서 살펴본 미분공식을 적용할 수도 있으나, $f(x)$가 $g(x) = x^2+2$와 $h(x) = x^5$가 혼합된 합성함수로 생각하면 다음의 공식을 이용하여 손쉽게 도함수를 구할 수 있다.

정리

r이 실수일 때

$$\frac{d}{dx}[g(x)]^r = r[g(x)]^{r-1}g'(x)$$

예제 7.7

다음 함수의 도함수를 구하여라.

(a) $h(x) = (x^2 - x + 7)^5$

(b) $D(p) = \sqrt{5p-3}$

(c) $f(x) = \left(\dfrac{x^5}{2x-1}\right)^{25}$ (단, $2x \neq 1$)

(d) $f(x) = (x+1)^3(x^2-1)^2$

(e) $f(x) = \dfrac{x^3}{(x+1)^2}$

풀이

(a) $h'(x) = 5(x^2 - x + 7)^4 \cdot \dfrac{d}{dx}(x^2 - x + 7)$

$$= 5(x^2 - x + 7)^4(2x-1)$$

(b) $D(p) = (5p-3)^{\frac{1}{2}}$이므로

$$D'(p) = \frac{1}{2}(5p-3)^{-\frac{1}{2}}\frac{d}{dp}(5p-3)$$

$$= \frac{1}{2}(5p-3)^{-\frac{1}{2}}(5) = \frac{5}{2}(5p-3)^{-\frac{1}{2}}$$

(c) $\dfrac{d\left(\dfrac{x^5}{2x-1}\right)}{dx} = \dfrac{(2x-1)(5x^4)-(x^5)(2)}{(2x-1)^2} = \dfrac{8x^5-5x^4}{(2x-1)^2}$이므로

$$\frac{df(x)}{dx} = 25\left(\frac{x^5}{2x-1}\right)^{24}\frac{d\left(\dfrac{x^5}{2x-1}\right)}{dx}$$

$$= 25\left(\frac{x^5}{2x-1}\right)^{24}\frac{(8x^5-5x^4)}{(2x-1)^2}$$

$$= \frac{25x^{124}(8x-5)}{(2x-1)^{26}}$$

(d) $f'(x) = \dfrac{d(x+1)^3}{dx}(x^2-1)^2 + (x+1)^3\dfrac{d(x^2-1)^2}{dx}$

$$= 3(x+1)^2(x^2-1)^2 + (x+1)^3(2)(x^2-1)(2x)$$

$$= (x+1)^2(x^2-1)(7x^2+4x-3)$$

(e) $f(x) = x^3(x+1)^{-2}$이므로

$$\begin{aligned} f'(x) &= \frac{dx^3}{dx}(x+1)^{-2} + (x^3)\frac{d(x+1)^{-2}}{dx} \\ &= 3x^2(x+1)^{-2} + (x^3)(-2)(x+1)^{-3}(1) \\ &= 3x^2(x+1)(x+1)^{-3} + x^3(-2)(x+1)^{-3} \\ &= (x^3+3x^2)(x+1)^{-3} \end{aligned}$$

이번에는 $(f \circ g)(x)$와 같은 보다 일반적인 합성함수의 미분법을 살펴보기로 하자.

정리

두 함수 f와 g가 미분가능할 때 $y=(f \circ g)(x)=f[g(x)]$로 정의된다면, 그 도함수는 다음과 같다.

$$\frac{df[g(x)]}{dx} = f'[g(x)]g'(x)$$

예제 7.8

(a) $y=x^3+2x+1$, $x=z^2-\sqrt{z}$일 때 $\dfrac{dy}{dz}$를 구하여라.

(b) $z=3y+4y^2$, $y=x^2+1$일 때 $\dfrac{dz}{dx}$를 구하여라.

풀이

(a) $\dfrac{dy}{dx}=3x^2+2$, $\dfrac{dx}{dz}=2z-\left(\dfrac{1}{2}\right)z^{-\frac{1}{2}}=2z-\dfrac{0.5}{\sqrt{z}}$이므로

$$\begin{aligned} \frac{dy}{dz} &= (3x^2+2)\left(2z-\frac{0.5}{\sqrt{z}}\right) \\ &= [(3)(z^2-\sqrt{z})^2+2]\left[2z-\frac{0.5}{\sqrt{z}}\right] \end{aligned}$$

(b) $\dfrac{dz}{dy}=3+8y$, $\dfrac{dy}{dx}=2x$이므로

$$\frac{dz}{dx} = (3+8y)(2x)$$
$$= [3+(8)(x^2+1)](2x)$$
$$= 16x^3+22x$$

예제 7.9

재화에 대한 수요가 가격의 함수이고, 가격은 높은 인플레이션 속에서 시간(t)에 따라 상승한다고 생각해 보자. 수요함수와 가격이 각각 다음과 같이 정의될 때 연쇄법칙을 사용하여 시간의 흐름에 따른 수요변화율을 구하여라.

$$Q^d = D(p) = 1{,}000 - 5p - 0.1p^3$$
$$p = 2t^{\frac{3}{2}}$$

풀이

시간에 따른 수요의 변화율은 $\frac{dQ^d}{dt}$이나, Q^d가 p의 함수이고 p는 또한 t의 함수이므로

$$\frac{dQ^d}{dt} = \frac{dQ^d}{dp}\frac{dp}{dt}$$
$$= (-5-0.3p^2)\left(3t^{\frac{1}{2}}\right)$$
$$= \left[-5-0.3\left(2t^{\frac{3}{2}}\right)^2\right]\left(3t^{\frac{1}{2}}\right)$$
$$= -15t^{\frac{1}{2}} - 3.6t^{\frac{7}{2}}$$

3. 역함수의 미분법

함수 $y=f(x)$가 x와 y 사이에 일대일 대응일 때 역함수(inverse function)를 정의할 수 있다. 다시 말해 x값이 다르면 y값은 언제나 다를 때 역함수는 $x=f^{-1}(y)$로 나타낼 수 있다. 이 경우

$$\frac{dx}{dy} = \frac{1}{\frac{dy}{dx}} \text{ (단, } \frac{dy}{dx} \neq 0)$$

이 성립한다. 즉 역함수의 도함수는 원함수로부터 도출된 도함수의 역수다.

예제 7.10

다음 각각의 경우에 $\frac{dx}{dy}$가 존재하는지 여부를 판명하여라.

(a) $y = x^3 + 2x$

(b) $y = -x^4 + 100$

풀이

(a) 우선 $\frac{dy}{dx}$를 구해보면, x값에 관계없이

$$\frac{dy}{dx} = 3x^2 + 2 > 0$$

임을 알 수 있다. 다시 말해 $y = x^3 + 2x$는 증가함수이므로 x와 y 사이에 일대일 대응이 성립함을 알 수 있다. 따라서 $\frac{dx}{dy}$는 존재하며, 위의 공식에 의해

$$\frac{dx}{dy} = \frac{1}{3x^2 + 2}$$

임을 알 수 있다.

(b) $\frac{dy}{dx} = -4x^3$으로 x값의 구간에 따라 y는 증가함수의 형태를 취하기도 하고, 감소함수의 형태를 취하기도 한다. 따라서 x와 y 사이에는 일대일 대응이 성립하지 않으며 $\frac{dx}{dy}$는 존재할 수 없다.

예제 7.11

(a) $x = y\sqrt{1+y}$일 때 $\frac{dy}{dx}$를 구하여라.

(b) $x=t-2$, $y=t^2$일 때 $\frac{dy}{dx}$를 구하여라.

풀이

(a) 우선 양변을 제곱하면 $x^2=y^2(1+y)$ 또는 $y^3+y^2-x^2=0$이다. 이 식을 x에 대해 미분하면,

$$3y^2 \cdot \frac{dy}{dx}+2y \cdot \frac{dy}{dx}-2x=0$$

$$\Rightarrow (3y^2+2y)\frac{dy}{dx}=2x$$

$$\Rightarrow \frac{dy}{dx}=\frac{2x}{3y^2+2y}=\frac{2y\sqrt{1+y}}{y(3y+2)}=\frac{2\sqrt{1+y}}{3y+2} \text{(단, } y\neq-\frac{2}{3},\ y\neq 0\text{)}$$

(b) $t=x+2$이므로 이것을 $y=t^2$에 대입하여 정리하면 $y=(x+2)^2$이 된다.

$$\frac{dy}{dx}=2(x+2)\frac{d(x+2)}{dx}=2(x+2)$$

제3절 도함수의 응용

본절에서는 지금까지 살펴본 도함수의 개념을 경제분야에서 흔히 접하게 되는 수요의 탄력성, 한계수입과 수요의 탄력성, 한계생산비용, 한계소비성향 등의 도출과정에 적용해 보고자 한다.

1. 수요함수와 가격탄력성

수요란 일반적으로 소비자가 재화나 용역을 구매하고자 하는 욕구를 의미하며, 수요함수란 소비자의 수요에 영향을 미치는 요인들과 수요량 간의 관계를 나타내는 함수라는 것을 이미 제2장에서 논의한 바 있다. 수요함수는 그 재화의 가격, 다른

재화들의 가격, 소득, 소비자의 기호 등 다양한 변수들의 함수로 나타나지만 이 중 그 재화의 가격 이외의 모든 변수들이 일정불변이라 가정한다면 다음과 같이 하나의 변수로 구성된 함수로 나타낼 수 있다.

$$Q_d = D(p)$$

여기서 Q_d는 수요량, p는 그 재화의 가격을 의미한다.

수요함수가 주어져 있을 때 가격변화율에 대한 수요량변화율의 비율을 수요의 가격탄력성(price elasticity of demand) 또는 단순히 수요의 탄력성(elasticity of demand)이라 하며, 다음과 같이 정의된다.

$$e_p = \frac{\text{수요량의 변화율}(\%)}{\text{가격의 변화율}(\%)}$$

일반적으로 가격의 변화방향과 그에 대응하는 수요량의 변화방향은 서로 반대되므로 탄력성수치는 0보다 작게 마련이다. 이제 예를 들어 재화의 가격이 p에서 $p+\Delta p$로 변화했다고 하자. 이에 따라 수요량은 $D(p+\Delta p)-D(p)$만큼 변화하게 되며, 탄력성은 변화율(%) 대 변화율(%)의 비율이므로 $\Delta D = D(p+\Delta p)-D(p)$라 정의하면 e_p는 다음과 같이 계산할 수 있다.

$$\begin{aligned} e_p &= \frac{\dfrac{D(p+\Delta p)-D(p)}{D(p)}}{\dfrac{(p+\Delta p)-p}{p}} = \frac{\dfrac{\Delta D}{D(p)}}{\dfrac{\Delta p}{p}} \\ &= \frac{\Delta D}{\Delta p}\frac{p}{D(p)} \end{aligned}$$

이와 같이 정의되는 탄력성을 호탄력성(arc elasticity)이라 한다. 호탄력성은 수요함수가 직선인 경우를 제외하고는 p뿐만 아니라 Δp값에 의해서도 그 값이 달라지기 때문에 일반적으로 탄력성이라 하면 다음과 같이 정의되는 점탄력성(point elasticity)을 주로 사용한다.

그림 7-3

두 가지 극단적인 탄력성의 형태

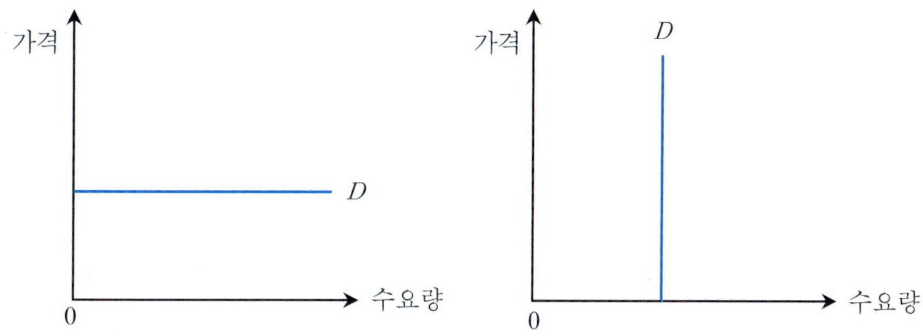

(a) 탄력성이 무한대로 커지는 경우 (b) 탄력성이 0인 경우

$$\text{점탄력성 } e_p = \lim_{\Delta P \to 0}\left(\frac{\Delta D}{\Delta p}\frac{p}{D(p)}\right) = D'(p)\frac{p}{D(p)}$$

다시 말해 점탄력성이란 가격의 변화량인 Δp가 무한히 0에 가까워질 때의 호탄력성을 의미한다.

수요의 탄력성은 이론적으로 0에서 $-\infty$까지의 값을 가질 수 있다. 예를 들어 [그림 7-3]의 (b)에서와 같이 가격의 변화와 상관없이 수요가 일정한 경우에는 탄력성이 0이 되며, [그림 7-3]의 (a)에서와 같이 가격의 변화가 없더라도 수요가 무한대로 늘어날 수 있으면 탄력성은 무한대로 커지게 된다.

만약 가격변화율보다 그에 대응하는 수요량의 변화율이 작다면 수요의 탄력성은 -1보다 큰 값$(-1 < e_p < 0)$을 가지게 되며, 이 경우 수요가 비탄력적(inelastic)이라 하며, 탄력성이 -1보다 작은 경우$(e_p < -1)$에는 수요가 탄력적(elastic)이라 한다. 수요의 탄력성이 정확히 -1인 경우, 즉 가격의 변화율과 수요량의 변화율이 같은 경우에는 단위탄력적(unit-elastic)이라 한다.

예제 7.12

복사용지에 대한 수요함수가 $D(p) = 50 - 2p$로 추정된다. $p = 5$에서의 점탄력성을 구하고, 어느 가격범위에서 수요가 탄력적인지 분석하여라.

풀이

점탄력성 $e_p = D'(p)\frac{p}{D(p)}$의 정의를 이용하면 $e_p = (-2)\frac{p}{50-2p} = \frac{-2p}{50-2p}$이므로, $p = 5$에서의 점탄력성은 $e_p = \frac{(-2)(5)}{50-(2)(5)} = -0.25$이다.

수요가 탄력적이기 위해서는 $e_p < -1$이어야 하므로 이 조건을 만족시키는 p값의 범위를 구해보면

$$-\frac{2p}{50-2p} < -1 \Rightarrow 2p > 50 - 2p \Rightarrow 4p > 50$$

이 되므로 $p > 12.5$일 때 수요가 탄력적이다.

예제 7.13

삼계탕용으로 사육되는 닭고기 수요가 $D(p) = 100p^{-2}$로 추정된다. $p = 1.284$에서의 점탄력성을 구하여라.

풀이

$$\begin{aligned} e_p &= D'(p) \cdot \frac{p}{D(p)} \\ &= (-200)p^{-3} \cdot \frac{p}{100 \cdot p^{-2}} = \frac{(-200)p^{-2}}{(100)p^{-2}} = -2 \end{aligned}$$

점탄력성은 가격과 관계없는 상수이다.

예제 7.14

수요함수가 $D(p) = 216 - 2p$로 추정될 때 어느 가격범위에서 수요가 탄력적이라 할 수 있는가?

풀이

점탄력성 $e_p = D'(p)\dfrac{p}{D(p)}$의 정의를 이용하면 $e_p = (-2)\dfrac{p}{216-2p}$이므로 수요가 탄력적이기 위해서는 $e_p < -1$이어야 한다. 이 조건을 만족시키는 p값을 구해보면

$$(-2)\frac{p}{216-2p} < -1 \;\Rightarrow\; 2p > (216-2p) \;\Rightarrow\; 4p > 216$$

이 되므로, $p > 54$일 때 수요가 탄력적이다.

그림 7-4

$D(p) = 216 - 2p$의 탄력성

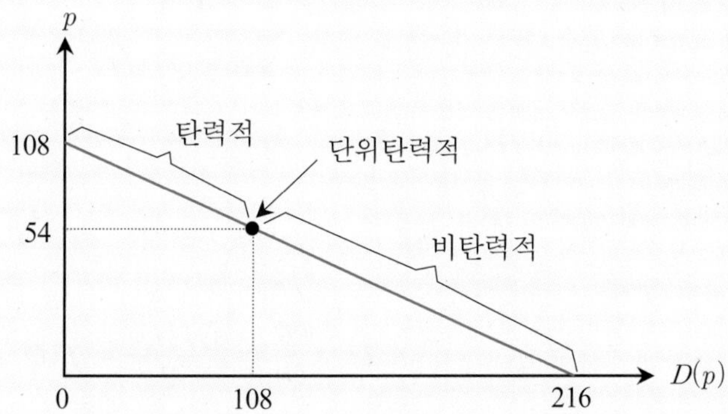

예제 7.15

수요함수가 $D(p) = A \cdot p^a$ (단, A는 양의 상수임)의 형태를 띠면, 수요의 가격탄력성이 p의 전구간에 걸쳐 일정하게 됨을 보여라.

풀이

$$e_p = D'(p)\frac{p}{D(p)} = aAp^{a-1}\frac{p}{Ap^a} = a$$

2. 한계수입과 수요의 가격탄력성

독점기업의 제품에 대한 수요함수가 $p = f(Q)$로 정의될 때 이 기업의 총수입(total revenue : TR)은 가격과 산출물의 곱으로서

$$TR = pQ$$

의 형태를 취하는데, p 대신 $f(Q)$를 대입하면

$$TR = Qf(Q)$$

가 된다.

총수입함수로부터 평균수입(average revenue : AR) 함수를 유도하면

$$AR = \frac{TR}{Q} = \frac{Qf(Q)}{Q} = f(Q) = p$$

가 됨을 알 수 있다.

한계수입(marginal revenue : MR)은 산출물을 1단위 더 판매함으로써 기업이 얻을 수 있는 추가적 수입으로 정의되므로, 이는 총수입함수의 도함수를 이용하여 쉽게 구할 수 있다.

$$\begin{aligned} MR &= \frac{dTR}{dQ} = f(Q) + Qf'(Q) \\ &= p + Q\frac{dp}{dQ} \end{aligned}$$

이 식을 분석해 보면 다음과 같은 특성을 알 수 있다. 첫째, $AR=p$이므로 AR과 MR 사이에는 항상 $Qf'(Q)$만큼의 차이가 난다는 것이다. 둘째, MR의 표현을 다시 정리하면 한계수입과 탄력성의 중요한 관계를 유도할 수 있다.

수요의 가격탄력성 $e_p=\dfrac{dQ/Q}{dp/p}$로 정의되므로

$$
\begin{aligned}
MR &= p\left(1+\frac{Q}{p}\frac{dp}{dQ}\right)\\
&= p\left(1+\frac{1}{e_p}\right)
\end{aligned}
$$

의 관계식이 성립한다.

즉 기업의 한계수입은 자사 제품에 대한 수요곡선의 탄력성에 의존하게 되며, 이에 따라 총수입도 변화하게 된다. 수요가 탄력적($e_p < -1$)이면 $MR > 0$이어서 판매량을 증가(감소)시킴에 따라 총수입이 증가(감소)하게 되고, 수요가 단위탄력적($e_p = -1$)이면 $MR = 0$이 되므로 판매량의 증감에도 불구하고 가격이 판매량의 변화를 상쇄시켜 총수입은 불변이며, 끝으로 수요가 비탄력적($-1 < e_p < 0$)이면 $MR < 0$이어서 판매량이 증가(감소)할 때 이에 따른 가격변동이 판매량 증감비율보다 작아서 총수입은 감소(증가)하게 된다.

예제 7.16

어느 제품에 대한 수요함수가 $Q=1,000-2p$로 주어져 있을 때 총수입함수와 한계수입함수를 유도하여라.

풀이

총수입함수는 $TR=pQ$로 정의되므로 $p=500-\frac{1}{2}Q$라는 사실을 TR에 대입하면 다음 결과가 도출된다.

$$
TR=\left(500-\frac{1}{2}Q\right)Q=500Q-\frac{1}{2}Q^2
$$

$$
MR=\frac{dTR}{dQ}=500-Q
$$

3. 평균비용함수와 한계비용함수

Q 만큼의 물량을 생산하는 데 소요되는 총비용을 $C(Q)$라 표시한다면 평균비용함수 $AC(Q)$는 $\dfrac{C(Q)}{Q}$로 정의된다. 한편,

$$\frac{C(Q)-C(a)}{Q-a}$$

는 a개만큼을 생산한 후 $Q-a$개를 추가생산하고자 할 때의 단위당 평균생산비용이라 할 수 있다. 만약 $C(Q)$가 미분가능하며, Q가 a에 가까이 접근한다면 $\dfrac{C(Q)-C(a)}{Q-a}$는 $C'(a)$가 된다. 즉 $C'(a)$는 a개를 생산한 후 추가적으로 한 단위를 더 생산하고자 할 때의 생산비용이라 할 수 있으며, 이에 따라 생산비용함수 $C(Q)$의 도함수 $C'(Q)$는 한계비용함수(marginal cost function)라 한다.

평균비용함수와 한계비용함수 간의 관계는 평균비용함수인 $AC(Q)$를 Q에 대해 미분해 봄으로써 쉽게 알 수 있다.

$$\begin{aligned}\frac{dAC(Q)}{dQ} &= \frac{d}{dQ}\left[\frac{C(Q)}{Q}\right] = \frac{C'(Q)Q-C(Q)}{Q^2}\\ &= \frac{1}{Q}\left[C'(Q)-\frac{C(Q)}{Q}\right]\end{aligned}$$

따라서

$$\begin{aligned}&C'(Q) > \frac{C(Q)}{Q}\text{이면} && AC' > 0\\ &C'(Q) < \frac{C(Q)}{Q}\text{이면} && AC'(Q) < 0\\ &C'(Q) = \frac{C(Q)}{Q}\text{이면} && AC'(Q) = 0\end{aligned}$$

이 성립하며, 그 역도 성립한다. 즉 한계생산비용이 평균비용보다 크면(작으면) 평균비용은 증가하며(감소하며) 한계비용과 평균비용이 일치할 때 평균비용의 증가율은 0이라 볼 수 있다.

그림 7-5
한계비용과 평균비용함수

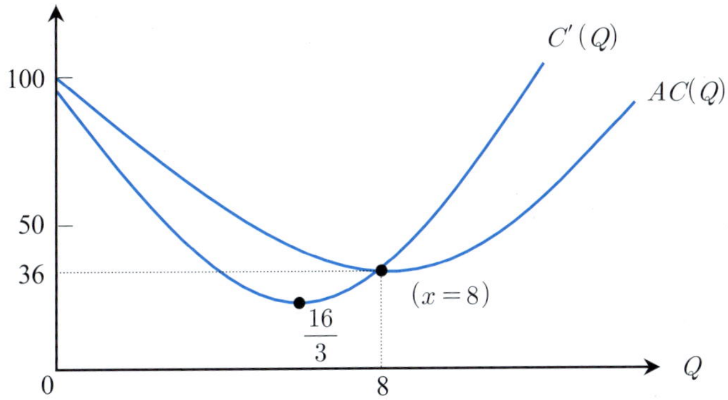

예를 들어 총비용함수가 $C(Q)=Q^3-16Q^2+100Q$로 주어져 있다고 가정하자. 평균비용함수는 $AC(Q)=Q^2-16Q+100$이며, 한계비용함수는 $C'(Q)=3Q^2-32Q+100$이므로 이를 도시해 보면 [그림 7-5]와 같다.

이 그림에서 알 수 있듯이 $Q<8$일 경우 평균비용은 감소하며, 이에 따라 한계비용은 평균비용보다 적다. 반면에 $Q>8$일 때에는 평균비용이 증가하기 시작하며, 이 경우 한계비용은 평균비용보다 커지게 된다. 따라서 한계비용곡선은 평균비용곡선상의 최저점을 통과하게 된다.

예제 7.17

한국엔진은 새로 개발한 β엔진의 생산비용을 추정한 결과 $C(Q)=\dfrac{Q^2}{2}+20Q+5{,}000$ (단위 : 만원)이 됨을 알 수 있었다.

(a) 한계생산비용함수를 구하여라.

(b) $Q=1{,}000$일 때의 한계생산비용을 구하여라.

(c) 실제 1,001번째 엔진의 생산에는 얼마가 소요되는가?

(d) 평균생산비용함수를 도출하고 평균생산비용과 한계생산비용이 일치할 때의 생산량 x를 구하여라.

풀이

(a) $C'(Q) = Q + 20$

(b) $C'(1{,}000) = 1{,}020$

(c) $C(1{,}001) - C(1{,}000) = \dfrac{(1{,}001)^2}{2} + (20)(1{,}001) - \dfrac{(1{,}000)^2}{2} - (20)(1{,}000)$

$= 501{,}000.5 + 20{,}020 - 500{,}000 - 20{,}000 = 1{,}020.5$

(d) $\overline{C}(Q) = \dfrac{Q}{2} + 20 + \dfrac{5{,}000}{Q}$

$\overline{C}(Q) = C'(Q)$

$\dfrac{Q}{2} + 20 + \dfrac{5{,}000}{Q} = Q + 20$

$\dfrac{5{,}000}{Q} = \dfrac{Q}{2} \Rightarrow Q^2 = 10{,}000 \Rightarrow Q = 100$

예제 7.18

어느 기업의 총비용함수가 다음과 같다고 가정하고 물음에 답하여라.

$$C = 5{,}000 + 1{,}000Q - 500Q^2 + \frac{2}{3}Q^3$$

(a) 평균생산비용함수를 유도하여라.

(b) 한계비용함수를 구하여라.

(c) 한계비용이 평균가변비용을 초과하는 생산량은 얼마인가?

풀이

(a) 평균비용함수$= \dfrac{C(Q)}{Q} = \dfrac{5{,}000}{Q} + 1{,}000 - 500Q + \dfrac{2}{3}Q^2$

(b) 한계비용함수$= C'(Q) = 1{,}000 - 1{,}000Q + 2Q^2$

(c) 평균가변비용$= 1{,}000 - 500Q + \dfrac{2}{3}Q^2$ 으로 정의되므로 한계비용이 평균가변비용보다 클 때의 Q값의 범위는 다음과 같이 구할 수 있다.

$$1{,}000 - 1{,}000Q + 2Q^2 > 1{,}000 - 500Q + \frac{2}{3}Q^2$$

이를 정리하면 $Q > 375$임을 알 수 있다.

4. 한계효용

효용의 개념은 경제학에서 제반분석의 기초가 되며, 특히 소비자행동이론에서는 극히 중요한 개념으로 등장한다. 총효용은 어느 소비자가 일정기간 동안 일정량의 재화를 소비함으로써 얻는 만족의 크기를 의미하며, 효용함수란 총효용과 재화의 소비량 간의 함수관계를 나타낸 것이다. 예를 들어, X재만을 소비하는 소비자의 효용함수는 다음과 같이 나타낸다.

$$U = U(X)$$

일반적으로 총효용의 크기는 재화의 소비량이 커짐에 따라 증가한다. 다른 재화의 소비가 불변일 때 재화 한 단위의 추가적 소비에 의한 총효용의 증가분을 한계효용(marginal utility)이라 정의한다.

따라서 한계효용은 총효용의 도함수로 표시되는데, X재의 한계효용은

$$MU = \frac{dU}{dx}$$

이고, 효용함수의 기울기를 나타낸다. 그런데 일정재화의 소비량을 1단위씩 증가시켜갈 때 각 단위의 재화가 주는 한계효용의 크기는 점차 감소하는데, 이를 한계효용체감의 법칙(law of diminishing marginal utility)이라고 한다. 수식으로는

$$\frac{d(MU)}{dx} = \frac{d^2U}{dx^2} = U''(x) < 0$$

으로 표시되는데, 이는 효용함수의 굴곡도를 나타낸다.

예제 7.19

한국 P&Q는 이번에 새로 개발한 합성세제의 판촉을 위한 대대적인 캠페인에 돌입했다. 판촉담당자는 신제품의 경우 광고·판촉비용(x)과 이익(p)이 다음과 같은 함수형태를 띠고 있다고 생각하고 있다.

$$P(x) = \frac{16x + 10}{x+3} \quad \text{(단위 : 백만원)}$$

(a) 판촉비용이 증가하면 이익도 증가함을 보여라.

(b) 판촉비용이 아무리 증가해도 이익은 어느 한도를 넘지 못하는데, 이익의 한계치를 구하여라.

풀이

(a)
$$P' = \frac{(16)(x+3)-(1)(16x+10)}{(x+3)^2} = \frac{16x+48-16x-10}{(x+3)^2} = \frac{38}{(x+3)^2}$$

x는 0보다 큰 값이므로 P'는 x값에 관계없이 항상 0보다 크다. 따라서 판촉비용이 증가하면 이익도 증가한다.

(b) $P(x) = \dfrac{16x+10}{x+3} = \dfrac{16+\frac{10}{x}}{1+\frac{3}{x}}$이므로 x가 무한대로 접근하면 $\dfrac{10}{x}$과 $\dfrac{3}{x}$은 0이 되며 $P(x)$는 16에 접근한다. 즉 x가 어느 정도 커지게 되면 이익증가분이 점차 줄어드는 한계이익의 체감법칙을 보여주고 있다.

그림 7–6

이익증가의 패턴

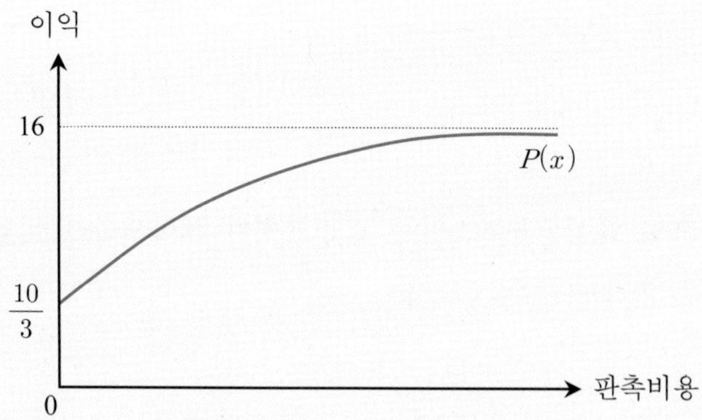

CHAPTER 7

연습문제

1. 함수 $f(x)$가 다음과 같이 정의될 때 $\lim_{x \to -1^-} f(x)$와 $\lim_{x \to -1^+} f(x)$를 구하여라.

(a) $f(x) = 6$

(b) $f(x) = \sqrt{x+10}$

(c) $f(x) = \dfrac{2x^2-2}{x+1}$

(d) $f(x) = \begin{cases} 6, & x < -1 \\ 3, & x = -1 \\ 4, & x > -1 \end{cases}$

(e) $f(x) = \begin{cases} 2^x, & x > -1 \\ \dfrac{1}{2}x^2, & x \le -1 \end{cases}$

2. 함수 $f(x)$가 다음과 같을 때 $\lim_{x \to 0^-} f(x)$와 $\lim_{x \to 0^+} f(x)$를 구하여라.

(a) $f(x) = x^3$

(b) $f(x) = 5^{x+4}$

(c) $f(x) = \begin{cases} x^2+3, & x \le 0 \\ -x, & x > 0 \end{cases}$

3. 다음과 같이 $f(x)$가 주어져 있을 때 f가 $x=-3$에서 연속함수인지 판단하고, $\lim_{x \to -3} f(x)$가 존재하면 그 값을 구하여라.

(a) $f(x) = x^2 - 3$

(b) $f(x) = \sqrt{1-5x}$

(c) $f(x) = \begin{cases} 3+x^2, & x < -3 \\ 2x+1, & x \ge -3 \end{cases}$

(d) $f(x) = |x|$

(e) $f(x) = \dfrac{x^2+4x+3}{x+3}$

(f) $f(x) = \begin{cases} \dfrac{x^2+4x+3}{x+3}, & x \ne -3 \\ 0, & x = -3 \end{cases}$

(g) $f(x) = \begin{cases} x+4, & x \le -3 \\ 10-x^2, & x > -3 \end{cases}$

4. 함수 f가 다음과 같이 정의될 때, f가 $x=1$에서 연속인지를 알아보고 $\lim_{x\to 1} f(x)$가 존재하면 그 값을 구하여라.

(a) $f(x)=\begin{cases} x, & x \le 1 \\ x^2, & x > 1 \end{cases}$

(b) $f(x)=\dfrac{x^2+3x-4}{x-1}$

(c) $f(x)=\begin{cases} 2x^2, & x < 1 \\ 4, & x \ge 1 \end{cases}$

(d) $f(x)=|x-2|$

5. $f(x)$가 다음과 같이 정의될 때 $\lim_{x\to a} f(x)$를 구하여라.

(a) $f(x)=3x^2+2ax+a^2$

(b) $f(x)=x^3+ax^2+a^2x+a^3$

(c) $f(x)=\dfrac{2x^2-2a^2}{x-a}$

(d) $f(x)=\left(\dfrac{1}{x}-\dfrac{1}{a}\right)/(x-a)$

6. 함수 $f(x)$가 다음과 같이 주어져 있을 때

$$f(x)=\begin{cases} x^2+1, & x \le 1 \\ 2x, & x > 1 \end{cases}$$

(a) $m(x)=\dfrac{f(x)-f(1)}{x-1}$, $x \ne 1$을 구하여라.

(b) $\lim_{x\to 1^-} m(x)$와 $\lim_{x\to 1^+} m(x)$를 계산하여라.

(c) $f(x)$가 $x=1$에서 미분가능한지 분석하여라.

7. 다음과 같이 $f(x)$가 정의될 때 $f(x)$에 접하는 접선의 기울기가 0일 x값을 구하여라.

(a) $f(x)=(x^2-4x-12)^2$

(b) $f(x)=(x^2+3)^4$

(c) $f(x)=(x-1)^2(2x-3)^2$

(d) $f(x)=(x+7)^3(2x+5)^2$

8. 다음 함수를 미분하여라.

(a) $f(x)=(6-x^2)^5$

(b) $g(x)=\dfrac{1}{(3x^4+2)^{20}}$

(c) $V(t)=\dfrac{2}{\sqrt{5t+t^2}}$

(d) $R(x)=\dfrac{\sqrt[3]{2x}}{6}$

(e) $g(x)=(x+1)(2x-3)^6$ (f) $V(s)=\dfrac{(6s^2+22)^7}{s}$

9. 다음 각각의 경우에 $\dfrac{dy}{dx}$를 구하여라.

(a) $y=(8x^3+x)^5$ (b) $y=(3-x)^{17}$

(c) $y=\dfrac{7}{(x^3-1)^3}$ (d) $y=\left(x+\dfrac{1}{x}\right)^6$

(e) $y=\sqrt{3x^2+x+1}$ (f) $y(x)=\dfrac{1-x}{x^2+2}$

(g) $y(x)=\dfrac{x+2}{x^2+2x+3}$

10. $y=\mu^3+1$이고 $\mu=5-x^2$일 때 $\dfrac{dy}{dx}$를 구하여라.

11. $w=ay^2$이고 $y=bx^2+cx$일 때 $\dfrac{dw}{dx}$를 구하여라.

12. 수요함수가 $D(p)=\sqrt{600-25p}$로 주어져 있다고 할 때

(a) $p=8$일 때의 점탄력성을 구하여라.

(b) 점탄력성이 -1일 때의 가격 p^*를 구하여라.

13. 수요함수가 $D(p)=102-p-p^2$으로 주어져 있다고 하자.

(a) 가격 p가 5만원에서 6만원으로 변했다면 수요량은 얼마나 변화했겠는가?

(b) $p=5$만원일 때의 점탄력성을 구하여라.

14. 수요함수가 $D(p)=216-2p$로 주어져 있을 때

(a) 가격 p가 어느 범위에 있어야만 수요가 탄력적인가?

(b) 가격 p가 어느 범위에 있어야만 수요가 비탄력적인가?

15. 소프트웨어를 독점판매하는 어느 기업의 수요함수가 $x = 10 - 3p$로 추정되고 있다. 여기서 x는 판매, p는 가격이다.

(a) 한계수입을 x의 함수로 나타내어라.

(b) 현재 판매수준이 $x = 3$이다. 만약 판매량이 한 단위 증가할 때 수입은 얼마나 늘어나는가? 또, $x = 3$일 때의 한계수입은 얼마인가? 이 두 결과치가 왜 같지 않은지 설명하여라.

16. 무공해 세제의 1주 수요량이 $D(p) = 18,000 - 0.002p^2$으로 주어져 있으며, 세제 1박스당 가격이 2,000원에서 1,900원으로 떨어졌다고 생각해 보자.

(a) 수요는 얼마나 증가했겠는가?

(b) 가격변화율에 대한 수요변화율의 비율을 구하여라.

(c) $p =$ 2,000원에서의 점단력성을 구하여라.

(d) (c)에서 구한 점탄력성 값을 이용하여 가격이 2,000원에서 2,100원으로 상승했을 때의 수요량의 변화율을 구하여라.

17. x값이 커지면(작아지면) 함수 $f(x)$는 계속 증가하는(감소하는) 경우, 이런 유형의 함수를 모노토닉(monotonic)함수라 부른다. 다음 함수가 모노토닉함수가 되기 위해서는 a가 어떤 범위 안에 포함되어야 하는가?

(a) $f(x) = (x+a)^5 - 80x$

(b) $f(x) = (x+a)^{-2} + 80x$ (단, $x > 0$)

18. 한국가전은 믹서기만을 전문으로 생산하는 업체이다. 믹서기 Q대를 생산하는 데 소요되는 생산비용이 $C(Q) = 1,500 + 10Q + 12\sqrt{Q}$(단위 : 천원)로 추정될 때 다음 물음에 답하여라.

(a) 10,000대의 믹서기를 생산하는 데 소요되는 총생산비용을 구하여라.

(b) 한계생산비용함수와 평균생산비용함수를 구하여라.

(c) $Q =$ 10,000대일 때의 평균생산비용함수와 한계생산비용을 구하여라.

(d) 10,001대째 믹서기를 생산하는 데 실제 소요되는 비용은 얼마인가?

19. 노트북형 PC를 독점생산·판매하고 있는 한국전자는 이 신형 PC에 대한 수요함수를 $p = 10 - 2Q$로 추정하고 있다.

(a) 총수입함수와 한계수입함수를 구하여라.

(b) MR 곡선의 기울기가 AR 곡선의 기울기의 2배인 것을 보이고, TR, AR, MR 곡선을 그려라.

(c) 한계수입이 0이 되는 가격은 얼마인가?

CHAPTER

8 로그함수와 지수함수

본장에서는 **로그함수**와 **지수함수**의 미분법을 간략히 살펴본 뒤 자연지수 e의 응용문제에 대해 중점적으로 설명하고자 한다. **자연지수 e**를 이용한 지수함수는 연속적인 복리계산, 현가의 계산, 성장률의 추정 등 시간의 개념이 가미된 동태적 분석의 기본적인 도구로서 경영·경제분야에서 많이 응용되고 있다.

제 1 절 로그함수와 자연지수 e

1. 로그함수의 정의

지수함수 $y = a^x$ $(a > 0,\ a \neq 1)$가 주어져 있을 때, 임의의 양수 b에 대해 $a^x = b$를 만족하는 실수 x를

$$x = \log_a b$$

로 나타내고, 이것을 a를 밑으로 하는 b의 로그라 한다. 따라서 $a^y = x$일 때 $y = \log_a x$가 성립하며, 이를 로그함수라 부른다.[1)]

기본적인 로그함수의 특성을 요약해 보면 다음과 같다.

정리

로그함수의 특성 (단, $a>0,\ a \neq 1,\ c>0,\ c \neq 1,\ p>0,\ q>0,\ b>0$)

(a) $\log_a 1 = 0$

(b) $\log_a pq = \log_a p + \log_a q$

(c) $\log_a \frac{1}{p} = -\log_a p$

(d) $\log_a \frac{p}{q} = \log_a p - \log_a q$

(e) $\log_a p^r = r\log_a p$

(f) $\log_a b = \frac{\log_c b}{\log_c a}$

(g) $b^x = a^{x\log_a b}$

1) 로그함수와 지수함수는 역함수 관계에 있으며, $y = x$에 대하여 대칭관계에 있다.

2. 자연지수 e의 정의

경영 · 경제관계 문헌에서 흔히 볼 수 있는 자연지수 e는

$$e \equiv \lim_{m \to \infty}\left(1+\frac{1}{m}\right)^m$$

으로 정의되며 무리수인 e의 실젯값은 대략 2.7182818⋯이 된다. 자연지수 e를 밑으로 하는 로그함수 $y=\log_e x$는 편의상 밑수 e를 생략하고 $y=\ln x$로 표기한다. 참고로 $y=e^x$와 $y=\ln x$를 그래프로 그려보면 [그림 8-1]과 같다.

그림 8-1

$y=e^x$와 $y=\ln x$의 예시

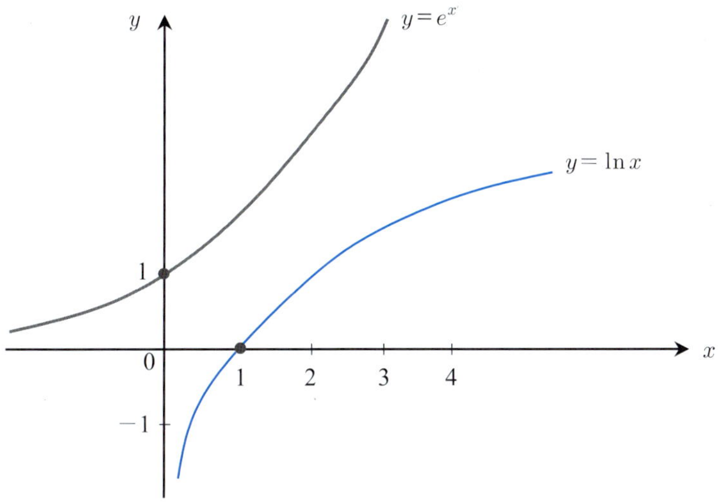

이제 자연지수 e를 이용하여 a^x를 계산하는 방법을 살펴보기로 하자.

정리

a가 0보다 큰 값일 때 실수 x에 대해

$$a^x = e^{x \ln a}$$

가 성립한다.

우선 $\ln a = y$로 놓으면 로그함수의 정의에 의해 $a = e^y$임을 알 수 있다. 한편 y는 $\ln a$이므로

$$a = e^{\ln a}$$

가 성립하며, 양변에 x승을 해주면

$$a^x = (e^{\ln a})^x = e^{x \ln a}$$

가 성립한다.

예제 8.1

다음에 주어진 함수를 자연지수 e를 이용하여 나타내어라.

(a) 3^x (b) 6^{y^2} (c) 2^{y+7}

풀이

(a) $3^x = e^{x \ln 3}$

(b) y^2을 x라 간주하면 $6^x = e^{x \ln 6} = e^{y^2 \ln 6}$이 된다.

(c) $y+7$을 x라 간주하면 $2^{y+7} = e^{(y+7)\ln 2}$가 된다.

예제 8.2

$f(x)=ce^{mx}$라 하자. $f(0)=7$, $f(3)=20$일 때 c와 m을 구하여라.

풀이

$f(0)=ce^0=c=7$이며 $f(3)=ce^{3m}=(7)e^{3m}=20$이므로

$$e^{3m}=\frac{20}{7} \Leftrightarrow 3m=\ln\frac{20}{7} \Leftrightarrow m=\frac{1}{3}\ln\frac{20}{7}$$

이 성립된다.

예제 8.3

한국전지가 이번에 개발한 초강력 배터리의 수명을 분석한 결과, 수명이 x년을 초과하는 배터리의 비율이 $y=f(x)=e^{-2x}$로 나타남을 알 수 있었다.

(a) 적어도 6개월 이상 작동할 배터리의 비율을 구하여라.

(b) 수명이 6개월에서 1년 사이인 배터리의 비율을 구하여라.

(c) 같은 날 생산된 배터리의 75%는 수명이 몇 년을 넘을 수 없는가?

풀이

(a) $f\left(\frac{1}{2}\right)=e^{-2\left(\frac{1}{2}\right)}=e^{-1}=0.368$이므로 36.8%만이 6개월 이상 작동한다.

(b) $f\left(\frac{1}{2}\right)-f(1)=0.368-e^{-2}=0.368-0.135=0.233$이므로 약 23.3%만이 6개월에서 1년 사이의 수명을 지닌다.

(c) $f(x)=1-\frac{3}{4}$을 만족하는 x값을 구해야 하므로

$$e^{-2x}=\frac{1}{4} \Leftrightarrow -2x\ln e=\ln\left(\frac{1}{4}\right) \Leftrightarrow x=\frac{0-1.38629}{-2} \fallingdotseq 0.69$$

가 되어, 75%의 배터리가 약 0.69년을 초과하여 작동하지 못함을 알 수 있다.

제2절 로그함수와 지수함수의 미분법

1. 로그함수의 미분

이제 $y=\ln x$의 도함수를 구해보기로 하자. 도함수의 정의에 의하면

$$\frac{d\ln x}{dx}=\lim_{\Delta x\to 0}\frac{\ln(x+\Delta x)-\ln x}{\Delta x}=\lim_{\Delta x\to 0}\frac{\ln\left(\frac{x+\Delta x}{x}\right)}{\Delta x}$$

가 되며, $m=\frac{x}{\Delta x}$라 놓으면 $\Delta x\to 0$일 때 $m\to\infty$가 된다. 따라서

$$\begin{aligned}\lim_{\Delta x\to 0}\frac{\ln\left(\frac{x+\Delta x}{x}\right)}{\Delta x}&=\lim_{m\to\infty}\frac{\ln\left(1+\frac{1}{m}\right)}{\frac{x}{m}}\\&=\frac{1}{x}\lim_{m\to\infty}m\ln\left(1+\frac{1}{m}\right)=\frac{1}{x}\lim_{m\to\infty}\ln\left(1+\frac{1}{m}\right)^m\\&=\frac{1}{x}\ln e=\frac{1}{x}\end{aligned}$$

이 성립하여 $\frac{d\ln x}{dx}=\frac{1}{x}$임을 알 수 있다. 이 결과와 미분의 연쇄법칙(chain rule)을 이용하면 다음 정리가 성립된다.

정리

함수 $f(x)$의 도함수가 존재할 때

(a) $y=\ln f(x)$의 도함수는 $\frac{dy}{dx}=\frac{f'(x)}{f(x)}$가 되며

(b) $y=\log_a f(x)$의 도함수는 $\frac{dy}{dx}=\frac{1}{\ln a}\frac{d\ln f(x)}{dx}=\frac{1}{\ln a}\frac{f'(x)}{f(x)}$가 된다.

예제 8.4

다음 함수의 도함수를 구하여라.

(a) $h(x) = \ln(3x-2)$ (b) $f(x) = x^2 \ln(3-x)$

풀이

(a) $h'(x) = \dfrac{\frac{d}{dx}(3x-2)}{3x-2} = \dfrac{3}{3x-2}$

(b) $f'(x) = x^2 \cdot \dfrac{d}{dx}[\ln(3-x)] + \ln(3-x)\dfrac{d}{dx}(x^2)$

$= x^2\left(\dfrac{-1}{3-x}\right) + [\ln(3-x)](2x)$

$= \dfrac{-x^2}{3-x} + 2x\ln(3-x)$

2. 지수함수의 미분

지수함수 $y = e^x$의 도함수는 앞에서 언급한 바와 같이 $\dfrac{dy}{dx} = e^x$가 된다. 이를 증명하기 위해서는 $y = e^x$의 양변에 로그를 취해 y에 대해 미분하면 된다.

$$\ln y = x \ln e = x$$
$$\frac{d\ln y}{dy} = \frac{1}{y} = \frac{dx}{dy}$$

따라서

$$\frac{dy}{dx} = y = e^x$$

가 성립하게 된다. 이 결과와 미분의 연쇄법칙을 이용하면 다음과 같은 정리가 성립함을 알 수 있다.

정리

함수 $f(x)$의 도함수가 존재할 때

$$\frac{d}{dx}e^{f(x)} = f'(x)\cdot e^{f(x)},\quad \frac{d\left[a^{f(x)}\right]}{dx} = a^{f(x)}\cdot f'(x)\cdot \ln a$$

예제 8.5

다음의 함수의 도함수를 구하여라.

(a) $y = \log_2(x - 2e^x)$ (b) $y = (x+1)e^{\frac{1}{x}}$ (c) $y = 2^x$

풀이

(a) $\log_2 x = \dfrac{\ln x}{\ln 2}$이므로

$$\frac{dy}{dx} = \frac{d}{dx}\left[\frac{\ln(x-2e^x)}{\ln 2}\right] = \frac{1}{\ln 2}\frac{d}{dx}\left[\ln(x-2e^x)\right]$$

$$= \frac{1}{\ln 2}\left(\frac{1-2e^x}{x-2e^x}\right)$$

(b) $$\frac{dy}{dx} = (x+1)\frac{d}{dx}(e^{\frac{1}{x}}) + e^{\frac{1}{x}}\frac{d}{dx}(x+1)$$

$$= (x+1)\frac{d}{dx}e^{\frac{1}{x}} + e^{\frac{1}{x}} = (x+1)e^{\frac{1}{x}}(-x^{-2}) + e^{\frac{1}{x}}$$

$$= e^{\frac{1}{x}}\left(\frac{x^2-x-1}{x^2}\right)$$

(c) $2^x = e^{x\cdot(\ln 2)}$이므로

$$\frac{dy}{dx} = e^{x\cdot(\ln 2)}\frac{d}{dx}[x\ln 2] = e^{x(\ln 2)}\cdot(\ln 2) = (\ln 2)2^x$$

제 3 절 자연지수 e의 응용

1. 복리이자의 계산

예를 들어 10,000원을 은행에 저금하면 1년 뒤에 10%의 이자를 지급하며, 1년 뒤에 이자를 찾지 않으면 원금과 이자의 합인 11,000원에 대해 다시 10%의 이자를 지급한다고 생각해 보자. 이러한 과정이 계속 반복된다면 t년 후의 원금과 이자의 합계는 $10{,}000(1+0.1)^t$가 된다.

만약 이자계산을 1년에 한 번 하지 않고 6개월에 한 번씩 하여 매 6개월마다 5%의 이자를 지급한다면 1년 뒤의 원금과 이자의 합계는 $10{,}000(1+0.05)^2$가 되며, t년 후에는 원리금 총액이 $10{,}000(1+0.05)^{2t}$가 된다. 같은 방법으로 1년에 m번씩 이자를 계산하여 지급한다면 t년 후의 원리금 합계는

$$10{,}000\left(1+\frac{0.1}{m}\right)^{mt}$$

가 된다.

그렇다면 1년 내내 계속적으로 이자를 계산하여 지급한다면, 다시 말해 m이 무한대로 커지게 되면 원리금 합계는 얼마가 될 것인가? $\frac{m}{0.1}=\omega$라 놓고 원리금 합계를 계산해 보면

$$\begin{aligned}10{,}000\left(1+\frac{0.1}{m}\right)^{mt} &= 10{,}000\left(1+\frac{1}{\omega}\right)^{(0.1)\omega t}\\ &= 10{,}000\left[\left(1+\frac{1}{\omega}\right)^{\omega}\right]^{0.1t}\end{aligned}$$

가 되므로 $m\to\infty$일 때의 원리금 합계는 다음과 같음을 알 수 있다.

$$\lim_{m\to\infty}(10{,}000)\left(1+\frac{0.1}{m}\right)^{mt}$$
$$=\lim_{\omega\to\infty}(10{,}000)\left[\left(1+\frac{1}{\omega}\right)^{\omega}\right]^{0.1t}\quad\left(\begin{array}{l} m\to\infty \text{ 이면} \\ w\ \to\infty \text{ 가 성립함}\end{array}\right)$$
$$=(10{,}000)e^{0.1t}$$

이 분석과정을 일반화시키면, 원금을 A라 하고 연간 이자율을 r이라 할 때 t년 후의 원리금 합계 $V(m)$과 $\lim_{m\to\infty}V(m)$은 다음과 같이 나타낼 수 있다.

$$V(m)=A\left(1+\frac{r}{m}\right)^{mt}$$
$$V=\lim_{m\to\infty}V(m)=Ae^{rt}$$

예제 8.6

한국소비자은행은 연 9%의 이자를 매월 계산하여 계좌에 입금시킨다. 500만원을 저축했을 때 4개월 후의 원리금 합계를 구하여라.

풀이

연 9%의 이자율을 월평균이자율로 고치면 $(9\%)\left(\frac{1}{12}\right)=0.75\%$이므로 4개월 후의 원리금은 (500만원) $(1+0.0075)^4=515.170$만원이 된다.

예제 8.7

200만원을 투자하면 연 6%의 이자율로 연속적으로 이자를 계산하여 원금에 합해진다고 한다. 16개월 후의 투자액의 가치는 얼마인가?

풀이

16개월은 $\frac{4}{3}$년이므로 투자액의 가치는 다음과 같다.

$$(200만원)\,e^{(0.06)\left(\frac{4}{3}\right)} = (200만원)(1.0833) = 216.7만원$$

앞에서 살펴본 바와 같이 연이자율이 같다 하더라도 1년에 이자계산을 몇 번 하느냐에 따라 1년 뒤의 이자총액은 달라지게 된다. 연초에 원금 A를 예치했을 때 연 $100r$%의 이자율로 1년에 m번 복리계산을 했다면 1년 뒤의 이자총액은

$$A\left(1+\frac{r}{m}\right)^m - A$$

가 되며 이를 원금에 대한 비율로 나타내면

$$\frac{A\left(1+\frac{r}{m}\right)^m - A}{A} \times 100\%$$
$$= \left[\left(1+\frac{r}{m}\right)^m - 1\right] \times 100\%$$

가 된다. 실효(實效)이자율(effective interest rate)이란 바로 이 비율을 의미한다.

예제 8.8

다음 세 투자대안 중 1년 뒤의 실효이자율이 가장 높은 것은 어느 대안인가?

대안 A : 연 9%의 이자를 지급하나, 이자계산은 1년에 한 번만 함($m=1$)
대안 B : 연 8.8%의 이자를 지급하나, 이자계산은 3개월에 한 번씩 함($m=4$)
대안 C : 연 8.5%의 이자를 지급하나, 연속적으로 이자를 계산함($m \to \infty$)

풀이

대안 A: 9%

대안 B: $\left[\left(1+\frac{0.088}{4}\right)^4 - 1\right] \times 100\% = 9.095\%$

대안 C: $[e^{(0.085)(1)}-1]\times 100\% = 8.872\%$

따라서 대안 B의 실효이자율이 가장 높음을 알 수 있다.

예제 8.9

연속적인 이자율계산 개념을 적용할 때 연 5%의 이자를 지급해 준다면 어느 정도 시간이 흐르면 원금이 2배로 늘어나는가?

풀이

최초 시점의 원금을 A라 하자.

$$2A = Ae^{(0.05)(t)}$$
$$2 = e^{(0.05)(t)}$$
$$\ln 2 = (0.05)(t)$$
$$t = \frac{\ln 2}{0.05} \fallingdotseq 13.86$$

앞으로 약 13.86년이 지나면 원금이 2배로 증가한다.

예제 8.10

한국디지털뱅크는 지금 1,000만원을 투자하면 10년 뒤에 1,260만원의 원리금을 지급하는 채권을 판매중이다. 연속적인 이자율계산 개념을 적용하면 연이자는 몇 %로 평가할 수 있는가?

풀이

$$1{,}260 = (1{,}000)e^{(r)(10)}$$
$$1.26 = e^{(10)(r)}$$
$$\ln 1.26 = 10r$$
$$r = \frac{\ln 1.26}{10}$$
$$\fallingdotseq 0.023111 \fallingdotseq 2.31\%$$

2. 현가의 계산

현재가치(present value) 또는 현가란 미래에 발생할 비용 또는 수익을 현재의 시점에서 평가한 가치이다. 예를 들어 1,000,000원을 연평균 10%의 이자를 지급하는 정기예금에 예금하였다 하자. 1년 후에 1,100,000원을 찾을 수 있으므로 정기예금이 유일한 투자대안이라 한다면 1년 뒤의 1,100,000원과 현재의 1,000,000원은 같은 가치를 가진다고 할 수 있다. 여기서 1,100,000원을 현재가치로 할인할 때 쓰이는 10%의 이자율을 할인율이라 한다.

만약 누군가가 1,000,000원을 투자하면 원금은 되돌려 주지 않고 향후 3년간 매년 500,000원의 배당금만을 보장해 주겠다는 제안을 했다고 가정해 보자. 이 대안을 평가하기 위해서는 지금 가지고 있는 1,000,000원의 가치와 앞으로 3년간 매년 말에 500,000원씩 받을 때 얻을 수 있는 가치를 비교해야 한다. 할인율을 10%라 한다면 이 투자안의 현재가치는 다음과 같이 계산해 볼 수 있다.

$$\text{1년 뒤에 받을 500,000원의 현가} = \frac{500,000}{(1+0.1)} = 454,545\text{원}$$

$$\text{2년 뒤에 받을 500,000원의 현가} = \frac{500,000}{(1+0.1)^2} = 413,223\text{원}$$

$$\text{3년 뒤에 받을 500,000원의 현가} = \frac{500,000}{(1+0.1)^3} = 375,657\text{원}$$

따라서 이 투자안의 현재가치는 이들 현가를 모두 합한 1,243,425원이 된다. 그러나 할인율을 25%라 한다면 이 투자안의 현재가치는 1,000,000원이 되지 못한다.

$$\begin{aligned}\text{투자안의 현가(할인율}=25\%) &= \frac{500,000}{(1+0.25)} + \frac{500,000}{(1+0.25)^2} + \frac{500,000}{(1+0.25)^3} \\ &= 976,000\text{원}\end{aligned}$$

다시 말해 미래에 발생할 비용이나 수익의 현가는 할인율에 의해 크게 변하게 된다. 할인율이 높을수록 미래에 얻을 수 있는 가치의 현가가 작아지고 이와 반대로 할인율이 낮을수록 현가가 커진다. 그렇다면 할인율은 어떻게 결정할 것인가?

일반적으로 할인율이란 정기예금이자 등과 같이 전혀 위험이 내포되지 않는 투자안에서 얻을 수 있는 최대수익률로 볼 수 있다. 만약 자금을 차입하여 투자할 경우 할인율은 차입금에 대한 이자율로 볼 수 있다.

예제 8.11

목재용 나무를 키우고 있는 산림농장의 주인은 시간이 흘러감에 따라 산림의 가치가 어떻게 변화될지 궁금해하고 있다. 현재시점을 $t=0$이라 할 때 $f(t)$는 판매가능한 목재의 양이다. 단위당 목재 판매가격은 p이고 이자율은 r이다. 여기서 p와 r은 모두 상수로 가정한다.

(a) 미래시점인 T에 벌채하여 목재로 판다면, $t=0$ 시점에서의 산림의 가치는 어떻게 표현되는가?

(b) 매 T년마다 벌채하여 목재를 판매하고 같은 나무를 다시 심는다고 가정해 보자. $t=0$ 시점에서 이 산림의 총가치는 얼마인가?

풀이

(a) $t=0$ 시점에서 산림의 가치는 $\dfrac{pf(T)}{(1+r)^T}$

(b) $\dfrac{pf(T)}{(1+r)^T}+\dfrac{pf(T)}{(1+r)^{2T}}+\dfrac{pf(T)}{(1+r)^{3T}}+\cdots=\dfrac{pf(T)}{(1+r)^T-1}$

현가의 계산에 있어서도 복리이자의 계산에서와 같이 1년에 m번씩 할인가를 계산한다면 t년 뒤의 A는 현재가치로

$$A\left(1+\frac{r}{m}\right)^{-mt}$$

가 된다. 여기서 r은 할인율을 의미한다. 따라서 연속적으로 할인가를 계산한다면, 현재가치는

$$\lim_{m\to\infty}A\left(1+\frac{r}{m}\right)^{-mt}=Ae^{-rt}$$

의 형태를 취하게 된다.

예제 8.12

프랑스에서 최고급 포도주를 수입·판매하는 한국과소비통상은 포도주 1병당 50만원에 수입한다. 이 포도주의 판매가격은 숙성도가 높아짐에 따라 매년 20만원씩 상승한다고 한다. 또한 연이자율은 10%이며 연속적으로 할인가를 계산한다고 가정한다. 5년 후에 판매할 경우에 기대할 수 있는 판매가격의 현가를 계산하여라.

풀이

5년 후의 판매가격은 50만원+(20만원)(5)=150만원이다. 미래의 판매가격은 10% 할인율을 연속적으로 적용하여 현가를 계산하면 다음과 같다.

$$(150)e^{(-0.1)(5)} = (150)(0.6065) = 90.98\text{만원}$$

3. 성장률

앞에서 설명한 복리이자의 계속적인 계산(continuous interest) 과정은 인구나 국민소득의 성장률의 분석에도 적용될 수 있다. 예를 들어 국내 중소벤처기업들의 총고용인원수가 올해 1월초 500만명에서 같은 해 12월말 520만명으로 12개월간 20만명이 증가했다고 생각해 보자. 12개월간의 증가율은 $\frac{20\text{만}}{500\text{만}}(100) = 4\%$가 되겠지만 계속적인 복리이자의 계산방식을 도입한다면 연간 증가율 r은 다음과 같이 계산된다.

$$\lim_{m \to \infty} 500\left(1 + \frac{r}{m}\right)^m = 520$$
$$500 \cdot e^r = 520$$
$$r = \ln\left(\frac{520}{500}\right) = 0.0392 \fallingdotseq 3.92\%$$

보다 일반적으로 변수 y가 시간 t의 함수로 $y = f(t)$의 형태를 취할 때, 일정시점에서의 y의 성장률(growth rate) r은 다음과 같이 정의된다.

$$r = \frac{\frac{dy}{dt}}{y} = \frac{f'(t)}{f(t)}$$

한편 앞에서 살펴본 로그함수의 연쇄법칙을 적용해 보면 r은 결국 $\ln f(t)$를 t에 대해 미분한 값으로도 볼 수 있다.

예제 8.13

국내 중소기업의 총고용인원수를 시간 t의 함수로 나타내면 $E(t) = 500e^{0.03t}$인 것으로 추정된다. 성장률 r을 구하여라.

풀이

$r = \frac{d\ln E(t)}{dt} = \frac{d\,[\ln 500 + (0.03t)]}{dt} = 0.03$이므로 $f(t) = A \cdot e^{rt}$의 형태를 띠게 되어 y의 성장률은 r이 됨을 알 수 있다.

예제 8.14

어느 신도시의 인구는 연속적으로 같은 비율로 증가하였다. 5년 전의 인구가 200,000명이었고, 올해 인구는 400,000명으로 5년 만에 인구수가 배가 되었다.

(a) 연간 증가율은 얼마인가?

(b) 2년 후의 인구는 얼마가 될 것으로 추정할 수 있는가?

풀이

(a) $200{,}000e^{(r)(5)} = 400{,}000$

$\Rightarrow e^{5r} = 2$

$\Rightarrow r = \frac{\ln 2}{5} = 0.1386$

(b) $400{,}000e^{(2)(0.1386)} = 527{,}772$

지금까지의 이자율과 성장률의 분석은 $y=\lim_{m\to\infty}A\left(1+\frac{r}{m}\right)^{mt}=Ae^{rt}$와 같은 형태의 함수를 중심으로 하여 이루어져 왔다. 그러나 실제 $m\to\infty$의 경우는 찾아보기 힘들다. 즉 복리이자의 계산에서 원리금의 합계가

$$A,\ A(1+r),\ A(1+r)^2,\ \cdots\cdots,\ A(1+r)^t$$

와 같이 증가하게 될 때 Ae^{rt}의 형태는 찾아보기 힘들다.

그러나 $1+r=k$라 놓고

$$k=e^{r^*}$$

를 만족하는 r^*값을 구하면 $y=Ae^{r^*t}$의 함수를 그대로 적용할 수 있다. 다시 말해

$$\ln(1+r)=\ln k=r^*\ln e=r^*$$

를 만족하는 r^*를 이용하면

$$\begin{aligned}A(1+r)^t&=Ak^t=A(e^{r^*})^t\\&=Ae^{r^*t}\end{aligned}$$

가 성립하게 되어 계속적인 이자계산을 하지 않더라도 $y=Ae^{rt}$의 함수를 이용할 수 있다.

예제 8.15

글로벌 경제시대에 접어들면서 국내대학을 졸업하고 외국에서 근무하는 직장인들이 늘어나고 있다. 2024년 현재 250,000명이 외국에서 직장을 잡고 있는데, 매년 6% 정도 증가한다면 2054년에는 몇 명이 외국에서 직장을 다닌다고 추정할 수 있는가?

풀이

$P(t)$를 2024년을 $t=0$으로 설정했을 때의 외국근무자 수라 하자. 그렇다면

$$\frac{dP}{dt}=(0.06)P(t)$$

따라서 $P(t)=P(0)e^{0.06t}=(250{,}000)e^{0.06t}$이며 2054년은 30년 뒤이므로

$$P(30)=(250{,}000)e^{(0.06)(30)}\fallingdotseq 1{,}512{,}412\text{명}$$

CHAPTER 8

연습문제

1. 다음 식을 자연지수 e를 이용하여 나타내어라.

(a) $f(x) = 2^x$ (b) $f(t) = 5(3^t)$

(c) $g(x) = \left(\frac{1}{2}\right)^{2x}$ (d) $f(x) = 2^{-|x|}$

2. $f(x) = ce^{mx}$로 정의될 때 다음 각각의 경우에 해당하는 c와 m값을 구하여라.

(a) $f(0) = 14$, $f(2) = 7$ (b) $f(0) = 10$, $f(3) = 40$

3. $f(x) = ce^{mx}$일 때 다음 각각의 경우에 $f(x) = 5$를 만족하는 x를 구하여라.

(a) $f(0) = 3$, $f(2) = 7$ (b) $f(0) = 6$, $f(13) = 4$

4. $f(t) = Aa^x$로 정의할 때, $f(t+t^*) = 2f(t)$라면 $a^{t^*} = 2$임을 증명하여라.

5. 한국전자는 이번에 생산하기 시작한 컴퓨터칩의 수명을 분석한 결과, 수명이 y년을 초과하는 칩의 비율이 $f(y) = ce^{my}$로 추정됨을 알 수 있었다.

(a) 적어도 1년 이상 작동할 컴퓨터칩의 비율을 구하여라.

(b) 수명이 1년 이상이거나 2년 미만인 컴퓨터칩의 비율을 구하여라.

6. 에콰도르에서 수입하는 바나나는 섭씨 5도의 온도를 유지하는 냉동선에 실려 부산항에 도착하도록 되어 있다. 냉동시설이 고장나는 경우 시설 내의 온도 y는 외부온도 A에 점차적으로 접근하게 되는데, 시간 t의 함수로 나타내면 $y = A - ce^{mt}$가 된다.

(a) 1시간 전에 냉동시설이 고장나, 현재 냉동시설 내의 기온은 섭씨 15도이다. 바깥 기온 A가 27도라 할 때 c와 m을 구하여라.

(b) 바나나는 25도가 되면 부패해 버린다고 할 때, 몇 시간 뒤에 저장시설 내의 바나나가 모두 부패해 버릴 것인가?

7. 다음 함수를 각각 미분하여라.

(a) $g(x)=2\ln x-2e^{x}$

(b) $f(x)=5x^{\frac{1}{8}}e^{x}$

(c) $f(x)=\dfrac{\sqrt[3]{x}\,e^{x}}{1+x^{5}}$

(d) $c(x)=\dfrac{\ln x}{x}+\dfrac{x}{\ln x}$

(e) $f(x)=2e^{x}(x^{8}+7)$

(f) $g(x)=\dfrac{e^{x}}{1+e^{x}}$

(g) x^{x}

(h) $e^{e^{x}+1}$

8. 다음 함수의 도함수를 구하여라.

(a) $f(x)=(3x+1)e^{2x}$

(b) $A(x)=e^{\frac{-2x}{(1+x^{2})}}$

(c) $E(\mu)=\dfrac{\mu^{2}+2\mu}{2^{\mu}}$

(d) $f(x)=2^{x}\log_{2}x$

(e) $f(x)=x^{x+1}$

(f) $f(x)=x^{\ln x}$

9. 800만원을 투자했을 때 다음 각각의 경우에 기대할 수 있는 이자총액을 구하여라.

(a) 투자기간은 2년이며 반년에 한 번씩 연 10%의 이자율로 이자를 계산하여 원금에 가산
(b) 투자기간은 7개월이며 1개월에 한 번씩 연 6%의 이자율로 이자를 계산하여 원금에 가산
(c) 투자기간은 4년이며 3개월에 한 번씩 연 6%의 이자율로 이자를 계산하여 원금에 가산

10. 다음 투자대안 중 3년 뒤의 실효이자율이 가장 높은 것은?

(a) 반 년에 한 번씩 연 10%의 이자율로 이자를 계산하여 원금에 가산
(b) 3개월에 한 번씩 연 9%의 이자율로 이자를 계산하여 원금에 가산
(c) 1개월에 한 번씩 연 7%의 이자율로 이자를 계산하여 원금에 가산

11. 3,000만원을 투자하면 연 6%의 이자율로 연속적으로 복리이자를 계산하여 원금에 가산해 주는 투자대안이 있다.

(a) 투자대안의 가치를 시간 t의 함수로 나타내어라.
(b) 3.5년 후의 투자액의 가치를 계산하여라.
(c) 3.5년간의 이자수입은 얼마인가?
(d) 투자액의 가치가 4,800만원이 되는 시점은 언제인가?

12. 연 8%의 이자율로 연속적으로 복리이자를 계산하여 원금에 가산해 준다고 한다. 4년 3개월 뒤에 1억원을 되돌려받기 위해서는 지금 얼마를 투자해야 하는가?

13. 한국골동품센터는 800만원의 가치를 지닌 골동품을 구입하였다. 이 골동품의 t년 후의 가치가 $V(t) = 800e^{\frac{\sqrt{t}}{4}}$ 이며, 연이자율은 5%로 가정한다. 연속적으로 할인가를 계산한다고 할 때 4년 후에 판매하는 것과 9년 후에 판매하는 것 중 어느 것이 더 나은가?

14. 행정자족도시인 "꿈나라촌"의 2024년 인구는 500,000명이다. 매년 일정비율로 인구가 늘어난다고 가정할 때, 2049년에는 750,000명이 될 것이라는 전망이 나오고 있다.

(a) 연간증가율은 몇 %인가?
(b) 2064년에는 인구수가 어느 수준에 달할 것인가?

15. 새로 구입한 자동차의 가치가 V_0로 평가되며, 매년 10%씩 그 가치가 떨어질 것으로 추정하고 있다. 즉, 자동차의 가치는 시간 t의 함수로, $V(t) = V_0\, e^{-(0.1)t}$로 추정된다. 신차의 평가가치가 90% 줄어드는 데 걸리는 시간을 추정하여라.

CHAPTER

9 일변수함수의 극대 · 극소

경영 · 경제분야의 많은 문제는 주어진 여건하에서 가장 바람직한 결과를 나타낼 수 있는 대안을 선택하는 과정에 관한 것이라 할 수 있다. 이윤을 최대화한다든가 또는 비용을 최소화한다든가 하는 문제를 총괄하여 **최적화 문제**(optimization problem)라고 통칭하곤 한다.

최적화 문제의 구조는 문제가 발생하게 된 상황의 특징에 따라 달라질 수 있지만, 대개의 경우 목적함수와 제약조건으로 구성되어 있으며, 의사결정변수의 값에 따라 최적화하고자 하는 목적함수의 값이 결정된다.

본장에서는 이 중 의사결정변수의 수가 하나이며 제약조건이 존재하지 않는 목적함수의 극대 · 극소에 대해서만 살펴보고자 한다.

제 1 절 함수의 극대와 극소

1. 극값의 정의

임의의 함수 $y=f(x)$가 주어져 있을 때 $f(x)$가 정의될 수 있는 모든 x값에 대해 $f(x) \le f(x^*)$가 성립한다면 $f(x^*)$는 f의 최댓값(global maximum)이라 하며, 이와 반대로 $f(x) \ge f(x^*)$가 성립한다면 $f(x^*)$는 f의 최솟값(global minimum)이라 부른다.

이에 반해 함수 f의 극댓값(relative maximum)이란 다음의 조건을 만족하는 양수 δ가 존재할 때의 $f(x^*)$값을 의미한다. $x^*-\delta \le x \le x^*+\delta$ 안의 모든 x값에 대해

$$f(x) \le f(x^*)$$

마찬가지로 함수 f의 극솟값(relative minimum)이란 $x^*-\delta \le x \le x^*+\delta$ 안의 모든 x값에 대해

$$f(x) \ge f(x^*)$$

가 성립하는 양수 δ가 존재할 때의 $f(x^*)$값을 의미한다.

예를 들어 [그림 9-1]의 함수를 생각해 보기로 하자. 이 그림의 함수 $y=f(x)$는 0과 10 사이 안에서만 정의되는데, $f(x)$의 최댓값은 20으로 $x=0$일 때 f값이며, $f(x)$의 최솟값은 0으로 $x=10$일 때의 f값이다. 이에 반해 $f(x)$의 극솟값은 $x=2.5$일 때의 f값인 5이며, $f(x)$의 극댓값은 $x=7.5$일 때의 f값인 15이다.

$x=0$일 때의 f값인 $f(0)=20$은 0과 10 사이의 임의의 x값을 대입하여 구한 $f(x)$보다 크거나 같으므로 최댓값이 되며, $x=10$일 때의 $f(10)=0$은 0과 10 사이의 임의의 x값을 대입하여 구한 $f(x)$보다 작거나 같으므로 최솟값이 된다.

그러나 $f(0)=20$이 극댓값이 될 수는 없다. 왜냐하면 극댓값이 되기 위해서는 $0-\delta \le x \le 0+\delta$ 구간에서 정의되는 $f(x)$보다 $f(0)$이 크거나 같아야 하는데, x가

그림 9-1

최댓값, 최솟값, 극솟값, 극댓값의 도시

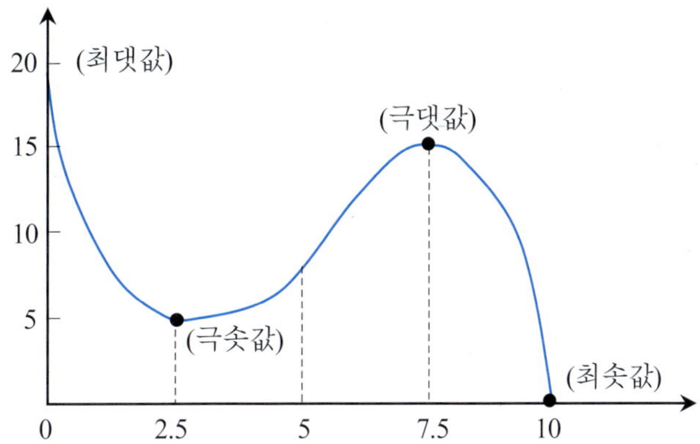

0보다 작을 때에는 $f(x)$가 정의될 수 없으므로, 극댓값 조건을 충족시키기 위한 양수 δ를 구할 수 없기 때문이다. 마찬가지 이유로 인해 $f(10)=0$ 역시 극솟값이 될 수 없다.

극댓값과 극솟값을 총괄하여 극값(extremum value)이라 부르며, 극값을 도출하는 $(x^*, f(x^*))$를 임계점(critical point)이라 한다. 일반적으로 함수 $y=f(x)$가 $x=x^*$에

그림 9-2

미분이 불가능한 점에서의 극값

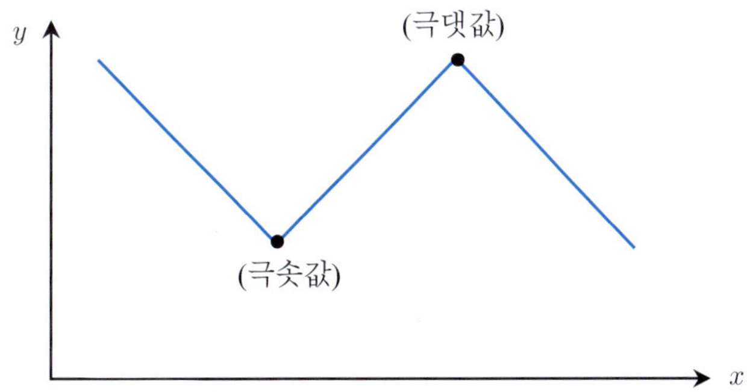

서 연속이고, x가 증가하면서 $x=x^*$를 지날 때 $f(x)$는 증가상태에서 감소상태로 변하면 $f(x^*)$는 극댓값이 되며, 이와 반대로 x가 증가하면서 $x=x^*$를 지날 때 $f(x)$가 감소상태에서 증가상태로 변하면 $f(x^*)$는 극솟값이 된다.

물론 [그림 9-2]에서와 같이 극댓값, 극솟값에서 미분이 불가능한 경우도 있지만 만약 $f(x)$가 정의되는 모든 x값에 대해 $f'(x)$가 존재한다면 $f'(x)$의 특성을 이용하여 극댓값과 극솟값을 찾을 수 있다.

정리

$f(x)$의 도함수 $f'(x)$가 $x=x^*$에서 $f'(x^*)=0$을 만족시킨다고 가정하자.

(a) 도함수 $f'(x)$가 x^*의 바로 왼쪽에서는 양의 값(+)을 갖고 x^*의 바로 오른쪽에서는 음의 값(−)을 갖는다면 $f(x^*)$는 극댓값이다.

(b) 도함수 $f'(x)$가 x^*의 바로 왼쪽에서는 음의 값(−)을 갖고 x^*의 바로 오른쪽에서는 양의 값(+)을 갖는다면 $f(x^*)$는 극솟값이다.

(c) x^*의 양편에서 $f'(x)$가 모두 음이거나 양이면 $f(x^*)$는 극값이 될 수는 없다. 이와 같은 점 $(x^*, f(x^*))$를 **변곡점**이라 한다.[1)]

예제 9.1

함수 $f(x)=x^3-6x^2+9x+5$의 극댓값과 극솟값을 구하여라.

풀이

$f'(x)=3x^2-12x+9=3(x-1)(x-3)$에서 $x=1$, $x=3$일 때 $f'(x)=0$임을 알 수 있으며, $f'(x)$의 증감상태를 표로 요약하면 다음과 같다.

x	……	1	……	3	……
$f'(x)$	+	0	−	0	+
$f(x)$	증가	9	감소	5	증가

따라서 $f(1)=9$는 극댓값이고 $f(3)=5$는 극솟값이 된다.

1) 변곡점은 또한 이계도함수의 부호가 바뀌는 점으로 해석할 수 있다. 따라서 변곡점에의 이계도함숫값은 0이 된다. 하지만 이계도함수의 값이 0인 곳에서 변곡점이 존재하지 않을 수도 있다.

예제 9.2

함수 $f(x) = (x-3)(x-6)^2$의 극댓값과 극솟값을 구하여라.

풀이

$f'(x) = 3(x-4)(x-6)$에서 $x=4$, $x=6$일 때 $f'(x)=0$임을 알 수 있으며, $f'(x)$의 증감상태에 따라 $f(x)$의 그래프를 그리면 아래와 같다. 그래프의 개형에서 $f(4)=4$는 극댓값이고 $f(6)=0$은 극솟값이 된다.

그림 9-3

1차 도함수를 활용한 극댓값 및 극솟값 판정

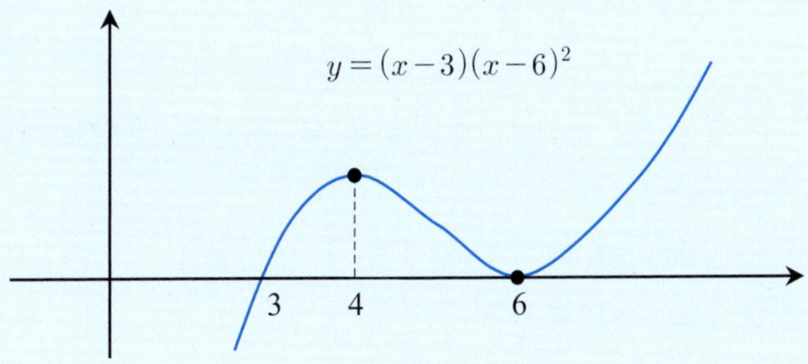

2. 2차 및 고차 도함수를 이용한 극값 판정

지금까지는 $f'(x)$값의 부호가 어떻게 변하느냐에 따라 극값 여부를 판정하였는데, 이번에는 2차도함수(second derivative)의 개념을 통해 보다 자세히 분석해 보기로 하자.

2차도함수는 도함수 $f'(x)$의 도함수로서 $f''(x)$ 또는 $\frac{d^2y}{dx^2}$로 표기하곤 한다. 여기서 $\frac{d^2y}{dx^2}$는 $\frac{d}{dx}\left(\frac{dy}{dx}\right)$를 간략히 줄인 것이다. 2차도함수 이상의 n차도함수 역시 같은 방법을 통해 다음과 같이 나타낼 수 있다.

$$f^{(3)}(x),\ f^{(4)}(x),\ \cdots\cdots,\ f^{(n)}(x)$$

또는

$$\frac{d^3y}{dx^3},\ \frac{d^4y}{dx^4},\ \cdots\cdots,\ \frac{d^ny}{dx^n}$$

1차도함수 $f'(x)$가 f의 변화율을 의미하였듯이 $f''(x)$는 $f'(x)$의 변화율, 즉 변화율의 변화율을 의미한다고 볼 수 있다. 다시 말해

(a) $f''(x_0) > 0$이면 x_0에서 x로 변숫값이 증가할 때 $f(x)$의 접선의 기울기가 증가하며,

(b) $f''(x_0) < 0$이면 x_0에서 x로 변숫값이 증가할 때 $f(x)$의 접선의 기울기는 감소한다고 볼 수 있다.

이제 [그림 9-4]를 이용하여 이 특성을 살펴보기로 하자.

ⓐ $x = x_1$일 때 $f'(x_1) > 0,\ f''(x_1) < 0$
ⓑ $x = x_2$일 때 $f'(x_2) = 0,\ f''(x_2) < 0$
ⓒ $x = x_3$일 때 $f'(x_3) < 0,\ f''(x_3) < 0$
ⓓ $x = x_4$일 때 $g'(x_4) < 0,\ g''(x_4) > 0$

그림 9-4

2차도함수를 이용한 극값 판정

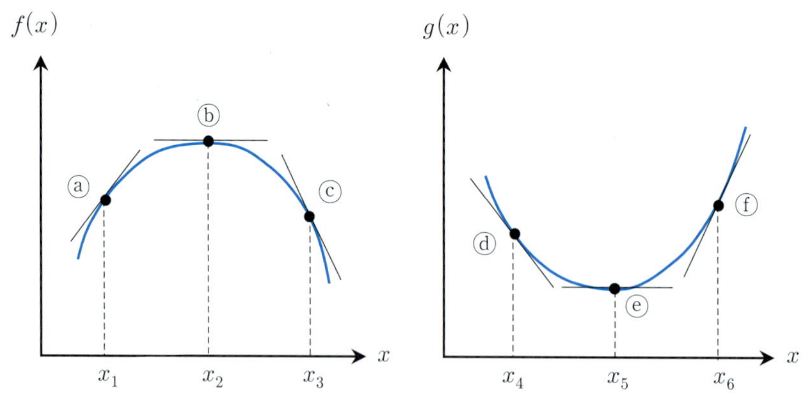

ⓔ $x = x_5$일 때 $g'(x_5) = 0,\ g''(x_5) > 0$

ⓕ $x = x_6$일 때 $g'(x_6) > 0,\ g''(x_6) > 0$

따라서 다음과 같은 정리가 성립함을 증명 없이도 쉽게 알 수 있다.

정리

함수 f의 1차도함수 $f'(x)$가 $x = x^*$에서 $f'(x^*) = 0$을 만족시킬 때

(a) 만약 $f''(x^*) < 0$이면 $f(x^*)$는 극댓값이며,

(b) 만약 $f''(x^*) > 0$이면 $f(x^*)$는 극솟값이다.

따라서 $f'(x^*) = 0$은 x^*가 극값이기 위한 필요조건(necessary condition)이 되며 $f''(x^*) < 0,\ f''(x^*) > 0$이라는 조건이 추가된다면 이는 곧 $f(x^*)$가 극값이기 위한 충분조건(sufficient condition)이 된다. 일반적으로 $f'(x^*) = 0$이라는 필요조건은 극값이기 위한 1차조건(first-order condition)이라 하며, 2차도함수에 기초한 충분조건은 2차조건(second-order condition)이라 한다.

여기서 주의해야 할 사항은 $f''(x^*) = 0$이라 하더라도 $f(x^*)$가 극값이 될 수 있다는 점이다. $f'(x^*) = 0$이고 $f''(x^*) \neq 0$이면 $f(x^*)$는 반드시 극값이 되지만, $f(x^*)$가 극값이라 하더라도 반드시 $f''(x^*) \neq 0$일 이유는 없다. 만약 $f'(x^*) = f''(x^*) = 0$이라면 앞에서 설명한 $f(x)$의 부호를 이용한 판정법이나 다음의 정리를 이용하여 극값 판정을 하게 된다.

정리

고차도함수를 이용한 극값 판정

$f(x)$가 n번 미분이 가능하다고 할 때 $f'(x^*) = f''(x^*) = \cdots\cdots = f^{(n-1)}(x^*) = 0$이고, $f^{(n)}(x^*) \neq 0$이 성립한다고 하자.

(a) n이 짝수이고 $f^{(n)}(x^*) < 0$이면 $f(x^*)$는 극댓값이며,

(b) n이 짝수이고 $f^{(n)}(x^*) > 0$이면 $f(x^*)$는 극솟값이다.

(c) 그러나 n이 홀수이면 $f(x^*)$는 극값이 될 수 없다.

예제 9.3

다음 함수의 극값을 구하여라.

(a) $f(x) = 3x^4 - 4x^3 - 1$ (b) $g(x) = x - \dfrac{4}{x^2}$

풀이

(a) $f'(x) = 12x^3 - 12x^2 = 0$에서 $f'(x) = 0$을 만족하는 x값은 $x = 0$과 $x = 1$뿐이다. 한편 $f''(x) = 36x^2 - 24x$이므로 $f''(0) = 0$, $f''(1) = 12$임을 알 수 있다.
따라서 $f(1) = -2$는 극솟값임을 알 수 있으나 $f(0)$이 극값인지를 판정하기 위해서는 $f'''(0)$을 구해야 한다. $f'''(0) = (72)(0) - 24 = -24$인데 앞에서 설명한 정리에 의하면 $f^{(n)}(x^*) \neq 0$일 때의 n이 홀수이면 $f(x^*)$가 극값이 될 수 없으므로 $f(0)$은 극값일 수 없다.

(b) $g'(x) = 1 + 8x^{-3}$에서 $g'(x) = 0$을 만족하는 x의 값은 -2뿐이다. 한편 $g''(x) = -24x^{-4}$로 $g''(-2) < 0$임을 알 수 있으므로 $g(-2) = -3$은 극댓값이 된다.

제2절 최댓값과 최솟값의 판정

지금까지 독립변수의 수가 하나인 함수의 극댓값과 극솟값을 구하는 과정에 대해 간략히 살펴보았다. 임의의 함수가 극댓값과 극솟값을 갖는다고 하여 이 함수의 최댓값이나 최솟값을 구할 수 있는 것은 아니다.

예를 들어 $f(x) = x^3 - 3x^2 - 9x + 2$로 주어져 있을 때 $f(-1) = 7$이 극댓값, $f(3) = -25$가 극솟값임을 알 수 있다. 그러나 $f(x)$가 정의될 수 있는 정의역에 아무런 제한이 없으므로 $\lim_{x \to \infty} f(x) = \infty$, $\lim_{x \to -\infty} f(x) = -\infty$이 되어 최댓값과 최솟값을 구할 수 없다. 그러나 정의역을 폐구간 [0, 5]로 제한한다면 [그림 9-5]에서 알 수 있는 바와 같이

$$x = 3\text{에서 최솟값} \quad -25$$
$$x = 5\text{에서 최댓값} \quad 7$$

을 가짐을 알 수 있다.

그림 9-5

$f(x) = x^3 - 3x^2 - 9x + 2$의 도시

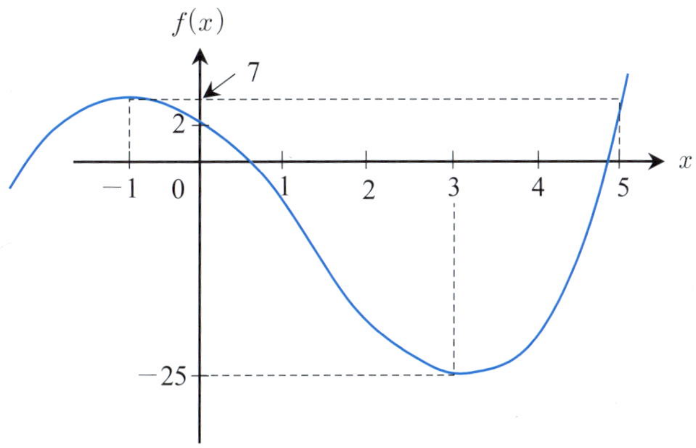

따라서 다음과 같은 정리가 성립함을 쉽게 알 수 있다.

정리

함수 f가 폐구간 $[a, b]$에서 정의되며, 이 구간에서 연속함수일 때 f는 최댓값과 최솟값을 가진다. 또한 f의 최댓값과 최솟값은 폐구간의 양쪽 끝점인 a와 b에서의 f값과 $f'(x^*) = 0$일 때의 $f(x^*)$값을 계산함으로써 구할 수 있다.

예제 9.4

$f(x) = 2x^3 + 3x^2 - 12x + 1$이 $[0, 2]$의 정의역을 가진다고 할 때 최댓값과 최솟값을 구하여라.

풀이

먼저 $f'(x)=6x^2+6x-12=6(x+2)(x-1)=0$에서 정의역 안에 포함되는 점은 $x=1$일 때뿐이다. $f(1)=-6$, $f(0)=1$, $f(2)=5$이므로, 최댓값은 5, 최솟값은 -6임을 알 수 있다.

예제 9.5

다음 함수의 최댓값을 구하여라.

$$f(x)=\begin{cases} x^2 & (-2\le x<1) \\ 3x-2 & (1\le x\le 3) \end{cases}$$

풀이

먼저 첫 번째 구간을 $[-2, 1]$로 보고 이 구간 안에서의 최댓값과 최솟값을 구해보기로 하자. $f'(x)=2x=0$인 x의 값은 0뿐이므로, 최댓값이 될 수 있는 함숫값은 $f(0)=0$, $f(-2)=4$, $f(1)=1$ 중의 하나이다.

한편 두 번째 구간 $[1, 3]$에서는 $f'(x)=3$으로 $f'(x)=0$을 만족시키는 x의 값이 없으므로 최댓값이 될 수 있는 후보는 $f(1)=3-2=1$, $f(3)=9-2=7$뿐이다.

이를 모두 종합해 보면 [그림 9-6]에서 확인할 수 있듯이 $f(x)$의 최댓값은 $f(3)=7$이 된다.

그림 9-6

$f(x)$의 도시

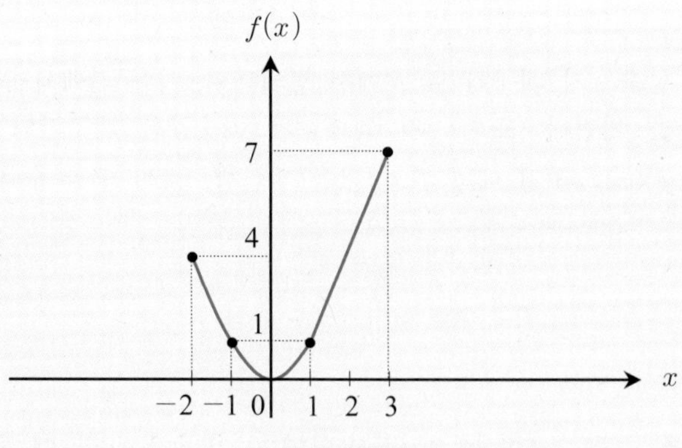

예제 9.6

완전경쟁시장에 있어서의 기업은 가격순응적(price-taking)이다. 즉 시장에서 형성되는 가격을 주어진 것으로 인정한다. 완전경쟁시장으로 볼 수 있는 어린이용 자전거 시장에 참여하고 있는 한국바이크의 생산비용(단위 : 천원)은 $C(Q)=\frac{1}{12}Q^3-5Q^2+170Q+300$으로 추정되며, 판매가격은 134천원으로 주어져 있다. 이익을 최대화하기 위해서는 몇 대를 생산·판매해야 하는가?

풀이

이윤은

$$\begin{aligned}\pi(Q)&=134Q-C(Q)\\&=-\frac{1}{12}Q^3+5Q^2-36Q-300\end{aligned}$$

으로 나타낼 수 있으므로 우선 $\pi(Q)$의 극댓값부터 구해보기로 하자.

$$\begin{aligned}\pi'(Q)&=-\frac{Q^2}{4}+10Q-36\\&=-\frac{1}{4}(Q-36)(Q-4)=0\end{aligned}$$

에서 $Q=4$, $Q=36$일 때 $\pi'(Q)=0$임을 알 수 있다. $\pi''(Q)=-\frac{Q}{2}+10$이므로 $\pi''(4)=8$, $\pi''(36)=-8$에서 $\pi(36)=996$만이 극댓값인 것을 알 수 있다. $\pi(Q)$ 의 정의역은 $[0,\ \infty]$ 이나 $Q>36$일 때 $\pi'(Q)$는 언제나 0보다 작으므로 최댓값은 $\pi(36)=996$임을 쉽게 알 수 있다.

일반적으로 이윤 π는 총수입에서 비용을 뺀 부분으로 정의되므로 다음과 같이 표현된다.

$$\pi=TR-C$$

그런데 TR과 C가 모두 생산량의 함수이므로 이윤극대화를 위한 1차조건은

$$\frac{d\pi}{dQ}=\frac{dTR}{dQ}-\frac{dC}{dQ}=MR-MC=0$$

으로 「한계수입 = 한계비용」이 되는 경우를 의미한다.

한편 2차조건은

$$\frac{d^2\pi}{dQ^2} = \frac{dMR}{dQ} - \frac{dMC}{dQ} < 0$$

이므로, 이윤극대화를 위한 충분조건은 한계수입곡선의 기울기가 한계비용곡선의 기울기보다 작다는 것을 의미한다.

[예제 9.6]에서 $MR = p = 134$이고, $MC = \frac{1}{4}Q^2 - 10Q + 170$이었으므로

$$\frac{dMR}{dQ} = 0$$
$$\frac{dMC}{dQ} = \frac{1}{2}Q - 10$$

이 된다. 또한 2차조건인

$$\frac{dMR}{dQ} - \frac{dMC}{dQ} < 0$$
$$\Rightarrow -\frac{1}{2}Q + 10 < 0$$
$$\Rightarrow Q > 20$$

이 성립되어야 하는데, 위에서 구한 해인 $Q^* = 36$은 이 두 조건을 모두 만족시킴을 알 수 있다.

예제 9.7

내비게이션용 소프트웨어를 독점공급하고 있는 (주)디지털의 수요함수는 $x = 100 - p$로 추정되고 있다. 여기서 x는 수요량, p는 가격이다. (주)디지털의 생산비용은 다음과 같이 다소 복잡하다.

$$C(x) = \frac{1}{3}x^3 - 7x^2 + 111x + 50$$

(주)디지털은 가격을 얼마로 설정해야 이익을 극대화할 수 있는가?

풀이

우선 (주)디지털의 총수입을 계산하면 다음과 같다.

$$R(x) = px = (100 - x)x = 100x - x^2$$

따라서 순이익은 다음과 같이 정의된다.

$$F(x) = R(x) - C(x) = -\frac{1}{3}x^3 + 6x^2 - 11x - 50$$

미분을 하면,

$$F'(x) = -x^2 + 12x - 11 = -(x-1)(x-11)$$
$$F''(x) = -2x + 12 = -2(x-6)$$

$x=1$, $x=11$일 때 $F'(x)=0$이 되는데, $F''(1)>0$, $F''(11)<0$이므로 $x=11$일 때 극댓값이 된다. 따라서

$$F(11) = 121\left(-\frac{11}{3} + 6 - 1\right) - 50 = \frac{334}{3}$$

$$\text{최적가격 } p^* = 100 - x = 100 - 11 = 89$$

가 결과로 도출된다.

예제 9.8

대형 자동차엔진을 독점생산·판매하는 한국기계는 Q대의 엔진생산에 소요되는 총비용을 $C(Q) = 1{,}000 + 8Q$로 추정하고 있으며, 엔진에 대한 주당 수요는 완전경쟁기업의 경우와는 달리 자사의 생산물에 대하여 우하향하는 수요곡선을 가지며, 구체적인 함수형태는 가격의 함수로 $D(p) = 300 - 2p$인 것으로 나타났다. 이윤을 최대화하기 위해서는 1주에 몇 대를 생산해야 하는가?

풀이

우선 한국기계가 정하고자 하는 가격에 대응하는 소비자 수요를 만족시키기 위한 생산량부터 고려해 보면

$$\underset{(\text{생산량})}{Q} = \underset{(\text{수요량})}{300 - 2p}$$

에서 $p=150-\dfrac{Q}{2}$가 됨을 알 수 있다. 여기서 Q의 정의역은 $0\le Q\le 300$임을 주의해야 한다.

한국기계의 총수입은 $TR(Q)=Q\cdot p=Q\left(150-\dfrac{Q}{2}\right)$가 되므로 이윤은 $\pi(Q)=TR(Q)-C(Q)$를 통해 구할 수 있다. $\pi(Q)$는 $0\le Q\le 300$에서 정의되므로 순이익을 최대화하는 Q값을 구하기 위해서는 우선

$$\pi'(Q)=\frac{d\left(150Q-\dfrac{Q^2}{2}-1{,}000-8Q\right)}{dQ}$$

$$=142-Q=0$$

을 만족하는 Q값을 구해야 한다.

$\pi(142)=9{,}082$, $\pi(0)=-1{,}000$, $\pi(300)=-3{,}400$이므로 이익을 최대화하는 생산량은 142대가 된다.

예제 9.9

한국내비는 생산비용을 $C(x)=\dfrac{1}{3}x^3-6x^2+160x+15$로 추정하고 있다. x를 생산량 또는 수요량, p를 판매가격이라 할 때, 수요함수는 $x=144-p$로 추정하고 있다.

(a) 생산량수준에 관계없이 한계비용이 항상 0보다 큼을 보여라.

(b) 이익을 극대화하는 생산량수준을 구하여라.

풀이

(a) $C'(x)=x^2-12x+160$

$\quad\quad=(x-6)^2+124\ge 124>0$

따라서 한계비용은 항상 0보다 크다.

(b) 이윤을 x의 함수로 나타내면,

$$\begin{aligned}\pi&=px-C(x)=(144-x)x-C(x)\\&=144x-x^2-\frac{1}{3}x^3+6x^2-160x-15\\&=-\frac{1}{3}x^3+5x^2-16x-15\end{aligned}$$

$\pi'(x)=-x^2+10x-16=0 \Rightarrow x^*=2$ 또는 $x^*=8$임을 알 수 있다. $\pi''(x)=-2x+10$이므로 2와 8을 각각 대입하면 $\pi''(2)=6$, $\pi''(8)=-6$에서 $x^*=8$일 때 극댓값이 도출됨을 알 수 있다. 따라서 이익을 극대화하는 생산량은 $x^*=8$이다.

예제 9.10

한국슈퍼퍼블리싱은 저자에게 15% 인세를 지불한다. 이번에 새로 출간한 아동용 도서의 수요는 $x=200-5p$로 추정하고 있다. 한편 출판사가 생각하고 있는 생산비용은 $C=10+2x+x^2$이다. 출판사와 저자 입장에서 각각 이익을 최대화하는 출판부수를 구하여라.

풀이

$p=40-0.2x$이므로 저자의 입장에서 수입은 다음과 같다.

$$Y(x)=(0.15)p\cdot x=(0.15)(40-0.2x)(x)=6x-0.03x^2$$

$Y(x)$를 x에 대해 미분하면 $Y'(x)=6-0.06x=0 \Rightarrow x_A^*=100$부가 된다.

그렇지만 출판사 입장에서 이윤함수를 구해보면

$$\begin{aligned}\pi(x)&=px-(10+2x+x^2)-(6x-0.03x^2)\\&=(40-0.2x)(x)-(10+2x+x^2)-(6x-0.03x^2)\\&=32x-1.17x^2-10\end{aligned}$$

$$\pi'(x)=0 \Rightarrow 32-2.34x=0 \Rightarrow x_B^*=\frac{32}{2.34}=13.68\text{부}=14\text{부}$$

결과적으로 출판사와 저자 간에 상당한 의견차이가 발생할 수 있음을 알 수 있다.

예제 9.11

(주)글로벌테크는 자사가 생산・판매하는 반도체의 가격이 $p=6.4e^{-0.025q}$의 형태를 취한다고 한다. q는 생산량을 의미하고 (주)글로벌테크의 단위당 생산원가는 $2.8e^{-0.025q}$와 같이 다소 독특한 형태를 갖는다. 이익을 극대화하는 생산량과 판매가격을 구하여라.

풀이

이익은 총수익－총비용이므로 순이익함수 π는 다음과 같이 정의된다.

$$\begin{aligned}&\pi(q)=(p-c)q=(6.4e^{-0.025q}-2.8e^{-0.025q})q=3.6(e^{-0.025q})q\\&\pi'(q)=3.6(e^{-0.025q})+3.6(e^{-0.025q})(-0.025)q=0\\&\Rightarrow 3.6(e^{-0.025q})(1-0.025q)=0\\&\Rightarrow 1-0.025q=0 \Rightarrow q^*=40,\ p^*=6.4e^{-(0.025)(40)}\fallingdotseq 2.35\end{aligned}$$

한편, $\pi''(q)=-0.09e^{-0.025q}<0$이므로 $q^*=40$은 최적 생산량이다.

예제 9.12

프랑스에서 최고급 포도주를 수입·판매하는 한국과소비통상은 포도주 1병당 50만원에 수입한다. 이 포도주의 판매가격은 숙성도가 높아짐에 따라 매년 20만원씩 상승한다고 한다. 연이자율이 10%이고 연속적으로 할인가를 계산한다고 가정하는 경우, 이익을 최대화할 수 있는 포도주의 판매시점을 구하여라.

풀이

t년 후의 판매가격은 $V(t)=50+20t$로 나타낼 수 있으므로 제8장에서 학습한 현재가치의 개념을 이용하면

$$\text{현재가치 : } f(t) = V(t)e^{-0.1t} = (50+20t)e^{-0.1t}$$

가 된다. 최적 판매시점이란 결국 $f(t)$를 최대화할 수 있는 t값을 의미하므로,

$$f'(t) = 20e^{-0.1t} + (-0.1)(50+20t)e^{-0.1t} = (15-2t)e^{-0.1t} = 0$$

에서 $t^* = 7.5$가 도출된다.
한편

$$f''(t) = -2e^{-0.1t} + (-0.1)e^{-0.1t}(15-2t) = (0.2t-3.5)e^{-0.1t}$$

에서, $f''(7.5) < 0$이므로 $t^* = 7.5$일 때의 함숫값 $f(7.5)$가 극댓값임을 알 수 있다. 또한 $f'(t)$는 $t > 7.5$일 때 언제나 0보다 작으므로 $f(7.5)$가 최댓값임을 알 수 있다.

예제 9.13

경제적 주문량(economic order quantity : EOQ)이란 기업의 재고관리분야에서 가장 많이 사용되는 모형으로, 단위기간당 총재고유지비용과 총주문비용을 최소화하는 주문량을 의미한다.
여기서 주문비용이란 주문과 관련해서 직접적으로 발생되는 비용으로 구매처 및 가격의 결정, 주문에 관련된 서류작성, 물품수송, 검사, 입고 등의 활동에 소요되는 비용을 지칭한다. 외부에서 구입하지 않고 자체적으로 생산할 때에는 생산준비비용이 주문비용의 역할을 하게 되는데, 생산공정의 변경, 기계, 공구의 교체 및 이로 인한 작업시간의 손실 등이 그 내역을 구성하게 된다.

한편 재고유지비용은 재고를 유지·보관하는 데 소요되는 비용이다. 재고유지비용 중 가장 큰 비중을 차지하는 항목은 이자비용 또는 자본비용으로, 현금이나 유가증권 등의 유동자산으로 가지고 있지 않고 재고 형태로 자금이 묶임으로써 지출하는 비용으로 기회비용적인 성격을 가지고 있다. 이외에도 재고유지비용에는 창고사용료, 보험, 세금, 진부화 및 파손 등에 따른 비용이 포함된다.

일반적으로 주문량이 커질수록 평균재고량은 증가하게 되어 재고유지비용도 역시 증가한다. 매일매일의 수요가 일정하다고 가정한다면 평균재고량은 [그림 9-7]에서와 같이 주문량의 반이 되며, Q를 주문량이라 하면 평균재고량은 $\frac{Q}{2}$가 되어 연간 총재고유지비용은 Q에 비례한다. 한편 주문량 Q가 커질수록 주문횟수는 줄어들게 되며, 이에 따라 연간 총주문비용도 감소한다. 연간 수요를 D라 한다면 연간 주문횟수는 $\frac{D}{Q}$가 되어 총주문비용은 Q에 반비례하는 형태를 취한다.

그림 9-7

재고수준의 변화

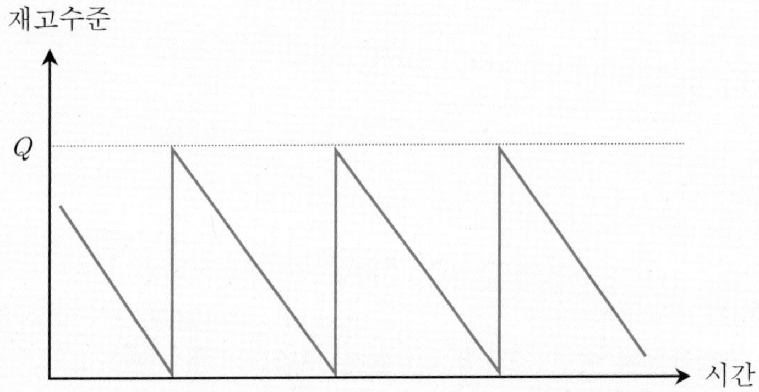

만약 기간당 수요가 일정하며 구입단가가 주문량 Q의 크기와 관계없이 일정하다면 다음의 모형을 이용하여 최적 1회 주문량을 계산할 수 있다. 다음과 같이 정의되는 연간 총비용 TC를 최소화하는 Q값을 구하여라.

$$\text{연간 총비용 } TC = \frac{Q}{2} \times C_h + \frac{D}{Q} \times C_0$$

여기서 D=연간 수요

C_0=1회 주문비용, 즉 주문시마다 발생하는 고정비용

C_h=단위당 연간 재고비용, 즉 재고 1단위를 1년간 보유할 때 발생하는 재고비용

풀이

C_h, C_0, D가 모두 상수이므로 TC를 Q에 대해 미분하고, 그 결과식을 0으로 놓고 방정식을 풀면 최적 주문량 Q^*를 도출할 수 있다. 즉,

$$\frac{dTC}{dQ} = \frac{C_h}{2} - \frac{DC_0}{Q^2} = 0$$

$$Q^* = \sqrt{\frac{2DC_0}{C_h}}$$

가 된다. 한편 2차도함수를 구해보면

$$\frac{d^2\,TC}{dQ^2} = \frac{2DC_0}{Q^3}$$

으로 Q값에 관계없이 언제나 0보다 크게 되므로 TC는 $Q^* = \sqrt{2DC_0/C_h}$일 때 극솟값임을 알 수 있다. 또한 $\frac{dTC}{dQ}$는 Q가 Q^*보다 클 때에는 언제나 0보다 크므로, $Q = Q^*$일 때 TC가 최솟값을 가지게 됨을 알 수 있다.

예제 9.14

한국완구제조회사는 장난감차에 쓰이는 바퀴를 외주에 의존한다. 연간 장난감차의 생산량은 10,000대이며, 차 한 대에 4개의 바퀴가 소요되므로, 연간 총 40,000개의 바퀴를 필요로 한다. 바퀴 1개의 구입단가는 2,000원이며 연간 재고유지비용은 구입단가의 20%이다. 또한 1회 주문비용은 80,000원으로 판명되었다. 경제적 주문량모형을 이용하여 1회 주문량을 계산하여라.

풀이

우선 필요한 자료를 정리해 보면, 연간 수요 D는 40,000개이며, 주문비용 C_0는 80,000원이다. 단위당 연간 재고유지비용은 구입단가의 20%이므로 C_h는 (2,000)×(0.2)=400원이다. 따라서 경제적 주문량 Q^*는 다음과 같이 계산할 수 있다.

$$Q^* = \sqrt{\frac{(2)(40{,}000)(80{,}000)}{(2{,}000)(0.2)}} = 4{,}000$$

앞에서 설명한 경제적 주문량모형은 구입단가가 주문량에 관계없이 일정하다는 가정을 전제로 하여 도출되었다. 그러나 대부분의 경우 많은 양을 한꺼번에 주문할 때 가격을 할인받을 수 있다. 이러한 문제를 모형화하고자 할 때에는 재고유지비용과 주문비용은 물론 연간 구입원가까지 총비용에 포함시켜야 한다. 다시 말해 총비용 TC'는 다음의 형태를 갖게 된다.

$$TC' = \frac{Q}{2} \times C_h(Q) + \frac{D}{Q} \times C_0 + D \times P(Q)$$

이 식에서 $C_h(Q)$는 단위당 연간 재고유지비용이고 $P(Q)$는 구입단가인데 이 두 가지 비용을 주문량 Q의 함수로 표시한 이유는, Q의 변동에 따라 구입단가 및 재고유지비용이 변하기 때문이다. 즉 구입단가는 수량할인에 따라 변동하므로 상수가 될 수 없고, 단위당 재고유지비용도 구입단가에 비례하므로 결과적으로 Q의 함수가 될 수밖에 없다.

앞에서 논의한 한국완구제조회사의 예제에 수량할인에 관한 부분을 첨가하여 다시 한번 고려해 보자.

예제 9.15

한국완구제조회사는 EOQ모형을 적용하기 위해 재고관련비용을 분석한 결과 다음과 같은 자료를 얻을 수 있었다.

연간 수요 $D = 40,000$

1회 주문비용 $C_0 = 80,000$

단위당 연간 재고유지비용 C_h=구입단가의 20%

한편 구입단가는 1회 주문량 Q의 크기에 따라 변할 수 있는데, 그 내역을 정리한 결과 다음과 같은 표를 작성할 수 있었다. 적정 1회 주문량을 계산하여라.

주문량	구입단가
$Q \leq 3,000$	2,200원
$3,000 < Q < 5,000$	2,000원
$Q \geq 5,000$	1,800원

풀이

(a) 우선 Q가 3,000개 이하인 경우부터 고려해 보자. 구입단가가 2,200원이므로, 재고유지비용 C_h는 (2,200)(0.2)=440원이 된다. 따라서 경제적 주문량 Q^*는 약 3,814개가 된다.

$$Q^* = \sqrt{\frac{(2)(40,000)(80,000)}{440}} = 3,814$$

그러나 3,814개를 주문한다면 구입단가가 2,200원이 아닌 2,000원이 되므로, 결과적으로 2,200원을 지불하면서 3,000개 이하를 구입할 필요는 없다는 결론에 도달한다. 수학적으로 이를 보다 자세히 설명해 보기로 하자.

구입단가가 2,200원이라는 조건은 1회 주문량이 3,000개 이하일 때만 성립한다. 따라서 이 경우 3,000개보다 큰 값을 갖는 Q는 고려할 필요가 없다. 주문량을 3,000개로 하는 경우 구입원가를 고려한 총비용 $TC_{Q=3,000}$은 다음과 같다.

$$\begin{aligned} TC_{Q=3,000} &= \frac{3,000}{2}(440) + \frac{40,000}{3,000}(80,000) + (40,000)(2,200) \\ &= 89,726,667 \end{aligned}$$

(b) Q는 3,000과 5,000 사이에 있는 경우에는 구입단가가 2,000원이므로 단위당 연간 재고유지비용 C_h는 (2,000)(0.2)=400원이며, 이에 따라 경제적 주문량 Q^*는 4,000으로 변한다.

$$Q^* = \sqrt{\frac{(2)(40,000)(80,000)}{400}} = 4,000$$

$Q=$ 4,000일 때의 총비용 $TC_{Q=4,000}$을 계산하면 다음과 같다.

$$\begin{aligned} TC_{Q=4,000} &= \frac{4,000}{2}(400) + \frac{40,000}{4,000}(80,000) + (40,000)(2,000) \\ &= 81,600,000 \end{aligned}$$

(c) 마지막으로 Q가 5,000 이상인 경우를 분석해 보자. 구입단가가 1,800원이므로 단위당 연간 재고유지비용 C_h는 (1,800)(0.2)=360원이 된다. EOQ공식을 이용하여 적정주문량 Q를 계산하면 다음과 같다.

$$Q^* = \sqrt{\frac{(2)(40,000)(80,000)}{360}} = 4,216$$

그러나 1회 주문량을 4,216개로 결정하게 되면, 구입단가는 1,800원이 아닌 2,000원이 되어 재고유지비용이 360원이 아닌 400원으로 늘어나게 된다.

Q가 5,000 이상인 경우에만 단위당 재고유지비용이 360원이기 때문에 Q가 5,000보다 적은 경우

의 TC는 정확하지 않다. 최소한 5,000개를 주문해야만 구입단가가 1,800원으로 할인되므로 이 경우 적정주문량은 5,000개가 됨을 알 수 있다. 다시 말해 1,800원으로 할인된 가격에 바퀴를 주문하기 위해서는 1회 주문량이 5,000개 이상이면 된다. 5,000개 이상을 주문해야 하는 경우 최적 주문량은 5,000개이다. Q가 5,000일 때의 총비용 $TC_{Q=5,000}$을 계산하면 다음과 같다.

$$TC_{Q=5,000} = \frac{5,000}{2}(360) + \frac{40,000}{5,000}(80,000) + (40,000)(1,800)$$
$$= 73,540,000$$

(a), (b), (c)의 세 경우를 모두 종합해 총비용 그래프를 작성하면 [그림 9-8]과 같으며, 최적 주문량은 5,000개, 구입원가를 포함한 총비용은 73,540,000원이 됨을 알 수 있다.

그림 9-8

주문량의 변화에 따른 총비용 그래프

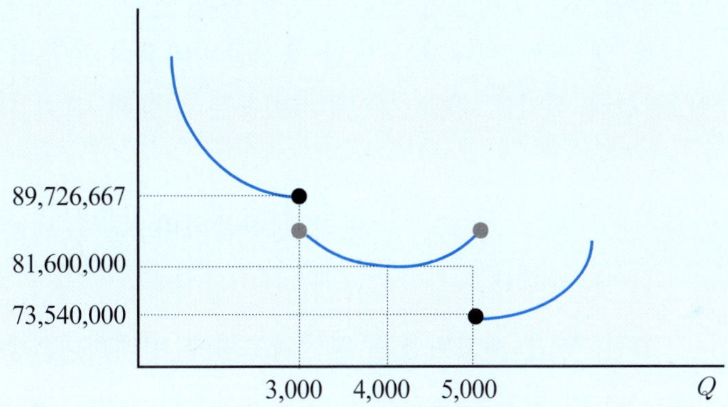

앞에서 살펴본 경제적 주문량과는 달리 기업 자체 내에서 필요한 품목을 생산하면서 이를 바로 사용하는 경우도 가정해 볼 수 있다. 이 경우 분석의 초점은 일단 생산준비를 하면 몇 개를 생산해야 하는 것인가 하는 문제이다. 몇 개를 생산하든 간에 계획된 양을 생산하기 전까지는 조금씩 빼내 사용할 수 없다라는 가정이 성립한다면 경제적 주문량모형을 이용하여 최적 생산량을 계산할 수 있다. 그러나 생산과 동시에 소비가 가능하다면, 즉 계획량을 모두 생산하기 전이라도 실시간 주문 수요 충족을 위해 재고의 일부가 소진되는 것을 허용한다면 또 다른 모형을 개발할 필요가 있다. 경제적 생산량모형은 이러한 문제를 해결하기 위해 개발된 것으로, 기본적인 가정은 다음과 같다.

- 매기간 필요소요량은 일정하며, 생산능력을 초과하지 않는다.
- 단위당 재고유지비용은 생산량에 관계없이 일정하다.
- 생산준비비용, 즉 생산을 개시하기 위해 필요한 기계설비의 조정 및 이로 인해 발생하는 유휴기계시간을 비용으로 환산한 값은 1회 생산량의 크기에 관계없이 일정하다.

여기서 생산준비비용을 C_s라 하고, 연간 수요량과 단위당 연간 재고유지비용은 이전과 같이 D와 C_h로 각각 표시하기로 하자. 또한 1일 생산능력을 p라 하고 연간 수요 D를 1일 수요량으로 환산하여 이를 d라 표시하기로 하자. 경제적 주문량모형에서는 총비용이 연간 주문비용과 연간 재고유지비용으로 구성되어 있지만, 경제적 생산량모형에서는 연간 생산준비비용이 주문비용의 역할을 한다. 1회 생산량을 Q라 한다면 연간 생산준비비용은 다음과 같이 나타낼 수 있다.

$$\text{연간 생산준비비용} = \frac{D}{Q} \times C_s$$

한편, 연간 재고비용은 평균재고량에 비례하나, 생산과 소비가 동시에 이루어지는 기간이 있으므로 경제적 주문량모형과 같이 간단하지는 않다. [그림 9-9]를 살펴보면 재고가 0에서 시작하여 최대 $I_{\max}$까지 증가했다가 다시 0으로 떨어지는 데 소요되는 시간이 $t_1 + t_2$로 설정되어 있다. 첫 t_1기간 동안은 Q만큼의 생산이 이루어지나 소비도 병행되기 때문에 최대 재고 $I_{\max}$는 $Q/2$에 미치지 못한다. t_2기간에는 t_1기간 동안 소비하고 남은 물량을 사용하며 생산이 병행되지는 않는다.

총재고유지비용을 계산하기 위해서는 최대재고수준인 $I_{\max}$를 알아야 한다. 생산은 t_1기간 동안만 하게 되므로 그 기간 동안 소비하고 재고로 남은 물량이 바로 $I_{\max}$가 된다. 1일 생산량이 p이며 소비량이 d이므로, 하루 동안에 누적되는 재고량은 $(p-d)$이다. 한편, t_1은 Q만큼을 생산하기 위해 소요되는 시간이므로 t_1을 Q와 p로 나타내면 다음과 같다.

그림 9-9

최대재고수준과 평균재고수준

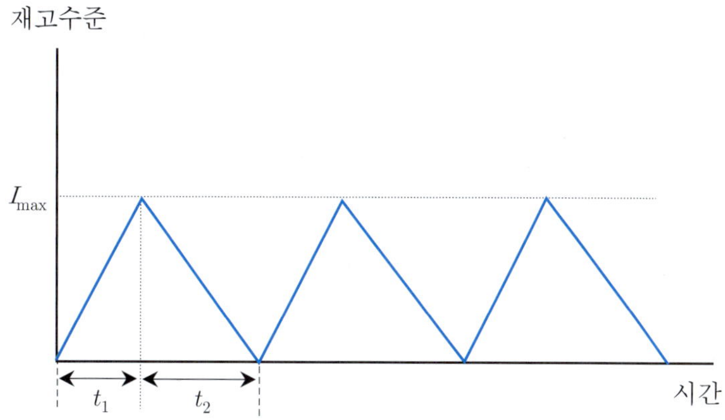

$$t_1 = \frac{Q}{p}$$

최대재고수준 I_{max}는 t_1기간 동안 누적된 재고량이므로 t_1에 1일 누적재고량을 곱해 구할 수 있다.

$$I_{max} = t_1 \cdot (p-d) = \frac{Q}{p}(p-d)$$

따라서 t_1기간의 평균재고수준은 $I_{max}/2$이며 t_2기간 역시 평균재고는 $I_{max}/2$이므로, 결과적으로 연간 재고유지비용은 다음과 같이 계산할 수 있다.

$$\begin{aligned} \text{연간 재고유지비용} &= \frac{I_{max}}{2} \cdot C_h \\ &= \frac{1}{2}\,\frac{Q}{p}(p-d) \cdot C_h \\ &= \frac{Q}{2}\left(\frac{p-d}{p}\right) \cdot C_h \end{aligned}$$

이 식에서 $\frac{p-d}{p}C_h$를 C_h'이라 한다면 연간 총비용 TC는 다음과 같다.

$$TC = \frac{Q}{2}C_h' + \frac{D}{Q}C_s$$

이는 경제적 주문량모형에서는 총비용함수와 유사한 형태로 C_h와 C_o 대신 C_h'과 C_s가 들어가 있다는 차이밖에 없다. 따라서 최적 1회 생산량 Q^* 역시 경제적 주문량공식에서 C_h와 C_o 대신 C_h'과 C_s를 이용한 형태가 된다.

$$Q^* = \sqrt{\frac{2DC_s}{C_h'}} = \sqrt{\frac{2DC_s}{\left(\frac{p-d}{p}\right)C_h}}$$

$$TC = \sqrt{2DC_s C_h\left(\frac{p-d}{p}\right)}$$

예제 9.16

한국완구제조는 외주에 의존하던 바퀴를 자체 제작하기로 하였다. 연간 수요량은 40,000개, 단위당 연간 재고유지비용은 400원이며 생산준비비용은 60,000원으로 추정되었다. 1일 최대생산능력을 500개, 연간 조업일수를 320일이라 할 때 적정 1회 생산량은 얼마이겠는가?

풀이

연간 수요가 40,000개이고 조업일수가 320일이므로 1일 평균수요 d는 40,000/320=125개가 된다. 한편, $D = 40{,}000$, $C_s = 60{,}000$, $C_h = 400$이므로 이를 경제적 생산량공식에 대입하면 Q^*는 4,000개가 되며 이에 따른 연간 총비용은 1,200,000원이 된다.

$$Q^* = \sqrt{\frac{(2)(40{,}000)(60{,}000)}{\left(\frac{500-125}{500}\right)(400)}} = 4{,}000$$

$$TC = \sqrt{(2)(40{,}000)(60{,}000)(400)\left(\frac{500-125}{500}\right)} = 1{,}200{,}000$$

제 3 절 볼록함수와 오목함수

함수의 최댓값과 최솟값을 구하기 위해서는 함수가 정의되는 구간에서의 극댓값과 극솟값은 물론, 정의역이 폐구간일 때에는 양쪽 끝점에서의 함숫값도 계산해야 한다. 더구나 정의역이 [0, ∞]처럼 무한한 경우에는 함수 자체가 증가함수인지 감소함수인지 여부까지도 알 수 있어야만 최댓값과 최솟값을 구할 수 있다.

그러나 경우에 따라서는 1차도함수만을 이용하여 손쉽게 최솟값과 최댓값을 구할 수 있다. 볼록함수와 오목함수의 개념은 경영 · 경제학에서 흔히 쓰이는 것으로, 일단 분석의 대상이 함수가 볼록함수인 것으로 판단되면 최솟값이나 극솟값을 구하기 쉬우며, 이와 반대로 함수가 오목함수인 경우에는 최댓값이나 극댓값을 구하기 쉽기 때문에, 많은 경우 극값이나 최댓값 · 최솟값의 계산에 앞서 함수가 볼록인지 오목인지부터 알아보곤 한다.

볼록함수(convex function)의 개념을 구체적으로 살펴보기에 앞서 우선 n차원(R^n)에서의 두 점을 연결하는 직선을 정의해 보기로 하자.

두 개의 점 $p=(p_1,\ p_2,\ \cdots,\ p_n)$과 $q=(q_1,\ q_2,\ \cdots,\ q_n)$이 주어져 있을 때 이 두 점을 연결하는 직선(line segment)은

$$\{x \mid x=\lambda p+(1-\lambda)q,\ 0\le\lambda\le 1\}$$

로 정의할 수 있다. 예를 들어 평면(2차원)의 경우 $p=(p_1,\ p_2)$, $q=(q_1,\ q_2)$라 한다면 다음과 같이 정의되는 $x=(x_a,\ x_b)$는 p와 q를 연결하는 직선상에 존재하게 된다.

$$x_a=\lambda p_1+(1-\lambda)q_1$$
$$x_b=\lambda p_2+(1-\lambda)q_2$$
$$(\text{단, } 0\le\lambda\le 1)$$

이 두 식을 이용하여 λ값을 구해보면 다음과 같다.

$$\frac{x_a - q_1}{p_1 - q_1} = \frac{x_b - q_2}{p_2 - q_2} = \lambda$$

또한 첫 번째 등식에서

$$\frac{x_a - q_1}{x_b - q_2} = \frac{p_1 - q_1}{p_2 - q_2}$$

이 성립함을 알 수 있다. 여기서 $\frac{p_1 - q_1}{p_2 - q_2}$은 p와 q를 지나는 직선의 기울기이며, $\lambda \geq 0$이라는 것은 p와 q를 연결하는 직선상에 (x_a, x_b)가 위치한다는 의미이다.

이제 볼록함수(convex function)의 정의를 내려보면 다음과 같다.

정의

$f(x)$의 정의역에 포함된 임의의 두 점 x_1과 x_2가 주어져 있을 때, 0과 1 사이의 λ값에 대해($0 \leq \lambda \leq 1$)

$$f[\lambda x_1 + (1-\lambda)x_2] \leq \lambda f(x_1) + (1-\lambda) f(x_2)$$

가 성립하면 $f(x)$를 볼록함수라 한다.

만약

$$f[\lambda x_1 + (1-\lambda)x_2] < \lambda f(x_1) + (1-\lambda) f(x_2)$$

가 성립하면 $f(x)$는 엄격한 볼록함수(strictly convex function)라 한다.

이 정의를 그림을 통해 좀더 알아보기로 하자. $y = f(x)$가 볼록함수라고 정의한다는 것은 [그림 9-10]에서와 같이 $(x_1, f(x_1))$과 $(x_2, f(x_2))$를 연결하는 직선이 $y = f[\lambda x_1 + (1-\lambda)x_2]$값보다 항상 위에 위치한다는 것을 의미한다. 따라서 $y = f(x)$가 볼록함수인가를 알아보기 위해서는 $\lambda = \frac{1}{2}$일 때

$$f\left(\frac{1}{2}x_1 + \frac{1}{2}x_2\right) \leq \frac{1}{2}[f(x_1) + f(x_2)]$$

가 성립하는가를 계산해 보면 된다.

그림 9-10
볼록함수의 예시

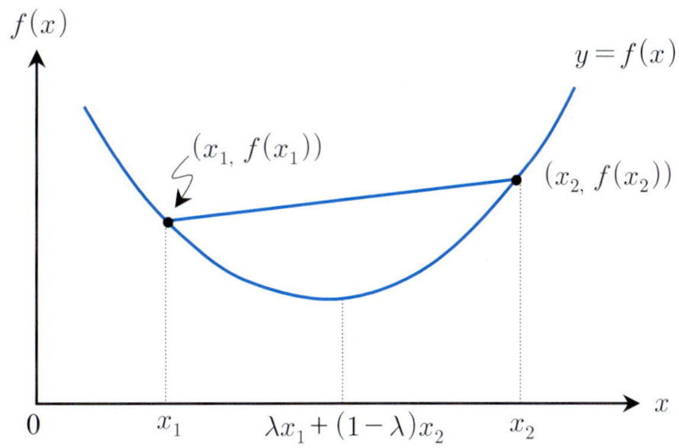

이번에는 오목함수(concave function)를 정의해 보도록 하자.

정의

함수 $(-1)f(x)$가 볼록함수이면 $f(x)$는 오목함수이다. 다시 말해 $f(x)$의 정의역에 포함된 임의의 두 점 x_1과 x_2가 주어져 있을 때, 0과 1 사이의 λ값에 대해$(0 \leq \lambda \leq 1)$

$$f[\lambda x_1+(1-\lambda)x_2] \geq \lambda f(x_1)+(1-\lambda)f(x_2)$$

가 성립하면 $f(x)$를 오목함수라 한다.
만약,

$$f[\lambda x_1+(1-\lambda)x_2] > \lambda f(x_1)+(1-\lambda)f(x_2)$$

가 성립하면 $f(x)$는 엄격한 오목함수(strictly concave function)라 한다.

따라서 $f(x)$가 볼록함수이면 $-f(x)$는 오목함수가 되며, $f(x)$가 오목함수이면 $-f(x)$는 볼록함수가 된다. 한편 $y=ax+b$와 같은 직선은 오목함수이면서 볼록함수이다. 또한 $f(x)$와 $g(x)$가 볼록함수이면 $f(x)+g(x)$ 역시 볼록함수가 된다. 참고로 [그림 9-11]에서 (b)는 볼록함수, (c)와 (d)는 오목함수임을 알 수 있으며, 나머지 (a)와 (e)는 볼록함수도 오목함수도 아님을 알 수 있다.

그림 9-11

함수형태의 예시

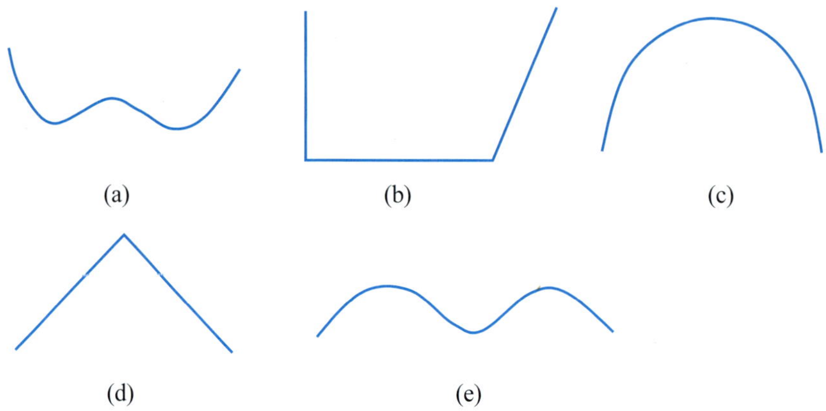

예제 9.17

다음에 주어진 각각의 함수가 볼록함수인지 오목함수인지 판정하여라.

(a) $f(x)=2x^2-3x+1$ (b) $g(x)=-3x^2+4x$

풀이

(a) $\lambda=\dfrac{1}{2}$일 때의 $f[\lambda x_1+(1-\lambda)x_2]-[\lambda f(x_1)+(1-\lambda)f(x_2)]$를 계산해 보면

$$\begin{aligned}
&f\left(\frac{1}{2}x_1+\frac{1}{2}x_2\right)-\left[\frac{1}{2}f(x_1)+\frac{1}{2}f(x_2)\right]\\
&=\frac{1}{2}(x_1^2+2x_1x_2+x_2^2)-\frac{3}{2}(x_1+x_2)+1\\
&\quad-\left(x_1^2-\frac{3}{2}x_1+\frac{1}{2}+x_2^2-\frac{3}{2}x_2+\frac{1}{2}\right)\\
&=-\frac{1}{2}(x_1^2-2x_1x_2+x_2^2)=-\frac{1}{2}(x_1-x_2)^2\le 0
\end{aligned}$$

이므로 $f(x)$는 볼록함수이다.

(b) $g\left(\frac{1}{2}x_1+\frac{1}{2}x_2\right)-\left(\frac{1}{2}g(x_1)+\frac{1}{2}g(x_2)\right)$

$=-\frac{3}{4}(x_1^2+2x_1x_2+x_2^2)+2(x_1+x_2)-\left(-\frac{3}{2}x_1^2+2x_1-\frac{3}{2}x_2^2+2x_2\right)$

$=\frac{3}{4}(x_1^2-2x_1x_2+x_2^2)=\frac{3}{4}(x_1-x_2)^2 \geq 0$

따라서 $g(x)$는 오목함수임을 알 수 있다.

함수 $y=f(x)$가 볼록함수인지 오목함수인지 여부는 볼록 · 오목함수의 정의를 이용하여 판정할 수도 있으나, 다음의 정리를 이용하면 손쉽게 볼록함수인지 오목함수인지 알 수 있다.

정리

함수 f의 2차도함수가 존재할 때

(a) 정의역의 모든 x값에 대해 $f''(x) \geq 0(f''(x) \leq 0)$이 성립하면 $f(x)$는 볼록함수(오목함수)이며, $f''(x)>0(f''(x)<0)$이 성립하면 $f(x)$는 엄격한 볼록함수(엄격한 오목함수)이다.

(b) $f(x)$가 볼록함수(오목함수)이면 정의역의 모든 x값에 대해 $f''(x) \geq 0(f''(x) \leq 0)$이 성립하며, $f(x)$가 엄격한 볼록함수(엄격한 오목함수)이면 정의역의 모든 x값에 대해 $f''(x)>0(f''(x)<0)$이 성립한다.

예제 9.18

다음 함수가 볼록함수인지 오목함수인지 구분하여라.

(a) $f(x)=2x^2-3x+10$

(b) $g(x)=-3x^2+4x+2$

(c) $k(x)=2x+\frac{6}{x}$

(d) $h(x)=x^3+x^2+1$

(e) $Q(x)=\sqrt{1+x^2}$

풀이

(a) $f'(x)=4x-3$, $f''(x)=4>0$이므로 $f(x)$는 볼록함수이다.

(b) $g'(x) = -6x + 4$, $g''(x) = -6 < 0$에서 $g(x)$는 오목함수임을 알 수 있다.

(c) $k'(x) = 2 + (6)(-1)x^{-2}$, $k''(x) = 12x^{-3}$으로 x값에 따라 0보다 클 수도 있고 작을 수도 있다. 따라서 $k(x)$는 볼록함수도 오목함수도 아니다.

(d) $h'(x) = 3x^2 + 2x$, $h''(x) = 6x + 2$이므로 $h''(x)$는 x값에 따라 0보다 클 수도 있고 작을 수도 있다. 따라서 $h(x)$는 볼록함수도 오목함수도 아니다.

(e) $Q'(x) = \dfrac{x}{\sqrt{1+x^2}}$이므로 $x=0$에서 임곗값을 가지고 $Q''(0)$은 변곡점이 됨을 알 수 있다. 따라서 $Q(x)$는 볼록함수도 오목함수도 아니다.

이제 볼록함수와 오목함수가 왜 관심의 대상이 되었는지 다음의 정리를 통해 알아보기로 하자.

정리

(a) 볼록함수의 극솟값은 그 함수의 최솟값이며 오목함수의 극댓값은 그 함수의 최댓값이다.

(b) 엄격한 볼록함수의 극솟값은 그 함수의 최솟값일 뿐만 아니라 최솟값을 갖게 하는 x^*값이 단 하나뿐이며, 엄격한 오목함수의 극댓값은 그 함수의 최댓값일 뿐만 아니라 최댓값을 갖게 하는 x^*값이 단 하나뿐이다.

따라서 주어진 함수가 볼록함수인 것으로 판명되었다면 $f'(x^*) = 0$을 만족하는 x^*의 함숫값 $f'(x^*)$는 곧 최솟값이 되며 주어진 함수가 오목함수인 것이 판명되었다면 $f'(x^*) = 0$을 만족하는 x^*의 함숫값 $f(x^*)$는 곧 최댓값이 됨을 알 수 있다.

더구나 주어진 함수가 엄격한 볼록함수이거나 엄격한 오목함수일 때에는 극값 $f(x^*)$를 만족시키는 x^*값이 단 하나뿐임을 알 수 있다.

예제 9.19

총생산비용함수가 $C(Q) = \frac{1}{30}Q^2 + 20Q + 480$으로 주어져 있을 때 평균생산비용을 최소화할 수 있는 생산량수준 Q^*를 구하여라.

풀이

평균생산비용함수는 $C(Q) / Q = AC(Q) = \frac{1}{30}Q + 20 + \frac{480}{Q}$이므로

$$AC'(Q) = \frac{1}{30} + (480)(-1)Q^{-2} = 0 \Rightarrow Q^* = 120$$
$$AC''(Q) = 960Q^{-3}$$

이 되어 $AC''(Q)$는 Q값에 관계없이 언제나 0보다 크거나 같다($\because Q > 0$). 따라서 $AC(Q)$가 볼록함수이며, 이에 따라 $Q^* = 120$이 평균생산비용을 최소화하는 생산량수준이라는 결론을 내릴 수 있다.

예제 9.20

[예제 9.13]에서 살펴본 경제적 주문량모형의 비용함수 $TC = \frac{Q}{2} \times C_h + \frac{D}{Q} \times C_0$는 볼록함수인가 오목함수인가?

풀이

$$TC'(Q) = \frac{C_h}{2} - \frac{DC_0}{Q^2}$$
$$TC''(Q) = \frac{2DC_0}{Q^3}$$

$TC''(Q)$는 0이 아닌 모든 Q값에 대해 0보다 크게 되므로 TC가 볼록함수임을 알 수 있으며 $Q^* = \sqrt{\frac{2DC_0}{C_h}}$에서 총비용이 최소가 됨을 알 수 있다.

예제 9.21

남태평양의 소왕국에서는 자동차 판매시 1대당 t만큼의 세금을 부과하려고 한다. P_B는 세금 t를 포함하여 소비자가 지불해야 하는 가격이고, P_S는 자동차생산업체가 세금 t를 정부에 납부한 뒤 받을 수 있는 가격이라 할 때 수요함수와 공급함수는 다음과 같이 추정된다.

$$D = 50 - 2P_B, \quad S = -10 + P_S$$

세금납부액을 극대화하기 위해서는 세금이 어느 수준이어야 하는가?

풀이

수요와 공급 가격이 일치해야 하므로

$$P_S = P_B - t$$

따라서 $D = 50 - 2P_B$, $S = -10 + (P_B - t)$이다.

$D = S$가 성립해야 하므로 $50 - 2P_B = -10 + P_B - t$를 정리하면 균형가격은 다음과 같다.

$$P_B^* = \frac{60+t}{3}$$

한편 균형수급량은 다음과 같이 도출된다.

$$D^* = 50 - (2)\left(\frac{60+t}{3}\right) = \frac{30-2t}{3}$$

총세금납부액은

$$T(t) = tD^* = t\left(\frac{30-2t}{3}\right) = \frac{30t-2t^2}{3}$$

이며, $T'(t^*) = 0 \Rightarrow t^* = 7.5$가 도출된다. 한편 $T''(t) = -\frac{4}{3} < 0$이므로 $T(t)$는 오목함수이다. 결과적으로 $t^* = 7.5$일 때 세금액이 최대가 되며 $T(t^*) = 37.5$가 도출된다.

보론 테일러 시리즈와 극값 판정

본장 제1절에서 고차도함수를 이용한 극값판정법을 증명 없이 기술한 바 있다. 이 정리를 다시 한 번 살펴보면 다음과 같다.

정리

n차 도함수가 존재하는 $f(x)$가 $f'(x^*)=f''(x^*)=\cdots=f^{(n-1)}(x^*)=0$, $f^{(n)}(x^*)\neq 0$을 만족할 때

(a) n이 짝수이고 $f^{(n)}(x^*)<0$이면 $f(x^*)$는 극댓값이며,

(b) n이 짝수이고 $f^{(n)}(x^*)>0$이면 $f(x^*)$는 극솟값이다.

(c) 만약 n이 홀수이면 $f(x^*)$는 극값이 될 수 없다.

본 [보론]에서 테일러 시리즈(Taylor series)라는 함수의 확장(expansion) 원리를 이용하여 위의 정리를 증명해 보고자 한다.

1. 테일러 시리즈의 형태

테일러 시리즈는 원함수의 형태가 다항함수(polynomial function)냐 또는 임의의 함수(arbitrary function)냐에 따라 그 형태가 다소 달라진다.

(1) 다항함수의 경우

n차 다항함수인 $f(x)=a_0+a_1x+a_2x^2+\cdots+a_nx^n$이 주어져 있을 때, 테일러 시리즈는 임의의 x값 x_0와 도함수를 이용하여 다음과 같이 나타낸 함수를 의미한다.

$$f(x)=\frac{f(x_0)}{0!}+\frac{f'(x_0)}{1!}(x-x_0)+\frac{f''(x_0)}{2!}(x-x_0)^2\cdots+\frac{f^{(n)}(x_0)}{n!}(x-x_0)^n$$

보론예제 9.1

$f(x) = 2 + 4x + 3x^2$이고 $x_0 = 2$일 때 테일러 시리즈가 $f(x)$를 제대로 나타낼 수 있는지 확인하여라.

풀이

$f(2) = 2 + 8 + 12 = 22$, $f'(2) = 4 + 12 = 16$, $f''(2) = 6$을 이용하여 테일러 시리즈를 구해보면 다음과 같다.

$$\begin{aligned} f(x) &= f(2) + f'(2)(x-2) + \frac{f''(2)}{2!}(x-2)^2 \\ &= 22 + (16)(x-2) + (3)(x-2)^2 \\ &= 22 + 16x - 32 + 3x^2 - 12x + 12 \\ &= 2 + 4x + 3x^2 \end{aligned}$$

따라서 원래의 함수 $f(x)$와 테일러 시리즈를 이용하여 구한 $f(x)$가 일치함을 알 수 있다.

(2) 임의의 함수 $\phi(x)$의 경우

다항함수가 아닌 임의의 함수 $\phi(x)$도 $x = x_0$을 중심으로 하여 확장시킬 수 있다.

$$\begin{aligned} \phi(x) = & \frac{\phi(x_0)}{0!} + \frac{\phi'(x_0)}{1!}(x - x_0) + \frac{\phi''(x_0)}{2!}(x - x_0)^2 + \cdots\cdots \\ & + \frac{\phi^{(n)}(x_0)}{n!}(x - x_0)^n + \frac{\phi^{(n+1)}(p)}{(n+1)!}(x - x_0)^{n+1} \\ \equiv & P_n + R_n \end{aligned}$$

이 식에서 R_n항의 p는 x와 x_0 사이의 값으로 x_0에 매우 가까운 값이어야 한다. 이 시리즈와 다항함수의 테일러 시리즈의 차이점은 $\phi(x)$의 경우 R_n이라는 항이 추가되어 있다는 것이다. 만약 $\phi(x)$가 n차 다항함수라면 $R_n = 0$이 되어 P_n만 남게 된다. 이처럼 R_n이 추가되어 있는 것은 $\phi(x)$가 임의의 함수형태를 취하게 되면 앞에서와 같이 정확히 다항함수 형태로 나타내기 힘들기 때문이다.

보론예제 9.2

$\phi(x)=\dfrac{1}{(1+x)}$일 때 $x_0=2,\ n=3$을 이용하여 테일러 시리즈를 구하여라.

풀이

$$\phi(2)=\frac{1}{3}$$

$$\phi'(x)=-(1+x)^{-2},\ \phi'(2)=-\frac{1}{9}$$

$$\phi''(x)=2(1+x)^{-3},\ \phi''(2)=\frac{2}{27}$$

$$\phi^{(3)}(x)=-6(1+x)^{-4},\ \phi^{(3)}(2)=-\frac{6}{81}$$

$$\phi(x)=\frac{1}{3}-\frac{1}{9}(x-2)+\frac{1}{27}(x-2)^2-\frac{1}{81}(x-2)^3+R_3$$

2. 극값 판정을 위한 n차 도함수 테스트

이제 n차 도함수를 이용한 극값 판정 정리를 몇 가지 예를 통해 증명해 보기로 하자.

(1) $f'(x^*)=0$이고 $f''(x^*)\neq 0$인 경우

$n=1$인 테일러 시리즈를 고려해 보면 다음과 같다.

$$f(x)-f(x^*)=f'(x^*)(x-x^*)+\frac{f''(p)}{2!}(x-x^*)^2=0+\frac{1}{2}f''(p)(x-x^*)^2$$

여기서 마지막 항의 p는 x와 x^* 사이의 값으로 x^*에 매우 가까운 값이다. 따라서 $f''(p)$의 부호(sign)는 $f''(x^*)$와 일치하게 된다.

한편 $(x-x^*)^2$는 x값에 관계없이 언제나 0보다 크므로 $f(x)-f(x^*)$는 $f''(x^*)$의 부호에 따라 0보다 크거나 작게 된다. 즉

(a) $f''(x^*) < 0$이면 $f(x) < f(x^*)$가 되어 $f(x^*)$는 극댓값이 되며
(b) $f''(x^*) > 0$이면 $f(x) > f(x^*)$가 되어 $f(x^*)$는 극솟값이 된다.

(2) $f'(x^*) = f''(x^*) = 0$이나 $f^{(3)}(x^*) \neq 0$인 경우
이번에는 $n = 2$인 테일러 시리즈를 생각해 보면 $f(x^*)$가 극값이 될 수 없음을 알 수 있다.

$$f(x) - f(x^*) = f'(x^*)(x - x_0) + \frac{f''(x^*)}{2!}(x - x^*)^2 + \frac{f^{(3)}(p)}{3!}(x - x^*)^3$$

여기서 $f'(x^*) = f''(x^*) = 0$이므로

$$f(x) - f(x^*) = \frac{1}{6}f^{(3)}(p)(x - x^*)^3$$

이 된다. (1)의 경우와 마찬가지로 $f^{(3)}(p)$의 부호는 $f^{(3)}(x^*)$와 일치하게 된다.

x가 x^*보다 큰 경우에는 $(x - x^*)^3 > 0$이 되고 x가 x^*보다 작을 때에는 $(x - x^*)^3 < 0$이 되어 $f^{(3)}(p)$의 부호에 관계없이 $f(x) - f(x^*)$는 0보다 클 수도 있고 작을 수도 있다. 다시 말해 $f(x^*)$는 극값이 될 수 없다.

(3) $f'(x^*) = f''(x^*) = f^{(3)}(x^*) = 0$이고 $f^{(4)}(x^*) \neq 0$인 경우
$n = 3$인 테일러 시리즈와 $f'(x^*) = f''(x^*) = f^{(3)}(x^*) = 0$의 조건을 감안하면

$$f(x) - f(x^*) = \frac{1}{4!}f^{(4)}(p)(x - x^*)^4$$

가 된다. 따라서 $f^{(4)}(x^*) > 0$이면 $f(x) - f(x^*) > 0$이 되어 $f(x^*)$는 극솟값이 되며, 반대로 $f^{(4)}(x^*) < 0$이면 $f(x) - f(x^*) < 0$이 되어 $f(x^*)$는 극댓값이 된다.

이 결과를 일반화시키면 바로 n차 도함수를 이용한 극값 판정 정리가 된다.

CHAPTER 9

연습문제

1. 다음에 주어진 함수의 극값을 구하여라.

(a) $g(x) = x^3 + 3x^2 + 3x + 4$ (b) $p(z) = z^3 - 3z^2$

(c) $f(x) = x^4 - 4x + 2$ (d) $H(x) = \frac{1}{2}x^4 - x^2 + 2$

(e) $f(x) = (x+4)(x+1)^2$ (f) $f(x) = (x^2 - 2x)^4$

2. 다음에 주어진 함수들의 최댓값과 최솟값을 구하여라.

(a) $f(x) = x^2 - 2x + 1$ (단, $0 \le x \le 3$)

(b) $h(\mu) = \mu^3 - 3\mu^2$ (단, $-1 \le \mu \le 1$)

(c) $g(x) = 4x + \frac{16}{x^2}$ (단, $1 \le x \le 4$)

3. 새로 개발된 합성섬유를 이용하여 거실용 카페트를 독점생산·판매하는 한국섬유는 1주일간의 수요량을 $Q = D(p) = 231 - \frac{p}{2}$로 추정하고 있다(여기서 가격 p의 단위는 10만원임). 총생산비용함수가 $C(Q) = \frac{1}{6}Q^3 - 8Q^2 + 142Q + 200$으로 주어져 있을 때 이윤을 최대화할 수 있는 생산량 Q^*와 그에 따른 가격 p^*를 구하여라. 단 한국섬유의 1주일 생산능력은 25장을 초과할 수 없다.

4. 노트북형 PC를 생산하는 한국전자는 x대의 PC를 생산하는 데 소용되는 비용이 $C(x) = \frac{1}{6}x^3 - 8x^2 + 142x + 200$인 것으로 분석하였다. 노트북형 PC의 시장가격이 150만원이라 할 때 이익을 최대화할 수 있는 생산량수준 x^*를 구하여라.

5. 총생산비용함수가 $C(x)=\dfrac{1}{30}x^2+20x+480$으로 주어져 있을 때

(a) 평균생산비용을 최소화할 수 있는 생산량수준 x^*를 구하여라.

(b) $x=x^*$일 때 평균생산비용과 한계생산비용이 일치함을 보여라.

6. 기업의 노동수요함수가 다음과 같다.

$$L^d=100-2w$$

여기서, L_d는 노동수요, w는 임금을 나타낸다. 노동조합이 전체 고용자수보다는 조합원들의 총 임금소득을 최대로 하고자 할 때 임금 w를 얼마나 요구할 것인가?

7. 최첨단 하이브리드 엔진을 독점생산하고 있는 한국하이브리드는 x대의 엔진생산에 소요되는 비용을 $C(x)=20+2x+0.5x^2$으로 추정하고 있고, 엔진에 대한 수요는 자사의 생산량에 대해 우하향하는 수요곡선을 가지며, 구체적인 함수는 $p=52-2x$인 것으로 추정하고 있다. 이윤을 최대화하기 위해서는 몇 대를 생산해야 하는가?

8. 최첨단 디지털 사진용지를 독점판매하고 있는 한국KS는 사진용지에 대한 수요를 $p=150-2x$로 추정하고 있다. 여기서 p는 가격이고 x는 수요량이다. 한국KS가 추정하고 있는 총생산비용함수가 $C=0.1x^3-3x^2+50x+100$이라 할 때, 이익을 최대화할 수 있는 가격과 생산량을 구하여라.

9. 효용함수 $U=aQ^b$ (단, $a>0,\ 0<b<1$)가 오목함수임을 보여라.

10. 한국골동품센터는 800만원의 가치를 지닌 골동품을 구입하였다. 이 골동품의 t년 후의 가치가 $V(t)=800e^{\frac{\sqrt{t}}{4}}$이며 연이자율을 5%라 가정하고, 이익을 극대화하는 골동품의 최적 판매시점 t^*를 구하여라.

11. 유럽에서 최고급 포도주를 수입 · 판매하는 한국통상은 포도주를 1병당 20만원에 수입한다. 이 포도주의 판매가격은 숙성도가 높아짐에 따라 매년 5만원씩 상승한다고 한다. 연이자율을 10%로 설정하고 연속적으로 할인가를 계산한다고 가정한다. 이익을 극대화할 수 있는 포도주의 최적 판매시점 t^*를 구하여라.

12. 어느 개인이 현재시점에서의 소비와 미래시점에서의 소비 사이에서 고민하고 있다. 현재시점에서의 소비는 C_1, 미래시점에서의 소비는 C_2라고 가정해 보자. 현재에는 m_1, 그리고 미래에는 m_2만큼 벌 수 있다고 할 때, 이 사람의 효용함수는 다음과 같이 정의된다.

$$U = \ln C_1 + \frac{\ln C_2}{1+r}$$

여기서 r은 할인율을 의미한다. 어떻게 소비계획을 수립하는 것이 효용을 극대화할 수 있는가?

13. 문제 **12**에서 효용함수가 $U = (C_1)\left(\dfrac{C_2}{1+r}\right)$라면 답이 어떻게 변하겠는가?

14. (주)글로벌식자재는 필리핀에서 망고를 수입·판매한다. Q톤의 망고를 수입할 때 (주)글로벌식자재가 받을 수 있는 톤당 가격은 $P = \alpha_1 - \frac{2}{3}Q$로 추정된다. 필리핀에서 지불해야 하는 톤당 구매가격은 $P = \alpha_2 - \frac{1}{6}Q$로 알려져 있다. 또한 필리핀에서 우리나라까지 수송하는 데 소요되는 물류비용으로 톤당 r을 지불해야 한다.

(a) (주)글로벌식자재의 이윤을 Q의 함수로 나타내어라.

(b) $\alpha_1 - \alpha_2 - r > 0$이라 가정하고 이윤을 극대화하는 망고 수입량 Q^*를 구하여라.

(c) 필리핀 정부가 수출되는 망고에 대해 톤당 t만큼의 세금을 부과한다면 (b)의 답은 어떻게 바뀔 것인가?

※ [문제 15에서 22까지는 EOQ모형에 관한 것임]

15. 한국제지총판은 주기적으로 종이를 주문하여 소매점에 판매하는 대규모 도매상이다. 연간 수요는 100톤이며, 주문비용은 1회 평균 10만원, 구입원가는 톤당 4만원이다. 운영자금에 대한 연간 이자비용을 20%라 할 때 최적 1회 주문량을 구하여라.

16. 한국유류는 연간 20톤의 윤활유를 공급받아, 이를 1리터 용기에 포장하여 판매하고 있다. 톤당 연간 재고유지비용은 20만원이며, 주문비용은 2.5만원으로 추정된다. 수송차량의 용량은 10톤이며 1회 수송비용은 25만원이라 할 때 최적 1회 주문량은 얼마인가?

17. 고려전자는 생산라인에 투입할 기능공을 자체 교육할 훈련프로그램을 개설하였다. 정원 60명의 8주 프로그램은 1,200만원이 소요되며 참가자가 60명 미만이라 하더라도 이 비용은 줄어들지 않는다. 교육을 수료하고도 생산라인에 자리가 없어 배치되지 못하는 기능공도 월 35만원을 지급받는다. 연평균 신규기능공 수요를 약 300명이라 할 때 1년에 몇 번 프로그램을 개설해야 하는가?

18. 한국야구용품주식회사는 야구 배트를 생산하여 프로구단에 공급하고 있다. 월평균수요는 3,000개, 생산준비에 소요되는 비용은 150,000원, 그리고 배트 1개당 월재고유지비용은 500원이라 가정할 때 1년에 몇 번 생산준비를 해야 하는가?

19. 한국완구제조는 EOQ모형을 적용하기 위해 재고관련비용을 분석한 결과 다음과 같은 자료를 얻을 수 있었다. 최적 주문량을 구하여라.

연간 수요 $D=250{,}000$, 1회 주문비용 $C_0=$100만원

단위당 연간 재고유지비용 $C_h=$구입단가의 24%

다만, 구입단가는 1회 주문량 Q의 크기에 따라 변하며 그 내역은 다음과 같다.

주문량	구입단가
$Q<5{,}000$	12만원
$5{,}000 \le Q<20{,}000$	11만원
$20{,}000 \le Q$	10만원

20. (주)글로벌전자는 인터넷 중계기의 핵심부품을 외부에서 공급받는다. 연간 수요는 5,000개 정도이며 주문비용으로 주문처리시마다 49만원 정도를 지출한다. 연간 단위당 재고유지비용은 구입원가의 20%로 추정되고 있다. 개당 부품의 구입원가는 정상가격이 5만원이지만 1회 구입량을 늘리면 다음과 같이 할인받을 수 있다. 최적 주문량을 구하여라.

주문량	할인율	구입단가
0～999	0%	5만원
1,000～1,999	4%	4.8만원
2,000 이상	5%	4.75만원

21. (주)글로벌테크는 무선인터넷 중계기에 소요되는 핵심반도체를 자체생산한다. 연간 10,000개 정도 소요되며, 생산준비에 100만원 정도 투입된다. 재고유지비용은 개당 연간 0.5만원으로 추정되고 있다. 하루 생산가능량은 최대 80개이며 무선인터넷 중계기 생산에 하루 60개 정도가 소비된다. 반도체 생산을 위해 연간 몇 번 정도 생산준비를 해야 하는가?

22. 한국가구는 지금까지 협력업체에서 공급받던 금장장식부품을 자체생산해서 가구조립에 사용하기로 했다. 연간 250일 정도 작업하는데 일평균수요는 10개로, 연간으로 계산하면 2,500개 정도 조립에 사용한다. 생산공정의 준비에 25만원이 들어가며, 생산하면서도 필요하면 일부를 조립공정에서 바로 사용할 수 있도록 갖추어 놓았다. 금장장식부품의 하루 생산능력은 50개로 추정하고 있으며 개당 생산원가는 14.8만원이다. 1회 생산량을 얼마로 설정하는 것이 바람직한가? 단, 재고유지비용은 생산원가의 10%로 가정하여라.

23. 다음에 주어진 함수가 볼록함수인지 오목함수인지 분석하고, 극값이 존재한다면 그 값도 구하여라.

(a) $f(x) = x^2 - 2x + 7$

(b) $g(x) = -2x^2 - 5x + 5$

(c) $f(x) = x^3 + 6x^2 - 15x + 1$

(d) $f(x) = -x^4 + 2x^3 + 36x^2 + 5x - 9$

(e) $f(x) = (x+2)^6$

(f) $g(q) = 3q^4 - 4q^3$

24. 독점적 생산자가 직면한 수요곡선과 비용곡선이 다음과 같이 각각 주어져 있다.

$$x = 99 - p \text{(여기서 } x\text{는 생산량, } p\text{는 가격을 나타냄)}$$

$$C(x) = \frac{1}{3}x^3 - 7x^2 + 110x + 70$$

독점적 생산자의 이익을 최대화하는 최적 생산량을 구하여라.

CHAPTER

10 편미분법

제7장에서 살펴본 도함수는 독립변수의 수가 하나인 경우에만 정의되었다. 함수를 구성하는 독립변수의 수가 둘 이상인 경우에는 도함수 대신 **편도함수**를 이용하여 함수의 변화율을 나타내게 되며, 특히 독립함수 상호간에 서로 영향을 미친다고 생각되는 경우에는 **전도함수**라는 또 다른 도함수의 개념을 이용하게 된다.

본장에서는 이처럼 다변수함수의 분석에 필수적인 도구로 사용되는 편도함수, 전미분, 전도함수의 개념을 중점적으로 살펴보고자 한다.

제1절 편도함수의 개념

제7장에서 살펴본 도함수의 개념은 함수가 2개 이상의 변수로 구성된 경우에도 그대로 적용될 수 있다. n개의 변수, x_1, x_2, $\cdots$, x_n의 함수인 $y=f(x_1, x_2, \cdots, x_n)$이 주어져 있으며 이들 x_i변수들은 상호독립적이라 가정해 보자. 다시 말해 변수 x_i의 값이 변하더라도 이는 다른 x_i변숫값에는 영향을 미치지 않는다고 가정하기로 한다.

변수 x_1이 Δx_1만큼 변화한다면 이에 대응하는 y값의 평균변화율은 다음과 같이 나타낼 수 있다.

$$\frac{\Delta y}{\Delta x_1}=\frac{f(x_1+\Delta x_1,\ x_2,\ \cdots,\ x_n)-f(x_1,\ x_2,\ \cdots,\ x_n)}{\Delta x_1}$$

만약 $\Delta x_1 \to 0$일 때의 $\frac{\Delta y}{\Delta x_1}$의 극한값이 존재한다면, 바로 이것이 x_1에 대한 y의 편도함수(partial derivative)가 된다.

편도함수는 독립변수가 하나인 $y=f(x)$의 도함수인 $\frac{dy}{dx}$ 대신에 $\frac{\partial y}{\partial x_i}$, $\frac{\partial}{\partial x_i}y$, $\frac{\partial f}{\partial x_i}$ 등으로 나타내곤 한다. 또한 제7장에서 사용한 $f'(x)$ 대신에 f_{x_1}, f_{x_2}, f_{x_3} 등으로 나타낼 수도 있다. 이변수함수 $y=f(u,\ v)$의 경우 각각의 변량에 대한 편도함수는 다음과 같이 나타낼 수 있다.[1)2)]

$$\frac{\partial y}{\partial u}=f_u,\quad \frac{\partial y}{\partial v}=f_v$$

예를 들어 함수 $f(u,\ v)$가 주어졌을 때 곡면 $z=f(u,\ v)$가 평면 $v=b$와 만나

1) 편도함수를 성분으로 하는 벡터를 기울기 벡터라고 한다.

2) 일변수함수의 경우 임의의 점 x_0에서 도함수를 가지는 경우 원함수의 연속성을 보장하는 것과 달리 다변수함수에서 편도함수의 존재 여부가 연속성을 보장하지는 않는다.

는 곡선은 $z=f(u,\ b)$로 나타낼 수 있고, u축상의 임의의 점 u_1에서의 편도함수 $f_u(u_1,\ b)$는 점 $(u_1,\ b)$에서의 편미분계수라고 한다. 따라서 $f_u(u_1,\ b)$는 v를 b로 고정시킨 상황에서 u에 관한 z의 변화율로 해석할 수 있다.

예제 10.1

다음 함수의 편도함수를 구하여라.

(a) $y=f(x_1,\ x_2)=4x_1^2-x_1x_2+2x_2^2$　　(b) $y=\dfrac{u+3v}{4u^2-2v}$

풀이

(a) $\dfrac{\partial y}{\partial x_1}$는 x_2를 상수로 취급하여 계산하므로

$$\frac{\partial y}{\partial x_1}=8x_1-x_2+0=8x_1-x_2$$

가 되며, 마찬가지로

$$\frac{\partial y}{\partial x_2}=0-x_1+4x_2=-x_1+4x_2$$

가 된다.

(b) $$\frac{\partial y}{\partial u}=\frac{(1)(4u^2-2v)-(u+3v)(8u)}{(4u^2-2v)^2}=\frac{-4u^2-2v-24uv}{(4u^2-2v)^2}$$

$$\frac{\partial y}{\partial v}=\frac{(3)(4u^2-2v)-(u+3v)(-2)}{(4u^2-2v)^2}=\frac{12u^2+2u}{(4u^2-2v)^2}$$

예제 10.2[3)]

특정재화에 대한 수요함수가 $D(p)=a-bp$로 주어져 있고, 공급함수가 $S(p)=-c+dp$로 주어져 있을 때,

(a) 균형가격과 균형교환량을 구하여라.

(b) $a,\ b,\ c,\ d$가 모두 0보다 크다고 가정하고 $a,\ b,\ c,\ d$의 변화에 따른 균형가격의 변화를 분석하여라.

---

3) Chiang, Alpha C., *Fundamental Methods of Mathematical Economics*, 3rd ed., McGraw-Hill, 1984, pp. 178~179.

풀이

(a) $D(p)=S(p)$를 만족하는 해를 구하면 다음 결과가 도출된다.

$$\text{균형가격} \quad p^*=\frac{a+c}{b+d}$$

$$\text{균형교환량} \quad Q^*=\frac{ad-bc}{b+d}$$

(b) 우선 균형가격 p^*를 a, b, c, d에 대해 각각 편미분하면,

$$\frac{\partial p^*}{\partial a}=\frac{1}{b+d},\ \frac{\partial p^*}{\partial b}=\frac{0(b+d)-1(a+c)}{(b+d)^2}=-\frac{a+c}{(b+d)^2}$$

$$\frac{\partial p^*}{\partial c}=\frac{1}{b+d},\ \frac{\partial p^*}{\partial d}=-\frac{a+c}{(b+d)^2}$$

가 되며, a, b, c, $d>0$인 가정을 이용하면

$$\frac{\partial p^*}{\partial a}=\frac{\partial p^*}{\partial c}>0,\ \frac{\partial p^*}{\partial b}=\frac{\partial p^*}{\partial d}<0$$

이 성립함을 알 수 있다. 예를 들어 $D(p)=a-bp$의 기울기인 b값이 b'로 증가하게 되면 [그림 10-1]에서 쉽게 알 수 있듯이 균형가격 p^*는 증가하게 된다. 이처럼 그림으로도 쉽게 알 수 있음에도 불구하고 편미분 또는 편도함수의 개념을 이용하여 분석하는 것은 변수의 수가 많아 그림으로 나타내기 힘들거나, a, b, c, d값의 구간에 상관없이 성립할 수 있는 일반화된 결론을 도출하기 위해서이다.

그림 10-1

b의 변화에 따른 p^*의 변화

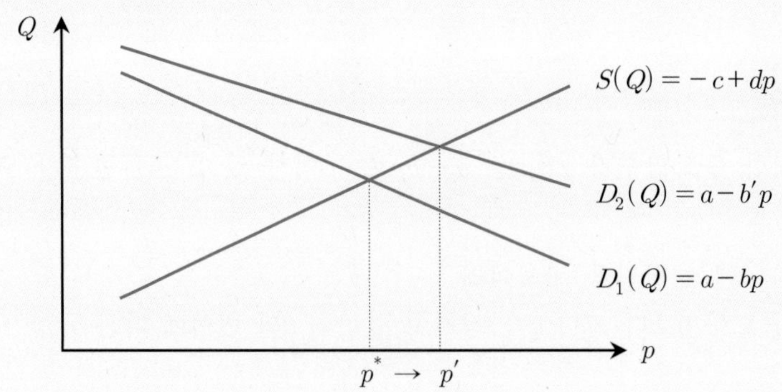

예제 10.3

생산함수란 생산에 투입되는 요소의 양과 이를 이용하여 산출해낼 수 있는 생산량 간의 관계를 나타낸다. 생산요소가 $X_1,\ X_2,\ \cdots,\ X_n$으로 주어졌을 때, 생산함수는

$$Q=f(X_1,\ X_2,\ \cdots,\ X_n)$$

으로 나타난다. 다른 요소들을 모두 고정시킨 채 그중 하나의 요소, 예를 들어 X_i만을 변화시켰을 때의 산출량의 변화를 요소 X_i의 한계생산물(marginal product)이라 하고, $\frac{\partial f}{\partial X_i}$로 나타낸다. 일반적으로 생산에 투입되는 요소는 크게 자본(K)과 노동(L)으로 나누어진다. 생산함수 중 가장 널리 알려진 것으로는 다음과 같이 정의되는 콥-더글러스(Cobb-Douglas)함수를 들 수 있다.

$$Q=f(K,\ L)=AK^{\beta}L^{1-\beta} \quad (0<\beta<1)$$

(a) 만약 자본재의 투입량을 고정시키고 노동만을 증가시킨다면 산출량은 어떻게 변화할 것인가?
(b) 노동의 투입량이 증가할 때 노동의 한계생산물은 어떻게 변화할 것인가?

풀이

(a) 노동의 한계생산물을 MP_L이라 하면

$$MP_L=\frac{\partial f}{\partial L}=A(1-\beta)K^{\beta}L^{-\beta}$$

이므로, $A>0,\ 0<\beta<1$인 사실을 감안한다면 $MP_L>0$임을 알 수 있다. 즉, 노동의 증가에 따라 산출량도 증가한다.

(b) 노동의 증가에 따른 한계생산물의 변화는

$$\frac{\partial(MP_L)}{\partial L}=-A\beta(1-\beta)K^{\beta}L^{-\beta-1}$$

인데 $0<\beta<1$이므로 $\frac{\partial(MP_L)}{\partial L}<0$, 즉 노동의 한계생산물은 감소한다. 이를 한계생산물체감의 법칙이라고 한다.

예제 10.4

(주)한국디지털은 무선인터넷중계기를 생산 · 판매하는 기업으로 국내시장과 국외시장에서의 가격을 달리 책정하고 있다. 국내시장의 수요와 가격 간의 관계는 $p_1 = 320 - \frac{x_1^2}{3} + \frac{5}{2}x_1$이며 국외시장은 $p_2 = 720 - \frac{x_2^2}{3} + \frac{15}{2}x_2$로 추정하고 있다. 여기서 p_1은 국내시장가격이고 p_2는 국외시장가격이다. 생산비용 $TC = 20x$(x는 총생산량)로 추정될 때 이익을 극대화하는 생산전략을 도출하여라.

풀이

최적계획하에서는 한계수입=한계비용이 성립해야 하므로 우선 수입함수를 정의하면 다음과 같다.

$$TR_1 = x_1 p_1 = 320x_1 - \frac{x_1^3}{3} + \frac{5}{2}x_1^2$$
$$TR_2 = x_2 p_2 = 720x_2 - \frac{x_2^3}{3} + \frac{15}{2}x_2^2$$
$$MR_1 = 320 - x_1^2 + 5x_1 = MC = 20$$
$$MR_2 = 720 - x_2^2 + 15x_2 = MC = 20$$

따라서 $x_1^* = 20$, $x_2^* = 35$가 되어 총생산대수는 55대이다.

예제 10.5

모든 생산요소를 같은 비율로 변화시킬 때 산출도 같은 비율로 증가하는 경우의 생산함수를 일차의 동차함수(homogeneous of degree one)라 부른다. 즉, 생산함수 $f(K, L)$이 0보다 큰 값 t에 대해 $f(tK, tL) = tf(K, L)$이 되면 일차의 동차함수라는 것이다. 앞에서 정의한 콥-더글러스함수가 일차의 동차함수임을 보여라.

풀이

우선 $f(tK, tL)$을 계산하면

$$\begin{aligned} f(tK, tL) &= A(tK)^{\beta}(tL)^{1-\beta} = t^{\beta}t^{1-\beta}AK^{\beta}L^{1-\beta} \\ &= t^{(\beta+1-\beta)}AK^{\beta}L^{1-\beta} = tf(K, L) \end{aligned}$$

이 되어 콥-더글러스함수가 일차의 동차함수임을 알 수 있다.

예제 10.6

생산함수에 따라서는 투입자원의 양을 h배 늘리면 생산량은 h배 이상 증가할 수도 있으며 h배만큼 증가하지 않을 수도 있다. 만약 생산함수 f가 1보다 큰 임의의 t값에 대해 $f(tx,\ ty) < tf(x,\ y)$를 만족하면 규모의 보수감소(decreasing return to scale)의 특성을 나타낸다고 하며, 1보다 큰 임의의 t값에 대해 $f(tx,\ ty) > tf(x,\ y)$를 만족하면 규모의 보수증가(increasing return to scale)의 특성을 가진다고 한다. 한편 콥-더글러스함수처럼 $f(tx,\ ty) = tf(x,\ y)$를 만족하면 규모의 보수불변(constant return to scale)의 특성을 나타낸다고 한다. 다음에 주어진 생산함수를 위에서 정의한 특성에 따라 분류하여라.

(a) $f(K,\ L) = 4K^{\frac{4}{3}}L^{\frac{1}{3}}$　　(b) $f(K,\ L) = 2K^2L$　　(c) $f(K,\ L) = 100K^{\frac{1}{2}}L^{\frac{1}{3}}$

풀이

(a) $f(tK,\ tL) = 4t^{\frac{4}{3}}K^{\frac{4}{3}}t^{\frac{1}{3}}L^{\frac{1}{3}} = t^{\frac{5}{3}}(4K^{\frac{4}{3}}L^{\frac{1}{3}})$이므로, $t > 1$일 때 $f(tK,\ tL) > tf(K,\ L)$이 되어 f는 규모의 보수증가형임을 알 수 있다.

(b) $f(tK,\ tL) = 2t^2K^2tL = t^3(2K^2L)$이므로 이 경우 역시 f는 규모의 보수증가형이다.

(c) $f(tK,\ tL) = 100t^{\frac{1}{2}}K^{\frac{1}{2}}t^{\frac{1}{3}}L^{\frac{1}{3}} = t^{\frac{5}{6}}(100K^{\frac{1}{2}}L^{\frac{1}{3}})$
따라서 $t > 1$일 때 $f(tK,\ tL) < tf(K,\ L)$이 되어 규모의 보수감소형에 속한다.

예제 10.7

두 재화를 각각 Q_1, Q_2만큼 소비할 때 소비자의 효용이 $U(Q_1,\ Q_2) = AQ_1^{\alpha}Q_2^{\beta}$와 같다. 다른 재화의 소비를 고정시킨 채 한 재화의 추가소비로부터 얻을 수 있는 효용의 증가, 즉 한계효용을 구하여라.

풀이

Q_1으로부터 얻을 수 있는 한계효용은 $MU_1 = \dfrac{\partial U}{\partial Q_1} = \alpha AQ_1^{\alpha-1}Q_2^{\beta}$이고, Q_2로부터 얻을 수 있는 한계효용은 $MU_2 = \dfrac{\partial U}{\partial Q_2} = \beta AQ_1^{\alpha}Q_2^{\beta-1}$이다.

예제 10.8

다음은 두 재화 A와 B의 수요함수이다. 이 식에서 p는 재화 A의 가격이며 q는 재화 B의 가격이다.

$$x = f(p,\ q) : \text{재화 A의 수요함수}$$
$$y = g(p,\ q) : \text{재화 B의 수요함수}$$

일반적으로 재화 B의 가격 q의 변화가 없을 때 재화 A의 가격 p가 상승하면 수요는 감소하게 된다. 즉, $f_p(p,\ q) < 0$. 마찬가지로 $g_q(p,\ q) < 0$이 성립한다.
만약 A와 B가 서로 경쟁하는 관계, 즉 대체재라면

$$f_q(p,\ q) > 0,\ g_p(p,\ q) > 0$$

이 성립할 것이다. 만약 A와 B가 보완재라면,

$$f_q(p,\ q) < 0,\ g_p(p,\ q) < 0$$

이 성립할 것이다. 그 외의 경우는 대체재도 아니고 보완재도 아니다. 다음 두 경우 A와 B가 대체재인지 보완재인지 평가하여라.

(a) $x = f(p,\ q) = 800 - 0.04p^2 - 0.003q^2$
$y = g(p,\ q) = 600 - 0.003p^2 - 0.002q^2$

(b) $x = f(p,\ q) = 8{,}000 - 0.09p^2 + 0.08q^2$
$y = g(p,\ q) = 15{,}000 + 0.04p^2 - 0.3q^2$

풀이

(a) $f_q(p,\ q) = -(0.003)(2)q < 0$
$g_p(p,\ q) = -(0.003)(2)p < 0$
따라서 두 재화는 상호간에 보완재 역할을 한다.

(b) $f_q(p,\ q) = (0.08)(2)q > 0$
$g_p(p,\ q) = (0.04)(2)p > 0$
따라서 두 재화는 대체재이다.

제 2 절 미분과 전미분

1. 미 분

지금까지의 설명에서 $y=f(x)$의 도함수인 $\frac{dy}{dx}$는 하나의 개체로 취급되었지만, 이제는 두 변수인 dy와 dx의 비율로 해석해 보기로 하자.

x가 Δx만큼 변할 때 y가 Δy만큼 변한다고 한다면 Δy는 다음과 같이 나타낼 수 있다.

$$\Delta y \equiv \left(\frac{\Delta y}{\Delta x}\right)\Delta x$$

만약 Δx와 Δy가 아주 작은 값이라면 $\frac{\Delta y}{\Delta x}$는 결국 도함수인 $\frac{dy}{dx}$가 될 것이다. 따라서 Δx와 Δy 대신에 dx와 dy를 사용한다면

$$dy \equiv \left(\frac{dy}{dx}\right)dx$$

또는

$$dy \equiv f'(x)dx$$

가 성립하게 된다. 여기서 dx와 dy를 x와 y의 미분(differentials)이라 부른다.

예제 10.9

$f(x)= x^2$으로 주어져 있을 때 $f'(10)$을 이용하여 x가 10에서 10.5로 변화할 때의 Δy를 구하여라.

풀이

$\Delta x = dx = 0.5$로 놓으면 Δy는 다음 식에 의해 근삿값을 구할 수 있다.

$$\begin{aligned} \Delta y &\fallingdotseq dy = f'(10)(0.5) \\ &= (20)(0.5) = 10 \end{aligned}$$

실제 Δy값은 $f(10.5)-f(10)=110.25-100=10.25$이므로 0.25의 오차가 발생함을 알 수 있다.

예제 10.10

$f(x)= \sqrt{x}$로 주어져 있을 때 미분을 이용하여 $\sqrt{402}$의 근삿값을 구하여라.

풀이

x가 400에서 402로 변하여 $dy = \Delta x = 2$가 되었다고 생각해 보자.

$$\begin{aligned} \Delta y &\fallingdotseq dy = f'(400)\,\Delta x = f'(400)(2) \\ &= \left(\frac{1}{40}\right)(2) = 0.05 \end{aligned}$$

따라서 $\sqrt{402} \fallingdotseq \sqrt{400} + 0.05 = 20.05$가 된다. 실제로 $\sqrt{402} = 20.0499$이므로 약 0.0001의 오차가 발생한다.

2. 전미분

앞에서 설명한 미분(differentials)의 개념은 둘 이상의 독립변수로 구성된 함수에도 적용될 수 있다. 이 경우에도 함수에 포함된 독립변수들은 상호독립적이라고 가정한다.

예를 들어 두 가지 재화를 각각 x_1과 x_2만큼 구입함으로써 얻을 수 있는 소비자의 총효용을 $U= U(x_1,\ x_2)$로 표시할 수 있다고 하자. 예산상에 아무런 제약이 없을 때 첫 번째 재화의 구입량 x_1은 두 번째 재화의 구입량 x_2와 상호독립적이라 가정할 수 있다. x_1이 dx_1만큼 변하고 x_2가 dx_2만큼 변했다면, 총효용의 증가분 dU는 다음과 같이 나타낼 수 있다.

$$\begin{aligned} dU &= \frac{\partial U}{\partial x_1} dx_1 + \frac{\partial U}{\partial x_2} dx_2 \\ &= U_1\, dx_1 + U_2\, dx_2 \end{aligned}$$

이 식에서 U_i는 x_i의 변화에 대한 효용함수 U의 변화율이고, dx_i는 변수 x_i의 변동분이므로 $U_i\, dx_i$는 변수 x_i가 dx_i만큼 변할 때 총효용 U의 변동분이라 볼 수 있다. 이 예에서와 같이 dU와 같은 변수를 전미분(total differential)이라 한다.

일반적으로 $y = f(x_1, x_2, \cdots, x_n)$의 함수가 주어져 있을 때 전미분 dy는 f의 편도함수인 $f_1, f_2, \cdots, f_n$을 구한 후 이를 다음 식에 대입하면 구할 수 있다.

$$dy = f_1 dx_1 + f_2 dx_2 + \cdots + f_n dx_n$$

그러나 경우에 따라서는 다음의 전미분공식을 이용하는 것이 편할 때도 있다.

정리

u, v, w가 각각 함수일 때

(a) $dk = 0$ (k는 상수임)

(b) $d(cu^n) = cnu^{n-1} du$ (c는 상수임)

(c) $d(u \pm v) = du \pm dv$, $d(u \pm v \pm w) = du \pm dv \pm dw$

(d) $d(uv) = vdu + udv$, $d(uvw) = vwdu + uwdv + uvdw$

(e) $d\left(\frac{u}{v}\right) = \frac{1}{v^2}(vdu - udv)$ (단, $v \neq 0$)

예제 10.11

다음 함수의 전미분 dy를 구하여라.

(a) $y = x_1^2 - 6x_1 x_2^2$

(b) $y = \dfrac{x_1 - 2x_2}{3x_2^2}$

풀이

(a) $u=x_1^2,\ v=6x_1x_2^2$으로 놓으면

$$\begin{aligned} dy &= 2x_1dx_1 - 6x_2^2dx_1 - (6x_1)(2x_2)dx_2 \\ &= (2x_1-6x_2^2)dx_1 - (12x_1x_2)dx_2 \end{aligned}$$

(b) $d\left(\dfrac{u}{v}\right)=\dfrac{1}{v^2}(vdu-udv)$ 공식을 이용하면,

$$\begin{aligned} dy &= \frac{1}{9x_2^4}[3x_2^2d(x_1-2x_2)-(x_1-2x_2)d(3x_2^2)] \\ &= \frac{1}{9x_2^4}[3x_2^2(dx_1-2dx_2)-(x_1-2x_2)(6x_2)dx_2] \\ &= \frac{1}{9x_2^4}[3x_2^2dx_1-(6x_2^2+6x_1x_2-12x_2^2)dx_2] \\ &= \frac{1}{3x_2^2}dx_1-\frac{2x_1-2x_2}{3x_2^3}dx_2 \end{aligned}$$

가 된다. 또는

$$f_1=\frac{1}{3x_2^2},\ f_2=\frac{(-2)(3x_2^2)-(6x_2)(x_1-2x_2)}{9x_2^4}$$

를 이용하여 $dy=f_1dx_1+f_2dx_2$를 구하여도 같은 결과를 도출해 낼 수 있다.

제 3 절 전도함수

지금까지 설명한 미분의 개념은 함수를 구성하는 독립변수들이 상호독립적이라는 가정을 기초로 하였다. 만약 이들 변수들이 서로 영향을 미친다면 또 다른 개념의 도함수가 필요하게 된다.

예를 들어 $y=f(x,\ z)$라는 함수가 주어져 있을 때 y는 x와 z의 함수이지만 x

또한 z의 함수라면, z가 변하게 되면 y에 직접적인 영향을 미치는 것은 물론 x를 통해 y에 간접적으로도 영향을 미치게 된다. 이와 같은 경우에는 전도함수(total derivative)를 사용해야 한다.

$y=f(x, z)$가 주어져 있을 때 $x=g(z)$라 하자. y의 전도함수를 구하기 위해서는 y를 전미분하여

$$dy = f_x dx + f_z dz$$

를 구한 다음 양변을 $dz(\neq 0)$로 나누어 주면 된다. 즉

$$\frac{dy}{dz} = f_x \frac{dx}{dz} + f_z \frac{dz}{dz} = \frac{\partial y}{\partial x}\frac{dx}{dz} + \frac{\partial y}{\partial z}$$

이 식에서 $\frac{\partial y}{\partial x}\frac{dx}{dz}$는 z의 변화가 y에 미치는 간접적인 효과를 나타내며 $\frac{\partial y}{\partial z}$는 z의 변화에 따른 y에 대한 직접적인 효과를 의미한다. 여기서 주의할 점은 x는 z만의 함수이므로 $\frac{\partial x}{\partial z}$가 아닌 $\frac{dx}{dz}$로 표시했다는 점이다.

예제 10.12

다음 함수들의 전도함수 $\frac{dy}{dw}$를 구하여라.

(a) $y=f(x, w)=x^2+x-w^2, \ x=g(w)=w^3-2w^2$

(b) $y=f(x_1, x_2, w), \ x_1=g(w), \ x_2=h(w)$

(c) $y=K^{1/2}L^{1/3}, \ K=5+2w, \ L=2+w$

풀이

(a) $$\begin{aligned}\frac{dy}{dw} &= \frac{\partial f}{\partial x}\frac{dx}{dw} + \frac{\partial f}{\partial w} \\ &= (2x+1)(3w^2-4w)+(-2w) \\ &= (2w^3-4w^2+1)(3w^2-4w)-2w\end{aligned}$$

(b) $\dfrac{dy}{dw}=\dfrac{\partial f}{\partial x_1}\dfrac{dx_1}{dw}+\dfrac{\partial f}{\partial x_2}\dfrac{dx_2}{dw}+\dfrac{\partial f}{\partial w}=f_1g'(w)+f_2h'(w)+f_w$

(c) $u=(5+2w)^{1/2}$ 그리고 $v=(2+w)^{1/3}$으로 두면, $Q=u(w)v(w)$로 나타낼 수 있기 때문에, Q에 대한 전미분은 $\dfrac{dQ}{dw}=u(w)\dfrac{du}{dw}+v(w)\dfrac{dv}{dw}$로 표현가능하다. 여기서 $\dfrac{du}{dw}=(5+2w)^{-1/2}$, $\dfrac{dv}{dw}=\dfrac{1}{3}(1+w)^{-2/3}$이다.

예제 10.13

$y=f(x_1,\ x_2,\ u,\ v)$가 주어져 있고 $x_1=g(u,\ v)$, $x_2=h(u,\ v)$라 할 때 u에 대한 y의 전도함수를 구하여라.

풀이

$$\begin{aligned}\frac{dy}{du}&=\frac{\partial f}{\partial x_1}\frac{\partial x_1}{\partial u}+\frac{\partial f}{\partial x_2}\frac{\partial x_2}{\partial u}+\frac{\partial f}{\partial u}\frac{du}{du}+\frac{\partial f}{\partial v}\frac{dv}{du}\\&=\frac{\partial f}{\partial x_1}\frac{\partial x_1}{\partial u}+\frac{\partial f}{\partial x_2}\frac{\partial x_2}{\partial u}+\frac{\partial f}{\partial u}\end{aligned}$$

여기서 u와 v는 아무 관계가 없으므로 $\dfrac{dv}{du}=0$이어야 한다.

제4절 음함수의 미분

두 변수 x와 y 사이에 $x-y^2=0$의 관계가 성립한다면 이 관계식은 [그림 10-2] (a)에서 볼 수 있는 바와 같이 하나의 x값에 대해 두 개의 y값이 존재하기 때문에 통상적인 $y=f(x)$의 함수로 볼 수 없다. 그러나 [그림 10-2] (b)와 (c)에 도시된 바와

그림 10-2

$x=y^2$의 분해

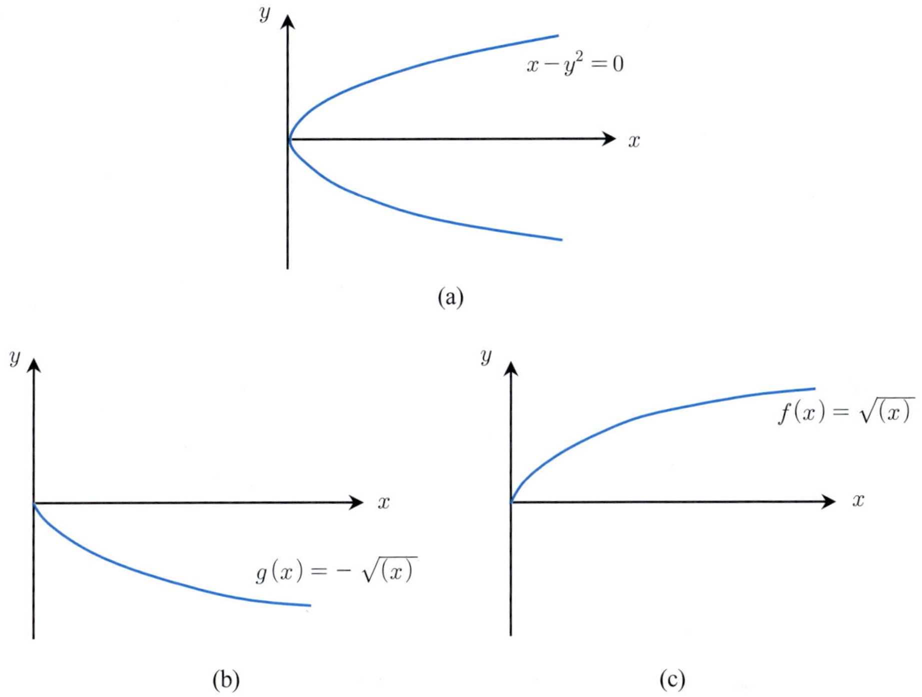

같이 $x-y^2=0$의 그래프를 둘로 나눈다면 $f(x)=\sqrt{x}$, $g(x)=-\sqrt{x}$라는 두 개의 함수를 정의해 볼 수 있다.

이와 같이 방정식 $F(x, y)=0$을 통해 함수 $y=f(x)$를 정의할 수 있을 때 y를 x의 음함수(implicit function)라 한다. 다시 말해 함수 $y=f(x)$의 그래프가 $F(x, y)=0$을 도시한 그래프의 부분집합일 때 함수 f는 $F(x, y)=0$에 의해 묵시적(implicitly)으로 정의될 수 있다.

만약 $F(x, y)=0$에 의해 묵시적으로 정의되는 함수를 $y=f(x)$의 형태로 나타내기가 불가능하면 $f(x)$의 도함수 역시 계산하기 어렵다. 이와 같은 경우에는 다음과 같은 음함수미분법(implicit differentiation)을 사용하게 된다.

(a) $F(x, y) = 0$의 양변을 x에 대해 미분한다. 여기서 y는 x에 대해 미분가능한 함수로 생각하며 $\frac{\partial F}{\partial y}(x_0, y_0) \neq 0$이어야 한다.

(b) $\frac{dy}{dx}$를 구한다.

즉 $F(x, y) = 0$을 x에 대해 미분하면,

$$F_x \frac{dx}{dx} + F_y \frac{dy}{dx} = 0$$

이 되므로 $\frac{dy}{dx}$는 다음과 같은 형태를 취하게 된다.

$$\frac{dy}{dx} = -\frac{F_x}{F_y}$$

예제 10.14

다음 방정식에 의해 정의되는 음함수의 $\frac{dy}{dx}$를 구하여라.

(a) $\sqrt{x} + \sqrt{y} = x$ (b) $\frac{1}{x^2} + \frac{1}{y^2} = 3$ (c) $x^2 e^y = 4x$

풀이

(a) $\frac{1}{2}x^{-\frac{1}{2}} + \frac{1}{2}y^{-\frac{1}{2}}\frac{dy}{dx} = 1$

$$\frac{dy}{dx} = \frac{1 - \frac{1}{2}x^{-\frac{1}{2}}}{\frac{1}{2}y^{-\frac{1}{2}}} = (2 - x^{-\frac{1}{2}})y^{\frac{1}{2}}$$

(b) $-2x^{-3} - 2y^{-3} \cdot \frac{dy}{dx} = 0$

$$\frac{dy}{dx} = -\frac{x^{-3}}{y^{-3}}$$

(c) $2x \cdot e^y + x^2 e^y \cdot \dfrac{dy}{dx} = 4$

$$\frac{dy}{dx} = \frac{4 - 2xe^y}{x^2 e^y}$$

예제 10.15

$p + Q^2 + 2Q - 35 = 0$은 재화의 가격 p와 수요량 Q의 관계를 나타내는 식이다. 가격 $p = 20$에서의 수요의 탄력성을 구하여라.

풀이

탄력성을 구하기 위해서는 $\dfrac{dQ}{dp}$가 필요하다. $\dfrac{dp}{dp} + 2Q\dfrac{dQ}{dp} + 2\dfrac{dQ}{dp} - 0 = 0$에서

$$\frac{dQ}{dp} = -\frac{1}{2Q+2}$$

이 됨을 알 수 있다. $p = 20$일 때의 Q값은 $20 + Q^2 + 2Q - 35 = 0$에서 3 또는 -5임을 알 수 있으나 수요는 0 보다 크거나 같아야 하므로 $Q = 3$을 이용해야 한다. 따라서 $p = 20$일 때의 탄력성은 다음과 같다.

$$e_p = \frac{dQ}{dp}\frac{p}{Q} = \left(-\frac{1}{8}\right)\left(\frac{20}{3}\right) = -\frac{5}{6}$$

예제 10.16

$F(x,\ y,\ z) = x^2 + 3xy + 2yz + y^2 + z^2 - 11 = 0$에 의해 정의되는 음함수의 $\dfrac{\partial y}{\partial x}$와 $\dfrac{\partial y}{\partial z}$를 구하여라.

풀이

$$\frac{\partial y}{\partial x} = -\frac{F_x}{F_y} = -\frac{2x+3y}{3x+2z+2y}$$

$$\frac{\partial y}{\partial z} = -\frac{F_z}{F_y} = -\frac{2y+2z}{3x+2z+2y}$$

예제 10.17

총생산비용함수가 $4Q^2 - 80Q + 200 - y^2 + 4y = 0$의 식에 의해 정의된다고 한다. $Q=35$일 때의 평균생산비용과 한계생산비용을 구하여라.

풀이

우선 $Q=35$일 때의 y값을 구해보면

$$(4)(35)^2 - (80)(35) + 200 - y^2 + 4y = 0$$

에서 $y=-46$ 또는 50임을 알 수 있다. y는 총비용으로 음의 값을 가질 수 없으므로 $y=50$이 된다. 따라서 평균생산비용은 $\frac{50}{35} = 1.4286$이 되며, 한계생산비용은

$$\frac{dy}{dQ} = -\frac{F_Q}{F_y} = -\frac{8Q-80}{-2y+4}$$

을 이용하면 $\frac{-[(8)(35)-80]}{(-2)(50)+4} = 2.083$이 됨을 알 수 있다.

예제 10.18

생산함수가 주어져 있을 때 일정수준의 생산량 C를 생산하기 위해 투입해야 하는 자원의 양은 제2장에서 소개한 등고선(level curve)의 개념을 이용하여 나타낼 수 있다. 생산함수의 등고선은 등량선(isoquant 또는 constant product curve)이라고도 한다. 등량선상의 점은 목표생산량을 달성하기 위해 선택할 수 있는 자원의 결합방법을 나타내므로, 등량선상의 점(x, y)에서의 접선의 기울기는 한 요소의 투입량을 줄이고자 할 때 이를 대체하기 위해 증가시켜야 하는 다른 요소의 비율을 의미하게 된다. $y=f(x)$의 형태로 나타낸 등량선의 도함수에 (−)부호를 붙인 $-\frac{dy}{dx}$를 두 요소 x, y 간의 한계기술대체율(marginal rate of technical substitution)이라 한다.

생산함수가 $f(x, y) = 3x^{\frac{2}{3}}y^{\frac{1}{3}}$으로 주어져 있을 때

(a) 생산량수준을 60으로 유지하는 데 필요한 자원의 결합방법을 나타내는 등량선을 도시하여라.

(b) $(x, y) = (20, 20)$에서의 한계기술대체율을 구하여라.

풀이

(a) 등량선은 $f(x, y)=60$을 만족하는 곡선이므로, $3x^{\frac{2}{3}}y^{\frac{1}{3}}=60$을 정리하면 $y=\dfrac{8{,}000}{x^2}$이 되며 이를 도시하면 다음과 같다.

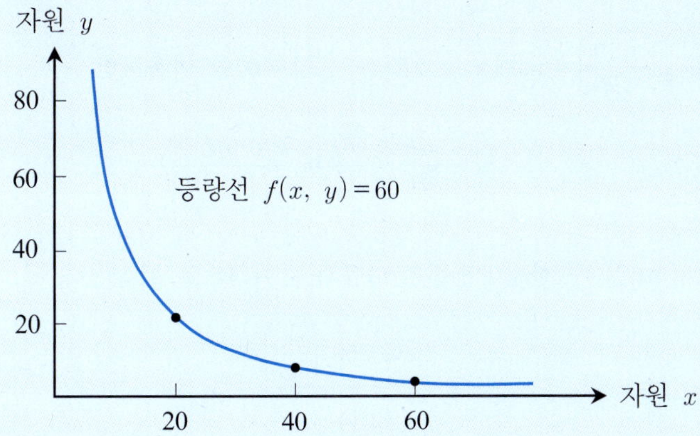

(b) $x=20$, $y=20$일 때 $f(x, y)=f(20, 20)=60$이므로 등량선은 $y=8{,}000x^{-2}$가 된다. 따라서 등량선 상의 점(x, y)에서의 한계대체율은

$$-\frac{dy}{dx}=16{,}000x^{-3}$$

이 되며, $(x=20,\ y=20)$을 대입하면 한계대체율은 $(16{,}000)(20)^{-3}=2$가 된다. 즉 요소 x를 20에서 21로 한 단위 증가시키면 요소 y의 소요량은 20에서 18로 두 단위를 줄일 수 있다는 의미이다.

생산에 투입되는 자원간의 한계대체율은 위의 예제에서 채택한 방법 외에도 음함수의 미분법을 이용하여 손쉽게 계산할 수 있다. 즉, 주어진 등량선, $3x^{\frac{2}{3}}y^{\frac{1}{3}}$으로부터, 음함수 정리를 활용하여 점$(x, y)$에서의 한계대체율, $-\dfrac{dy}{dx}=\dfrac{f_x}{f_y}=2$를 도출할 수 있다.

예제 10.19

피혁제품을 생산하는 한국통상의 생산함수가 $f(K,\ L)=2K\left(1-\dfrac{10}{L}\right)$으로 추정된다고 할 때 $K=60$, $L=20$에서의 한계기술대체율을 구하여라.

풀이

$f(60,\ 20)=(2)(60)\left[1-\dfrac{10}{20}\right]=60$이므로 $2K\left(1-\dfrac{10}{L}\right)=60$을 이용하면

$$-\frac{dK}{dL}=\frac{F_L}{F_K}=\frac{2K(10L^{-2})}{2\left(1-\dfrac{10}{L}\right)}$$

따라서 ($K=60$, $L=20$)일 때 한계대체율은 다음과 같이 3으로 계산된다.

$$\frac{(2)(60)\left(\dfrac{1}{40}\right)}{(2)\left(1-\dfrac{1}{2}\right)}=3$$

CHAPTER 10

연습문제

1. 다음에 주어진 함수의 편도함수를 구하여라.

(a) $f(x,\ y) = x^5y + 3x^4y^3 - x + 7$ (b) $f(x,\ y) = (3xy^6 - y + 1)^7$

(c) $f(x,\ y) = e^{3x^2y}$ (d) $f(x,\ y) = \ln(2xy - x^3)$

(e) $f(x,\ y) = x^2e^{\sqrt{xy}}$ (f) $f(x,\ y) = \dfrac{e^{x-y}}{2x+y}$

2. 다음 각각의 경우에 $\dfrac{\partial f}{\partial x} = \dfrac{\partial f}{\partial y} = 0$을 만족하는 x, y값을 구하여라.

(a) $f(x,\ y) = 3y^2 - x^2$

(b) $f(x,\ y) = xy - \dfrac{x}{y}$

(c) $f(x,\ y) = 2x^3 + 3x^2 - 12x + y^2 - y + 5$

3. 생산함수가 $f(x,\ y) = 2x\left(1 - \dfrac{10}{y}\right)$으로 주어져 있다. $(x = 60,\ y = 20)$일 때의 요소의 한계생산성을 구하여라.

4. 신제품 개발에 x천만원, 광고선전에 y천만원을 투자할 때 연간 이익의 증가분은 다음 함수로 나타난다고 한다. 신제품 개발에 100천만원, 광고선전에 200천만원을 투자하고자 하는 계획이 바람직하다고 볼 수 있는가?

$$g(x,\ y) = 2x + 5y - \frac{1}{100}xy - \frac{1}{50}x^2 - \frac{1}{200}y^2$$

5. 두 가지 품목을 생산하고 있는 한국전자의 총생산비용이

$$C(Q_1,\ Q_2) = 50Q_1 + 30Q_2 - \frac{1}{200}Q_1Q_2$$

로 추정된다. $(Q_1 = 40,\ Q_2 = 20)$일 때의 한계생산비용을 구하여라.

6. 다음에 주어진 생산함수가 규모의 보수불변인지, 보수감소인지, 보수증가인지를 판정하여라.

(a) $f(x,\ y) = 10xy$ (b) $f(x,\ y) = 6x^{\frac{1}{2}}y^{\frac{1}{2}}$

(c) $f(x,\ y) = 8x^{\frac{2}{3}}y^{\frac{1}{5}}$ (d) $f(K,\ L,\ M) = 3K^{\frac{1}{2}}L^{\frac{1}{4}}M^{\frac{1}{5}}$

7. 생산함수가 다음과 같은 형태를 취할 때 이 함수를 CES(constant elasticity of substitution)함수라 부른다.

$$Q = f(K,\ L) = A[\delta L^{-\rho} + (1-\delta)K^{-\rho}]^{-\frac{1}{\rho}}$$

CES함수 역시 콥-더글라스함수와 마찬가지로 규모에 대한 보수가 불변임을 보여라.

8. 소비자의 효용함수가 $U(Q_1,\ Q_2) = a\ln Q_1 + b\ln Q_2$일 때 Q_1의 소비로부터 얻는 한계효용을 구하여라.

9. 다음은 두 재화 A와 B의 수요함수이다. p는 A의 가격이고, q는 B의 가격일 때 두 재화가 대체재인지 보완재인지 평가하여라.

(a) $x = f(p,\ q) = 200 - 5p + 4q$
$y = g(p,\ q) = 300 + 2p - 4q$

(b) $x = f(p,\ q) = 500 - 0.5p - q^2$
$y = g(p,\ q) = 10{,}000 - 8p - 100q^2$

10. 다음 함수의 전미분을 구하여라.

(a) $y = x^2e^{\sqrt{z}}$ (b) $y = (3xz^6 - z + 1)^7$

(c) $y = e^{3x2z}$ (d) $y = \dfrac{e^{x-z}}{2x - z}$

11. 생산함수가 $f(x,\ y)=2x\left(1-\dfrac{10}{y}\right)$의 형태를 취한다고 한다. 자원 x의 투입량이 60에서 62로 증가하나 자원 y의 투입량은 20에서 17로 줄어들게 될 때 생산량의 변화를 전미분의 개념을 이용하여 추정하여라.

12. 두 가지 품목을 생산하는 한국전자의 총생산비용은 $C(Q_1,\ Q_2)=50Q_1+30Q_2-\dfrac{1}{200}Q_1Q_2$로 추정된다고 한다. ($Q_1=40,\ Q_2=20$)에서의 편도함수를 계산하고, 이를 이용하여 Q_1이 41, Q_2가 22로 증가할 때의 총비용변화를 추정하여라.

13. 다음 함수의 전도함수 $\dfrac{dz}{dy}$를 구하여라.

(a) $z=f(x,\ y)=2x+xy-y^2,\ x=g(y)=3y^2$

(b) $z=6x^2-3xy+2y^2,\ x=\dfrac{1}{y}$

14. 다음 함수의 전도함수 $\dfrac{dz}{dt}$를 구하여라.

(a) $z=x^2-8xy-y^3$ 단 $x=3t,\ y=1-t$

(b) $z=3u+2vt$ 단 $u=2t^2,\ v=t+1$

(c) $z=f(x,\ y,\ t)$ 단 $x=a+bt,\ y=c+dt$

15. 생산함수가 $Q=A(t)K^{\alpha}L^{\beta}$이고 $K=K_0+at,\ L=L_0+bt$로 정의될 때 $\dfrac{dQ}{dt}$를 구하여라.

16. 다음 식에 의해 정의되는 음함수의 $\dfrac{dy}{dx}$를 구하여라.

(a) $x-y^2=0$

(b) $x^3+2y^2-9x=0$

(c) $\ln(x^2-y^2)=7$

(d) $\sqrt{x^2+y^2-1}=x$

17. $x^2+y^2=5$에 있는 점 $(1,\ 2)$에서 접선의 방정식을 구하여라.

18. $F(x,\ y,\ z) = x^2y^3 + xyz + z^2 + 10 = 0$에 의해 정의되는 음함수의 $\dfrac{\partial y}{\partial x}$, $\dfrac{\partial y}{\partial z}$를 구하여라.

19. 어느 제품의 가격 p와 수요량 Q가 $Q^2 + 400p^2 = 5{,}200$으로 나타난다고 한다. $p = 2$에서의 수요탄력성을 구하여라.

20. 총생산비용함수 $y = C(Q)$가 $4Q^2 - 80Q + 200 - y^2 + 4y = 0$의 식에 의해 정의된다고 할 때 $Q = 35$일 때의 평균생산비용과 한계비용을 구하여라.

21. $f(x,\ y) = ax^ky^{1-k}\ (0 < k < 1)$로 생산함수가 주어져 있을 때 $(x,\ y) = (20,\ 20)$에서의 한계대체율을 음함수의 미분을 이용하여 구하여라.

CHAPTER

11 다변수함수의 극치

제10장에서 설명한 **전미분**(total differentials)은 $z=f(x,\ y)$라는 함수가 주어져 있을 때 x값과 y값의 변동에 따른 z값의 변동분인 dz를 의미한다고 볼 수 있다. 본장에서는 바로 이 전미분의 개념을 이용하여 두 개 이상의 독립변수로 구성된 함수의 극값을 결정하는 과정을 살펴보고자 한다.

제 1 절 이변수함수의 극대 · 극소

독립변수의 수가 둘 이상인 다변수함수는 일변수함수의 경우와는 달리 그래프를 이용하여 그 형태를 파악하기 어렵기 때문에, 함수의 극값 판정방법도 상당히 복잡해진다.

본절에서는 이변수함수를 중심으로 하여 임의의 점 $(x,\ y)$가 극값이기 위한 필요조건과 충분조건을 자세히 살펴보고자 한다.

1. 제1차 필요조건

함수 $z=f(x,\ y)$가 극값을 갖기 위해서는 우선 다음 두 식을 만족하는 $(x^*,\ y^*)$가 존재해야 한다.

$$\frac{\partial f(x,\ y)}{\partial x}=0,\ \ \frac{\partial f(x,\ y)}{\partial y}=0$$

$z=f(x,\ y)$의 전미분을 구해보면

$$dz=\frac{\partial f}{\partial x}dx+\frac{\partial f}{\partial y}dy=f_x dx+f_y dy$$

가 되므로, $f_x=0,\ f_y=0$은 곧 $dz=0$임을 의미한다.

그러나 $f_x=f_y=0$을 만족하는 $(x^*,\ y^*)$가 반드시 극값은 아니다. [그림 11-1]에서 알 수 있듯이 점 A는 $f_x=f_y=0$을 만족시킨다. 그러나 yz평면에서 보면 점 A는 극솟값이지만, xz평면에서 보면 극댓값이 되어 점 A는 결국 극댓값도 극솟값도 아니다. 이와 같은 점을 안장점(saddle point)이라고 한다.

그림 11-1

$f_x = f_y = 0$을 만족하지만 극값이 아닌 경우

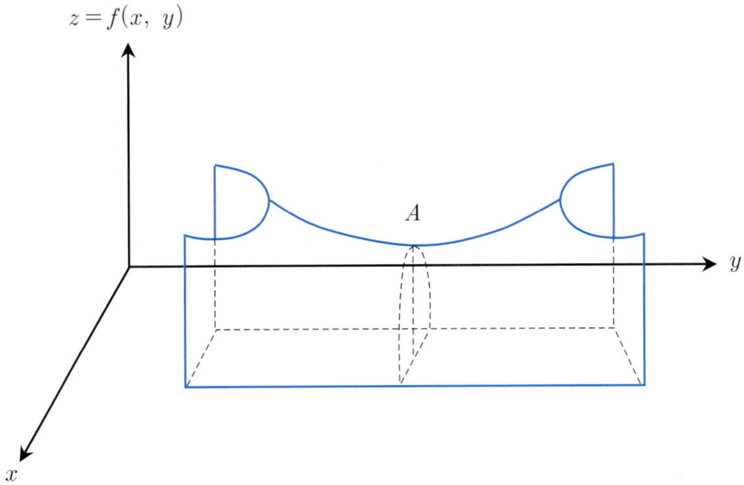

2. 제2차 충분조건

$f_x = f_y = 0$을 만족시키는 점 (x^*, y^*)가 극값이기 위한 조건을 분석하기 위해서는 2차편도함수와 교차편도함수(cross partial derivative)를 먼저 구해야 한다.

$z = f(x, y)$일 때 $f_x \equiv \dfrac{\partial z}{\partial x}$, $f_y \equiv \dfrac{\partial z}{\partial y}$이며 f_x와 f_y가 x와 y의 함수인 점을 감안한다면, f_x를 x에 대해 한 번 더 미분한 값은 y값이 고정되어 있다는 가정을 전제로 한 x값의 변화에 따른 f_x의 변화량이라 할 수 있다.

따라서

$$f_{xx} \equiv \frac{\partial}{\partial x}(f_x) \equiv \frac{\partial}{\partial x}\left(\frac{\partial z}{\partial x}\right) \equiv \frac{\partial^2 z}{\partial x^2}$$

가 되며, 마찬가지로

$$f_{yy} \equiv \frac{\partial}{\partial y}(f_y) \equiv \frac{\partial}{\partial y}\left(\frac{\partial z}{\partial y}\right) \equiv \frac{\partial^2 z}{\partial y^2}$$

가 된다. 한편 f_x를 y에 대해 미분하거나, f_y를 x에 대해 미분하게 되면 다음과 같은 교차편도함수가 도출된다.

$$f_{yx} \equiv \frac{\partial}{\partial x}\left(\frac{\partial z}{\partial y}\right) \equiv \frac{\partial^2 z}{\partial x\, \partial y}$$

$$f_{xy} \equiv \frac{\partial}{\partial y}\left(\frac{\partial z}{\partial x}\right) \equiv \frac{\partial^2 z}{\partial y\, \partial x}$$

일반적으로 f_{xy}와 f_{yx}가 연속함수인 경우 $f_{xy} = f_{yx}$가 성립한다. 이제 $f_x = f_y = 0$을 만족시키는 점 (x^*, y^*)가 극값이기 위한 충분조건을 살펴보기로 하자.

정리

(x^*, y^*)가 $f_x = f_y = 0$을 만족할 때

(a) $(x, y) = (x^*, y^*)$에서 $f_{xx} < 0$, $f_{xx} f_{yy} - (f_{xy})^2 > 0$이 성립하면 $f(x^*, y^*)$는 극댓값이 되며,

(b) $(x, y) = (x^*, y^*)$에서 $f_{xx} > 0$, $f_{xx} f_{yy} - (f_{xy})^2 > 0$이 성립하면 $f(x^*, y^*)$는 극솟값이 된다.

(c) $(x, y) = (x^*, y^*)$에서 $f_{xx} f_{yy} - (f_{xy})^2 < 0$이면 $f(x^*, y^*)$는 극값이 될 수 없다.

(d) $(x, y) = (x^*, y^*)$에서 $f_{xx} f_{yy} - (f_{xy})^2 = 0$이 성립하면 극값 여부를 판정할 수 없다.

이 정리의 증명을 시도하기에 앞서 몇 가지 예를 통해 이 정리를 적용해 보기로 하자.

예제 11.1

다음 함수의 극값을 구하여라.

(a) $f(x, y) = x^2 + xy + y^2 - 3x - 3y$ (b) $f(x, y) = -x^3 + y^3 - 3xy$

풀이

(a) 우선 1차 필요조건을 만족하는 값부터 구해야 하므로,

$$f_x = 2x + y - 3 = 0$$
$$f_y = x + 2y - 3 = 0$$

의 방정식을 풀면 $(x^* = 1,\ y^* = 1)$임을 알 수 있다.
한편

$$f_{xx} = 2,\ f_{yy} = 2,\ f_{xy} = f_{yx} = 1$$

이므로

$$f_{xx} > 0,\ f_{xx} f_{yy} - (f_{xy})^2 = 4 - 1 = 3 > 0$$

에서 $(x^* = 1,\ y^* = 1)$일 때의 함숫값 $f(1,\ 1) = -3$이 극솟값임을 알 수 있다.

(b) $f_x = -3x^2 - 3y = 0,\ f_y = 3y^2 - 3x = 0$을 만족하는 값은 $(x = 0,\ y = 0)$, $(x = 1,\ y = -1)$이므로 2차 충분조건을 통해 이들이 극값인지 판정해야 한다.

$$f_{xx} = -6x,\ f_{yy} = 6y,\ f_{xy} = f_{yx} = -3$$

이므로, $(x = 0,\ y = 0)$일 때 $f_{xx} = 0,\ f_{xx} f_{yy} - (f_{xy})^2 = -9$에서 $f(0,\ 0)$은 극값이 될 수 없음을 알 수 있으며, $(x^* = 1,\ y^* = -1)$일 때에는 $f_{xx} = -6 < 0,\ f_{xx} f_{yy} - (f_{xy})^2 = 27 > 0$에서 $f(1,\ -1)$이 극댓값임을 알 수 있다.

예제 11.2

한국전자는 신제품개발에 x백만원, 광고선전에 y백만원을 투자하면 연간이익이

$$f(x,\ y) = 3x + 2y - \frac{1}{100}y^2 - \frac{1}{200}x^2$$

만큼 증가한다고 분석하고 있다. 이익을 극대화하기 위해서는 신제품개발과 광고선전에 각각 얼마씩을 투자해야 하는가?

풀이

우선 1차 필요조건을 만족하는 $(x^*,\ y^*)$를 계산해 보면

$$\frac{\partial f}{\partial x} = 3 - \frac{1}{100}x = 0$$
$$\frac{\partial f}{\partial y} = 2 - \frac{2}{100}y = 0$$

에서 $(x^* = 300,\ y^* = 100)$임을 알 수 있다. 한편

$$\frac{\partial^2 f}{\partial x^2} = -\frac{1}{100},\ \frac{\partial^2 f}{\partial y^2} = -\frac{2}{100},\ \frac{\partial^2 f}{\partial x\,\partial y} = 0$$

에서 $\frac{\partial^2 f}{\partial x^2}\frac{\partial^2 f}{\partial y^2} - \left(\frac{\partial^2 f}{\partial x\,\partial y}\right)^2 = \frac{2}{10{,}000} > 0$이 되어 $(x^* = 300,\ y^* = 100)$일 때 함수 f가 극댓값을 가짐을 알 수 있다.

예제 11.3

한국디지털양판은 5인치짜리 휴대용 LCD TV와 LED TV를 모두 판매하고 있다. LCD TV의 판매량을 q_1, LED TV의 판매량을 q_2라 하자. 제조업체로부터의 구입원가는 LCD TV가 12만원, LED TV가 8만원이며, 각각 q_1과 q_2만큼 구입 · 판매할 때 총구입원가는 다음과 같이 정의된다.

$$C(q_1,\ q_2) = 12q_1 + 8q_2$$

TV에 대한 수요는 이 두 상품이 일종의 대체관계에 있기 때문에 다음과 같이 추정된다. 여기서 p_1과 p_2는 LCD TV와 LED TV의 판매가격이다.

$$q_1 = 150 - 3p_1 + p_2$$
$$q_2 = 270 + p_1 - 2p_2$$

각 상품의 판매가격을 얼마로 설정해야 이익을 극대화할 수 있는가?

풀이

한국디지털양판이 기대할 수 있는 이익을 π라 하자.

$$\begin{aligned}\pi &= \text{수입} - \text{비용}\\ &= p_1q_1 + p_2q_2 - (12q_1 + 8q_2)\\ &= p_1(150 - 3p_1 + p_2) + p_2(270 + p_1 - 2p_2) - [(12)(150 - 3p_1 + p_2) + (8)(270 + p_1 - 2p_2)]\end{aligned}$$

$$= -3{,}960 + 178p_1 + 274p_2 + 2p_1p_2 - 3p_1^2 - 2p_2^2$$

$$\frac{\partial \pi}{\partial p_1} = 178 + 2p_2 - 6p_1 = 0$$

$$\frac{\partial \pi}{\partial p_2} = 274 + 2p_1 - 4p_2 = 0$$

이 두 연립방정식의 해를 구하면, $p_1{}^* = 63,\ p_2{}^* = 100$이다.

한편,

$$\frac{\partial^2 \pi}{\partial p_1^2} = -6,\ \frac{\partial^2 \pi}{\partial p_2^2} = -4,\ \frac{\partial^2 \pi}{\partial p_1 \partial p_2} = 2$$

에서

$$\frac{\partial^2 \pi}{\partial p_1^2} \cdot \frac{\partial^2 \pi}{\partial p_2^2} - \left(\frac{\partial^2 \pi}{\partial p_1 \partial p_2}\right)^2 = 24 - 4 > 0$$

이 되어 $(p_1^* = 63,\ p_2^* = 100)$에서 π가 극댓값을 가짐을 알 수 있다.

3. 제2차 충분조건의 증명

이제 제1차 필요조건을 만족하는 값이 극값이 되기 위한 제2차 충분조건의 증명을 해보기로 하자. 우선 전미분함수인 $dz = f_x dx + f_y dy$를 이용하여 2계 전미분 d^2z를 구해보기로 하자. 제10장에서 이미 언급하였지만 dx, dy는 x, y의 변화량을 의미하므로 미분과정에서는 상수로 취급하게 된다. 2계 전미분인 d^2z는 z의 변동량인 dz의 변동량으로 해석할 수 있으며, 그 형태는 다음과 같다.

$$\begin{aligned}
d^2z \equiv d(dz) &= \frac{\partial(dz)}{\partial x}dx + \frac{\partial(dz)}{\partial y}dy \\
&= \frac{\partial}{\partial x}(f_x dx + f_y dy)dx + \frac{\partial}{\partial y}(f_x dx + f_y dy)dy \\
&= (f_{xx}dx + f_{xy}dy)dx + (f_{xy}dx + f_{yy}dy)dy \\
&= f_{xx}dx^2 + f_{xy}dy\,dx + f_{xy}dx\,dy + f_{yy}dy^2 \\
&= f_{xx}dx^2 + 2f_{xy}dx\,dy + f_{yy}dy^2
\end{aligned}$$

주어진 점 (x^*, y^*)에서 d^2z가 0보다 작다면 dz값은 점점 더 감소하게 되며, 반대로 d^2z가 0보다 크다면 dz값은 점점 더 증가하게 된다. 만약 (x^*, y^*)에서 $dz=0$이며 주어진 점 (x^*, y^*)를 기점으로 하여 x값과 y값이 어떻게 변하든 간에 d^2z값이 0보다 작다면 $f(x^*, y^*)$는 극댓값이 될 것이며, 반대로 (x^*, y^*)에서 x값과 y값이 어떻게 변하든 간에 d^2z값이 0보다 크다면 $f(x^*, y^*)$는 극솟값이 되어야 한다.

그렇다면 어떤 조건하에서 d^2z가 언제나 0보다 크거나 혹은 언제나 0보다 작게 될 것인가? 우선 d^2z가 dx와 dy에 관계없이 언제나 0보다 클 경우부터 살펴보기로 하자.

$$d^2z = f_{xx}dx^2 + 2f_{xy}dx\,dy + f_{yy}dy^2$$

에서 $dx=\alpha$, $dy=\beta$로 놓고 f_{xx}, f_{xy}, f_{yy}를 함수가 아닌 α^2, $\alpha\beta$, β^2의 계수로 생각해 본다면 d^2z는 다음과 같이 나타낼 수 있다.

$$f_{xx}\alpha^2 + 2f_{xy}\alpha\beta + f_{yy}\beta^2$$

이 함수가 α값과 β값에 관계없이 언제나 0보다 크기 위해서는

$$f_{xx} > 0,\ f_{xx}f_{yy} - (f_{xy})^2 > 0$$

을 만족해야 한다. 이와 반대로 d^2z가 α값과 β값에 관계없이 언제나 0보다 작기 위해서는

$$f_{xx} < 0,\ f_{xx}f_{yy} - (f_{xy})^2 > 0$$

을 만족시켜야 한다.[1)]

1) $z=ax^2+2bxy+cy^2$이 x값과 y값에 관계없이 언제나 0보다 크거나 작을 조건을 도출하기 위해서는 $ax^2+2bxy+cy^2$을 다음과 같이 변형시켜 보면 된다.

$$ax^2+2bxy+cy^2 = a\left(x^2+\frac{2b}{a}xy+\frac{b^2}{a^2}y^2\right)+\left(c-\frac{b^2}{a}\right)y^2 = a\left(x+\frac{b}{a}y\right)^2+\left(\frac{ac-b^2}{a}\right)y^2$$

$a>0$이고 $ac-b^2>0$이면 z는 언제나 0보다 크며, $a<0$이고 $ac-b^2>0$이면 z는 언제나 0보다 작다.

따라서 1차 필요조건을 충족시키는 점 (x^*, y^*)가

(a) 극댓값이기 위해서는 $f_{xx} < 0$, $f_{xx} f_{yy} - (f_{xy})^2 > 0$을 만족시켜야 하며,
(b) 극솟값이기 위해서는 $f_{xx} > 0$, $f_{xx} f_{yy} - (f_{xy})^2 > 0$을 만족시켜야 한다.

제 2 절 다변수함수의 극값판정

본절에서는 독립변수의 수가 세 개인 다변수함수의 극값을 판정하는 방법을 간략히 살펴본 뒤, 이를 기초로 하여 보다 일반적인 다변수함수의 극값 판정기준을 정리해 보고자 한다. 극값이기 위한 충분조건의 증명은 제4절에서 상세히 다루고자 한다.

이제 삼변수함수의 극값을 판정하는 데 필요한 제1차 필요조건과 제2차 충분조건을 살펴보기로 하자.

1. 제1차 필요조건

$z = f(x_1, x_2, x_3)$의 함수가 주어져 있을 때 z가 극값을 갖기 위해서는 우선

$$dz = f_1 dx_1 + f_2 dx_2 + f_3 dx_3 = 0$$

이 성립해야 하며 dx_1, dx_2, dx_3에 관계없이 $dz = 0$이기 위해서는 이변수함수일 때와 마찬가지로

$$f_1 = f_2 = f_3 = 0$$

을 만족하는 점인 (x_1^*, x_2^*, x_3^*)가 존재해야 한다. 다시 말해 $f(x_1^*, x_2^*, x_3^*)$가 극값이기 위해서는 $(x_1, x_2, x_3)=(x_1^*, x_2^*, x_3^*)$에서 $f_1=f_2=f_3=0$이 성립해야 한다.

제1차 필요조건 증명을 위해 0벡터가 아닌 임의의 $(\Delta x_1, \Delta x_2, \Delta x_3)$와 실수 a에 대하여 $h(a)=f(x_1^*+a\nabla x_1, x_2^*+a\nabla x_2, x_3^*+a\nabla x_3)$로 두자. 여기서 $h(0)=f(x_1^*, x_2^*, x_3^*)$이고 함수 h는 a의 값이 0일 때 극값을 가지게 되므로 $h'(0)=0$이다.

$$\begin{aligned} h'(a) &= f_1(x_1^*+a\nabla x_1, x_2^*+a\nabla x_2, x_3^*+a\nabla x_3)\nabla x_1 \\ &\quad + f_2(x_1^*+a\nabla x_1, x_2^*+a\nabla x_2, x_3^*+a\nabla x_3)\nabla x_2 \\ &\quad + f_3(x_1^*+a\nabla x_1, x_2^*+a\nabla x_2, x_3^*+a\nabla x_3)\nabla x_3 \end{aligned}$$

이므로 $h'(0)=f_1^*\nabla x_1+f_2^*\nabla x_2+f_3^*\nabla x_3$이다. 임의의 벡터 $(\Delta x_1, \Delta x_2, \Delta x_3)$에 대하여 이 식이 성립하기 위해서는 $f_1=f_2=f_3=0$이 성립해야 한다.

2. 제2차 충분조건

제1차 필요조건을 충족시키는 (x_1^*, x_2^*, x_3^*)가 도출되었다 하더라도 $f(x_1^*, x_2^*, x_3^*)$가 극값인지를 알아보기 위해서는 제2차 충분조건을 만족시키는지 여부를 분석해야 한다.

제2차 충분조건을 이해하기 위해서는 우선 다음과 같이 정의되는 헤시안행렬(Hessian matrix)의 개념부터 살펴보아야 한다.

$$\mathbf{H}=\begin{bmatrix} f_{11} & f_{12} & f_{13} \\ f_{21} & f_{22} & f_{23} \\ f_{31} & f_{32} & f_{33} \end{bmatrix}$$

여기서 f_{ij}는 $\dfrac{\partial^2 f}{\partial x_i \partial x_j}$를 의미한다. 헤시안행렬 $\mathbf{H}$가 주어져 있을 때 $\mathbf{H}$를 이용하여 구성한 행렬 $\mathbf{H}_1, \mathbf{H}_2, \mathbf{H}_3$을 다음과 같이 정의하기로 하자.

$$\mathbf{H}_1 = [f_{11}],\ \ \mathbf{H}_2 = \begin{bmatrix} f_{11} & f_{12} \\ f_{21} & f_{22} \end{bmatrix},\ \ \mathbf{H}_3 = \mathbf{H} = \begin{bmatrix} f_{11} & f_{12} & f_{13} \\ f_{21} & f_{22} & f_{23} \\ f_{31} & f_{32} & f_{33} \end{bmatrix}$$

헤시안행렬의 행렬식 $|\mathbf{H}|$는 헤시안행렬식(Hessian determinant)이라 하며 $\mathbf{H}_1$의 행렬식 $|\mathbf{H}_1|$은 첫 번째 주소(主小)행렬식(principal minor), $\mathbf{H}_2$의 행렬식 $|\mathbf{H}_2|$는 두 번째 주소행렬식, $\mathbf{H}_3$의 행렬식 $|\mathbf{H}_3|$은 세 번째 주소행렬식이라 한다. 물론 독립변수가 n 개인 경우에는 n번째 주소행렬식까지 구할 수 있다.

이제 $f(x_1^*,\ x_2^*,\ x_3^*)$가 극값이기 위한 제2차 충분조건을 살펴보기로 하자.[2)]

> **정리**
>
> 제1차 필요조건을 만족하는 $x_1^*,\ x_2^*,\ x_3^*$를 함수 f에 대입하여 얻은 함숫값 z^*가
>
> (a) 극댓값이기 위해서는 $|\mathbf{H}_1|<0$; $|\mathbf{H}_2|>0$; $|\mathbf{H}_3|<0$을 만족해야 하며,
>
> (b) 극솟값이기 위해서는 $|\mathbf{H}_1|>0$; $|\mathbf{H}_2|>0$; $|\mathbf{H}_3|>0$을 만족해야 한다.

참고로 이 정리가 이변수함수일 때에도 적용되는지 확인해 보기로 하자.

제1차 필요조건을 만족하는 $(x_1^*,\ x_2^*)$의 함숫값인 $f(x_1^*,\ x_2^*)$이 극댓값이기 위해서는

$$|\mathbf{H}_1| = f_{11} < 0,\ \ |\mathbf{H}_2| = f_{11}\cdot f_{22} - (f_{12})^2 > 0$$

이 성립해야 하므로 제1절의 결과와 일치함을 알 수 있으며, 극솟값이기 위한 조건도

$$|\mathbf{H}_1| = f_{11} > 0,\ \ |\mathbf{H}_2| = f_{11}\cdot f_{22} - (f_{12})^2 > 0$$

으로 제1절에서의 결과와 일치함을 알 수 있다.

2) 이에 대한 증명은 제4절을 참고하기 바람.

예제 11.4

다음 함수들의 극값을 구하여라.

(a) $f(x,\ y,\ z) = 3x + 2y + 4z - \dfrac{1}{200}x^2 - \dfrac{1}{100}y^2 - \dfrac{1}{100}z^2$

(b) $f(x,\ y,\ z) = x^2 + 2y^2 + z^2 + 2xy + xz + 4y + 2z$

(c) $f(x,\ y,\ z) = -x^3 + 2xy - 2y^2 - z^2 + 4z$

(d) $f(x_1,\ x_2,\ x_3) = 2x_1^2 + x_2^2 + 4x_3^2 - x_1 + 2x_3$

풀이

(a) 우선 $\dfrac{\partial f}{\partial x} = \dfrac{\partial f}{\partial y} = \dfrac{\partial f}{\partial z} = 0$을 만족하는 $(x^*,\ y^*,\ z^*)$를 구해보면 그 과정은 다음과 같다.

$$\frac{\partial f}{\partial x} = 3 - \frac{1}{100}x = 0,\ \frac{\partial f}{\partial y} = 2 - \frac{2}{100}y = 0,\ \frac{\partial f}{\partial z} = 4 - \frac{2}{100}z = 0$$

따라서 $x^* = 300,\ y^* = 100,\ z^* = 200$이 제1차 필요조건을 충족시킴을 알 수 있으며 헤시안행렬을 구해보면

$$\mathbf{H} = \begin{bmatrix} -\frac{1}{100} & 0 & 0 \\ 0 & -\frac{2}{100} & 0 \\ 0 & 0 & -\frac{2}{100} \end{bmatrix}$$

$|\mathbf{H}_1| = -\dfrac{1}{100} < 0,\ |\mathbf{H}_2| = \dfrac{2}{10{,}000} > 0,\ |\mathbf{H}_3| = -\left(\dfrac{1}{100}\right)^3(4) < 0$이 됨을 알 수 있다. 따라서 $(x^* = 300,\ y^* = 100,\ z^* = 200)$일 때 $f(300,\ 100,\ 200) = 950$은 극댓값이다.

(b) 우선

$$\frac{\partial f}{\partial x} = 2x + 2y + z = 0$$

$$\frac{\partial f}{\partial y} = 4y + 2x + 4 = 0$$

$$\frac{\partial f}{\partial z} = 2z + x + 2 = 0$$

의 연립방정식의 해를 구하면, $x^* = 6,\ y^* = -4,\ z^* = -4$가 됨을 알 수 있다. 헤시안행렬을 구해보면

$$\mathbf{H}=\begin{bmatrix} 2 & 2 & 1 \\ 2 & 4 & 0 \\ 1 & 0 & 2 \end{bmatrix}$$

가 되어, $|\mathbf{H}_1|=2>0$, $|\mathbf{H}_2|=8-4>0$, $|\mathbf{H}_3|=(1)(0-4)+(2)(8-4)>0$이 된다. 따라서 $f(6, -4, -4)=-12$가 극솟값임을 알 수 있다.

(c) $\dfrac{\partial f}{\partial x}=-3x^2+2y=0$, $\dfrac{\partial f}{\partial y}=2x-4y=0$, $\dfrac{\partial f}{\partial z}=-2z+4=0$에서
$(x^*=0,\ y^*=0,\ z^*=2)$, $(x^*=\dfrac{1}{3},\ y^*=\dfrac{1}{6},\ z^*=2)$가 제1차 필요조건을 충족시킴을 알 수 있으며 헤시안행렬을 구해보면 다음과 같은 형태를 취하게 된다.

$$\mathbf{H}=\begin{bmatrix} -6x & 2 & 0 \\ 2 & -4 & 0 \\ 0 & 0 & -2 \end{bmatrix}$$

$(x^*=0,\ y^*=0,\ z^*=2)$일 때 헤시안행렬은

$$\mathbf{H}=\begin{bmatrix} 0 & 2 & 0 \\ 2 & -4 & 0 \\ 0 & 0 & -2 \end{bmatrix}$$

가 되어, $|\mathbf{H}_1|=0$, $|\mathbf{H}_2|=-4$, $|\mathbf{H}_3|=(-2)(-4)=8$을 감안하면 $f(0, 0, 2)$는 극값이 될 수 없음을 알 수 있다.

한편 $\left(x^*=\dfrac{1}{3},\ y^*=\dfrac{1}{6},\ z^*=2\right)$일 때

$$\mathbf{H}=\begin{bmatrix} -2 & 2 & 0 \\ 2 & -4 & 0 \\ 0 & 0 & -2 \end{bmatrix}$$

이므로, $|\mathbf{H}_1|=-2<0$, $|\mathbf{H}_2|=4>0$, $|\mathbf{H}_3|=(-2)(8-4)<0$에서 $f\left(\dfrac{1}{3}, \dfrac{1}{6}, 2\right)=\dfrac{217}{54}$이 극댓값임을 알 수 있다.

(d) $f_1=4x_1-1$, $f_2=2x_2$, $f_3=8x_3+2$, $f_{11}=4$, $f_{22}=2$, $f_{33}=8$, $f_{ij}=0(i\neq j)$이 성립한다. $f_1=f_2=f_3=0$을 만족하는 x값은 $x_1^*=0.25$, $x_2^*=0$, $x_3^*=-0.25$이다.

$$\mathbf{H}=\begin{bmatrix} 4 & 0 & 0 \\ 0 & 2 & 0 \\ 0 & 0 & 8 \end{bmatrix}$$

$$f_{11}=4>0,\ \begin{vmatrix}4&0\\0&2\end{vmatrix}=8>0,\ \begin{vmatrix}4&0&0\\0&2&0\\0&0&8\end{vmatrix}=64>0$$이므로 (0.25, 0, −0.25)는 극솟값이다.

예제 11.5

다음 함수의 최댓값을 구하여라.

(a) $\pi(x_1,\ x_2)=95(4x_1^{\frac{1}{2}}+6x_2^{\frac{1}{2}})-4.75x_1-15x_2$

(b) $\pi(x,\ y)=10x-\frac{3}{2}x^2+22y-\frac{5}{2}y^2-xy$

(c) $\pi(x,\ y)=100x+80y+2xy-x^2-2y^2-5{,}000$

풀이

(a) $\frac{\partial\pi}{\partial x_1}=\frac{(4)(95)}{2\sqrt{x_1}}-4.75=0\ \Rightarrow\ x_1^*=1{,}600$

$\frac{\partial\pi}{\partial x_2}=\frac{(6)(95)}{2\sqrt{x_2}}-15=0\ \Rightarrow\ x_2^*=361$

헤시안행렬식을 구해보면

$$\pi_{11}=-\frac{95}{x_1^{\frac{3}{2}}},\ \pi_{12}=\pi_{21}=0,\ \pi_{22}=-\frac{(3)(95)}{2x_2^{\frac{3}{2}}}$$

$$|\mathbf{H}|=\begin{vmatrix}-\frac{95}{x_1^{\frac{3}{2}}}&0\\0&-\frac{285}{2x_2^{\frac{3}{2}}}\end{vmatrix}=\frac{27{,}075}{2x_1^{\frac{3}{2}}x_2^{\frac{3}{2}}}>0$$

$$|\mathbf{H}_1|=-\frac{95}{x_1^{\frac{3}{2}}}<0$$

$|\mathbf{H}_1|<0$이고 $|\mathbf{H}_2|=|\mathbf{H}|>0$이므로 앞에서 구한 값은 극댓값이자 최댓값이다.

(b) $\frac{\partial\pi}{\partial x}=10-3x-y=0,\ \frac{\partial\pi}{\partial y}=22-5y-x=0$을 이용하면 $(x^*=2,\ y^*=4)$가 도출된다. 헤시안행렬식을 구해보면 $\pi_{xx}=-3,\ \pi_{xy}=\pi_{yx}=-1,\ \pi_{yy}=-5$이므로

$$|\mathbf{H}| = \begin{vmatrix} -3 & -1 \\ -1 & -5 \end{vmatrix}$$

$|\mathbf{H}_1| = -3 < 0$, $|\mathbf{H}_2| = 14 > 0$임을 알 수 있어 앞에서 구한 값은 최댓값이자 극댓값을 형성한다.

(c) $\dfrac{\partial \pi}{\partial x} = 100 + 2y - 2x = 0$, $\dfrac{\partial \pi}{\partial y} = 80 + 2x - 4y = 0$을 이용하면 $(x^* = 90,\ y^* = 140)$이 나온다. 헤시안행렬식을 구해보면

$$|\mathbf{H}| = \begin{vmatrix} -2 & 2 \\ 2 & -4 \end{vmatrix}$$

$|\mathbf{H}_1| = -2 < 0$, $|\mathbf{H}_2| = 4 > 0$이므로 앞에서 구한 값은 최댓값이다.

예제 11.6

(주)실버시어터는 60대 이상 실버고객에게 입장료를 할인해 주는 정책을 고려하고 있다. 정상적인 가격을 지불하는 일반고객의 수요함수는 $q_1 = 20 - p_1$으로 추정하고 있고, 실버고객의 수요함수는 $q_2 = 16 - p_2$로 보고 있다. 극장측의 비용은 $C(q) = 6 + q^2$으로 실버고객과 일반고객의 비용함수는 동일하다. 이익극대화를 위한 가격전략을 도출하여라.

풀이

$p_1 = 20 - q_1$이고 $p_2 = 16 - q_2$이므로 극장의 이익을 나타내는 함수를 구해보면

$$\begin{aligned} \pi(q_1,\ q_2) &= (20 - q_1)q_1 + (16 - q_2)q_2 - 6 - (q_1 + q_2)^2 \\ &= 20q_1 - 2q_1^2 + 16q_2 - 2q_2^2 - 2q_1 q_2 - 6 \end{aligned}$$

한계수입이 0이 되는 입장객수를 구하려면 $\dfrac{\partial \pi}{\partial q_1} = \dfrac{\partial \pi}{\partial q_2} = 0$에서 다음을 도출할 수 있다.

$$\frac{\partial \pi}{\partial q_1} = 20 - 4q_1 - 2q_2 = 0$$

$$\frac{\partial \pi}{\partial q_2} = 16 - 4q_2 - 2q_1 = 0$$

이 식에서 $q_1^* = 4$, $q_2^* = 2$ 그리고 입장가격은 $p_1^* = 16$, $p_2^* = 14$로 실버고객은 2단위만큼의 할인을 받을 수 있다.

이익의 극대화 여부를 확인하기 위해 헤시안을 구하면 다음과 같다.

$$|\mathbf{H}| = \begin{vmatrix} -4 & -2 \\ -2 & -4 \end{vmatrix}$$

$$|\mathbf{H}_1| = -4 < 0,\ |\mathbf{H}_2| = 12 > 0$$

따라서 앞에서 구한 가격전략은 이익극대화를 가능하게 한다.

$z = f(x_1,\ x_2,\ \cdots,\ x_n)$과 n개의 독립변수가 포함된 함수의 극값도 앞에서 설명한 정리를 n개의 변수에 대해 확장·적용함으로써 쉽게 구할 수 있다. 우선 $n \times n$인 헤시안행렬을 정의하면 다음과 같다.

$$\mathbf{H} = \begin{bmatrix} f_{11} & f_{12} & \cdots & f_{1n} \\ f_{21} & f_{22} & \cdots & f_{2n} \\ \vdots & \vdots & & \vdots \\ f_{n1} & f_{n2} & \cdots & f_{nn} \end{bmatrix}$$

여기서

$$|\mathbf{H}_i| = \begin{vmatrix} f_{11} & f_{12} & \cdots & f_{1i} \\ f_{21} & f_{22} & \cdots & f_{2i} \\ \vdots & \vdots & & \vdots \\ f_{i1} & f_{i2} & \cdots & f_{ii} \end{vmatrix}$$

를 i번째 주소행렬식이라 정의할 때 $z = f(x_1^*,\ x_2^*,\ \cdots,\ x_n^*)$가 극값이기 위한 조건은 다음과 같이 요약할 수 있다.

정리

제1차 필요조건 : $(x_1,\ x_2,\ \cdots,\ x_n) = (x_1^*,\ x_2^*,\ \cdots,\ x_n^*)$일 때 $f_1 = f_2 = \cdots = f_n = 0$

제2차 충분조건 :

(a) 극댓값이기 위해서는 $|\mathbf{H}_1| < 0,\ |\mathbf{H}_2| > 0,\ |\mathbf{H}_3| < 0,\ \cdots,\ (-1)^n|\mathbf{H}_n| > 0$이어야 하며

(b) 극솟값이기 위해서는 $|\mathbf{H}_1| > 0,\ |\mathbf{H}_2| > 0,\ |\mathbf{H}_3| > 0,\ \cdots,\ |\mathbf{H}_n| > 0$이어야 한다.

제 3 절 볼록함수와 오목함수의 극대 · 극소

제9장에서 극값을 구하고자 하는 함수가 볼록함수이면 2차 충분조건을 고려할 필요도 없이 1차 필요조건을 만족시키는 해가 곧 극솟값이자 최솟값이며, 함수의 형태가 오목함수이면 1차 필요조건을 충족시키는 해가 곧 극댓값이자 최댓값임을 설명한 바 있다.

다변수함수의 경우에도 이와 같은 정리가 그대로 적용된다. 다만 다변수함수의 경우 볼록함수나 오목함수의 정의를 이용하여 주어진 함수의 형태를 결정하는 데는 상당한 계산을 요하게 되므로, 대개는 앞에서 설명한 헤시안행렬을 이용하게 된다.

우선 이변수함수를 중심으로 하여 볼록함수와 오목함수의 정의를 재차 살펴보기로 하자.

정의

$f(x, y)$가 정의되는 정의역에 포함된 두 점 (x_1, y_1)과 (x_2, y_2)가 주어져 있을 때, $0 < \lambda < 1$인 경우 $x^* = \lambda x_1 + (1-\lambda)x_2$, $y^* = \lambda y_1 + (1-\lambda)y_2$라 하자.

(a) 만약

$$f(x^*, y^*) \le \lambda f(x_1, y_1) + (1-\lambda) f(x_2, y_2)$$

가 성립하면 $f(x, y)$는 볼록함수이며,

$$f(x^*, y^*) < \lambda f(x_1, y_1) + (1-\lambda) f(x_2, y_2)$$

가 성립하면 $f(x, y)$는 엄격한 볼록함수이다.

(b) 만약

$$f(x^*, y^*) \ge \lambda f(x_1, y_1) + (1-\lambda) f(x_2, y_2)$$

가 성립하면 $f(x, y)$는 오목함수이며,

$$f(x^*, y^*) > \lambda f(x_1, y_1) + (1-\lambda) f(x_2, y_2)$$

가 성립하면 $f(x, y)$는 엄격한 오목함수이다.

예제 11.7

$f(x, y) = x^2 + y^2$이 볼록함수인지 오목함수인지 판정하여라.

풀이

$$
\begin{aligned}
& f\left[\frac{1}{2}(x_1+x_2),\ \frac{1}{2}(y_1+y_2)\right] - \frac{1}{2}\left[f(x_1,\ y_1)+f(x_2,\ y_2)\right] \\
&= \left(\frac{1}{2}x_1+\frac{1}{2}x_2\right)^2+\left(\frac{1}{2}y_1+\frac{1}{2}y_2\right)^2-\frac{1}{2}(x_1^2+y_1^2)-\frac{1}{2}(x_2^2+y_2^2) \\
&= -\frac{1}{4}x_1^2-\frac{1}{4}y_1^2-\frac{1}{4}x_2^2-\frac{1}{4}y_2^2+\frac{2}{4}x_1x_2+\frac{2}{4}y_1y_2 \\
&= -\frac{1}{4}(x_1-x_2)^2-\frac{1}{4}(y_1-y_2)^2 < 0
\end{aligned}
$$

따라서 $f\left[\frac{1}{2}(x_1+x_2),\ \frac{1}{2}(y_1+y_2)\right] < \frac{1}{2}f(x_1,\ y_1)+\frac{1}{2}f(x_2,\ y_2)$가 성립하여 f가 볼록함수인 것을 알 수 있다.

이 예제에서 알 수 있듯이 볼록함수와 오목함수의 정의를 이용하여 함수의 형태를 알아본다는 것이 그리 쉬운 일은 아니다. 따라서 볼록함수와 오목함수의 분류는 대개 헤시안행렬을 이용하게 된다. 이제 다음 정리를 통하여 볼록함수와 오목함수의 분류방법을 살펴보기로 하자.

정리

행렬 $\mathbf{H}$를 함수 f의 헤시안행렬이라 하자. f의 정의역에 포함된 모든 원소에 대해

(a) $|\mathbf{H}_1| \geq 0,\ |\mathbf{H}_2| \geq 0,\ |\mathbf{H}_3| \geq 0,\ \cdots,\ |\mathbf{H}_n| \geq 0$이 성립하면 f는 볼록함수이며, $|\mathbf{H}_1| > 0,\ |\mathbf{H}_2| > 0,\ |\mathbf{H}_3| > 0,\ \cdots,\ |\mathbf{H}_n| > 0$이 성립하면 f는 엄격한 볼록함수(strictly convex function)이다.

(b) $|\mathbf{H}_1| \leq 0,\ |\mathbf{H}_2| \geq 0,\ |\mathbf{H}_3| \leq 0,\ \cdots,\ (-1)^n|\mathbf{H}_n| \geq 0$이 성립하면 f는 오목함수이며, $|\mathbf{H}_1| < 0,\ |\mathbf{H}_2| > 0,\ |\mathbf{H}_3| < 0,\ \cdots,\ (-1)^n|\mathbf{H}_n| > 0$이 성립하면 f는 엄격한 오목함수(strictly concave function)이다.

일견 이 정리가 제2절에서 살펴본 극값이기 위한 충분조건과 비슷해 보이나,

결정적인 차이는 이 정리의 경우 f의 정의역에 포함된 모든 원소에 대해 성립해야 하나, 제2절의 정리는 제1차 필요조건을 충족하는 $(x_1^*, x_2^*, \cdots, x_n^*)$에 대한 것이라는 점이다.

예제 11.8

다음 함수가 볼록함수인지 오목함수인지 분석하여라.

(a) $f(x, y) = x^2 + xy + y^2$

(b) $g(x_1, x_2, x_3) = -\frac{1}{200}x_1^2 - \frac{1}{100}x_2^2 - \frac{1}{100}x_3^2 + x_1 + x_2 + x_3$

(c) $h(x_1, x_2, x_3) = -x_1^3 + 2x_1x_2 - 2x_2^2 - x_3^2 + 4x_3$

풀이

(a) $\frac{\partial^2 f}{\partial x^2} = 2$, $\frac{\partial^2 f}{\partial x \partial y} = 1$, $\frac{\partial^2 f}{\partial y^2} = 2$가 되므로 헤시안행렬 $\mathbf{H}$는 다음과 같다.

$$\mathbf{H} = \begin{bmatrix} 2 & 1 \\ 1 & 2 \end{bmatrix}$$

$|\mathbf{H}_1| = 2$, $|\mathbf{H}_2| = 4 - 1 = 3$으로 (x, y)값에 관계없이 언제나 0보다 크므로 함수 f는 (엄격한) 볼록함수이다.

(b) $\frac{\partial^2 g}{\partial x_1^2} = -\frac{1}{100}$, $\frac{\partial^2 g}{\partial x_2^2} = -\frac{2}{100}$, $\frac{\partial^2 g}{\partial x_3^2} = -\frac{2}{100}$, $\frac{\partial^2 g}{\partial x_i \partial x_j} = 0 (i \neq j)$이므로 헤시안행렬은 다음과 같이 간단한 형태를 취하게 된다.

$$\mathbf{H} = \begin{bmatrix} -\frac{1}{100} & 0 & 0 \\ 0 & -\frac{2}{100} & 0 \\ 0 & 0 & -\frac{2}{100} \end{bmatrix}$$

$|\mathbf{H}_1| = -\frac{1}{100} < 0$, $|\mathbf{H}_2| = \frac{2}{10,000} > 0$, $|\mathbf{H}_3| = -\left(\frac{1}{100}\right)^3 (4) < 0$이므로 함수 g는 (엄격한) 오목함수이다.

(c) $\frac{\partial h}{\partial x_1} = -3x_1^2 + 2x_2$, $\frac{\partial h}{\partial x_2} = 2x_1 - 4x_2$, $\frac{\partial h}{\partial x_3} = -2x_3 + 4$이므로 헤시안행렬은

$$\mathbf{H}=\begin{bmatrix} -6x_1 & 2 & 0 \\ 2 & -4 & 0 \\ 0 & 0 & -2 \end{bmatrix}$$

가 된다. 1차 소행렬식 $|\mathbf{H}_1|=-6x_1$의 값은 x_1의 값에 따라 어떤 값이든 취할 수 있으므로 함수 h는 볼록함수도 오목함수도 아니다.

제9장에서 이미 논의한 바와 같이 주어진 함수 f가 볼록함수인 것으로 사전에 판명되면 극값이기 위한 제1차 필요조건을 충족하는 $(x_1^*,\ x_2^*,\ \cdots,\ x_n^*)$에 대응하는 함숫값 $f(x_1^*,\ x_2^*,\ \cdots,\ x_n^*)$는 최솟값이 되며, 함수 f가 오목함수인 것으로 판명되면 $f(x_1^*,\ x_2^*,\ \cdots,\ x_n^*)$는 최댓값이 된다. 더구나 함수 f가 엄격한 볼록함수이거나 엄격한 오목함수일 경우에는 최솟값 또는 최댓값을 도출해내는 $(x_1^*,\ x_2^*,\ \cdots,\ x_n^*)$가 단 하나뿐임을 사전에 알 수 있다.

예제 11.9

한국재생타이어는 동부, 서부 두 곳의 재생타이어시장을 독점하고 있다. 동부와 서부에서의 판매량을 q_1, q_2라 한다면 수요함수는 다음과 같이 추정된다.

$$p_1 = 100 - q_1 \text{ (동부시장에서의 가격)}$$
$$p_2 = 120 - 2q_1 \text{ (서부시장에서의 가격)}$$

한편 이 두 제품을 모두 생산하는 공장에서 추정한 비용함수는 다음과 같다.

$$C = 20(q_1 + q_2)$$

이윤을 극대화하는 생산량을 결정하여라.

풀이

한국재생타이어의 이윤함수를 $\pi(q_1,\ q_2)$라 하자.

$$\begin{aligned}\pi(q_1,\ q_2) &= p_1 q_1 + p_2 q_2 - C \\ &= 100q_1 - q_1^2 + 120q_2 - 2q_2^2 - 20(q_1 + q_2) \\ &= 80q_1 - q_1^2 + 100q_2 - 2q_2^2\end{aligned}$$

$\pi(q_1, q_2)$를 q_1과 q_2에 대해 미분하여 0으로 놓으면 결과는 다음과 같다.

$$\pi_1 = 80 - 2q_1 = 0$$

$$\pi_2 = 100 - 4q_2 = 0$$

이 식에서 $q_1^* = 40$, $p_1^* = 60$, $q_2^* = 25$, $p_2^* = 70$이 도출된다. $\pi(q_1, q_2)$는 오목함수이므로 앞에서 구한 해가 최적해임을 알 수 있다.

예제 11.10

한국공에너지는 자동차용 특수연료를 독점생산 · 판매하는 공기업으로 바이오에탄올과 합성에탄올의 두 가지 상품을 판매중이다. 이 두 상품의 수요함수는 p_1과 p_2를 각 상품의 가격이라 할 때 다음과 같이 나타낼 수 있다.

$$x_1 = 100 - 2p_1 + p_2$$

$$x_2 = 120 + 3p_1 - 5p_2$$

또한 이 상품생산에 소요되는 비용은 다음과 같이 추정되고 있다.

$$C(x_1, x_2) = 50 + 10x_1 + 20x_2$$

이익을 극대화할 수 있는 상품가격 p_1^*과 p_2^*를 구하여라.[3)]

풀이

수요함수를 재정리하면, 다음과 같다.

$$\begin{bmatrix} 2 & -1 \\ -3 & 5 \end{bmatrix} \begin{bmatrix} p_1 \\ p_2 \end{bmatrix} = \begin{bmatrix} 100 - x_1 \\ 120 - x_2 \end{bmatrix}$$

크레머의 정리를 이용하면,

$$p_1 = \frac{5(100 - x_1) + (120 - x_2)}{7}$$

$$p_2 = \frac{2(120 - x_2) + 3(100 - x_1)}{7}$$

3) 이 예제는 다음 책에서 발췌 · 재구성하였음. Hoy, M., J. Livernois, C. McKenna, R. Rees, and T. Stengos, *Mathematics for Economics*, 2nd ed., The MIT Press, Cambridge, MA, 2005, pp. 551~552.

또는

$$p_1 = 88.57 - 0.71x_1 - 0.14x_2$$
$$p_2 = 77.14 - 0.29x_1 - 0.43x_2$$

즉, 이 두 상품은 서로 대체하여 사용될 수 있는 상품이다. 상품 1의 생산량이 늘어나면 p_1을 하락시키고, 이는 곧 상품 2의 수요를 줄인다. 이 기업의 이윤함수를 $\pi(x_1,\ x_2)$라 한다면,

$$\begin{aligned}\pi(x_1,\ x_2) &= p_1 x_1 + p_2 x_2 - C(x_1,\ x_2)\\ &= 78.57x_1 + 57.14x_2 - 0.71x_1^2 - 0.43x_2^2 - 0.43x_1x_2 - 50\end{aligned}$$

$\pi(x_1,\ x_2)$를 x_1과 x_2에 대해 각각 미분하여 0으로 놓으면 다음과 같다.

$$\pi_1 = 78.57 - 1.42x_1^* - 0.43x_2^* = 0$$
$$\pi_2 = 57.14 - 0.86x_2^* - 0.43x_1^* = 0$$

다시, 크레머의 정리를 이용하면

$$x_1^* = \frac{\begin{vmatrix} 78.57 & 0.43 \\ 57.14 & 0.86 \end{vmatrix}}{1.04} = 41.35$$
$$x_2^* = \frac{\begin{vmatrix} 1.42 & 78.57 \\ 0.43 & 57.14 \end{vmatrix}}{1.04} = 45.53$$

이 되며 이 값들을 p_1과 p_2 함수에 대입하면,

$$p_1^* = 52.84, \quad p_2^* = 45.57$$

이 도출된다. 참고로 $\pi(x_1,\ x_2)$는 오목함수이기 때문에 앞에서 구한 x_1^*와 x_2^*는 한국공에너지의 이윤을 극대화하는 생산량임을 알 수 있다.

제4절 2계 전미분과 이차형식[4)]

다변수함수의 극값을 판정하기 위한 제2차 충분조건은 이변수함수를 고려한 제1절에서와 마찬가지로 2계 전미분 d^2z를 분석해 봄으로써 도출해낼 수 있다. 본절에서는 삼변수함수의 2계 전미분을 중심으로 하여 극값이기 위한 2차 충분조건을 도출해내는 방법에 대해 살펴보고자 한다.

1. 삼변수함수의 2계 전미분

삼변수함수 $z = f(x_1,\ x_2,\ x_3)$의 전미분을 $dz = f_1 dx_1 + f_2 dx_2 + f_3 dx_3$라 할 때, 2계 전미분 d^2z는 다음과 같이 구할 수 있다.

$$\begin{aligned} d^2z = d(dz) &= \frac{\partial(dz)}{\partial x_1}dx_1 + \frac{\partial(dz)}{\partial x_2}dx_2 + \frac{\partial(dz)}{\partial x_3}dx_3 \\ &= \frac{\partial}{\partial x_1}(f_1 dx_1 + f_2 dx_2 + f_3 dx_3)dx_1 \\ &\quad + \frac{\partial}{\partial x_2}(f_1 dx_1 + f_2 dx_2 + f_3 dx_3)dx_2 \\ &\quad + \frac{\partial}{\partial x_3}(f_1 dx_1 + f_2 dx_2 + f_3 dx_3)dx_3 \\ &= f_{11}dx_1^2 + f_{12}dx_1 dx_2 + f_{13}dx_1 dx_3 \\ &\quad + f_{21}dx_2 dx_1 + f_{22}dx_2^2 + f_{23}dx_2 dx_3 \\ &\quad + f_{31}dx_3 dx_1 + f_{32}dx_3 dx_2 + f_{33}dx_3^2 \end{aligned}$$

주어진 점$(x_1^*,\ x_2^*,\ x_3^*)$에서 d^2z가 0보다 작으면 dz값은 점점 더 감소하게 되며, 반대로 d^2z가 0보다 크다면 dz값은 점점 더 증가하게 된다. 만약 $(x_1^*,\ x_2^*,\ x_3^*)$ 에서

4) 이 절은 극값이기 위한 충분조건의 증명에 관한 내용이므로 생략하더라도 내용의 전개에 큰 지장이 없다.

$dz=0$이며 점 $(x_1^*,\ x_2^*,\ x_3^*)$를 기점으로 하여 $x_1,\ x_2,\ x_3$값이 어떻게 변하든 간에 (즉 $dx_1,\ dx_2,\ dx_3$의 값에 상관없이), d^2z값이 0보다 작다면 $f(x_1^*,\ x_2^*,\ x_3^*)$는 극댓값이 되며, 반대로 $(x_1^*,\ x_2^*,\ x_3^*)$에서 $dz=0$이고 $x_1,\ x_2,\ x_3$ 값이 어떻게 변하든 간에 d^2z 값이 0보다 크다면 $f(x_1^*,\ x_2^*,\ x_3^*)$는 극솟값이 된다.

따라서 2차 충분조건을 구한다는 것은 결국 2계 전미분인 d^2z가 어떤 조건하에서 언제나 0보다 크며, 또는 언제나 0보다 작게 될 것인가를 분석하는 것과 마찬가지이다. d^2z의 식에서 $dx_1,\ dx_2,\ dx_3$를 변수로 취급한다면 2차 충분조건은 $f_{ij},\ i=1,\ 2,\ 3,\ j=1,\ 2,\ 3$ 간의 관계식에 의해 규명될 수 있다.

물론 본장의 제1절에서 채택한 방법을 이용하여 $d^2z>0$ 또는 $d^2z<0$일 조건을 도출해 낼 수는 있지만, 독립변수 x_i의 수가 많아지게 되면 실제 분석과정은 상당히 복잡해지게 마련이다. 그러나 독립변수의 수가 몇 개가 되든 간에 2차 전미분 d^2z를 구성하는 항들은 언제나 $f_{ik}\,dx_i\,dx_k$의 형태를 취한다. 다시 말해 $f_{jjk}\,dx_j^2\,dx_k$라든가 $f_{ijk}\,dx_i\,dx_j\,dx_k$ 등과 같이 dx_i가 셋 이상인 항은 d^2z에 포함되지 않는다는 것이다. 이러한 특성을 이용하면 $d^2z>0$ 또는 $d^2z<0$일 조건을 다소 간편하게 도출해 낼 수 있게 된다.

d^2z와 같은 형태의 함수를 이차형식(quadratic form)이라 하며, 바로 이 이차형식의 개념과 특성을 이해해야만 다변수함수의 극대·극소의 조건을 도출해 낼 수 있다.

2. 이차형식의 개념과 정부호형식

이차형식이란 함수의 표현에 사용된 변수의 수가 몇 개이든 간에 관계없이 함수를 구성하는 각 항(term)의 지수합이 2인 함수를 의미한다. 예를 들어

$$3x^2+xy-2y^2+z^2$$
$$-x^2-xy+3yz+u^2-uz$$

등은 모두 이차형식에 속한다.

함수가 이차형식인 경우 변수가 어떤 값을 취하든 간에 함숫값이 언제나 0 이상이거나 0 이하인 함수를 찾아볼 수 있다. 예를 들어 $f(x,\ y)=x^2+y^2$은 이차형식에

속하며, x와 y의 두 변수가 모두 0이 아니면 $f(x, y) > 0$이 성립한다. 이와 반대로 $g(x, y) = -x^2 - y^2$은 x값과 y값이 모두 0이 아니면 언제나 $g(x, y) < 0$이 된다. 이와 같이 특이한 이차형식의 함수를 일컫기 위해 다음과 같은 용어가 많이 사용된다.

정의

이차형식의 함수에 포함된 독립변수의 값이 어떤 값을 취하든 간에 (단 최소한 하나 이상의 변수는 0이 아니어야 한다) 함숫값이 항상

0보다 크면	→	양의 정부호(定符號)형식(positive definite)
0보다 크거나 같으면	→	양의 반부호(半符號)형식(positive semidefinite)
0보다 작으면	→	음의 정부호형식(negative definite)
0보다 작거나 같으면	→	음의 반부호형식(negative semidefinite)

이라 부른다. 변숫값에 따라 함숫값이 0보다 크거나 작으면 미부호(未符號)형식(indefinite)이라 한다.

주어진 이차형식의 함수가 이들 다섯 가지 중 어느 것에 해당되는지 알아보기 위해서는 우선 함수를 행렬을 이용하여 재정리하는 것이 일반적인 순서이다. 우선 변수가 둘인 경우부터 살펴보기로 하자. $f(x, y) = 3x^2 + xy - 2y^2$이라면 이 함수는 다음과 같은 형태로 재구성할 수 있다.

$$f(x, y) = [x \quad y]\begin{bmatrix} a_{11} & a_{12} \\ a_{21} & a_{22} \end{bmatrix}\begin{bmatrix} x \\ y \end{bmatrix} = a_{11}x^2 + (a_{21} + a_{12})xy + a_{22}y^2$$

예제 11.11

다음 함수를 행렬을 이용하여 재표현하여라.

(a) $4x^2 - 6xy + y^2$ (b) $-3u^2 + 20uv - \frac{1}{4}v^2$

풀이

(a) $[x \;\; y]\begin{bmatrix} 4 & -3 \\ -3 & 1 \end{bmatrix}\begin{bmatrix} x \\ y \end{bmatrix}$ (b) $[u \;\; v]\begin{bmatrix} -3 & 10 \\ 10 & -\frac{1}{4} \end{bmatrix}\begin{bmatrix} u \\ v \end{bmatrix}$

이번에는 3개의 변수로 구성된 이차형식의 함수를 행렬을 이용하여 나타내 보기로 하자.

$$
\begin{aligned}
f(x, y, z) &= [x \quad y \quad z]\begin{bmatrix} a_{11} & a_{12} & a_{13} \\ a_{21} & a_{22} & a_{23} \\ a_{31} & a_{32} & a_{33} \end{bmatrix}\begin{bmatrix} x \\ y \\ z \end{bmatrix} \\
&= a_{11}x^2 + a_{22}y^2 + a_{33}z^2 + (a_{21} + a_{12})xy \\
&\quad + (a_{32} + a_{23})yz + (a_{31} + a_{13})zx
\end{aligned}
$$

여기서 $a_{21} = a_{12}$, $a_{32} = a_{23}$, $a_{31} = a_{13}$으로 $a_{ij}(i \neq j)$값을 결정해 두면 삼변수함수도 손쉽게 재정리할 수 있다. 이와 같은 방법을 이용하면 변수의 수가 n인 이차형식의 함수도 $\mathbf{X}^{\mathrm{T}}\mathbf{AX}$의 형태로 나타낼 수 있다. 여기서 $\mathbf{X}^{\mathrm{T}} = [x_1 \ x_2 \ \cdots \ x_n]$이고 $\mathbf{A}$는 $n \times n$행렬이다.

예제 11.12

$f(x_1, x_2, x_3) = 4x_1^2 - 2x_1x_2 + 8x_2x_3 + x_2^2 + 6x_3^2$을 $\mathbf{X}^{\mathrm{T}}\mathbf{AX}$의 형태로 나타내어라.

풀이

$a_{11} = 4$, $a_{22} = 1$, $a_{33} = 6$, $a_{12} = a_{21} = -\dfrac{2}{2} = -1$, $a_{32} = a_{23} = \dfrac{8}{2} = 4$, $a_{31} = a_{13} = 0$이므로 함수 f는 다음과 같이 나타낼 수 있다.

$$
f(x_1, x_2, x_3) = [x_1 \quad x_2 \quad x_3]\begin{bmatrix} 4 & -1 & 0 \\ -1 & 1 & 4 \\ 0 & 4 & 6 \end{bmatrix}\begin{bmatrix} x_1 \\ x_2 \\ x_3 \end{bmatrix}
$$

3. 정부호형식의 판정법[5)]

이제 이차형식의 함수가 어떤 특성을 가질 때 양의 정부호형식(定符號型式) 또는 음의 정부호형식이 되는지 알아보기로 하자. 우선 이변수함수인 경우부터 살펴보면,

$$f(x,\ y) = [x \quad y]\begin{bmatrix} a_{11} & a_{12} \\ a_{21} & a_{22} \end{bmatrix}\begin{bmatrix} x \\ y \end{bmatrix} = a_{11}x^2 + (a_{12}+a_{21})xy + a_{22}y^2$$

에서 $f(x,\ y)$가 x값과 y값에 관계없이(단, 둘 다 0인 경우는 제외) 언제나 0보다 크기 위해서는

$$a_{11} > 0,\ a_{11}a_{22} - a_{12}a_{21} > 0$$

이 성립해야 한다. 이를 주소행렬식을 이용하여 표현해 보면 $|\mathbf{A}_1| > 0$, $|\mathbf{A}_2| > 0$인 조건과 일치하게 된다. 왜냐하면 $|\mathbf{A}_1| = a_{11}$, $|\mathbf{A}_2| = a_{11}a_{22} - a_{12}a_{21}$이기 때문이다.

마찬가지로 $f(x,\ y)$가 x값과 y값에 관계없이(단, 둘 다 0인 경우는 제외), 언제나 0보다 작기 위해서는

$$a_{11} < 0,\ a_{11}a_{22} - a_{12}a_{21} > 0$$

이 성립해야 한다. 즉 $|\mathbf{A}_1| < 0$, $|\mathbf{A}_2| > 0$의 조건과 일치하게 된다.

---

5) 이차형식의 정부호 판정은 고윳값의 부호를 통해서도 판단할 수 있다. 이차형식이 정부호형식을 가진다면 이차형식 행렬의 모든 고윳값은 0보다 크다. 또한 이차형식 행렬의 모든 고윳값이 0보다 크면 해당 이차형식 행렬은 정부호 형식을 가진다.

예제 11.13

다음의 이차형식이 양의 정부호형식인지 음의 정부호형식인지 분석하여라.

(a) $f(x,\ y) = 4x^2 - 3xy + y^2$

(b) $f(x,\ y) = -4x^2 + 12xy - 10y^2$

풀이

(a) $f(x,\ y) = [x \quad y]\begin{bmatrix} 4 & -1.5 \\ -1.5 & 1 \end{bmatrix}\begin{bmatrix} x \\ y \end{bmatrix}$에서 $|\mathbf{A}_1| = 4 > 0$, $|\mathbf{A}_2| = 4-(-1.5)^2 = 1.75 > 0$이므로 $f(x,\ y)$가 양의 정부호형식임을 알 수 있다.

(b) $f(x,\ y) = [x \quad y]\begin{bmatrix} -4 & 6 \\ 6 & -10 \end{bmatrix}\begin{bmatrix} x \\ y \end{bmatrix}$에서 $|\mathbf{A}_1| = -4 < 0$, $|\mathbf{A}_2| = 40-36 = 4 > 0$이므로 $f(x,\ y)$가 음의 정부호형식임을 알 수 있다.

독립변수의 수가 n인 이차형식의 함수도 앞에서의 분석과정을 확장·적용해 보면 정부호형식일 조건을 도출해 낼 수 있다.

$$f(x_1,\ x_2,\ \cdots,\ x_n) = [x_1 \quad x_2 \ \cdots \ x_n]\begin{bmatrix} a_{11} & a_{12} & \cdots\cdots & a_{1n} \\ a_{21} & a_{22} & \cdots\cdots & a_{2n} \\ \vdots & \vdots & & \vdots \\ a_{n1} & a_{n2} & \cdots\cdots & a_{nn} \end{bmatrix}\begin{bmatrix} x_1 \\ x_2 \\ \vdots \\ x_n \end{bmatrix}$$

a_{ij}를 원소로 하는 계수행렬을 A라 할 때 함수 f가 양의 정부호형식일 조건과 음의 정부호형식일 조건은 다음과 같다.

정리

$|\mathrm{A}_i|$를 i번째 주소행렬식이라 할 때

(a) $|\mathrm{A}_1| > 0$, $|\mathrm{A}_2| > 0$, $\cdots$, $|\mathrm{A}_n| = |\mathrm{A}| > 0$이면 f는 양의 정부호형식이고,

(b) $|\mathrm{A}_1| < 0$, $|\mathrm{A}_2| > 0$, $\cdots$, $(-1)^n\ |\mathrm{A}_n| > 0$이면 f는 음의 정부호형식이다.

예제 11.14

다음 함수가 양의 정부호형식인지 음의 정부호형식인지 분석하여라.

(a) $f(x,\ y,\ z) = x^2 + 2y^2 + z^2 + 2xy + xz$

(b) $g(x,\ y,\ z) = -x^2 + 2xy - 2y^2 - z^2$

풀이

(a) $A = \begin{bmatrix} 1 & 1 & \frac{1}{2} \\ 1 & 2 & 0 \\ \frac{1}{2} & 0 & 1 \end{bmatrix}$에서 $|A_1| = 1 > 0$, $|A_2| = 2 - 1 = 1 > 0$, $|A_3| = (1)(2) - (1)(1) + \frac{1}{2}(0-1) =$ $\frac{1}{2} > 0$이 되어 $f(x,\ y,\ z)$가 양의 정부호형식임을 알 수 있다.

(b) $A = \begin{bmatrix} -1 & 1 & 0 \\ 1 & -2 & 0 \\ 0 & 0 & -1 \end{bmatrix}$에서 $|A_1| = -1 < 0$, $|A_2| = 2 - 1 > 0$, $|A_3| = (-1)(2-0) - (1)(-1) = -2 + 1 =$ $-1 < 0$이 되어 $g(x,\ y,\ z)$는 음의 정부호형식임을 알 수 있다.

CHAPTER 11

연습문제

1. 다음 함수의 극값을 구하여라.

(a) $f(x,\ y) = 3x - x^2 - y^2$

(b) $f(x,\ y) = 3x^2 + y^2 - 3xy - 15x + 8y$

(c) $f(x,\ y) = x^3 - 6xy + y^2$

(d) $f(x,\ y) = xy + \dfrac{27}{x} + \dfrac{27}{y}$

(e) $f(x,\ y) = e^{x^2 + y^2}$

(f) $f(x,\ y) = x^2 + y\ln y + y$

(g) $f(x_1,\ x_2) = 4x_1 + 2x_2 - x_1^2 - x_2^2 + x_1x_2$

(h) $f(x_1,\ x_2) = 4x_1^2 - x_1x_2 + x_2^2 - x_1^3$

2. 한국기계는 현재 가동중에 있는 두 공장을 증설할 계획을 수립하고 있다. 공장 A에 x억원, 공장 B에 y억원을 투자하면 연간 이윤이 다음 식만큼 증가할 것으로 예상하고 있다.

$$f(x,\ y) = 1.5x + 2.2y - \frac{1}{100}x^2 - y^2$$

이윤의 극대화를 위해서는 각 공장에 얼마씩을 투자해야 하는가?

3. 전기드릴과 회전톱을 생산하는 한국기계는 과거 자료를 이용하여 이 두 품목의 총생산비용을 추정한 결과 다음과 같은 총비용함수를 도출할 수 있었다.

$$C(x,\ y) = \frac{36}{8}x + \frac{37}{8}y - \frac{1}{300}xy + \frac{1}{400}x^2 + \frac{1}{800}y^2$$

이 식에서 x는 전기드릴의 생산량이고 y는 회전톱의 생산량이다. 전기드릴과 회전톱의 시장가격이 각각 5.5만원, 4만원일 때 이윤을 최대화할 수 있는 생산량수준을 구하여라.

4. 가정용과 사무실용 두 가지 타입의 최신 정수기를 독점생산 · 판매하는 한국통상은 가정용 정수기의 수요를 $x = \dfrac{2{,}500}{p_1^2}$으로 추정하고 있으며 사무실용 정수기의 수요는 $y = \dfrac{3{,}600}{p_2^2}$으로 추정하고 있다.

이 두 품목의 총생산비용이 $C(x,\ y) = 5x + 3y + 200$으로 추정된다고 할 때 이윤을 극대화할 수 있는 생산량을 계산하여라.

5. 두 품목을 생산하고 있는 한국기계의 총생산비용은 $C(Q_1,\ Q_2)=2Q_1^2+Q_1Q_2+2Q_2^2$으로 추정되고 있다. 판매량에는 제한이 없으며, 품목 1의 판매가격이 100만원, 품목 2의 판매가격이 150만원이라면 이윤을 최대화하기 위해서는 각 품목을 몇 개씩 생산해야 하는가?

6. 한국원에는 동부와 서부의 두 농장에서 6년생 홍삼을 독점생산·공급하고 있다. 이 두 농장에서 발생하는 생산비용은 다음과 같다.

$$C_1=q_1^2,\ C_2=2q_2$$

한편, 시장수요는 가격을 p라 할 때, 다음과 같다.

$$p=70-2(q_1+q_2)$$

이익을 극대화하기 위해서는 동, 서부에서 각각 얼마나 생산·공급해야 하는가?

7. 다음 함수의 극값을 구하여라.

(a) $f(x,\ y,\ z)=2x^2+y^2+3z^2+2xz+3yz-x-y-z$

(b) $f(x,\ y,\ z)=-2x^2-2y^2-z^2-3xy+y+z$

(c) $f(x,\ y,\ z)=-4x^3+4xy-y^2-8z^2+4x+2z$

8. 세 품목을 독점생산하는 기업의 총수익과 비용함수가 다음과 같이 주어져 있다.

$$(\text{수익})\ R=R_1(Q_1)+R_2(Q_2)+R_3(Q_3)$$
$$(\text{비용})\ C=C(Q_1+Q_2+Q_3)$$

(a) 순이익을 최대화할 수 있는 적정생산량 $Q_1^*,\ Q_2^*,\ Q_3^*$는 어떤 조건을 충족시켜야 하는가?

(b) $R_1=6Q_1-Q_1^2,\ R_2=12Q_2-2Q_2^2,\ R_3=22Q_3-3Q_2^2$이고 $C=5+4(Q_1+Q_2+Q_3)$일 때 $Q_1^*,\ Q_2^*,\ Q_3^*$ 값은 각각 얼마인가?

9. 다음 함수가 볼록함수인지 오목함수인지 판정하여라.

(a) $f(x,\ y)=3x-x^2-y^2$

(b) $f(x,\ y)=3x^2+y^2-3xy-15x+8y$

(c) $f(x,\ y)=xy+\dfrac{27}{x}+\dfrac{27}{y}$

(d) $f(x,\ y)=x^2+y\ln y+y$

10. $f(x_1, x_2) = x_1^2 + ax_1x_2 + x_2^2$으로 정의될 때 함수 f가 볼록함수이기 위해서는 a가 $-2 < a < 2$를 만족해야 함을 증명하여라. 그리고 a가 어떤 값을 갖든 간에 함수 f가 오목함수는 될 수 없음도 증명하여라.

11. 다음 함수가 볼록함수인지 오목함수인지 판정하고, 볼록함수이면 최솟값을 구하고 오목함수이면 최댓값을 구하여라.

(a) $f(x, y, z) = 2x^2 + y^2 + 3z^2 + 2xz + 3yz - x$

(b) $f(x, y, z) = -2x^2 - 2y^2 - z^2 - 3xy + y + z$

(c) $f(x, y, z) = 4x^3 + 2y^2 + z^2 - 3xy - y - z$

12. 한국가상디지털은 노동력 L과 자본 K를 투입하여 상품을 개발·판매한다. 생산함수가 $y = L^{0.25}K^{0.5}$, 판매가격 $p = 64$, 노동력 1단위당 구입가격=2, 자본 1단위당 구입가격=4일 때, 이익을 최대로 하는 L값과 K값을 구하여라.

13. 한국가상벤처는 노동력과 자본을 투입하여 생산하며, L을 노동력투입량, K를 자본투입량이라 할 때, 생산함수는 $y = L^{0.2}K^{0.6}$이다. 생산품의 판매가격 p는 100, 노동력 1단위의 원가는 10, 자본투입량 1단위의 원가는 20이다. 적정 노동투입량과 자본투입량을 구하여라.

14. 한국무연탄은 원료(x)와 노동력(y)을 투입하여 제품을 생산하고 있는데, 생산함수 $q(x, y) = 4x^{1/3}y^{2/3}$로 추정된다고 한다. 원료가격은 p_x, 노동비용은 p_y이며 무연탄가격은 정부에 의해 p로 정해져 있다. 이익극대화를 위한 적정투입량을 계산하여라.

15. (주)글로벌식자재는 닭과 오리를 키워 전국 체인점에 공급하고 있다. 닭과 오리의 개체수를 각각 x와 y라 할 때, 판매시점까지 소요되는 비용은 다음과 같이 추정된다고 한다.

$$C(x, y) = 0.04x^2 + 0.01xy + 0.01y^2 + 4x + 2y + 500 \text{(단위 : 천원)}$$

판매수익이 $15x + 9y$(단위 : 천원)로 추정될 때 이익을 극대화할 수 있는 닭과 오리의 개체수 x^*와 y^*를 구하여라.

16. 문제 **15**에서 (주)글로벌식자재가 추정한 순이익이 다음과 같이 주어졌을 때, 이익을 극대화하는 개체수 x^*와 y^*를 구하여라.

$$\pi(x,\ y) = 12x^{\frac{1}{2}}y^{\frac{1}{4}} - (1.2)x - (0.6)y$$

17. 기술자문과 특허판매를 통해 수익을 창출하는 (주)글로벌R&D는 연구개발에 x(단위 : 10억원), 광고 및 홍보에 y(단위 : 10억원)만큼의 자금을 투입하면 연간 이익이 다음과 같은 함수형태를 취한다고 보고 있다. 이익을 극대화하는 자금운영전략을 도출하여라.

$$P(x,\ y) = -x^2 - y^2 + 22x + 18y - 102$$

18. (주)글로벌디지털은 보급형 스마트폰과 첨단 스마트폰 등 두 제품을 생산·수출하는 기업이다. 각 제품의 생산량을 x와 y라 할 때 수요와 시장가격 간의 관계는 다음과 같이 나타낼 수 있다.

보급형 스마트폰 가격 $p_x = 65 - x - y$

첨단 스마트폰 가격 $p_y = 90 - x - 2y$

이 두 제품을 생산하는 데 소요되는 비용을 $C(x,\ y) = x^2 + xy + y^2$이라 할 때 이 회사의 이익을 극대화하는 생산계획을 수립하여라.

19. 다음 함수가 양의 정부호형식인지 음의 정부호형식인지 분석하여라.

(a) $f(x,\ y) = 3x^2 + y^2 - 3xy$

(b) $f(x,\ y) = x^2 - 6xy + y^2$

(c) $g(x_1,\ x_2) = -x_1^2 + 2x_1x_2 - 3x_2^2$

20. 다음 함수가 양의 정부호형식인지 음의 정부호형식인지 분석하여라.

(a) $f(x_1,\ x_2,\ x_3) = 2x_1^2 + 4x_2^2 + 3x_3^2 + 2x_1x_3 + 6x_2x_3$

(b) $g(x_1,\ x_2,\ x_3) = -2x_1^2 - 2x_2^2 - 4x_3^2 - 6x_1x_2$

(c) $h(x_1,\ x_2,\ x_3) = -4x_1^2 + 4x_1x_2 - 3x_2^2 - 8x_3^2$

21. 두 개의 재화 A와 B를 생산하는 기업의 매출함수와 비용함수가 다음과 같은 경우 두 재화에 대한 최적 생산량을 구하여라.

$$R = P_AQ_A + P_BQ_B$$

$$C = 2Q_A^2 + Q_AQ_B + 2Q_B^2$$

CHAPTER

12 제약조건하의 극대 · 극소

제약조건이 가미된 함수의 극대 · 극소문제는 사용할 수 있는 자원의 양이 한정되어 있다고 가정하는 경영 · 경제분야의 여러 문제에서 자주 접하게 된다.

제약조건이 존재하지 않는 경우 함수를 구성하는 독립변수간에 아무런 상호작용을 하지 않게 되는 반면, 제약조건이 가미되면 독립변수간에 서로 영향을 미치게 되어 극치의 도출방법이 상당히 복잡해진다.

본장에서는 등식형태의 제약조건하의 극값도출방법인 **라그랑지승수법**을 중심으로 그 개념과 적용방법을 주로 살펴보고, 부등식 형태의 제약조건과 이 경우에 사용할 수 있는 해법도 간략히 소개하고자 한다.

제 1 절 제약조건의 의의

제약조건이 가미된 함수의 극대 · 극소문제는 제9장과 제11장에서 살펴본 함수의 극대 · 극소문제와는 달리, 독립변수 상호간에 서로 영향을 미치게 되므로 이를 구체적으로 반영할 수 있는 해법이 필요하게 된다. 문제의 구조가 극히 단순한 경우, 예를 들어 독립변수의 수가 두 개인 경우에는 한 변수를 다른 변수의 함수로 나타내고 이를 목적함수에 치환하여 제약조건을 제거함으로써, 일반 함수의 극값문제로 변환시킬 수 있다.

이제 간단한 예를 통해 이 과정을 좀더 알아보기로 하자.

예제 12.1

총 150만원의 여유자금을 가지고 있는 어느 투자가가 A와 B의 두 투자대안에 이 자금을 적절히 배분함으로써 기대수익을 최대화하고자 한다. 투자대안 A에 x_1만큼 배분하고 투자대안 B에 x_2만큼 배분하면 6개월 뒤의 총기대수익(단위 : 만원)은

$$f(x_1,\ x_2) = 3x_1 + 2x_2 - \frac{1}{100}(x_1^2 + x_1x_2 + x_2^2)$$

으로 추정된다. 총기대수익 $f(x_1,\ x_2)$를 최대화할 수 있는 투자전략을 수립하여라.

풀이

두 투자대안 A와 B에 투자할 수 있는 자금이 150만원으로 제한되어 있으므로 이 문제에서의 제약조건은

$$x_1 + x_2 = 150$$

이 된다. 제약조건이 하나이고 독립변수가 둘밖에 없으므로 $x_2 = 150 - x_1$으로 설정하여 목적함수 $f(x_1,\ x_2)$의 x_2를 제거하면 f는 단일변수의 함수가 된다. 즉

$$f(x_1,\ x_2) = 3x_1 + 2x_2 - \frac{1}{100}(x_1^2 + x_1x_2 + x_2^2)$$

$$= 3x_1 + 2(150 - x_1) - \frac{1}{100}[x_1^2 + x_1(150 - x_1) + (150 - x_1)^2]$$
$$= -\frac{1}{100}x_1^2 + \frac{250}{100}x_1 + 75$$

가 된다. 따라서

$$\frac{df}{dx_1} = -\frac{2}{100}x_1 + \frac{250}{100} = 0$$

에서

$$x_1^* = 125,\ x_2^* = 150 - x_1^* = 25$$

가 도출된다. 한편

$$\frac{d^2f}{dx_1^2} = -\frac{2}{100} < 0$$

이므로 $(x_1^* = 125,\ x_2^* = 25)$일 때의 $f(125,\ 25) = 231.25$가 극댓값이자 최댓값임을 알 수 있다.
참고로 제약조건이 존재하지 않는 경우, 즉 총투자액에 제한이 없을 때의 극값을 구해보면,

$$\frac{\partial f}{\partial x_1} = 3 - \frac{2x_1}{100} - \frac{x_2}{100} = 0$$
$$\frac{\partial f}{\partial x_2} = 2 - \frac{x_1}{100} - \frac{2x_2}{100} = 0$$

에서 $\left(x_1^* = \frac{400}{3},\ x_2^* = \frac{100}{3}\right)$임을 알 수 있다.
제2차 충분조건의 분석을 위해 헤시안행렬을 구해보면

$$\mathbf{H} = \begin{bmatrix} -\frac{2}{100} & -\frac{1}{100} \\ -\frac{1}{100} & -\frac{2}{100} \end{bmatrix}$$

에서 $|\mathbf{H}_1| = -\frac{2}{100} < 0$, $|\mathbf{H}_2| = \left(\frac{2}{100}\right)^2 - \left(\frac{1}{100}\right)^2 > 0$이 성립하므로 $f\left(\frac{400}{3}, \frac{100}{3}\right)$이 최댓값임을 알 수 있다.

이 예제에서와 같이 문제의 구조가 극히 단순한 경우에는 이와 같은 접근방법이 가능하지만, 독립변수의 수가 세 개 이상이거나 제약조건이 둘 이상 또는 $x_1 = g(x_2)$의 형태로 제약조건을 변형시킬 수 없는 경우에는 라그랑지승수법(lagrange multiplier)을 이용해야 한다.

제 2 절 라그랑지승수법의 개념과 응용

1. 라그랑지승수와 제1차 필요조건

라그랑지승수법은 제약조건에 승수 λ를 곱해 목적함수에 더해 줌으로써, 제약조건이 가미된 최적화 문제를 제약조건이 없는 함수의 극값문제로 변환시켜 문제의 구조를 단순히 만든다는 데에 그 핵심이 있다.

예를 들어 목적함수가 $z = f(x_1,\ x_2)$, 제약조건이 $g(x_1,\ x_2) = c$의 형태로 주어져 있다면 라그랑지안(lagrangian)이라 불리는 새로운 함수는 다음과 같이 정의된다.

$$L(x_1,\ x_2, \lambda) = f(x_1,\ x_2) + \lambda\,[c - g(x_1,\ x_2)]$$

이 함수는 제약조건이 없는 단순한 삼변수함수이므로, 함수의 극값은 다음과 같은 제1차 필요조건을 충족시켜야 한다.

$$\frac{\partial L}{\partial x_1} = \frac{\partial f}{\partial x_1} - \lambda \frac{\partial g}{\partial x_1} = 0$$

$$\frac{\partial L}{\partial x_2} = \frac{\partial f}{\partial x_2} - \lambda \frac{\partial g}{\partial x_2} = 0$$

$$\frac{\partial L}{\partial \lambda} = c - g(x_1,\ x_2) = 0$$

이 조건에서 마지막 식은 제약조건을 반복하고 있는 것과 마찬가지이므로 라그랑지승수법이란 결국 λ값을 변화시켜 제약조건을 충족하는 f의 극값을 구하는 과정이라 할 수 있다.

제1절에서 예로 든 문제를 라그랑지승수법을 이용하여 분석해 보면,

$$L(x_1,\ x_2,\ \lambda)=3x_1+2x_2-\frac{1}{100}(x_1^2+x_1x_2+x_2^2)+\lambda(150-x_1-x_2)$$

$$\frac{\partial L}{\partial x_1}=3-\frac{2x_1}{100}-\frac{x_2}{100}-\lambda=0$$

$$\frac{\partial L}{\partial x_2}=2-\frac{x_1}{100}-\frac{2x_2}{100}-\lambda=0$$

$$\frac{\partial L}{\partial \lambda}=150-x_1-x_2=0$$

이 되므로 이 조건을 충족하는 x_1^*, x_2^*, λ^*를 구해보면

$$x_1^*=125,\ x_2^*=25,\ \lambda^*=0.25$$

가 된다. 여기서 구한 $x_1^*=125$, $x_2^*=25$는 제1절에서 구한 x_1^*, x_2^*와 일치함을 알 수 있다.

그러나 모든 문제가 이와 같이 제1차 필요조건만을 충족시키면 최적해가 도출되는 것은 아니다. 제11장에서와 같이 제1차 필요조건을 충족시키는 해가 진정한 극값인가를 판정하기 위해서는 제2차 충분조건도 충족시키는지를 분석해 보아야 한다.

2. 제2차 충분조건

제1차 필요조건을 충족하는 $(x_1^*,\ x_2^*,\ \lambda^*)$가 극값이기 위해 충족시켜야 하는 제2차 충분조건은 제11장에서 살펴본 헤시안행렬을 이용하는 조건과 상당히 유사하다. 다음과 같이 라그랑지안이 정의될 때

$$L(x_1,\ x_2,\ \lambda) = f(x_1,\ x_2) + \lambda[c - g(x_1,\ x_2)]$$

유계헤시안(bordered Hessian)은 다음과 같이 정의되는 행렬식을 의미한다.

$$|\overline{\mathrm{H}}| = \begin{vmatrix} 0 & g_1 & g_2 \\ g_1 & L_{11} & L_{12} \\ g_2 & L_{21} & L_{22} \end{vmatrix}$$

이 정의에서 $g_1 = \dfrac{\partial g}{\partial x_1}$, $g_2 = \dfrac{\partial g}{\partial x_2}$, $L_{ij} = \dfrac{\partial^2 L}{\partial x_i \partial x_j}$을 의미한다. 이제 제2차 충분조건을 요약해 보기로 하자.

정리

$\dfrac{\partial L}{\partial x_1} = 0,\ \dfrac{\partial L}{\partial x_2} = 0,\ \dfrac{\partial L}{\partial \lambda} = 0$의 제1차 필요조건을 충족하는 $(x_1^*,\ x_2^*,\ \lambda^*)$가 주어졌을 때

(a) $|\overline{\mathrm{H}}| < 0$이 성립하면 $f(x_1^*,\ x_2^*)$는 극솟값이며,

(b) $|\overline{\mathrm{H}}| > 0$이 성립하면 $f(x_1^*,\ x_2^*)$는 극댓값이다.

이 정리의 증명은 본서의 수준을 넘어서므로 생략하기로 하고, 다음 예제들을 통해 그 적용과정만을 살펴보기로 하자.

예제 12.2

$f(x_1,\ x_2) = x_1 + x_2$로 주어지고, 제약조건이 $x_1^{0.5} + x_2 = 1$로 주어져 있을 때 f값을 최소화하는 해를 구하여라.

풀이

라그랑지안을 정의하면 다음과 같다.

$$L = x_1 + x_2 + \lambda(1 - x_1^{0.5} - x_2)$$

제1차 필요조건을 구해보면

$$\frac{\partial L}{\partial x_1} = 1 - (0.5)\lambda x_1^{-0.5} = 0$$

$$\frac{\partial L}{\partial x_2} = 1 - \lambda = 0$$

$$\frac{\partial L}{\partial \lambda} = 1 - x_1^{0.5} - x_2 = 0$$

이 연립방정식을 풀면 $x_1^* = 0.25$, $x_2^* = 0.5$, $\lambda^* = 1$이 도출된다.

유계헤시안을 구해보면

$$\frac{\partial g}{\partial x_1} = (0.5)x_1^{-0.5}, \quad \frac{\partial g}{\partial x_2} = 1$$

$$\frac{\partial^2 L}{\partial x_1^2} = (0.25)\, x_1^{-1.5}$$

$$\frac{\partial^2 L}{\partial x_2^2} = 0, \quad \frac{\partial^2 L}{\partial x_1 \partial x_2} = \frac{\partial^2 L}{\partial x_2 \partial x_1} = 0$$

이므로

$$|\overline{\mathbf{H}}| = \begin{vmatrix} 0 & (0.5)x_1^{-0.5} & 1 \\ (0.5)x_1^{-0.5} & (0.25)x_1^{-1.5} & 0 \\ 1 & 0 & 0 \end{vmatrix}$$

$$= (1)(0 - (0.25)\, x_1^{-1.5})$$

$$= -(0.25)\, x_1^{-1.5} < 0$$

따라서 $f(0.25,\ 0.5) = 0.75$가 극솟값(최솟값)임을 알 수 있다.

예제 12.3

$f(x_1,\ x_2) = 3x_1 + 2x_2 - \frac{1}{100}(x_1^2 + x_1 x_2 + x_2^2)$으로 주어지고, 제약조건이 $x_1 + x_2 = 150$일 때 라그랑지안은

$$L(x_1,\ x_2,\ \lambda) = 3x_1 + 2x_2 - \frac{1}{100}(x_1^2 + x_1 x_2 + x_2^2) + \lambda(150 - x_1 - x_2)$$

로 정의된다. ($x_1^* = 125$, $x_2^* = 25$, $\lambda^* = 0.25$)가 제1차 필요조건을 만족한다고 할 때 $f(125, 25)$가 극값인지 여부를 판정하여라.

풀이

우선 유계헤시안을 구해보면

$$\frac{\partial g}{\partial x_1} = 1,\ \frac{\partial g}{\partial x_2} = 1,\ \frac{\partial^2 L}{\partial x_1^2} = -\frac{2}{100},\ \frac{\partial^2 L}{\partial x_2^2} = -\frac{2}{100}$$

$$\frac{\partial^2 L}{\partial x_1 \partial x_2} = \frac{\partial^2 L}{\partial x_2 \partial x_1} = -\frac{1}{100}$$

이므로 유계헤시안을 구해보면 다음과 같다.

$$|\overline{\mathrm{H}}| = \begin{vmatrix} 0 & 1 & 1 \\ 1 & -\frac{2}{100} & -\frac{1}{100} \\ 1 & -\frac{1}{100} & -\frac{2}{100} \end{vmatrix}$$

$$= (-1)\left[(1)\left(-\frac{2}{100}\right) - (1)\left(-\frac{1}{100}\right)\right]$$

$$+ (1)\left[(1)\left(-\frac{1}{100}\right) - (1)\left(-\frac{2}{100}\right)\right] = \frac{2}{100} > 0$$

따라서 $f(125, 25) = 231.25$가 극댓값임을 알 수 있다.

예제 12.4

제약조건 $g(x, y) = x^2 + y^2 - 2y = 24$가 주어져 있을 때 $f(x, y) = 6y + x^2$의 최댓값과 최솟값을 구하여라.

풀이

우선 $L(x, y, \lambda)$부터 정의해 보면 다음과 같다.

$$L(x, y, \lambda) = 6y + x^2 + \lambda(24 - x^2 - y^2 + 2y)$$

제1차 필요조건을 충족시키는 x, y, λ값을 구하기 위해서는

$$\frac{\partial L}{\partial x} = 2x - 2\lambda x = 0$$
$$\frac{\partial L}{\partial y} = 6 - 2\lambda y + 2\lambda = 0$$
$$\frac{\partial L}{\partial \lambda} = 24 - x^2 - y^2 + 2y = 0$$

의 연립방정식을 만족하는 해를 구해야 한다. 첫 번째 식인 $2x - 2\lambda x = 2x(1-\lambda) = 0$에서 $x = 0$ 또는 $\lambda = 1$임을 알 수 있으므로 이를 두 경우로 분리해서 생각해 보기로 하자.

(a) $\lambda = 1$이면 $6 - (2)(1)y + 2 = 0$에서 $y = 4$가 도출되므로

$$24 - x^2 - (4)^2 + (2)(4) = 0 \Rightarrow 16 = x^2$$

임을 알 수 있다. 따라서 이 경우에는

$$(x^* = 4,\ y^* = 4,\ \lambda^* = 1),\ (x^* = -4,\ y^* = 4,\ \lambda^* = 1)$$

이 제1차 필요조건을 충족시킨다.

(b) $x = 0$이면 $24 - (0)^2 - y^2 + 2y = 0$에서 $y^* = 6,\ y^* = -4$의 두 경우가 가능하다. $y^* = 6$이면

$$6 - (2)(\lambda)(6) + 2\lambda = 0 \Rightarrow \lambda^* = \frac{6}{10}$$

이 되며, $y^* = -4$이면

$$6 - (2)(\lambda)(-4) + 2\lambda = 0 \Rightarrow \lambda^* = -\frac{6}{10}$$

이 되어 다음의 두 해가 제1차 필요조건을 충족시킴을 알 수 있다.

$$\left(x^* = 0,\ y^* = 6,\ \lambda^* = \frac{6}{10}\right),\ \left(x^* = 0,\ y^* = -4,\ \lambda^* = -\frac{6}{10}\right)$$

이제 유계헤시안을 계산해 보기로 하자.

$$\frac{\partial^2 L}{\partial x^2} = 2 - 2\lambda,\quad \frac{\partial^2 L}{\partial y^2} = -2\lambda,\quad \frac{\partial^2 L}{\partial x \partial y} = 0$$
$$\frac{\partial g}{\partial x} = 2x,\quad \frac{\partial g}{\partial y} = 2y - 2$$
$$|\overline{\mathbf{H}}| = \begin{vmatrix} 0 & 2x & 2y-2 \\ 2x & 2-2\lambda & 0 \\ 2y-2 & 0 & -2\lambda \end{vmatrix}$$

제1차 필요조건을 충족시키는 네 개의 해를 $|\overline{\mathbf{H}}|$에 각각 대입하여 행렬식을 구해보면 다음과 같다.

(a) $(x^*=4,\ y^*=4,\ \lambda^*=1)$

$$|\overline{\mathbf{H}}|=\begin{vmatrix}0 & 8 & 6\\ 8 & 0 & 0\\ 6 & 0 & -2\end{vmatrix}=128>0$$

따라서 $f(4,\ 4)=40$은 극댓값이 된다.

(b) $(x^*=-4,\ y^*=4,\ \lambda^*=1)$

$$|\overline{\mathbf{H}}|=\begin{vmatrix}0 & -8 & 6\\ -8 & 0 & 0\\ 6 & 0 & -2\end{vmatrix}=128>0$$

따라서 $f(-4,\ 4)=40$ 역시 극댓값이다.

(c) $\left(x^*=0,\ y^*=6,\ \lambda^*=\dfrac{6}{10}\right)$

$$|\overline{\mathbf{H}}|=\begin{vmatrix}0 & 0 & 10\\ 0 & \dfrac{4}{5} & 0\\ 10 & 0 & -\dfrac{6}{5}\end{vmatrix}=-80<0$$

따라서 $f(0,\ 6)=36$은 극솟값이다.

(d) $\left(x^*=0,\ y^*=-4,\ \lambda^*=-\dfrac{6}{10}\right)$

$$|\overline{\mathbf{H}}|=\begin{vmatrix}0 & 0 & -10\\ 0 & \dfrac{32}{10} & 0\\ -10 & 0 & \dfrac{12}{10}\end{vmatrix}=-320<0$$

따라서 $f(0,\ -4)=-24$는 극솟값이다.

종합해 보면 $f(4,\ 4)=f(-4,\ 4)=40$은 극댓값이며, $f(0,\ 6)=36,\ f(0,\ -4)=-24$는 극솟값임을 알 수 있다. 따라서 최댓값은 $(x^*=4,\ y^*=4)$ 또는 $(x^*=-4,\ y^*=4)$일 때의 40이며 최솟값은 $(x^*=0,\ y^*=-4)$일 때의 -24라 결론지을 수 있다.

앞의 예제에서 알 수 있듯이 극댓값이 반드시 최댓값일 수는 없으며, 극솟값이 반드시 최솟값일 수도 없다. 목적함수 f나 제약조건 $g(x)=c$가 복잡한 형태를 취하게 되면 상당한 시간을 투자해야만 최댓값 · 최솟값을 구할 수 있다.

그러나 경영 · 경제학에서 접할 수 있는 많은 문제들은 다행스럽게도 이처럼 복잡하지는 않다. 제3절에서 설명이 되겠지만 목적함수 f와 제약조건 $g(x)-c=0$이 특별한 형태를 취하게 되면 유계헤시안을 이용하는 제2차 충분조건은 고려할 필요가 없게 되는데, 경영 · 경제분야의 많은 문제가 바로 이와 같은 특별한 형태를 취하는 경우가 많다.

3. 라그랑지승수법의 응용

라그랑지승수법을 이용하면 경제분야에서 많이 논의되는 한계생산물, 한계대체율, 한계효용균등의 법칙 등의 개념을 손쉽게 이해할 수 있다. 여기서는 라그랑지승수법을 통해 생산량 극대화와 소비자 효용극대화 문제를 간략히 분석해 보고자 한다.

(1) 생산량 극대화 문제

노동과 자본을 각각 x와 y단위로 투입하면 $f(x, y)$만큼의 재화를 생산해 낼 수 있다고 하자. 다시 말해 $f(x, y)$는 생산함수이다. 노동 1단위당 구입가격을 p_x, 자본 1단위당 구입가격을 p_y로 놓고 자원의 구입예산이 B로 제한되어 있다고 할 때 생산량을 최대화하기 위해 구입해야 하는 노동과 자본량 간의 관계를 분석해 보기로 하자.

노동과 자본을 각각 x와 y단위 구입할 때 소요되는 비용이 $p_x x+p_y y$이므로 제약조건은

$$p_x x+p_y y=B$$

가 된다. 이 제약조건을 목적함수에 가미하여 라그랑지안을 정의하면 다음과 같아진다.

$$L(x, y, \lambda)=f(x, y)+\lambda(B-p_x x-p_y y)$$

생산량을 최대화할 수 있는 노동과 자본의 양을 구하기 위해서는 우선 제1차 필요조건을 구해야 한다.

$$\frac{\partial L}{\partial x} = \frac{\partial f}{\partial x} - \lambda p_x = f_x - \lambda p_x = 0$$
$$\frac{\partial L}{\partial y} = \frac{\partial f}{\partial y} - \lambda p_y = f_y - \lambda p_y = 0$$
$$\frac{\partial L}{\partial \lambda} = B - p_x x - p_y y = 0$$

첫 두 식을 종합하면

$$\frac{f_x}{p_x} = \frac{f_y}{p_y} = \lambda \quad \cdots\cdots \text{①}$$
$$\frac{f_x}{f_y} = \frac{p_x}{p_y} \quad \cdots\cdots \text{②}$$

가 도출된다.

f_x는 노동 1단위를 증가시킬 때의 생산량증가분이며, f_y는 자본 1단위를 증가시킬 때의 생산량증가분이므로 $\frac{f_x}{p_x}$는 1원의 가치를 가지는 노동력을 추가투입할 때의 생산량증가분이며, $\frac{f_y}{p_y}$는 1원의 가치를 가지는 자본을 추가투입할 때의 생산량증가분이다. 따라서 식 ①이 의미하는 바는 생산량의 극대화를 위해서는 1원의 가치를 지니는 노동력과 자본의 한계생산물이 일치해야 한다는 것이다.

한편 식 ②의 좌변은 노동의 한계생산물과 자본의 한계생산물 간의 비율로서 한계대체율을 의미하며, 우변은 각 요소가격의 비율이므로 생산량의 극대화를 도모하기 위해서는 한계대체율이 요소가격의 비율과 일치해야 한다는 것을 알 수 있다.

이제 식 ①로 되돌아가 λ의 의미를 분석해 보기로 하자. 앞에서 설명한 바와 같이 $\frac{f_x}{p_x}$, $\frac{f_y}{p_y}$는 1원의 가치를 지니는 요소를 추가투입할 때 늘어나는 생산량이므로 λ는 결국 예산을 B에서 $B+1$로 한 단위(1원) 증가시킬 때 기대할 수 있는 생산량증가분이 된다. 따라서 이 경우 λ가 0보다 작은 값을 취할 수 없음을 쉽게 알 수 있다.

예제 12.5

A와 B 두 종류의 자원을 각각 x와 y만큼 투입하면 $f(x,\ y)=3x^{\frac{2}{3}}y^{\frac{1}{3}}$만큼의 생산량을 기대할 수 있다. 자원 A의 1단위당 구입가격이 5만원, 자원 B의 1단위당 구입가격이 10만원이며 구입예산이 100만원으로 제한되어 있을 때 생산량을 극대화할 수 있는 최적 자원구입량을 계산하여라.

풀이

라그랑지안 $L(x,\ y,\ \lambda)$를 정의해 보면

$$L(x,\ y,\ \lambda)=3x^{\frac{2}{3}}y^{\frac{1}{3}}+\lambda(100-5x-10y)$$

가 되므로 제1차 필요조건은 다음과 같다.

$$\frac{\partial L}{\partial x}=2x^{-\frac{1}{3}}y^{\frac{1}{3}}-5\lambda=0 \cdots\cdots\cdots ①$$

$$\frac{\partial L}{\partial y}=x^{\frac{2}{3}}y^{-\frac{2}{3}}-10\lambda=0 \cdots\cdots\cdots ②$$

$$\frac{\partial L}{\partial \lambda}=100-5x-10y=0 \cdots\cdots\cdots ③$$

식 ①에 2를 곱하여 ②에서 빼주면

$$4x^{-\frac{1}{3}}y^{\frac{1}{3}}=x^{\frac{2}{3}}y^{-\frac{2}{3}} \Rightarrow 4y=x$$

가 도출된다. 이 결과와 식 ③을 이용하면 $\left(x^*=\dfrac{40}{3},\ y^*=\dfrac{10}{3}\right)$이 도출된다. 이 해가 제2차 충분조건을 충족시키는지 분석하기 위해 유계헤시안을 구해보면

$$|\overline{\mathrm{H}}|=\begin{vmatrix} 0 & 5 & 10 \\ 5 & -\dfrac{2}{3}x^{-\frac{4}{3}}y^{\frac{1}{3}} & \dfrac{2}{3}x^{\frac{1}{3}}y^{-\frac{2}{3}} \\ 10 & \dfrac{2}{3}x^{-\frac{1}{3}}y^{-\frac{2}{3}} & -\dfrac{2}{3}x^{\frac{2}{3}}y^{-\frac{5}{3}} \end{vmatrix}$$

가 된다. 실제는 $\left(x^*=\dfrac{40}{3},\ y^*=\dfrac{10}{3}\right)$을 대입하여 $|\overline{\mathrm{H}}|$를 구해야 하나 상당히 복잡해지므로 숫자를 대입하지 않은 상태에서 $|\overline{\mathrm{H}}|$를 구해보기로 하자.

$$|\overline{H}| = 0 + (-5)\left(-\frac{10}{3}x^{\frac{2}{3}}y^{-\frac{5}{3}} - \frac{20}{3}x^{-\frac{1}{3}}y^{-\frac{2}{3}}\right)$$
$$+ (10)\left(\frac{10}{3}x^{-\frac{1}{3}}y^{-\frac{2}{3}} + \frac{20}{3}x^{-\frac{4}{3}}y^{\frac{1}{3}}\right)$$
$$= \frac{50}{3}x^{\frac{2}{3}}y^{-\frac{5}{3}} + \frac{100}{3}x^{-\frac{1}{3}}y^{-\frac{2}{3}} + \frac{100}{3}x^{-\frac{1}{3}}y^{-\frac{2}{3}} + \frac{200}{3}x^{-\frac{4}{3}}y^{\frac{1}{3}}$$

$|\overline{H}|$는 $x=y=0$이 아닌 이상 항상 0보다 크므로 $\left(x^*=\frac{40}{3},\ y^*=\frac{10}{3}\right)$이 생산량을 극대화하는 자원투입량임을 알 수 있다.

(2) 소비자 효용의 극대화 문제

두 가지 재화 x와 y로부터 소비자가 얻을 수 있는 효용(utility)을 $U(x,\ y)$로 표기하기로 하자. 재화 x의 단위당 가격이 p_x, 재화 y의 단위당 가격이 p_y이며, 소비자의 총구입예산이 I로 제한되어 있을 때 효용을 극대화할 수 있는 적정구입량 x^*와 y^* 간의 관계를 생각해 보기로 하자.

이 문제와 앞에서 살펴본 생산량 극대화 문제를 비교해 보면 생산함수 $f(x,\ y)$가 효용함수 $U(x,\ y)$로 바뀌었다는 것 외에는 전혀 차이가 없다. 따라서 제1차 필요조건은

$$\frac{\partial U}{\partial x} - \lambda p_x = U_x - \lambda p_x = 0$$
$$\frac{\partial U}{\partial y} - \lambda p_y = U_y - \lambda p_y = 0$$
$$I - p_x x - p_y y = 0$$

이 되며, 이를 재정리하면

$$\frac{U_x}{P_x} = \frac{U_y}{P_y} = \lambda \quad \cdots\cdots ①$$
$$\frac{U_x}{U_y} = \frac{p_x}{p_y} \quad \cdots\cdots ②$$

그림 12-1

무차별곡선의 예산선의 도시

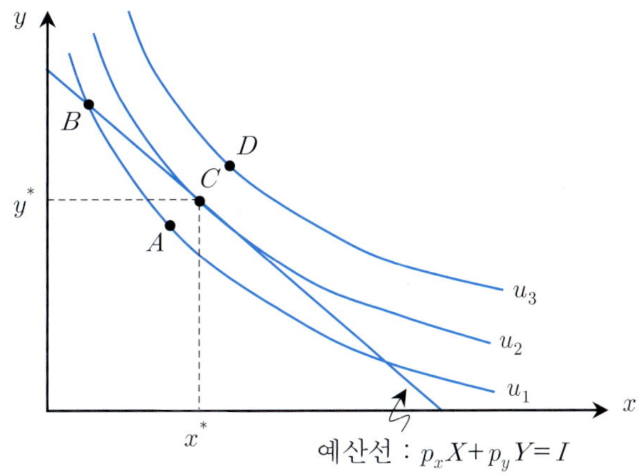

로 요약해 볼 수 있다.

식 ① 또는 ②가 바로 소비자의 균형조건인 한계효용균등의 법칙을 의미하며 $\frac{U_x}{U_y}$는 재화의 한계대체율을 나타낸다. 또한 식 ①의 λ는 예산을 한 단위 증가시킬 때의 효용증가분을 의미하므로 통상 잠재가격(shadow price)이라 부른다.

이제 소비자에게 동일한 효용수준을 제공하는 재화의 조합을 무차별곡선으로 나타내 보자.

[그림 12-1]을 살펴보면, 예산제약하에서 구입가능한 (x, y)의 조합 중에서 무차별곡선과 예산제약이 접하는 C에서 효용이 극대화됨을 알 수 있다. 예를 들어, A와 B는 구입가능하나 C보다 효용이 낮고, D는 C보다 효용이 높으나 예산의 범위 밖에 있어 구입가능하지 않다. 그런데 효용극대화 점 C에서 한계대체율과 x와 y의 상대가격이 같아지는데, 이는 식 ②의 의미와 일치하는 것이다.

(3) 라그랑지승수법의 직관적 해석

등식 제약하에서 다음과 같은 문제를 생각해 보자.

$$\max f(x_1,\ x_2)\, s.t.\, g(x_1,\ x_2) = c$$

그림 12-2

목적함수(f)와 제약식(g)의 접점(x^*)이 최대화된 함숫값($f(x^*)$)

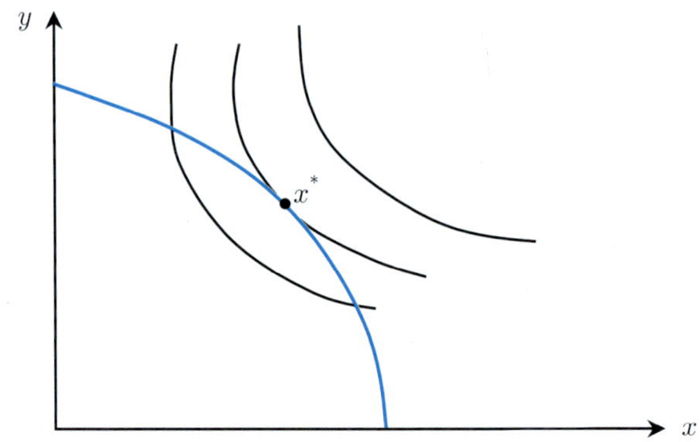

[그림 12-2]를 보면 등위곡선에 표시된 목적함수 f의 값은 x^*에서 제약식과 접할 때 최댓값을 가짐을 쉽게 알 수 있다. 목적함수 f와 제약식 함수 g가 x^*에서 접한다는 사실에서 다음의 식을 유도할 수 있다.

$$-\frac{\partial f}{\partial x_1}\Big/\frac{\partial f}{\partial x_2}(x^*) = -\frac{\partial g}{\partial x_1}\Big/\frac{\partial g}{\partial x_2}(x^*)$$

위 등식을 λ로 두면

$$\frac{\partial f}{\partial x_1}(x^*) - \lambda\frac{\partial g}{\partial x_1}(x^*) = 0, \quad \frac{\partial f}{\partial x_2}(x^*) - \lambda\frac{\partial g}{\partial x_2}(x^*) = 0$$

을 이끌어 낼 수 있다. 유도된 식에 제약식 조건 $g(x_1, x_2) = c$가 더해져 제약식하에서의 최적화 문제 해결을 위한 세 개의 미지수, x_1, x_2 그리고 λ와 세 개의 등식을 연립하여 최적해를 구할 수 있다.

상기 유도된 제약식을 손쉽게 구현하는 방법이 앞서 기술한 라그랑지함수를 구성하는 것이다. 즉 라그랑지 방법을 통해 제약식이 있는 최적화 문제를 제약식이 없는 최적화 문제로 변환하는 것으로 생각할 수 있다.

예제 12.6

소비자의 효용함수가 $U(x,\ y)=x+2y+xy$로 주어져 있으며 각 재화의 가격이 $p_x=5,\ p_y=10$으로 정해져 있다. 총구입예산이 100으로 제한되어 있을 때 총효용을 극대화할 수 있도록 x, y의 값을 결정하여라.

풀이

$$L(x,\ y,\ \lambda)=x+2y+xy+\lambda(100-5x-10y)$$

$$\frac{\partial L}{\partial x}=1+y-5\lambda=0$$

$$\frac{\partial L}{\partial y}=2+x-10\lambda=0$$

$$\frac{\partial L}{\partial \lambda}=100-5x-10y=0$$

첫 두 식에서 $x=2y$임을 알 수 있으며, 세 번째 식에서 x를 소거하면 $100-(5)(2y)-10y=0$에서 $y^*=5$가 도출된다. 따라서 $x^*=10$임을 알 수 있다.

$(x^*=10,\ y^*=5)$가 제2차 충분조건을 충족시키는지 분석하기 위해 유계헤시안을 구하면 다음과 같다.

$$|\overline{\mathrm{H}}|=\begin{vmatrix} 0 & 5 & 10 \\ 5 & 0 & 1 \\ 10 & 1 & 0 \end{vmatrix}$$

$$=0+(-5)(0-10)+(10)(5-0)>0$$

따라서 $x^*=10,\ y^*=5$일 때의 효용인 $f(10,\ 5)=70$이 극댓값임을 알 수 있다.

예제 12.7

어느 소비자의 효용함수가 $U(x,\ y)=10xy$로 주어져 있고 예산은 $x+y=100$으로 나타낼 수 있다고 할 때

(a) 효용을 극대화시키는 x, y의 값을 결정하여라.

(b) 정부가 x재에 단위당 0.25의 세금을 부과하였다. 이때 효용을 극대화시키는 x, y조합을 구하고, 효용수준을 (a)의 경우와 비교하여라.

풀이

(a)
$$L(x,\ y,\ \lambda) = 10xy + \lambda(100 - x - y)$$
$$\frac{\partial L}{\partial x} = 10y - \lambda = 0$$
$$\frac{\partial L}{\partial y} = 10x - \lambda = 0$$
$$\frac{\partial L}{\partial \lambda} = 100 - x - y = 0$$

첫 두 식에서, $x = y$임을 알 수 있고, 이를 세 번째 식에 대입하면 $x^* = y^* = 50$임을 알 수 있다.
제2차 충분조건을 만족시키는지 확인하기 위해 유계헤시안을 구하면 다음과 같다.

$$|\overline{\mathbf{H}}| = \begin{vmatrix} 0 & 1 & 1 \\ 1 & 0 & 10 \\ 1 & 10 & 0 \end{vmatrix} = 20 > 0$$

따라서 $x^* = y^* = 50$일 때 효용이 극대가 되고, 효용수준은 $U(x^*,\ y^*) = 25{,}000$이 된다.

(b) 간접세를 부과하게 되면 소비자의 예산제약은 다음과 같이 변경된다.

$$(1+t)x + y = 100$$

따라서

$$L(x,\ y,\ \lambda) = 10xy + \lambda(100 - (1+t)x - y)$$
$$\frac{\partial L}{\partial x} = 10y - (1+t)\lambda = 0$$
$$\frac{\partial L}{\partial y} = 10x - \lambda = 0$$
$$\frac{\partial L}{\partial \lambda} = 100 - (1+t)x - y = 0$$

첫 두 식에서 $y = (1+t)x$임을 알 수 있으므로 이를 세 번째 식에 대입하면 $x^* = \dfrac{100}{2(1+t)}$, $y^* = 50$이 되며 $t = 0.25$를 대입하면 $x^* = 40$임을 알 수 있다.
제2차 충분조건을 만족시키는지 확인하기 위해 유계헤시안을 구하면 다음과 같다.

$$|\overline{\mathbf{H}}| = \begin{vmatrix} 0 & 1+t & 1 \\ 1+t & 0 & 10 \\ 1 & 10 & 0 \end{vmatrix}$$
$$= (-1)(1+t)(-10) + (1)(1+t)(10) = (20)(1+t) > 0$$

따라서 효용수준 $U(40,\ 50) = 20{,}000$은 극댓값이지만 (a)의 경우보다는 수준이 낮다.

예제 12.8

뚜껑이 없지만 그림과 같이 가운데 칸막이가 있는 나무상자를 만들고자 한다. 상자제작에 사용가능한 판자의 넓이는 162cm^2이다. 나무두께는 고려하지 않을 때 상자의 규격을 어떻게 설정해야만 상자의 부피를 최대화할 수 있는가?

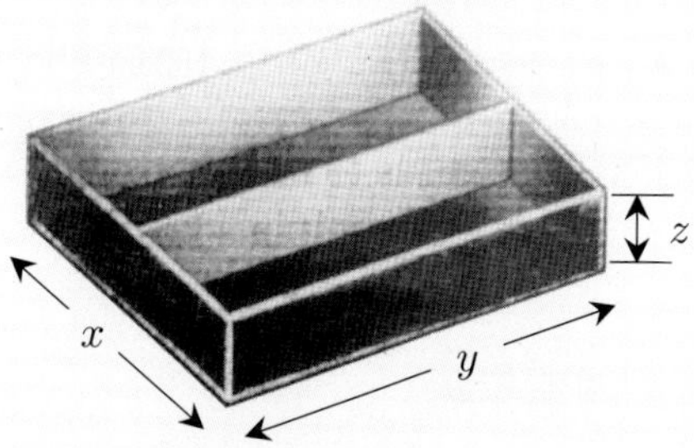

풀이

상자의 가로, 세로, 높이를 각각 x, y, z라 하면 부피는 xyz로 정의된다. 나무소요량은 가운데 칸막이까지 포함시켜 $xy+2xz+3yz$로 정의된다. 따라서 이 문제는 다음과 같이 정의된다.

$$\text{최대화 } f=xyz$$
$$\text{제약조건 : } xy+2xz+3yz=162$$

라그랑지안을 정의해 보면

$$L(x,\ y,\ z,\ \lambda)=xyz+\lambda(162-xy-2xz-3yz)$$
$$\frac{\partial L}{\partial x}=yz-\lambda(y+2z)=0$$
$$\frac{\partial L}{\partial y}=xz-\lambda(x+3z)=0$$
$$\frac{\partial L}{\partial z}=xy-\lambda(2x+3y)=0$$

첫 두 식에서

$$\lambda=\frac{yz}{y+2z},\ \lambda=\frac{xz}{x+3z}$$

가 성립하며, λ를 소거하면 $x=\frac{3}{2}y$가 도출된다. 두 번째 식과 세 번째 식에서

$$\lambda=\frac{xz}{x+3z},\ \lambda=\frac{xy}{2x+3y}$$

가 도출되며, 이를 정리하면 $z=\frac{1}{2}y$가 나온다. $x=\frac{3}{2}y$와 $z=\frac{1}{2}y$를 제약식에 대입하면,

$$\left(\frac{3}{2}y\right)(y)+(2)\left(\frac{3}{2}y\right)\left(\frac{1}{2}y\right)+(3y)\left(\frac{1}{2}y\right)=162$$
$$\Rightarrow y^2=36\ \Rightarrow\ y=6$$

따라서 $x=\left(\frac{3}{2}\right)(6)=9$, $z=\left(\frac{1}{2}\right)(6)=3$이 도출되면 $\lambda=\frac{(9)(3)}{(9+9)}=1.5$가 나온다. 모두 종합하면, $x^*=9$, $y^*=6$, $z^*=3$이며 부피는 162cm^3이다. 참고로 이 문제의 유계헤시안 값은 0보다 커서 제2차 충분조건을 충족시키나, 계산과정이 복잡한 관계로 생략하기로 한다.

예제 12.9

두 제품을 각각 x개와 y개를 구입하여 소비하면 소비자효용이 $U(x,\ y)= x+ y- 0.05x^2 - 0.05y^2$이 된다고 한다. 소비자의 예산이 128단위로 제한되어 있어 각 제품의 구입가격을 고려하면 예산제약식 $2x+5y= 128$이 도출된다. 효용을 극대화할 수 있는 두 제품의 구입량을 계산하여라.

풀이

$$L= x+ y- 0.05x^2- 0.05y^2+ \lambda(128- 2x- 5y)$$

$$\frac{\partial L}{\partial \lambda}= 128-2x-5y= 0$$

$$\frac{\partial L}{\partial x}= 1-0.1x- 2\lambda= 0$$

$$\frac{\partial L}{\partial y}= 1-0.1y- 5\lambda= 0$$

앞의 두 식에서 $1- 0.1x= 2\lambda$, $1- 0.1y= 5\lambda$이므로 정리하면 $x= \frac{3+ 0.2y}{0.5}$가 나온다. 이를 첫 식에 대입하면 $128- \frac{2(3+ 0.2y)}{0.5}- 5y= 0$이 되어 $y^*= 20$이 되고, 따라서 $x^*= \frac{3+(0.2)(20)}{0.5}= 14$이다.

$$|\overline{\mathbf{H}}|= \begin{vmatrix} 0 & 2 & 5 \\ 2 & -0.1 & 0 \\ 5 & 0 & -0.1 \end{vmatrix}$$

$$= (-2)(-0.2)+(5)(0.5)= 0.4+2.5 > 0$$

따라서 앞에서 구한 $(x^*= 14,\ y^*= 20)$은 최적해이다.

예제 12.10

노인들이 소유하고 있는 노는 땅을 임대하여 콩을 키우는 (주)실버팜은 시간당 인건비로 8천원을 지불하고 있으며 땅은 1헥타르당 200천원을 임대료로 지불하고 있다. 총 x시간에 대한 인건비를 지불하고 y헥타르 규모의 농장을 운영할 계획인데, 예산은 60,000천원에 불과하다. 생산함수를 $q(x,\ y)=20x\sqrt{y}$로 정의할 때 생산량을 극대화할 수 있는 최적 운영계획을 수립하여라.

풀이

예산제약이 $8x+200y=60{,}000$이므로

$$L=20x\sqrt{y}+\lambda(60{,}000-8x-200y)$$

$$\frac{\partial L}{\partial \lambda}=60{,}000-8x-200y=0$$

$$\frac{\partial L}{\partial x}=20\sqrt{y}-8\lambda=0$$

$$\frac{\partial L}{\partial y}=\frac{20x}{2\sqrt{y}}-200\lambda=0$$

마지막 두 식에서 $5\sqrt{y}=2\lambda,\ \dfrac{10x}{\sqrt{y}}=200\lambda$가 나오므로

$$\frac{5\sqrt{y}\sqrt{y}}{10x}=\frac{2}{200}\ \Rightarrow\ x=50y$$

$$60{,}000-400y-200y=0\ \Rightarrow 600y=60{,}000$$

따라서 $y^*=100,\ x^*=5{,}000$임을 알 수 있다.

한편, $L_{xx}=0,\quad L_{xy}=\dfrac{20}{2\sqrt{y}},\quad L_{yy}=-\dfrac{20x}{2.2\sqrt{y^3}}$

$$|\overline{\mathrm{H}}|=\begin{vmatrix} 0 & 8 & 200 \\ 8 & 0 & \dfrac{10}{\sqrt{y}} \\ 200 & \dfrac{10}{\sqrt{y}} & -\dfrac{5x}{\sqrt{y^3}} \end{vmatrix}=-8\begin{vmatrix} 8 & \dfrac{10}{\sqrt{y}} \\ 200 & -\dfrac{5x}{\sqrt{y^3}} \end{vmatrix}+200\begin{vmatrix} 8 & 0 \\ 200 & \dfrac{10}{\sqrt{y}} \end{vmatrix}$$

$$=-8\left(-\frac{40x}{\sqrt{y^3}}-\frac{2{,}000}{\sqrt{y}}\right)+200\left(\frac{80}{\sqrt{y}}\right)>0$$

y의 어떤 값을 대입하더라도 $|\overline{\mathrm{H}}|>0$이므로 앞에서 구한 값은 최적 대안에 해당한다고 볼 수 있다.

제3절 볼록 · 오목함수와 라그랑지승수법

1차 필요조건을 충족시키는 $(x_1^*,\ x_2^*,\ \lambda^*)$에 대응하는 $f(x_1^*,\ x_2^*)$가 제2차 충분조건을 분석하지 않고도 극값이 되기 위해서는 제약조건인 $g(x_1,\ x_2)-c=0$이 선형함수이어야 하며 목적함수가 볼록함수(극솟값을 구하는 경우)나 오목함수(극댓값을 구하는 경우)이어야 한다. 여기서 선형함수란 $a_1x_1+a_2x_2+\cdots+a_nx_n-c=0$의 형태를 취하는 1차식을 의미한다.

이를 확장 · 요약해 보면 다음의 정리와 같다.

정리

(a) 만약 함수 $f(x_1,\ x_2)$가 볼록함수이고 제약조건 $g(x_1,\ x_2)-c=0$이 선형함수이면 제1차 필요조건을 충족시키는 $(x_1^*,\ x_2^*,\ \lambda^*)$에 대응하는 $f(x_1^*,\ x_2^*)$는 극솟값이자 최솟값이며,

(b) 함수 $f(x_1,\ x_2)$가 오목함수이고 제약조건 $g(x_1,\ x_2)-c=0$이 선형함수이면 제1차 필요조건을 충족시키는 $(x_1^*,\ x_2^*,\ \lambda^*)$에 대응하는 $f(x_1^*,\ x_2^*)$는 극댓값이자 최댓값이다.

이 정리의 증명은 본서의 수준을 넘어서므로 생략하기로 하고, 그 대신 몇 가지 예제를 통해 이 정리를 적용해 보기로 하자.

예제 12.11

다음 함수의 제약조건하에서의 최댓값을 구하여라.

$$f(x_1,\ x_2)=x_1^{0.25}x_2^{0.75}$$
$$\text{제약조건}: 2x_1+4x_2=100$$

풀이

라그랑지안을 정의하면 다음과 같다.

$$L(x_1,\ x_2,\ \lambda)=x_1^{0.25}x_2^{0.75}+\lambda(100-2x_1-4x_2)$$

제1차 필요조건을 구하면,

$$0.25x_1^{-0.75}x_2^{0.75}-2\lambda=0$$
$$0.75x_1^{0.25}x_2^{-0.25}-4\lambda=0$$
$$100-2x_1-4x_2=0$$

에서 $x_2=\frac{3}{2}x_1 \Rightarrow x_1^*=\frac{600}{48},\ x_2^*=\frac{300}{16}$이 도출된다.

한편,

$$\frac{\partial^2 f}{\partial x_1^2}=(-0.75)(0.25)x_1^{-1.75}x_2^{0.75}$$
$$\frac{\partial^2 f}{\partial x_2^2}=(-0.25)(0.75)x_1^{0.25}x_2^{-1.25}$$
$$\frac{\partial^2 f}{\partial x_1 \partial x_2}=(0.25)(0.75)x_1^{-0.75}x_2^{-0.25}$$

$f(x_1,\ x_2)$가 오목함수이기 위해서는 모든 x_1과 x_2에 대해 $|\mathbf{H}_1|\le 0$, $|\mathbf{H}_2|\ge 0$을 만족해야 하는데,

$$|\mathbf{H}_1|=(-0.75)(0.25)x_1^{-1.75}x_2^{0.75}\le 0$$
$$|\mathbf{H}_2|=(0.25)^2(0.75)^2x_1^{-1.5}x_2^{-0.5}-(0.25)^2(0.75)^2x_1^{-1.5}x_2^{-0.5}=0$$

이 성립하므로 $f(x_1,\ x_2)$는 오목함수이다. 앞에서 구한 x_1^*와 x_2^*가 최적해임을 알 수 있다.

예제 12.12

다음 함수의 제약조건하에서의 최솟값을 구하여라.

$$f(x,\ y) = x^2 + xy + y^2$$

$$\text{제약조건} : x + y = 100$$

풀이

최솟값을 구하는 문제이지만, 풀이과정의 일관성 유지를 위해 $g(x,\ y) = -x^2 - xy - y^2$을 최대화하는 문제로 바꾸어 생각해 보기로 하자.

$$L(x,\ y,\ \lambda) = -x^2 - xy - y^2 + \lambda(100 - x - y)$$

$$\frac{\partial L}{\partial x} = -2x - y - \lambda = 0$$

$$\frac{\partial L}{\partial y} = -x - 2y - \lambda = 0$$

$$\frac{\partial L}{\partial \lambda} = 100 - x - y = 0$$

제1차 필요조건의 첫 두 식에서 $x^* = y^*$임을 알 수 있고, 이를 세 번째 식에 반영하면 $x^* = y^* = 50$, $\lambda^* = -150$이 도출된다. 한편

$$\frac{\partial^2 g}{\partial x^2} = -2,\ \frac{\partial^2 g}{\partial x\, \partial y} = -1,\ \frac{\partial^2 g}{\partial y^2} = -2$$

이므로 오목함수인지 여부를 판정하기 위해서는 헤시안행렬을 구성해야 한다.

$$\mathbf{H} = \begin{bmatrix} -2 & -1 \\ -1 & -2 \end{bmatrix}$$

$|\mathbf{H}_1| = -2$, $|\mathbf{H}_2| = 4 - 1 = 3$으로 $(x,\ y)$값에 관계없이 $g(x,\ y)$는 오목함수이다. 따라서 $x^* = y^* = 50$은 최댓값을 도출하는 최적해임을 알 수 있다. 목적함수의 부호를 다시 원상복구시키면 $x^* = y^* = 50$은 제약조건하에서 $f(x,\ y)$의 최솟값을 도출하는 최적해이다.

예제 12.13

경제학원론과 경영학원론을 수강중인 김대학은 한 주일 20시간을 이 두 과목에 투입하고자 한다.[1] 경제학원론에 t_1만큼 투자하고, 경영학원론에 t_2만큼 투자하면 학점은 각각 다음과 같이 받을 수 있다.

$$g_1 = 20 + 20\sqrt{t_1}, \ g_2 = -80 + 3t_2$$

이 두 과목에 각각 몇 시간씩을 투자해야 하는가?

풀이

라그랑지안을 정의하면 다음과 같다.

$$L(t_1, t_2, \lambda) = 20 + 20\sqrt{t_1} - 80 + 3t_2 + \lambda(20 - t_1 - t_2)$$

제1차 필요조건을 구해보면

$$\frac{\partial L}{\partial t_1} = 10t_1^{-1/2} - \lambda = 0$$

$$\frac{\partial L}{\partial t_2} = 3 - \lambda = 0$$

$$\frac{\partial L}{\partial \lambda} = 20 - t_1 - t_2 = 0$$

$10t_1^{-1/2} = 3$이므로 $t_1^* = \left(\frac{10}{3}\right)^2 = 11.11$이고 $t_2^* = 20 - 11.11 = 8.89$, $\lambda^* = 3$이 도출된다. 참고로 t_1^*는 학습가능시간과 관계없이 항상 11.11시간임을 알 수 있다.

한편 $f = 20 + 20\sqrt{t_1} - 80 + 3t_2$라 정의할 때

$$\frac{\partial^2 f}{\partial t_1^2} = (-5)t_1^{-1.5}, \ \frac{\partial^2 f}{\partial t_2^2} = 0, \ \frac{\partial^2 f}{\partial t_1 \partial t_2} = 0$$

$|\mathbf{H}_1| = (-5)t_1^{-1.5} < 0$, $|\mathbf{H}_2| = 0$이 되어 f가 오목함수임을 알 수 있다. 따라서 $t_1^* = 11.11$, $t_2^* = 8.89$는 가장 높은 학점을 받을 수 있는 최적 학습시간 배분결과이다.

이 문제에서 $\lambda^* = 3$은 1시간을 더 공부에 투자할 때 기대할 수 있는 점수의 상승분이다. t_1^*는 학습가능시간(원래 문제에서는 20시간)에 관계없이 늘 11.11시간이며, 나머지 시간은 모두 경영학원론 학습에 투입하게 되므로 추가학습시간을 경영학원론에 투입하면 시간당 3점을 더 높일 수 있다.

---

1) Hoy et al., 앞의 책, p. 590에서 발췌한 문제임.

예제 12.14

제9장의 예제에서 간략히 소개한 바와 같이 경제적 주문량은 연간 수요가 일정하다는 가정하에 총재고유지비용과 총주문비용을 최소화하는 주문량을 의미한다. 단일품목의 경우 최적 주문량은

$$Q^* = \sqrt{\frac{2DC_0}{C_h}}$$

의 공식을 이용하여 구할 수 있다. 이 공식에서 D는 연간 수요, C_0는 주문시마다 발생하는 1회 주문비용, C_h는 단위당 연간 재고유지비용으로 정의된다.

그러나 다수의 품목을 주문하는 경우 보관장소의 제약이나 재고유지에 소요되는 예산부족으로 인해 필요한 만큼 주문하지 못하는 때도 있다. 만약 다음과 같이 두 품목에 관한 자료가 주어져 있을 때 연간 총재고유지비용이 1,250만원을 초과할 수 없다는 제약조건이 추가된다면 각 품목의 1회 주문량은 얼마가 되어야 하는가?

	품목 1	품목 2
연간 수요	25,000	75,000
1회 주문비용	10만원	30만원
연간 단위당 재고유지비용	2만원	2만원

풀이

우선 이 문제를 수학적으로 요약해 보기로 하자. 단일품목의 경우 연간 재고유지비용과 연간 주문비용의 합은

$$\frac{Q}{2}C_h + \frac{D}{Q}C_0$$

로 나타낼 수 있으므로, 두 가지 품목을 고려하는 본문제에서는 총비용 TC를 다음과 같이 나타낼 수 있으며

$$TC = \frac{Q_1}{2}(2) + \frac{25,000}{Q_1}(10) + \frac{Q_2}{2}(2) + \frac{75,000}{Q_2}(30)$$

제약조건은 $\frac{Q_1}{2}(2) + \frac{Q_2}{2}(2) = 1,250$이 된다.

제약조건이 선형함수이므로 목적함수 TC가 볼록함수이기만 하면 라그랑지승수법을 이용할 때 제2차 충분조건을 고려할 필요가 없어진다. 이제 TC의 헤시안을 구해보기로 하자.

$$\frac{\partial TC}{\partial Q_1} = 1 + (-1)(250{,}000)\frac{1}{Q_1^2}$$

$$\frac{\partial TC}{\partial Q_2} = 1 + (-1)(2{,}250{,}000)\frac{1}{Q_2^2}$$

$$\frac{\partial^2 TC}{\partial Q_1^2} = (2)(250{,}000)\frac{1}{Q_1^3}, \ \frac{\partial^2 TC}{\partial Q_2^2} = (2)(2{,}250{,}000)\frac{1}{Q_2^3}$$

$$\frac{\partial^2 TC}{\partial Q_1 \partial Q_2} = \frac{\partial^2 TC}{\partial Q_2 \partial Q_1} = 0$$

$$|\mathbf{H}| = \begin{vmatrix} \frac{500{,}000}{Q_1^3} & 0 \\ 0 & \frac{4{,}500{,}000}{Q_2^3} \end{vmatrix} = \frac{(500{,}000)(4{,}500{,}000)}{Q_1^3 Q_2^3} > 0$$

따라서 TC가 볼록함수임을 알 수 있다.

제1차 필요조건을 충족하는 해를 구하기 위해 라그랑지안을 정의하면

$$L(Q_1, \ Q_2, \ \lambda) = Q_1 + \frac{250{,}000}{Q_1} + Q_2 + \frac{2{,}250{,}000}{Q_2} + \lambda(1{,}250 - Q_1 - Q_2)$$

가 되므로,

$$\frac{\partial L}{\partial Q_1} = 1 - \frac{250{,}000}{Q_1^2} - \lambda = 0$$

$$\frac{\partial L}{\partial Q_2} = 1 - \frac{2{,}250{,}000}{Q_2^2} - \lambda = 0$$

$$\frac{\partial L}{\partial \lambda} = 1{,}250 - Q_1 - Q_2 = 0$$

이 성립해야 한다. 첫 두 식을 이용하여 λ를 소거하고 이 결과와 마지막 식을 이용하여 연립방정식을 풀면 그 결과는 다음과 같다.

$$Q_1^* = 312.5, \ Q_2^* = 937.5, \ \lambda^* = -1.56$$

이 문제에서 λ값이 0보다 작은 이유는 예산을 한 단위 증가시키면 TC값이 줄어들기 때문이다. 즉 최댓값을 구하는 문제의 경우 일반적으로 λ값은 0 이상의 값을 취하지만 최솟값을 구하는 문제에서는 0 이하의 값을 갖는다.

예제 12.15

1기와 2기의 두 기간 동안의 소비자의 효용함수가 다음과 같다.

$$U = U(C_1,\ C_2) = \ln C_1 + \ln C_2$$

단, C_1과 C_2는 각 기에 있어서의 소비수준을 의미한다. 이 소비자의 소득이 1기에 100이고 2기에는 소득이 없다. 따라서 이 소비자는 1기의 소득 중 일부를 은행에 저금하였다가 2기에 이자와 함께 찾아 쓴다고 하자. 은행 이자율이 10%라고 할 때 효용을 극대화시키는 소비수준을 구하여라.

풀이

각 기의 예산제약을 먼저 구하면

$$1\text{기} : C_1 + S = 100 \qquad (S\text{는 저축})$$
$$2\text{기} : C_2 = (1+r)S \qquad (r\text{은 이자율})$$

위 두 예산제약을 하나의 제약식으로 묶으면,

$$C_1 + \frac{C_2}{1+r} = 100$$

따라서

$$L = \ln C_1 + \ln C_2 + \lambda\left(100 - C_1 - \frac{C_2}{1+r}\right)$$
$$\frac{\partial L}{\partial C_1} = \frac{1}{C_1} - \lambda = 0$$
$$\frac{\partial L}{\partial C_2} = \frac{1}{C_2} - \frac{\lambda}{1+r} = 0$$
$$\frac{\partial L}{\partial \lambda} = 100 - C_1 - \frac{C_2}{1+r} = 0$$

첫 두 식에서 $C_2 = (1+r)C_1$을 얻고 이를 세 번째 식에 대입하면 $C_1^* = 50$을 얻는다. 따라서 $C_2^* = (1+r)50 = 55$가 도출된다. 제2차 충분조건을 확인하기 위해 효용함수 $U = \ln C_1 + \ln C_2$를 살펴보면

$$\mathbf{H} = \begin{bmatrix} -\frac{1}{50^2} & 0 \\ 0 & -\frac{1}{55^2} \end{bmatrix}$$

이므로 효용함수가 오목함수인 것을 알 수 있다. 따라서 $C_1^* = 50,\ C_2^* = 55$는 효용을 극대화하는 소비수준이다.

예제 12.16

어느 근로자의 효용이 재화의 소비(C)와 여가시간(l)에 의존하며, 효용함수가 $U=U(C,\ l)=C\cdot l$의 형태를 지닌다고 가정해 보자. 이 근로자의 실질임금률이 시간당 2이며 그의 소득은 단지 노동소득뿐이라고 할 때, 효용을 극대화하는 소비수준과 여가시간을 결정하여라.

풀이

이 근로자가 l만큼 여가를 즐기면 하루에 $(24-l)$만큼 일하므로 예산제약은

$$C=\omega(24-l),\quad C+\omega l=24\,\omega$$

가 된다. 따라서

$$L(C,\ l,\ \lambda)=Cl+\lambda\,[24\,\omega-C-\omega l]$$

$$\frac{\partial L}{\partial C}=l-\lambda=0$$

$$\frac{\partial L}{\partial l}=C-\omega\lambda=0$$

$$\frac{\partial L}{\partial \lambda}=24\,\omega-C-\omega l=0$$

첫 두 식으로부터 $l=\dfrac{C}{\omega}$를 얻으므로, 이를 세 번째 식에 대입하면

$$C^{*}=12\,\omega,\ \ l^{*}=12$$

가 도출된다. 이 예제에서는 $\omega=2$이므로 $C^{*}=24,\ l^{*}=12$가 된다.

예제 12.17

(주)글로벌파밍은 수도권 인근에 1,000헥타르 규모의 농장을 운영하고 있다. 새롭게 외국에서 도입한 채소품종 A와 B를 재배할 계획인데 품종 A의 1kg당 순이익은 10만원, 품종 B의 1kg당 순이익은 8만원 정도이다. 생산함수는 품종 A가 $y_1 = l_1^{0.6}$, 품종 B가 $y_2 = l_2^{0.8}$로 추정되고 있다. l_1은 품종 A에 할당한 밭의 면적이며 l_2는 품종 B에 할당한 밭의 면적이다. 즉, $l_1 + l_2 = 1,000$이 성립한다. 이익을 극대화하기 위하여 품종 A와 B에 각각 어느 정도 규모의 밭을 할당해야 하는가?

풀이

라그랑지안을 정의하면 다음과 같다.

$$L = 10l_1^{0.6} + 8l_2^{0.8} + \lambda(1,000 - l_1 - l_2)$$

$$\frac{\partial L}{\partial l_1} = 6l_1^{-0.4} - \lambda = 0$$

$$\frac{\partial L}{\partial l_2} = 6.4l_2^{-0.2} - \lambda = 0$$

$$\frac{\partial L}{\partial \lambda} = 1,000 - l_1 - l_2 = 0$$

첫 두 식에서 $6l_1^{-0.4} = 6.4l_2^{-0.2}$가 도출되며 이를 정리하면 $6l_2^{0.2} = 6.4l_1^{0.4}$가 되므로 다음 식과 같이 정리해 볼 수 있다.

$$l_2 = \left[\left(\frac{6.4}{6}\right)l_1^{0.4}\right]^5 \equiv 1.38l_1^2$$

이 식을 $l_1 + l_2 = 1,000$에 활용하면

$$1.38l_1^2 + l_1 - 1,000 = 0 \quad \Rightarrow \quad l_1^* = 26.6, \; l_2^* = 973.4$$

한편 $f = 10l_1^{0.6} + 8l_2^{0.8}$이라 할 때,

$$\frac{\partial^2 f}{\partial l_1^2} = -2.4l_1^{-1.4}, \quad \frac{\partial^2 f}{\partial l_2^2} = -1.2l_2^{-1.2}, \quad \frac{\partial^2 f}{\partial l_1 \partial l_2} = 0$$

$|\mathbf{H}_1| = -2.4l_1^{-1.4} < 0$, $|\mathbf{H}_2| = (2.4)(1.2)l_1^{-1.4}l_2^{-1.2} > 0$으로 f가 오목함수임을 알 수 있다. 따라서 앞에서 구한 $l_1^* = 26.6$, $l_2^* = 973.4$는 이익을 극대화하는 최적해이다.

제 4 절 라그랑지승수법의 일반화

지금까지는 목적함수 f의 독립변수가 둘이며 제약조건이 하나인 경우만을 살펴보았는데, 본절에서는 이를 일반화시켜 세 개 이상의 독립변수와 두 개 이상의 제약조건이 존재하는 문제의 해법을 설명하고자 한다.

1. 다변수 목적함수의 경우

목적함수 f가 $f(x_1, x_2, \cdots, x_n)$의 형태를 취하고 제약조건이 $g(x_1, x_2, \cdots, x_n)=c$라 하더라도 라그랑지승수법의 적용과정에는 거의 차이가 없다. 우선 라그랑지안 $L(x_1, x_2, \cdots, x_n, \lambda)$를 정의해 보면

$$L(x_1, x_2, \cdots, x_n, \lambda)=f(x_1, x_2, \cdots, x_n)+\lambda[c-g(x_1, x_2, \cdots, x_n)]$$

이 되며, 제1차 필요조건은 다음과 같다.

$$\begin{aligned}
\frac{\partial L}{\partial x_1} &= \frac{\partial f}{\partial x_1}-\lambda\frac{\partial g}{\partial x_1}=0 \\
\frac{\partial L}{\partial x_2} &= \frac{\partial f}{\partial x_2}-\lambda\frac{\partial g}{\partial x_2}=0 \\
\vdots \quad & \quad \vdots \qquad \vdots \quad \vdots \\
\frac{\partial L}{\partial x_n} &= \frac{\partial f}{\partial x_n}-\lambda\frac{\partial g}{\partial x_n}=0 \\
\frac{\partial L}{\partial \lambda} &= c-g(x_1, x_2, \cdots, x_n)=0
\end{aligned}$$

이 조건을 충족시키는 $(x_1^*, x_2^*, \cdots, x_n^*, \lambda^*)$가 제2차 충분조건도 충족시키는지 여부를 판정하기 위해서는 유계헤시안을 도출해야 하는데, 다변수 목적함수의 경

우도 그 형태는 마찬가지이다.

$$|\overline{\mathrm{H}}| = \begin{vmatrix} 0 & g_1 & g_2 & \cdots & g_n \\ g_1 & L_{11} & L_{12} & \cdots & L_{1n} \\ g_2 & L_{21} & L_{22} & \cdots & L_{2n} \\ \vdots & \vdots & \vdots & & \vdots \\ g_n & L_{n1} & L_{n2} & \cdots & L_{nn} \end{vmatrix}$$

이 식에서 $g_i = \dfrac{\partial g}{\partial x_i}$이며, $L_{ij} = \dfrac{\partial^2 L}{\partial x_i \partial x_j}$을 의미한다.

제11장에서와 같이 소행렬식을 정의하면

$$|\overline{\mathrm{H}}_2| = \begin{vmatrix} 0 & g_1 & g_2 \\ g_1 & L_{11} & L_{12} \\ g_2 & L_{21} & L_{22} \end{vmatrix}, \ |\overline{\mathrm{H}}_3| = \begin{vmatrix} 0 & g_1 & g_2 & g_3 \\ g_1 & L_{11} & L_{12} & L_{13} \\ g_2 & L_{21} & L_{22} & L_{23} \\ g_3 & L_{31} & L_{32} & L_{33} \end{vmatrix}, \ \cdots$$

이 되어 $|\overline{\mathrm{H}}_n| = |\overline{\mathrm{H}}|$가 성립하며 이를 이용하여 제2차 충분조건을 요약하면 다음과 같다.

정리

$\dfrac{\partial L}{\partial x_1} = \dfrac{\partial L}{\partial x_2} = \cdots = \dfrac{\partial L}{\partial x_n} = \dfrac{\partial L}{\partial \lambda} = 0$ 의 제1차 필요조건을 충족하는 $(x_1^*, x_2^*, \cdots, x_n^*, \lambda^*)$가 주어졌을 때

(a) $|\overline{\mathrm{H}}_2| > 0$, $|\overline{\mathrm{H}}_3| < 0$, $|\overline{\mathrm{H}}_4| > 0$, $\cdots$, $(-1)^n|\overline{\mathrm{H}}_n| > 0$을 만족하면 $f(x_1^*, x_2^*, \cdots, x_n^*)$는 극댓값이며,

(b) $|\overline{\mathrm{H}}_2|$, $|\overline{\mathrm{H}}_3|$, $\cdots$, $|\overline{\mathrm{H}}_n| < 0$이면 $f(x_1^*, x_2^*, \cdots, x_n^*)$는 극솟값이다.

예제 12.18

제약조건 $g(x,\ y,\ z) = xyz = 50$을 충족시키면서 $f(x,\ y,\ z) = xy + 2xz + 2yz$를 최소화하는 x, y, z값을 결정하여라.

풀이

$$L(x,\ y,\ z,\ \lambda) = xy + 2xz + 2yz + \lambda(50 - xyz)$$

$$\frac{\partial L}{\partial x} = y + 2z - \lambda yz = 0$$

$$\frac{\partial L}{\partial y} = x + 2z - \lambda xz = 0$$

$$\frac{\partial L}{\partial z} = 2x + 2y - \lambda xy = 0$$

앞의 세 식에 각각 x, y, z를 곱해주면

$$xy + 2xz = \lambda xyz$$
$$xy + 2yz = \lambda xyz$$
$$2xz + 2yz = \lambda xyz$$

가 되므로 이를 종합하면

$$xy + 2xz = xy + 2yz = 2xz + 2yz$$

임을 알 수 있다. 첫 번째 등식에서 $2xz = 2yz$가 도출되며, $z \neq 0$($z = 0$이면 $xyz = 50$이 될 수 없음)에서 $x^* = y^*$임을 알 수 있다.

마찬가지로 두 번째 등식에서 $y^* = 2z^*$가 도출되므로 $x^* = y^*$, $y^* = 2z^*$를 제약식 $xyz = 50$에 치환하여 계산하면 다음 결과가 도출된다.

$$xyz = (2z)(2z)z = 50 \ \Rightarrow \ z^* = \frac{\sqrt[3]{100}}{2} \ \Rightarrow \ x^* = y^* = \sqrt[3]{100}$$

제2차 충분조건을 분석하기 위해 유계헤시안을 정의하면 다음과 같다.

$$|\overline{\mathbf{H}}| = \begin{vmatrix} 0 & g_x & g_y & g_z \\ g_x & L_{xx} & L_{xy} & L_{xz} \\ g_y & L_{yx} & L_{yy} & L_{yz} \\ g_z & L_{zx} & L_{zy} & L_{zz} \end{vmatrix} = \begin{vmatrix} 0 & yz & xz & xy \\ yz & 0 & 1-\lambda z & 2-\lambda y \\ xz & 1-\lambda z & 0 & 2-\lambda x \\ xy & 2-\lambda y & 2-\lambda x & 0 \end{vmatrix}$$

$$\begin{aligned} |\overline{\mathbf{H}}_2| &= 0 - (yz)[0 - (xz)(1 - \lambda z)] + xz[(yz)(1 - \lambda z) - 0] \\ &= (yz)(xz)(1 - \lambda z) + (xz)(yz)(1 - \lambda z) \end{aligned}$$

$|\overline{\mathrm{H}}_2|$값의 부호를 판정하기 위해 $x=y=2z$와 제1차 필요조건의 세 번째 식인 $2x+2y-\lambda xy=0$을 이용하면

$$(2)(2z)+(2)(2z)=\lambda(2z)(2z) \Rightarrow 8z=4\lambda z^2 \Rightarrow \lambda z=2$$

가 도출된다. 따라서 $1-\lambda z=1-2<0$인 사실을 이용하면 $|\overline{\mathrm{H}}_2|<0$임을 알 수 있다. 마찬가지 방법을 이용하면 $|\overline{\mathrm{H}}_3|$ 역시 0보다 작아 $\left(x^*=\sqrt[3]{100},\ y^*=\sqrt[3]{100},\ z^*=\dfrac{\sqrt[3]{100}}{2}\right)$일 때 함수 f가 극솟값을 가짐을 알 수 있다.

2. 다수의 제약조건이 존재하는 경우

제약조건이 둘 이상인 경우, 예를 들어 제약조건식이 다음과 같을 때

$$\begin{aligned} g^1(x_1,\ x_2,\ \cdots,\ x_n)-c_1&=0 \\ g^2(x_1,\ x_2,\ \cdots,\ x_n)-c_2&=0 \\ \vdots \qquad\qquad & \vdots \quad \vdots \\ g^k(x_1,\ x_2,\ \cdots,\ x_n)-c_k&=0 \end{aligned}$$

라그랑지안 $L(x_1,\ x_2,\ \cdots,\ x_n,\ \lambda_1,\ \lambda_2,\ \cdots,\ \lambda_k)$는 다음과 같이 정의된다.

$$\begin{aligned} L(x_1,\ x_2,\ \cdots,\ x_n,\ \lambda_1,\ \lambda_2,\ \cdots,\ \lambda_k)=&\ f(x_1,\ x_2,\ \cdots,\ x_n) \\ &+\sum_{j=1}^{k}\lambda_j[c_j-g^j(x_1,\ x_2,\ \cdots,\ x_n)] \end{aligned}$$

이 경우 제1차 필요조건은 다음과 같다.

$$\frac{\partial L}{\partial x_i}=\frac{\partial f}{\partial x_i}+\sum_{j=1}^{k}\lambda_j\left(-\frac{\partial g^j}{\partial x_i}\right)=0 \qquad (i=1,\ 2,\ \cdots,\ n)$$

$$\frac{\partial L}{\partial \lambda_j} = c_j - g^j(x_1,\ x_2,\ \cdots,\ x_n) = 0 \qquad (j = 1,\ 2,\ \cdots,\ k)$$

한편 유계헤시안은 다음과 같은 형태를 취하게 된다.

$$|\overline{\mathbf{H}}| = \left|\begin{array}{cccc|cccc} 0 & 0 & \cdots & 0 & g_1^1 & g_2^1 & \cdots & g_n^1 \\ 0 & 0 & \cdots & 0 & g_1^2 & g_2^2 & \cdots & g_n^2 \\ \vdots & \vdots & & \vdots & \vdots & \vdots & & \vdots \\ 0 & 0 & \cdots & 0 & g_1^k & g_2^k & \cdots & g_n^k \\ \hline g_1^1 & g_1^2 & \cdots & g_1^k & L_{11} & L_{12} & \cdots & L_{1n} \\ g_2^1 & g_2^2 & \cdots & g_2^k & L_{21} & L_{22} & \cdots & L_{2n} \\ \vdots & \vdots & & \vdots & \vdots & \vdots & & \vdots \\ g_n^1 & g_n^2 & \cdots & g_n^k & L_{n1} & L_{n2} & \cdots & L_{nn} \end{array}\right|$$

이 경우 소행렬식 $|\overline{\mathbf{H}}_2|$, $|\overline{\mathbf{H}}_3|$, $\cdots$, $|\overline{\mathbf{H}}_n|$은 각각 다음과 같이 정의된다.

$$|\overline{\mathbf{H}}_2| = \begin{vmatrix} 0 & 0 & \cdots & 0 & g_1^1 & g_2^1 \\ 0 & 0 & \cdots & 0 & g_1^2 & g_2^2 \\ \vdots & \vdots & & \vdots & \vdots & \vdots \\ 0 & 0 & \cdots & 0 & g_1^k & g_2^k \\ g_1^1 & g_1^2 & \cdots & g_1^k & L_{11} & L_{12} \\ g_2^1 & g_2^2 & \cdots & g_2^k & L_{21} & L_{22} \end{vmatrix},\ |\overline{\mathbf{H}}_3| = \begin{vmatrix} 0 & 0 & \cdots & 0 & g_1^1 & g_2^1 & g_3^1 \\ 0 & 0 & \cdots & 0 & g_1^2 & g_2^2 & g_3^2 \\ \vdots & \vdots & & \vdots & \vdots & \vdots & \vdots \\ 0 & 0 & \cdots & 0 & g_1^k & g_2^k & g_3^k \\ g_1^1 & g_1^2 & \cdots & g_1^k & L_{11} & L_{12} & L_{13} \\ g_2^1 & g_2^2 & \cdots & g_2^k & L_{21} & L_{22} & L_{23} \\ g_3^1 & g_3^2 & \cdots & g_3^k & L_{31} & L_{32} & L_{33} \end{vmatrix}$$

$$\cdots,\ |\overline{\mathbf{H}}_n|, = |\overline{\mathbf{H}}|$$

다시 말해 $|\overline{\mathbf{H}}_i|$는 L_{ii}가 대각선 가장 끝에 위치하는 소행렬식이다. 다수의 제약조건이 있는 경우에도 제2차 충분조건은 앞에서 기술한 정리와 일치한다.

예제 12.19

다음 두 제약조건을 만족하면서 $f(x,\ y,\ z)=x^2+y^2+z^2$을 최소화하는 $x,\ y,\ z$값을 구하여라.

$$g^1(x,\ y,\ z)=x+y+z=10$$
$$g^2(x,\ y,\ z)=2x+y=5$$

풀이

제1차, 2차 조건을 도출해 내기에 앞서 함수 f와 $g^i,\ i=1,\ 2$의 구조를 살펴보면 g^1과 g^2는 선형함수이며 f는 볼록함수임을 알 수 있다. f가 볼록함수인 사실을 확인하기 위해 헤시안을 구해보면

$$|\mathbf{H}|=\begin{bmatrix} 2 & 0 & 0 \\ 0 & 2 & 0 \\ 0 & 0 & 2 \end{bmatrix}$$

에서 $|\mathbf{H}_1|>0,\ |\mathbf{H}_2|>0,\ |\mathbf{H}_3|>0$임을 알 수 있다.

따라서 제1차 필요조건을 충족하는 $x^*,\ y^*,\ z^*$가 바로 f의 최솟값을 도출해 줄 수 있는 값이 된다. 우선 라그랑지안부터 정의해 보면

$$L(x,\ y,\ z,\ \lambda_1,\ \lambda_2)=x^2+y^2+z^2+\lambda_1[10-x-y-z]+\lambda_2[5-2x-y]$$

가 되므로

$$\frac{\partial L}{\partial x}=2x-\lambda_1-2\lambda_2=0 \quad \cdots\cdots ①$$
$$\frac{\partial L}{\partial y}=2y-\lambda_1-\lambda_2=0 \quad \cdots\cdots ②$$
$$\frac{\partial L}{\partial z}=2z-\lambda_1=0 \quad \cdots\cdots ③$$
$$\frac{\partial L}{\partial \lambda_1}=10-x-y-z=0 \quad \cdots\cdots ④$$
$$\frac{\partial L}{\partial \lambda_2}=5-2x-y=0 \quad \cdots\cdots ⑤$$

이 도출된다. 식 ③에서 $\lambda_1=2z$임을 알 수 있으므로 이 식을 ①과 ②에 반영하면

$$x-2y+z=0$$

이 성립함을 알 수 있다. 이 식과 식 ④, ⑤를 결합하면

$$x^* = \frac{5}{6},\ y^* = \frac{20}{6},\ z^* = \frac{35}{6}$$

가 도출된다.

제5절 부등식 형태의 제약조건과 쿤-터커정리

라그랑지승수법은 제약조건이 등식형태를 취할 때만 적용할 수 있는 기법이다. 제약조건이 $g(x) \leq c$의 형태를 취해, 반드시 $g(x) = c$일 필요가 없는 경우에는 라그랑지승수법의 적용은 상당히 제한된다.

물론 제약조건이 하나밖에 없다면 라그랑지승수법을 사용하여 극값을 구할 수는 있다. 이러한 경우의 극값도출방법을 간략히 설명하면 다음과 같다.

우선 제약조건이 없다는 가정하에 목적함수의 극값과 그에 대응하는 독립변숫값을 구한 뒤, 이 독립변숫값이 제약조건을 충족시키는가를 분석한다. 만약 이 값들이 제약조건을 만족한다면 앞에서 구한 극값은 곧 제약조건하에서도 극값이 되나, 이 독립변숫값들이 제약조건을 만족시키지 못한다면 앞에서의 계산과정을 무시하고 라그랑지승수법을 이용하여 다시 극값을 구하면 된다. 그러나 제약조건식이 둘 이상이 되면 이 같은 방법을 사용하기가 어려워질 뿐만 아니라 계산과정 역시 상당히 복잡해진다.

쿤-터커정리(Kuhn-Tucker theorem, K-T theorem)는 바로 이러한 문제에 적용될 수 있는 이론이다. 부등식 형태의 제약조건을 가미한 극값문제를 수학적으로 정의해 보면 다음과 같다. 편의상 최댓값을 구하는 문제를 예로 들면,

$$\text{최대화 } z = f(x_1,\ x_2,\ \cdots,\ x_n)$$
$$\text{제약조건 : } g_1(x_1,\ x_2,\ \cdots,\ x_n) \leq b_1$$

$$g_2(x_1,\ x_2,\ \cdots,\ x_n) \le b_2$$
$$\vdots \qquad \vdots \qquad \vdots$$
$$g_k(x_1,\ x_2,\ \cdots,\ x_n) \le b_k$$

의 형태를 취한다. 이 문제의 해를 구하기 위해서는 라그랑지승수법의 경우와 마찬가지로 각 제약조건에 λ_i를 부과한 뒤 다음과 같은 조건을 충족시키는 $(x_1^*,\ x_2^*,\ \cdots,\ x_n^*,\ \lambda_1^*,\ \lambda_2^*,\ \cdots,\ \lambda_k^*)$를 구해야 한다.

정리

Kuhn-Tucker조건

$$\frac{\partial f}{\partial x_j}+\sum_{i=1}^{k}\lambda_i\frac{\partial g_i}{\partial x_j}=0 \qquad (j=1,\ 2,\ \cdots,\ n)$$
$$\lambda_i(g_i-b_i)=0 \qquad (i=1,\ 2,\ \cdots,\ k)$$
$$g_i \le b_i \qquad (i=1,\ 2,\ \cdots,\ k)$$
$$\lambda_i \le 0 \qquad (i=1,\ 2,\ \cdots,\ k)$$

이 조건을 Kuhn-Tucker조건(K-T조건)이라 하며, 만약 $(x_1^*,\ x_2^*,\ \cdots,\ x_n^*,\ \lambda_1^*,\ \lambda_2^*,\ \cdots,\ \lambda_k^*)$가 이 조건을 충족시키면 $f(x_1^*,\ x_2^*,\ \cdots,\ x_n^*)$가 최댓값이 되기 위한 제1차 필요조건을 충족시키는 것이 된다. $f(x_1^*,\ x_2^*,\ \cdots,\ x_n^*)$가 최댓값이기 위해 만족시켜야 하는 제2차 충분조건은 본서의 수준을 넘어서므로 생략하기로 하고 다음의 예제를 이용하여 분석과정을 살펴보기로 하자.

예제 12.20

제약조건이 $x^2+y^2 \le 1$일 때 $f(x,\ y)=x^2+y^2+y-1$을 최대화하는 x^*와 y^*를 구하여라.

풀이

K-T조건의 첫 번째 식을 참고하면 다음 식이 도출된다.

$$2x+(\lambda)(2x)=0 \cdots\cdots ①$$
$$2y+1+(\lambda)(2y)=0 \cdots\cdots ②$$

K-T조건을 살펴보면 $\lambda_i(g_i-b_i)=0$이라는 등식이 있으므로 이를 이용하면 $\lambda(x^2+y^2-1)=0$이 성립해야 한다. 식 ①을 살펴보면 $2x+2\lambda x=2x(1+\lambda)=0$이므로 $x=0$ 또는 $\lambda=-1$이어야 한다. 만약 $\lambda=-1$이라면, 식 ②에서 $2y+1-(2)(1)(y)=0$을 성립하는 y가 존재할 수 없다는 것을 알 수 있으므로 $x^*=0$이어야 한다.

이제 $x^2+y^2=1$인 경우를 가정해 보자. $x^*=0$이므로 $y^*=\pm1$이 되어야 한다.

(a) 만약 $y^*=1$이라면 식 ②에서 $2+1+2\lambda=0$이 성립하므로 $\lambda^*=-\frac{3}{2}$이 도출된다. 이 경우 목적함숫값은 $f(x^*, y^*)=0+1+1-1=1$이다.

(b) 만약 $y^*=-1$이라면 식 ②에서 $-2+1-2\lambda=0$이 성립하여 $x^*=-\frac{1}{2}$이 도출된다. 이 경우 $f(x^*, y^*)=0+1-1-1=-1$이다.

(c) 만약 $x^2+y^2<1$이라면 $\lambda_i(g_i-b_i)=0$이어야 하는 조건을 충족시켜야 하므로 $\lambda^*=0$이 된다. 식 ②에서 $2y+1+0=0$이 성립하여 $y^*=-\frac{1}{2}$이 도출된다. 이 경우 $f\left(0, -\frac{1}{2}\right)=-\frac{5}{4}$이다.

이 세 가지 경우를 모두 종합하면 최댓값은 $x^*=0$, $y^*=1$일 때 $f(0, 1)=1$이 됨을 알 수 있다.

한편 목적함수와 제약식이 다음 정리에서와 같이 특별한 속성을 지니면 다소 손쉽게 최적해를 구할 수 있다.

정리

목적함수 f가 제약조건을 충족하는 모든 독립변숫값에 대해 오목함수이고 제약식 $g_i(i=1, 2 \cdots, k)$가 볼록함수이면, K-T조건을 충족하는 해에 대응하는 목적함숫값 f는 최댓값이다.

이제 간단한 예제문제를 통해 이 정리를 적용해 보기로 하자.

$$
\begin{aligned}
\text{최대화 } & f(x_1, x_2)=2x_1-x_1^3+x_2 \\
\text{제약조건 : } & x_1+x_2 \le 1 \\
& x_1 \ge 0 \\
& x_2 \ge 0
\end{aligned}
$$

이 문제를 살펴보면 목적함수 f가 오목함수이고 제약식의 좌변이 모두 볼록함수에 속하는 선형함수로 구성되어 있으므로 앞의 정리가 성립함을 알 수 있다.

먼저 $x_1 \geq 0$과 $x_2 \geq 0$을 $-x_1 \leq 0$과 $-x_2 \leq 0$으로 바꾸어 K-T조건을 구해보기로 하자. 즉, 제약조건은 이제 다음과 같이 모두 $\leq$의 형태를 띤다.

$$\begin{aligned} x_1 + x_2 &\leq 1 \\ -x_1 \qquad &\leq 0 \\ -x_2 &\leq 0 \end{aligned}$$

$2 - 3x_1^2 + \lambda_1 - \lambda_2 = 0$ ············ ① (x_1에 대해 미분)

$1 + \lambda_1 - \lambda_3 = 0$ ············ ② (x_2에 대해 미분)

$\lambda_1(x_1 + x_2 - 1) = 0$ ············ ③ $(\lambda_1(g_1 - b_1) = 0)$

$\lambda_2(-x_1) = 0$ ············ ④ $(\lambda_2(g_2 - b_2) = 0)$

$\lambda_3(-x_2) = 0$ ············ ⑤ $(\lambda_3(g_3 - b_3) = 0)$

$\lambda_1,\ \lambda_2,\ \lambda_3 \leq 0$ ············ ⑥

$x_1 + x_2 \leq 1$ ············ ⑦

$-x_1 \leq 0,\ -x_2 \leq 0$ ············ ⑧

λ_1과 λ_2 값을 중심으로 하여 분석해 보면 다음과 같은 네 가지 경우를 생각해 볼 수 있다.

(a) $\lambda_1 = \lambda_2 = 0$

(b) $\lambda_1 < 0,\ \lambda_2 < 0$

(c) $\lambda_1 = 0,\ \lambda_2 < 0$

(d) $\lambda_1 < 0,\ \lambda_2 = 0$

만약 (a)의 경우가 옳다면 식 ②에서 $\lambda_3 = 1$이 도출되나 이 결과는 식 ⑥에 어긋나므로 가능하지 않으며, (b)의 경우가 옳다면 식 ③과 ④에서 $x_1 = 0,\ x_2 = 1$이 도출된다. 그러나 이 경우 식 ⑤에서 $\lambda_3 = 0$이 성립해야 하며 식 ②에서 $\lambda_1 = 1$이 도출되나, 이 역시 식 ⑥의 조건에 어긋나므로 $\lambda_1 < 0,\ \lambda_2 < 0$은 불가능하다.

만약 (c)의 경우가 옳다면 식 ②에서 $\lambda_3 = 1$이 도출되어 이 역시 식 ⑥의 조건에 반하게 된다. 따라서 $\lambda_1 < 0$, $\lambda_2 = 0$인 (d)의 경우만 성립함을 알 수 있다.

이제 $\lambda_1 < 0$, $\lambda_2 = 0$이 옳다고 받아들이고 $\lambda_3 < 0$과 $\lambda_3 = 0$의 두 경우를 분석해 보자.

만약 $\lambda_3 < 0$이라면 식 ③과 ⑤에서 $x_1 = 1$, $x_2 = 0$이 도출된다. 이 결과($x_1 = 1$)와 $\lambda_2 = 0$을 식 ①에 대입하면 $\lambda_1 = 1$이 나오나, 이는 식 ⑥의 조건을 충족시키지 못하므로 결론적으로 $\lambda_3 < 0$이 옳지 못하다고 할 수 있다.

따라서 마지막 남은 것은 $\lambda_3 = 0$, $\lambda_2 = 0$, $\lambda_1 < 0$의 경우뿐이다. 식 ②에 $\lambda_3 = 0$을 반영하면 $\lambda_1 = -1$이 나오며 식 ①에서

$$3x_1^2 = 1 \quad \text{또는} \quad x_1 = \pm\frac{\sqrt{3}}{3}$$

이 도출된다. 식 ⑧에 의해 $x_1 \geq 0$이어야 하므로 $x_1 = \dfrac{\sqrt{3}}{3}$이 된다.

한편 $\lambda_1 = -1$이므로 식 ③에서 $x_1 + x_2 - 1 = \dfrac{\sqrt{3}}{3} + x_2 - 1 = 0$이 되어 $x_2 = 1 - \dfrac{\sqrt{3}}{3}$임을 알 수 있다. 지금까지의 분석을 요약해 보면

$$x_1^* = \frac{\sqrt{3}}{3},\ x_2^* = 1 - \frac{\sqrt{3}}{3},\ \lambda_1^* = -1,\ \lambda_2^* = \lambda_3^* = 0$$

이 되며 최댓값은 $f\left(\dfrac{\sqrt{3}}{3},\ 1 - \dfrac{\sqrt{3}}{3}\right) = 1 + \dfrac{2}{9}\sqrt{3}$임을 알 수 있다.

최종결과를 다시 한 번 살펴보면 제약식이 등식형태로 성립하는 첫 번째 제약조건의 λ_1^*는 0이 아니며, 등식형태로 성립하지 않는 두 번째와 세 번째 제약조건의 λ_2^*와 λ_3^* 값은 0이 됨을 알 수 있다. K-T조건을 적용하는 경우 이와 같은 결과가 도출되어야만 최적해가 바르게 계산되었음을 확인할 수 있다.

예제 12.21

다음 문제의 최적해를 구하여라.

최대화 $f(Q_1,\ Q_2,\ B) = (40 - 2Q_1)Q_1 + (20 - Q_2)Q_2 - 10B$

제약조건 : $Q_1 \le B,\ Q_2 \le B$

풀이

우선 목적함수 f가 오목함수이며 제약조건이 선형함수이므로 K-T조건을 충족하는 해가 곧 최적해임을 알 수 있다. 이제 K-T조건을 도출해 보면 다음과 같다.

$40 - 4Q_1 + \lambda_1 = 0$ ………… ① (Q_1에 대해 미분)

$20 - 2Q_2 + \lambda_2 = 0$ ………… ② (Q_2에 대해 미분)

$-10 - \lambda_1 - \lambda_2 = 0$ ………… ③ (B에 대해 미분)

$Q_1 - B \le 0$ ………… ④

$Q_2 - B \le 0$ ………… ⑤

$\lambda_1(Q_1 - B) = 0$ ………… ⑥

$\lambda_2(Q_2 - B) = 0$ ………… ⑦

$\lambda_1 \le 0$ ………… ⑧

$\lambda_2 \le 0$ ………… ⑨

(a) $\lambda_1 = \lambda_2 = 0$: 이 경우 식 ③의 조건에 일치하지 않으므로 $\lambda_1 = \lambda_2 = 0$은 불가능하다.

(b) $\lambda_1 = 0,\ \lambda_2 < 0$: 식 ①에서 $Q_1 = 10$, 식 ③에서 $\lambda_2 = -10$이 도출되나 이를 이용하면 식 ②에서 $Q_2 = 5$, 식 ⑦에서 $B = 5$가 성립되므로 결국 식 ④의 조건에 어긋나게 된다. 따라서 $\lambda_1 = 0,\ \lambda_2 < 0$은 불가능하다.

(c) $\lambda_1 < 0,\ \lambda_2 = 0$: 식 ②에서 $Q_2 = 10$, 식 ③에서 $\lambda_1 = -10$이 나오며 식 ①에서 $Q_1 = 7.5$, 식 ⑥에서 $B = 7.5$가 도출되어 식 ⑤의 조건을 충족시키지 못한다.

(d) $\lambda_1 < 0,\ \lambda_2 < 0$: 식 ⑥과 ⑦에서 $Q_1 = Q_2 = B$임을 알 수 있으므로 식 ①에서 ⑤까지의 연립방정식을 풀면 $Q_1^* = Q_2^* = B = \frac{25}{3},\ \lambda_1^* = -\frac{20}{3},\ \lambda_2^* = -\frac{10}{3}$이 도출된다. 이때 최댓값은 $f\left(\frac{25}{3},\ \frac{25}{3},\ \frac{25}{3}\right) = \frac{625}{3}$가 된다.

CHAPTER 12

연습문제

1. 다음에 주어진 함수 $f(x,\ y)$의 극값을 구하여라.

(a) $f(x,\ y)=5x+2xy+7y$ 제약조건 : $x-y=5$

(b) $f(x,\ y)=x^2+5xy+2y^2$ 제약조건 : $2x+3y=4$

(c) $f(x,\ y)=x^2+2y^2$ 제약조건 : $x+2y=6$

(d) $f(x,\ y)=x^2+y^2$ 제약조건 : $x+2y=4$

(e) $f(x,\ y)=x^2+3xy+y^2$ 제약조건 : $x+y=100$

2. A와 B 두 종류의 자원을 각각 x_1과 x_2만큼 투입하면 $f(x_1,\ x_2)=3x_1^{\frac{2}{3}}x_2^{\frac{1}{3}}$만큼의 양을 생산할 수 있다. 자원 A의 단위당 구입가격이 5만원, 자원 B의 단위당 구입가격이 10만원이며, 구입예산이 100만원으로 제한되어 있을 때 생산량을 최대화할 수 있는 자원의 구입량을 계산하여라.

3. 라그랑지승수법을 이용하여 함수 f의 극값을 구하여라.

(a) $f(x,\ y)=2x^2-y^2-3$ 제약조건 : $x+y-1=0$

(b) $f(x,\ y)=3x+4y$ 제약조건 : $x^2+y^2-9=0$

(c) $f(x,\ y)=x^2+2xy+1$ 제약조건 : $x^2y=27$

4. 다음 문제의 최적해를 구하여라.

(a) 최소화 $f(x,\ y)=x^2+y^2$ 제약조건 : $3x+4y=25$

(b) 최대화 $y=x_1^{0.25}x_2^{0.75}$ 제약조건 : $2x_1^2+5x_2^2=10$

(c) 최대화 $y=(x_1+2)(x_2+1)$ 제약조건 : $x_1+x_2=21$

(d) 최소화 $C(x,\ y)=200+6x^2+10y^2$ 제약조건 : $x+y=160$

(e) 최대화 $k(x,\ y)=2xy$ 제약조건 : $x+y=6$

5. A와 B 두 자원을 각각 x와 y만큼 투입하면 생산량은 다음 함수와 같아진다.

$$f(x,\ y) = 3x^{\frac{1}{3}}y^{\frac{2}{3}}$$

총생산비용이 $C(x,\ y) = 70 + 4x + 8y$로 주어져 있을 때 $f(x,\ y) = 60$을 만족시키면서 총생산비용을 최소화하기 위해서는 A와 B 두 자원을 각각 얼마씩 투입해야 하는가?

6. 태평양의 어느 소왕국의 생산함수를 추정한 결과 다음과 같았다.

$$g(x,\ y) = 50x^{0.8}y^{0.2} \text{ (단위 : 천억원)}$$

x는 자원투입량이고 y는 노동투입량으로 정의되는데, 자원을 구입하여 생산에 투입할 수 있는 여력이 $40x + 80y = 400{,}000$으로 제한되어 있다. x와 y를 각각 어느 정도 투입해야만 이 소왕국의 생산량을 최대화할 수 있는가?

7. 한국전자는 신제품개발에 x백만원, 광고선전에 y백만원을 투자하면 총이익이 다음만큼 증가한다고 분석하고 있다.

$$f(x,\ y) = 3x + 2y - \frac{1}{100}y^2 - \frac{1}{200}x^2$$

총사용가능한 예산이 300백만원으로 제한되어 있다면, 총이익을 최대화하기 위해서는 신제품개발과 광고선전에 각각 얼마씩 투자해야 하는가?

8. 2품목을 생산하고 있는 한국기계의 총생산비용은 $C(Q_1,\ Q_2) = 2Q_1^2 + Q_1Q_2 + 2Q_2^2$으로 추정되고 있다. 품목 1의 판매가격이 100만원, 품목 2의 판매가격은 150만 원으로 형성되어 있으나 기계사용시간의 제한으로 인해 필요한 만큼 생산을 하지 못하고 있다.
품목 1은 단위당 4시간, 품목 2는 단위당 6시간의 기계시간을 필요로 하나 현재 사용가능한 시간은 200시간으로 제한되어 있다. 총이익을 최대화하기 위해서는 각 품목을 몇 개씩 생산해야 하는가?

9. 소비자의 효용함수가 $U(x_1,\ x_2) = x_1x_2$로 주어져 있다. 재화의 구입비용이 $10x_1 + 20x_2$이며 총예산이 200으로 주어져 있다.

(a) 효용을 최대화할 수 있는 재화의 구입량을 계산하여라.

(b) 정부가 x_1재에 대해 단위당 10씩의 간접세를 부과하였다고 할 때 최적 구입량은 얼마가 되는가?

(c) 만약 정부가 세수 확보를 위해 간접세 대신 40만큼의 소득세를 부과한다면 효용의 수준은 어떻게 변화하겠는가?

10. 제약조건이 $2x+5y=128$로 주어져 있을 때 다음 함수의 최댓값을 구하여라.

$$U(x,\ y)=x+y-0.05x^2-0.05y^2$$

11. 제약조건이 $x+y=120$으로 주어져 있을 때 다음 함수의 최솟값을 구하여라.

$$C(x,\ y)=250+3x^2+5y^2$$

12. 제약조건이 $x+y=90$으로 주어져 있을 때 $K(x,\ y)=6x^2+12y^2$의 최솟값을 구하여라.

13. 두 가지 타입의 문짝을 생산하는 한국통상은 이 두 품목을 각각 x_1개, x_2개 판매할 때 총이익이 다음과 같이 됨을 분석하였다.

$$f(x_1,\ x_2)=25x_1-0.8x_1^2+30x_2-1.2x_2^2$$

사용가능한 기계시간을 감안한 결과 $x_1+2x_2=40$의 제약조건을 도출해 낼 수 있었다. 총이익을 최대화할 수 있는 생산량을 결정하여라.

14. 1기와 2기의 두 기간 동안의 소비자 효용함수가 $U=4C_1C_2$로 주어져 있다. 이 소비자의 소득이 1기에는 0이고, 2기에 100이다. 따라서 이 소비자는 1기에 은행에서 융자를 받아 생활하고 2기에 이자와 함께 상환해야 한다. 은행이자율이 100%라고 할 때 효용을 극대화시키는 소비수준을 구하여라.

15. m을 소득, ℓ을 여가활동에 투입하는 시간으로 정의할 때 어느 개인의 효용함수가 $U(m,\ \ell)=Am^a\ell^b$로 정의된다. 총 T_0시간은 소득창출활동시간 W와 여가활동시간 ℓ로 나누어진다. 즉 $T_0=W+\ell$이다. 시간당 임금을 w라고 한다면 소득은 $m=wW$로 정의된다. 효용을 극대화할 수 있는 시간배분방식을 구하여라. 단, a와 b는 0보다 큰 상수이며, $a+b\le 1$로 가정한다.

16. 두 품목만을 전문적으로 취급하는 한국유통은 각 품목의 연간 수요, 1회 주문비용, 연간 단위당 재고유지비용이 다음과 같다고 분석하였다. 창고용량의 부족으로 평균재고가 200개를 넘지 못한다고 할 때 총재고관리비용을 최소화할 수 있는 각 품목의 1회 주문량을 구하여라.

	품목 1	품목 2
연간수요	500	800
1회 주문비용	100,000	50,000
재고유지비용	2,000	5,000

17. 다음에 주어진 함수 $f(x,\ y,\ z)$의 최솟값을 구하여라.

(a) $f(x,\ y,\ z)=x^2+y^2+z^2$ 제약조건 : $2x-y+3z=-28$

(b) $f(x,\ y,\ z)=x+y+z$ 제약조건 : $x^2+y^2+z^2=1$

(c) $f(x,\ y,\ z)=x^2+y^2+2z^2$ 제약조건 : $x+y+z=10$

18. 한국전자는 80인치 LED TV와 100인치 LED TV만을 생산하는 글로벌기업이다. 이번 달에는 두 상품을 합해서 최대 160대까지 판매가 가능하며, 생산비용은 다음과 같이 추정된다.

$$C(x,\ y)=130+3x^2+5y^2$$

여기서 x는 80인치 TV, y는 100인치 TV 생산대수를 말한다. 총비용을 최소화하는 생산계획을 수립하여라.

19. 뚜껑이 없는 부피 50cm^{3}의 나무상자를 만들고자 한다. 나무두께는 고려하지 않을 때 상자규격을 어떻게 설정해야만 나무판자의 소요량이 최소가 될 수 있는가?

20. 모바일게임과 비디오게임을 개발·판매하는 (주)글로벌텍은 이 두 가지 게임개발에 소요되는 비용을 다음과 같이 추정하고 있다.

$$C(x,\ y)=100+3x^2+5y^2$$

여기서 x는 모바일게임 개발건수이고, y는 비디오게임 개발건수를 의미한다. 올해에는 외국의 게임퍼블리셔와의 계약하에 두 가지 게임을 합해서 모두 80가지 게임을 개발하도록 계획되어 있다. 총비용을 최소화하기 위해서는 모바일게임과 비디오게임을 각각 몇 가지씩 개발해야 하는가?

21. 한국전자는 80인치 LED TV와 90인치 LED TV를 생산 · 판매하고 있다. 한 달에 두 상품을 합해서 44대 정도 판매하며, 두 상품의 판매로 인해 기대되는 순이익은 $\pi(x, y) = 100x - 3x^2 + 2xy - 4y^2 - 56$으로 추정된다. 여기서 x는 80인치 LED TV, y는 90인치 LED TV의 생산대수이다. 순이익을 극대화하는 생산계획을 도출하여라.

22. 어느 소비자의 효용함수가 $U(x, y) = xy$로 주어져 있고 예산은 $x + y = 4$로 제한된다고 할 때, 효용을 극대화할 수 있는 x와 y의 구입량을 계산하여라.

23. 문제 22에서 $U(x, y) = \sqrt{x} + y$, 예산은 $x + 4y = 100$인 경우의 x와 y 구입량을 구하여라.

24. (주)글로벌퍼니셔는 소파와 카우치를 생산 · 판매하고 있다. 매주 x조의 소파와 y조의 카우치를 생산하는데, 두 가지 합쳐서 50조를 초과생산할 수는 없다. 이 회사가 생각하고 있는 수요함수는 다음과 같다.

$$x = 90 - 0.5P_x$$
$$y = 100 - P_y$$

이 두 상품을 같이 생산할 때 생산비용은

$$TC = x^2 + 2xy + y^2 + 200$$

이다. 이익을 극대화하는 생산계획을 제시하여라.

25. 제약조건 $x + 2y + z = 30$, $2x - y - 3z = 10$을 충족시키면서 $f(x, y, z) = x^2 + y^2 + z^2$을 최소화하는 극값을 구하여라.

26. 다음에 주어진 함수 $f(x_1, x_2, x_3)$의 최댓값을 구하여라.

$$f(x_1, x_2, x_3) = -\frac{1}{200}x_1^2 - \frac{1}{100}x_2^2 - \frac{1}{100}x_3^2 - x_1 - x_2 - x_3$$

제약조건 : $x_1 + x_2 + 2x_3 = 150$

$x_1 - x_2 \qquad = 30$

27. 특이한 체질을 보유하고 있는 어느 축구선수는 양고기와 파프리카만으로 영양을 공급받고 있다. 양고기의 단위당 가격은 10천원이고 파프리카의 단위당 가격은 천원이다. 하루 식비로 쓸 수 있는 예산은 80천원이며, 양고기는 1단위당 60, 파프리카는 1단위당 20만큼 칼로리를 창출해 주는데 매일 합해서 1,000칼로리 이상의 에너지를 공급받아야 한다. 즉, $10x_1 + x_2 = 80$, $60x_1 + 20x_2 \geq 1{,}000$이다. 또한 이 축구선수의 입맛은 $\mu = x_1 x_2$를 최대화하는 쪽으로 발달되어 있다. 입맛을 좋게 하면서 예산 내에서 일일 1,000칼로리 이상 공급받기 위해서는 하루에 양고기와 파프리카를 각각 몇 단위 구입해야 하는가?

28. 제약조건 $16x + y \leq 495$, $x \geq 0$, $y \geq 0$을 충족시키면서 $f(x,\ y) = x + \ln(1+y)$를 최대화하는 극값을 구하고 제약식의 495가 511로 변했을 때 목적함숫값을 계산하여라.

CHAPTER

13 적분법

적분은 미분의 역연산과정이라 할 수 있다. 다시 말해 주어진 함수의 미분을 통해 새로운 함수를 얻을 수 있을 때, 이 함수를 적분하면 원래의 함수와 극히 유사한 형태의 함수를 얻을 수 있다.

본장에서는 미분의 역연산으로서의 **부정적분**의 개념과 그 계산방식을 살펴본 뒤, **정적분**의 개념과 정적분에 극한의 원리를 가미한 **이상적분**에 대해 설명하고자 한다.

제1절 부정적분

1. 부정적분의 개념

주어진 함수의 변화율을 구하는 과정을 미분법이라 한다면, 적분은 미분의 역연산 과정이라 할 수 있다. 예를 들어 $F(x)$의 도함수가 x라 한다면 $F(x)$는 $\frac{1}{2}x^2+c$의 형태를 취하게 되며, 여타의 조건이 주어지지 않으면 c는 어떤 값이든 취할 수 있어 $F(x)$의 함수형태가 확정될 수 없다. 여기서 c는 적분상수(constant of integration)라 부른다.

일반적으로 함수 $f(x)$에 대하여 $F'(x)=f(x)$가 성립하는 함수 $F(x)$의 집합을 부정적분 또는 원시함수(primitive function)라 하며, 기호로는

$$\int f(x)\,dx$$

로 나타낸다. 또한 $f(x)$의 부정적분을 구하는 과정을 "$f(x)$를 적분한다"라고 한다.

2. 기본적분공식

이제 제7장과 제8장에서 살펴본 미분공식을 역으로 이용하여 적분의 기본공식을 도출해 보기로 하자.

➡ 적분의 기본공식 I

$$\int x^n\,dx=\begin{cases}\dfrac{x^{n+1}}{n+1}+c & (n\neq -1)\\[2ex] \ln|x|+c & (n=-1)\end{cases}$$

이 공식은 $F(x)=\frac{x^{n+1}}{n+1}+c$일 때 $\frac{dF(x)}{dx}=x^n$이며 $F(x)=\ln|x|+c$일 때 $\frac{dF(x)}{dx}=\frac{1}{x}$인 사실을 이용하면 쉽게 적용할 수 있다.

예제 13.1

다음에 주어진 부정적분을 구하여라.

(a) $\int \sqrt{x}\,dx$ (b) $\int \frac{1}{y^2}\,dy$ (c) $\int 5\,dx$

풀이

(a) $\sqrt{x}=x^{\frac{1}{2}}$이므로

$$\int \sqrt{x}\,dx=\frac{x^{\frac{1}{2}+1}}{\frac{1}{2}+1}+c=\frac{2}{3}x^{\frac{3}{2}}+c$$

(b) $\frac{1}{y^2}=y^{-2}$이므로

$$\int \frac{1}{y^2}\,dy=\frac{y^{-2+1}}{-2+1}+c=-y^{-1}+c$$

(c) 상수 5는 $5x^0$으로 나타낼 수 있으므로 $\int 5\,dx=5x+c$

그렇다면 $f(x)=\ln x$일 때 $\int f(x)\,dx$는 무엇이겠는가? 앞에서 주어진 공식으로는 $\int f(x)\,dx=x\ln x-x$임을 구할 수 없다. 이에 대해서는 제2절에서 살펴보기로 하고 $f(x)=e^{rx}$의 부정적분을 구해보기로 하자. $f(x)=e^x$일 때 $f'(x)=e^x$이므로 다음과 같은 식이 성립함을 쉽게 알 수 있다.

➡ 적분의 기본공식 II : 지수함수의 부정적분

$$\int e^{rx}\,dx = \frac{1}{r}e^{rx} + c$$

예제 13.2

다음에 주어진 부정적분을 계산하여라.

(a) $\int e^{3x}\,dx$ (b) $\int \frac{1}{e^u}\,du$ (c) $\int 2^x\,dx$

풀이

(a) $r = 3$이므로

$$\int e^{3x}\,dx = \frac{1}{3}e^{3x} + c$$

(b) $\frac{1}{e^u} = e^{-u}$이므로

$$\int \frac{1}{e^u}\,du = \frac{e^{-u}}{-1} + c = -e^{-u} + c$$

(c) 제8장에서 $2^x = e^{x\ln 2}$임을 기억한다면

$$\int 2^x\,dx = \int e^{(\ln 2)x}\,dx = \frac{1}{\ln 2}e^{(\ln 2)x} + c = \frac{1}{\ln 2}2^x + c$$

제7장의 미분의 기본공식을 되새겨보면, 미분하고자 하는 함수가 서로 다른 함수의 合이나 差의 형태로 주어지면 이들을 분리하여 미분할 수 있음을 알 수 있다. 적분의 경우도 이와 같은 방법이 그대로 적용될 수 있다.

➡ 적분의 기본공식 III

$$\int kf(x)\,dx = k\int f(x)\,dx \quad (\text{단, } k\text{는 실수})$$

$$\int [f(x)+g(x)]\,dx = \int f(x)\,dx + \int g(x)\,dx$$

$$\int [f(x)-g(x)]\,dx = \int f(x)\,dx - \int g(x)\,dx$$

예제 13.3

다음의 부정적분을 구하여라.

(a) $\int (x^6 - 2e^{2x} - 3)\,dx$ (b) $\int (u^2 + 3u)\sqrt{u}\,du$

풀이

(a)
$$\int (x^6 - 2e^{2x} - 3)\,dx = \int x^6\,dx - 2\int e^{2x}\,dx - 3\int 1\,dx$$
$$= \frac{x^7}{7} - 2\left(\frac{e^{2x}}{2}\right) - 3x + c$$
$$= \frac{x^7}{7} - e^{2x} - 3x + c$$

(b) $\sqrt{u} = u^{\frac{1}{2}}$이므로

$$\int (u^2 + 3u)\sqrt{u}\,du = \int u^{\frac{5}{2}}du + 3\int u^{\frac{3}{2}}du$$
$$= \frac{2}{7}u^{\frac{7}{2}} + \frac{6}{5}u^{\frac{5}{2}} + c$$

이제 다음 예제를 통해 적분상수 c를 결정하는 문제를 살펴보기로 하자.

예제 13.4

한계생산비용(marginal cost) $MC(Q)=\frac{1}{60}Q^2-Q+615$로 추정되며, 고정비용이 1,000만원으로 주어져 있을 때 총비용함수를 구하여라. 또 30개를 생산하고자 할 때 총비용은 얼마인가?

풀이

한계생산비용이란 총비용을 생산량 Q에 대해 미분한 것이므로 총비용함수 $C(Q)$는 다음과 같이 구할 수 있다.

$$C(Q)=\int\left(\frac{1}{60}Q^2-Q+615\right)dQ=\frac{Q^3}{180}-\frac{Q^2}{2}+615Q+c$$

한편 $Q=0$일 때의 총비용인 고정비용이 1,000만원으로 주어져 있으므로

$$C(Q)=\frac{Q^3}{180}-\frac{Q^2}{2}+615Q+1,000$$

이 됨을 알 수 있으며, 30개를 생산할 때의 총비용은 다음과 같다.

$$C(30)=\frac{(30)^3}{180}-\frac{(30)^2}{2}+(615)(30)+1,000=19,150$$

예제 13.5

곰인형을 생산하는 (주)인형나라는 한계생산비용을 $MC(q)=22-0.02q$로 추정하고 있다. 여기서 q는 시간당 생산량을 의미한다. 현재 시간당 생산량이 100개인데 이 수준을 200개로 올릴 경우 (주)인형나라의 총비용은 얼마나 증가하게 되는가?

풀이

총비용증가분$=TC(200)-TC(100)$이므로

$$\int(22-0.02q)dq=22q-0.01q^2$$

$$TC(200)=(22)(200)-(0.01)(200)^2=4,000$$

$$TC(100)=(22)(100)-(0.01)(100)^2=2,100$$

따라서 $TC(200)-TC(100)=1,900$이 도출된다.

제 2 절 적분의 기법

본절에서는 앞에서 살펴본 적분의 기본공식을 응용하여 다소 특별한 형태를 취하는 적분법을 설명하고자 한다.

1. 치환적분법

치환적분법(integration by substitution)은 다음과 같은 형태의 부정적분을 계산하는 데 사용되는 기법이다.

$$\int f(g(x))g'(x)\,dx$$

치환적분법은 변수를 변환시킴으로써 피적분함수(integrand)인 $f(g(x))\cdot g'(x)$를 간단한 형태로 만드는 방법인데, 우선 $u=g(x)$로 놓고

$$\frac{du}{dx}=g'(x)$$

를 이용하여 피적분함수를 간단히 만들어 보기로 하자.

$du=g'(x)\,dx$이므로 $f(g(x))$를 $f(u)$로 치환하고 $g'(x)\,dx$를 du로 치환하면

$$\int f(g(x))g'(x)dx=\int f(u)du$$

가 성립한다. 만약 $\int f(u)du=F(u)+c$라 한다면

$$\begin{aligned}&\int f(g(x))g'(x)dx\\&= F(u)+c\\&= F(g(x))+c\end{aligned}$$

가 도출됨을 알 수 있다.

예제 13.6

다음의 부정적분을 구하여라.

(a) $\int 6x^2(x^3+2)^{99}dx$

(b) $\int 8e^{2x+3}dx$

(c) $\int x^2(x^3+2)^{-2}dx$

(d) $\int xe^{3x^2}dx$

(e) $\int \frac{(\ln x)^2}{x}dx$

(f) $\int \frac{4x-1}{\sqrt{2x+1}}dx$

(g) $\int \frac{t}{1-3t^2}dt$

(h) $\int \sqrt[3]{2x+1}\,dx$

(i) $\int (e^x-e^{-x})^2dx$

(j) $\int e^x\sqrt{e^x+1}\,dx$

(k) $\int \frac{x}{\sqrt{(1-x^2)}}dx$

(l) $\int \frac{x}{e^{x^2+1}}dx$

(m) $\int (-x)\sqrt{1-x^2}\,dx$

(n) $\int (2x+1)\sqrt{x^2+x}\,dx$

(o) $\int \frac{x+1}{\sqrt{x^2+2x+3}}dx$

(p) $\int \frac{x}{(1+x^2)^2}dx$

풀이

(a) $u=x^3+2$라 한다면 $\frac{du}{dx}=3x^2$이며 이를 이용하면

$$\begin{aligned}\int 6x^2(x^3+2)^{99}dx &= \int\left(2\frac{du}{dx}\right)u^{99}dx=\int 2u^{99}du\\&=\frac{2}{100}u^{100}+c=\frac{1}{50}(x^3+2)^{100}+c\end{aligned}$$

(b) $u = 2x+3$이라 한다면 $\frac{du}{dx} = 2$가 되므로

$$\int 8e^{2x+3}dx = \int 8e^{u}\left(\frac{1}{2}\right)du = 4\int e^{u}\,du$$
$$= 4e^{u} + c = 4e^{2x+3} + c$$

(c) $\int x^2(x^3+2)^{-2}dx = \int (x^3+2)^{-2}\left(\frac{3}{3}\right)x^2\,dx = \frac{1}{3}\int (x^3+2)^{-2}3x^2\,dx$

여기서 $u = x^3+2$라 한다면 $\frac{du}{dx} = 3x^2$이 된다. 따라서

$$\frac{1}{3}\int (x^3+2)^{-2}\,3x^2\,dx$$
$$= \frac{1}{3}\int u^{-2}\,du = \frac{1}{3}\frac{u^{-1}}{(-1)} = -\frac{1}{3u}$$
$$= -\frac{1}{3(x^3+2)}$$

(d) $\int x\,e^{3x^2}dx = \int e^{3x^2}\left(\frac{6}{6}\right)x\,dx = \frac{1}{6}\int e^{3x^2}6x\,dx$

여기서 $u = 3x^2$이라 하면 $du = 6x\,dx$가 되므로

$$\frac{1}{6}\int e^{3x^2}6x\,dx = \frac{1}{6}\int e^{u}\,dx = \frac{1}{6}e^{u} = \frac{1}{6}e^{3x^2}$$

(e) $u = \ln x$로 놓으면 $(\ln x)^2 = u^2$이 되며 또한 $\frac{du}{dx} = \frac{1}{x}$이 된다. 따라서

$$\int \frac{(\ln x)^2}{x}\,dx = \int \frac{u^2}{x}\,dx = \int u^2\,du = \frac{(\ln x)^3}{3} + c$$

(f) 우선 $u = 2x+1$이라면 $\frac{1}{\sqrt{2x+1}} = u^{-\frac{1}{2}}$이 되며 $du = 2\,dx$가 성립한다. 또한 $4x-1$을 u의 함수로 바꾸면 $\frac{u-1}{2} = x$이므로

$$4x-1 = (4)\left(\frac{u-1}{2}\right) - 1 = 2u-3$$

이 된다. 따라서

$$\int (4x-1)(2x+1)^{-\frac{1}{2}}\,dx = \int (2u-3)\,u^{-\frac{1}{2}}\frac{du}{2} = \int\left(u^{\frac{1}{2}} - \frac{3}{2}u^{-\frac{1}{2}}\right)du$$
$$= \frac{2}{3}u^{\frac{3}{2}} - 3u^{\frac{1}{2}} + c = \frac{2}{3}(2x+1)^{\frac{3}{2}} - 3(2x+1)^{\frac{1}{2}} + c$$

(g) $u=1-3t^2$으로 놓으면 $\dfrac{du}{dt}=-6t$, $\dfrac{du}{-6}=tdt$가 되므로

$$\int \frac{t}{1-3t^2}dt=\int \frac{1}{1-3t^2}(tdt)=\int \frac{1}{u}\frac{du}{-6}=-\frac{1}{6}\int \frac{1}{u}du$$
$$=-\frac{1}{6}\ln|u|+c=-\frac{1}{6}\ln|1-3t^2|+c$$

(h) $\displaystyle\int (2x+1)^{\frac{1}{3}}dx=\frac{1}{2}\cdot\frac{3}{4}(2x+1)^{\frac{4}{3}}+c=\frac{3}{8}(2x+1)^3\sqrt{2x+1}+c$

(i) $\displaystyle\int (e^{2x}-2+e^{-2x})dx=\frac{1}{2}e^{2x}-2x-\frac{1}{2}e^{-2x}+c$

(j) $e^x+1=t$라 하면 $e^x dx=dt$이다.

$$\int e^x\sqrt{e^x+1}\,dx=\int \sqrt{t}\,dt=\frac{2}{3}t^{\frac{3}{2}}+c=\frac{2}{3}(e^x+1)^{\frac{3}{2}}+c$$

(k) $1-x^2=t$라 하면 $-2x\,dx=dt$이다.

$$\int \frac{x}{\sqrt{(1-x^2)}}dx=\int \frac{1}{\sqrt{t}}\left(-\frac{1}{2}\right)dt=-\frac{1}{2}\int t^{-\frac{1}{2}}dt$$
$$=-\frac{1}{2}\cdot 2t^{\frac{1}{2}}+c=-\sqrt{1-x^2}+c$$

(l) $x^2+1=t$라 하면 $2x\,dx=dt$이다.

$$\int \frac{x}{e^{x^2+1}}dx=\int \frac{1}{e^t}\cdot\frac{1}{2}dt=\frac{1}{2}\int e^{-t}dt$$
$$=-\frac{1}{2}e^{-t}+c=-\frac{1}{2}e^{-(x^2+1)}+c$$

(m) $z=1-x^2$으로 놓으면 $dz=-2x\,dx$가 성립한다.

$$\int \frac{\sqrt{z}}{2}dz=\frac{\sqrt{z^3}}{3}+c=\frac{\sqrt{(1-x^2)^3}}{3}+c$$

(n) $z=x^2+x$에서 $\dfrac{dz}{dx}=2x+1$이 되므로

$$\int \sqrt{z}\,dz=\frac{2}{3}z^{\frac{3}{2}}+c=\frac{2}{3}(x^2+x)^{\frac{3}{2}}+c$$

(o) $z = x^2 + 2x + 3$에서 $dz = 2(x+1)\,dx$이므로

$$\int \frac{1}{2\sqrt{z}}\,dz = \sqrt{z} + c = \sqrt{x^2+2x+3} + c$$

(p) $u = 1 + x^2$이라 하면 $du = 2x\,dx$이므로

$$\begin{aligned}\int \frac{x}{(1+x^2)^2}\,dx &= \int (1+x^2)^{-2}\left(\frac{2}{2}\right)x\,dx \\ &= \frac{1}{2}\int (1+x^2)^{-2}2x\,dx \\ &= \frac{1}{2}\int u^{-2}\,du = \frac{1}{2}\frac{u^{-1}}{(-1)} \\ &= -\frac{1}{2}(1+x^2)^{-1}\end{aligned}$$

2. 부분적분법

부분적분법(integration by parts)은 $\int f(x)g'(x)\,dx$와 같은 형태의 부정적분은 구하기 힘들지만 $\int g(x)f'(x)\,dx$는 계산하기 쉬울 때 사용한다. 예를 들어 $\int x\,e^{2x}\,dx$와 같은 부정적분이 주어져 있을 때, x를 $f(x)$로 보고 e^{2x}는 $g'(x)$로 생각해 보기로 하자. $\int x\,e^{2x}\,dx$를 직접 구할 수는 없지만 $\int g(x)f'(x)\,dx$는 계산할 수 있다.

$$\int g(x)f'(x)\,dx = \int \frac{e^{2x}}{2}(1)\,dx = \frac{1}{2}\int e^{2x}\,dx$$

제7장에서

$$\frac{d\,[f(x)g(x)]}{dx} = f(x)g'(x) + g(x)f'(x)$$

인 점을 이용하면

$$\int f(x)g'(x)\,dx + \int g(x)f'(x)\,dx = f(x)g(x) + c$$

임을 알 수 있으므로 다음과 같은 공식이 성립함을 알 수 있다.

➡ 부분적분법 공식

$$\int f(x)g'(x)\,dx = f(x)g(x) - \int g(x)f'(x)\,dx + c$$

이제 다음 예제를 통해 이 공식을 활용해 보기로 하자.

예제 13.7

다음의 부정적분을 구하여라.

(a) $\int x\,e^{2x}\,dx$

(b) $\int \ln x\,dx$

(c) $\int x^2 e^{2x}\,dx$

(d) $\int x(x+1)^{\frac{1}{2}}\,dx$

(e) $\int \ln(x+4)\,dx$

(f) $\int (\ln x)^2\,dx$

풀이

(a) 우선 $f(x)=x$, $g'(x)=e^{2x}$라 하자. $f'(x)=1$이고 $g(x)=\dfrac{e^{2x}}{2}$임을 알 수 있으므로

$$\begin{aligned}\int xe^{2x}\,dx &= (x)\left(\frac{e^{2x}}{2}\right) - \int \frac{e^{2x}}{2}(1)\,dx \\ &= \frac{1}{2}xe^{2x} - \frac{1}{4}e^{2x} + c\end{aligned}$$

여기서 주의해야 할 점은 만약 $f(x)=e^{2x}$, $g'(x)=x$로 놓으면 문제는 점점 더 복잡해진다는 것이다. 이 경우 $f'(x)=2e^{2x}$, $g(x)=\dfrac{x^2}{2}$이므로

$$\int xe^{2x}dx = (e^{2x})\left(\frac{x^2}{2}\right) - \int \left(\frac{x^2}{2}\right)(2e^{2x})\,dx$$
$$= \frac{1}{2}e^{2x}x^2 - \int x^2 e^{2x}dx$$

가 되어 문제는 더욱 어려워지게 된다. 따라서 어느 함수를 $f(x)$로 놓을 것인가에 대해서는 상당한 주의를 요한다.

(b) 이 문제에서는 $\ln x$를 $(\ln x)(1)$이라 생각해 보기로 하자.

$f(x) = \ln x$, $g'(x) = 1$이라 놓으면 $f'(x) = \frac{1}{x}$, $g(x) = x$가 되어

$$\int \ln x\,dx = (\ln x)(x) - \int (x)\left(\frac{1}{x}\right)dx$$
$$= x\ln x - \int 1\,dx = x\ln x - x + c$$

(c) $f(x) = x^2$, $g'(x) = e^{2x}$라 한다면 $f'(x) = 2x$, $g(x) = \frac{e^{2x}}{2}$가 되므로

$$\int x^2 e^{2x}dx = \frac{1}{2}x^2e^{2x} - \int 2x\left(\frac{e^{2x}}{2}\right)dx$$
$$= \frac{1}{2}x^2e^{2x} - \int xe^{2x}dx$$

가 구해진다. $\int xe^{2x}dx$는 문제 (a)에서 이미 구해졌으므로 최종결과는 다음과 같다.

$$\int x^2e^{2x}dx = \frac{1}{2}x^2e^{2x} - \left(\frac{1}{2}xe^{2x} - \frac{1}{4}e^{2x}\right) + c$$
$$= \left(\frac{1}{2}x^2 - \frac{1}{2}x + \frac{1}{4}\right)e^{2x} + c$$

(d) $f(x) = x$, $g'(x) = (x+1)^{\frac{1}{2}}$이라 하면 $f'(x) = 1$, $g(x) = \frac{2}{3}(x+1)^{\frac{3}{2}}$이 되므로

$$\int x(x+1)^{\frac{1}{2}}dx = \frac{2}{3}(x+1)^{\frac{3}{2}}x - \int \frac{2}{3}(x+1)^{\frac{3}{2}}(1)\,dx$$
$$= \frac{2}{3}(x+1)^{\frac{3}{2}}x - \frac{4}{15}(x+1)^{\frac{5}{2}} + c$$

(e) $t = x + 4$라 한다면 $dt = dx$가 되므로

$$\int \ln(x+4)\,dx = \int \ln t\,dt$$

이제 $u = \ln t$, $d\nu = dt$로 놓으면 $du = \dfrac{dt}{t}$와 $\nu = t$가 성립한다.

$$\begin{aligned}\int \ln t\,dt &= t\ln t - \int (t)\left(\frac{1}{t}\right)dt \\ &= t\ln t - \int dt = t\ln t - t + c\end{aligned}$$

따라서

$$\int \ln(x+4)\,dx = (x+4)\ln(x+4) - (x+4) + c$$

(f) $u = (\ln x)^2$과 $d\nu = dx$로 놓으면 $du = \dfrac{2\ln x}{x}\,dx$, $\nu = x$가 성립한다.

$$\begin{aligned}\int (\ln x)^2\,dx &= x(\ln x)^2 - \int x \cdot \frac{2\ln x}{x}\,dx \\ &= x(\ln x)^2 - 2\int \ln x\,dx\end{aligned}$$

문제 (b)에서 $\int \ln x\,dx = x\ln x - x + c$인 것을 알 수 있으므로,

$$\begin{aligned}\int (\ln x)^2\,dx &= x(\ln x)^2 - 2(x\ln x - x) + c \\ &= x(\ln x)^2 - 2x\ln x + 2x + c\end{aligned}$$

제 3 절 정적분

1. 정적분의 개념

앞에서 살펴본 부정적분은 그 자체로 하나의 함수이기 때문에 특정값을 가지지 않는다. $\int f(x)\,dx = F(x) + c$의 관계식에서 x의 정의역(domain)에서 a와 $b\,(a < b)$를 선택하고 이 값을 $F(x) + c$에 대입하여 그 차이를 계산한다면

$$[F(b) + c] - [F(a) + c] = F(b) - F(a)$$

가 되어 상수 c가 없어지게 된다. 이와 같은 값을 정적분이라 하며 a를 적분하한(lower limit of integration), b를 적분상한(upper limit of integration)이라 한다. 이처럼 적분의 한계가 주어진 경우는 다음과 같이 표시한다.

$$\int_a^b f(x)dx = [F(x)]_a^b = F(x)\Big|_a^b = F(b) - F(a)$$

2. 정적분과 면적의 계산

정적분의 특성을 살펴보기에 앞서 정적분의 개념을 [그림 13-1]에서 색깔로 표시되어 있는 면적의 크기와 연결시켜 보기로 하자. $y = f(x)$라는 연속함수가 주어져 있을 때 [그림 13-1]에서와 같이 $x = a$, $x = b$, $y = f(x)$, $y = 0$으로 구성된 면적의 크기를 계산해 보기로 하자.

그림 13-1

$x=a,\ x=b,\ y=0,\ y=f(x)$로 구성된 면적의 도시

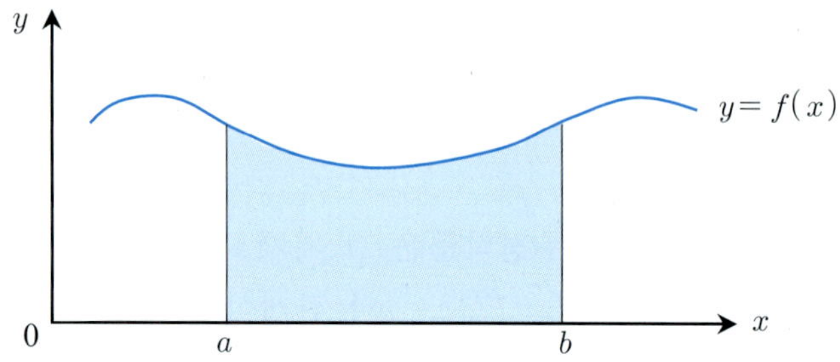

그림 13-2

정적분의 개념 도시

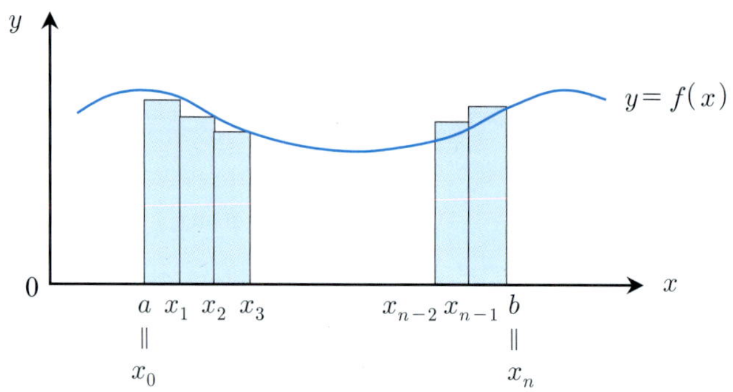

우선 폐구간 $[a,\ b]$를 n등분하고 구간의 분점을 차례로

$$a=x_0,\ x_1,\ x_2,\ \cdots,\ x_n=b$$

라 하자. 그 다음 [그림 13-2]에서와 같이 각 직사각형의 면적의 합을 S_n, 각 구간의 크기인 $\dfrac{b-a}{n}$를 Δx라 한다면

$$S_n = f(x_1)\Delta x + f(x_2)\Delta x + \cdots + f(x_n)\Delta x$$
$$= \sum_{i=1}^{n} f(x_i)\Delta x = \sum_{i=1}^{n} \frac{b-a}{n} f(x_i)$$

가 성립한다. 이처럼 근사적으로 구한 면적의 크기 S_n을 n차 Riemann합이라 부른다.

여기서 $n \to \infty$가 되면 S_n은 $y = f(x)$와 직선 $x = a$, $x = b$, $y = 0$으로 둘러싸인 도형의 면적 S에 가까워진다. 즉

$$\lim_{n\to\infty} S_n = \lim_{n\to\infty} \sum_{i=1}^{n} f(x_i)\Delta x = S$$

가 되며, 이 값이 바로 $\int_a^b f(x)\,dx$와 일치한다. $y = f(x)$가 [그림 13-3]과 같으면 $\int_a^b f(x)\,dx$는 0보다 작은 값을 취하게 되어 색깔 있는 부분의 면적은 $\int_a^b - f(x)\,dx$가 된다.

그림 13-3

$f(x)$가 0보다 작은 경우의 면적

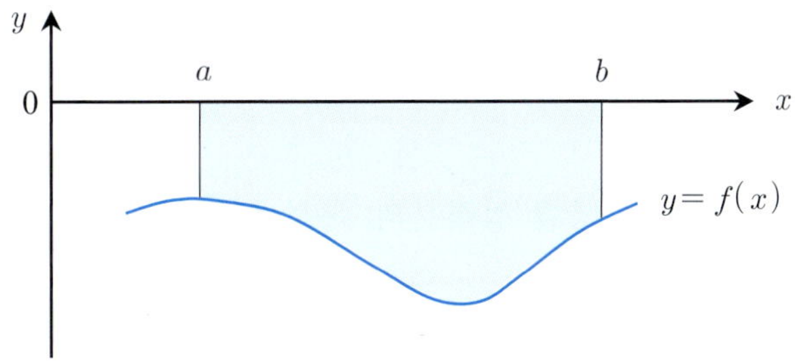

그림 13-4

두 그래프와 $x=a$, $x=b$로 구성된 면적

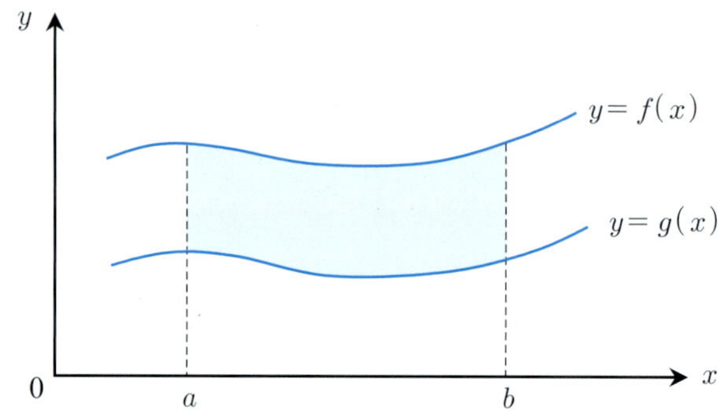

이번에는 [그림 13-4]에서와 같이 $x=a$, $x=b$ 그리고 서로 다른 두 개의 함수 f와 g의 그래프로 싸여진 면적의 크기를 계산해 보기로 하자. 이 그림에서 색깔 있는 부분의 면적의 크기는 $x=a$, $x=b$, $y=0$, $y=f(x)$로 구성된 면적의 크기에서 $x=a$, $x=b$, $y=0$, $y=g(x)$로 구성된 면적의 크기를 뺀 값이므로, 수식으로 나타내면 다음과 같다.

$$\int_a^b f(x)\,dx - \int_a^b g(x)\,dx$$

다음에 설명할 정적분의 특성에서 다시 소개가 되겠지만

$$\int_a^b f(x)\,dx - \int_a^b g(x)\,dx = \int_a^b [f(x) - g(x)]\,dx$$

가 바로 [그림 13-4]에서의 색깔 있는 부분의 면적이 된다. 만약 두 함수 f와 g의 그래프가 [그림 13-5]와 같다면 색깔 있는 부분의 면적은 어떻게 구해야 하는가?

그림 13-5

두 그래프와 $x=a$, $x=b$, $x=c$ 로 구성된 면적

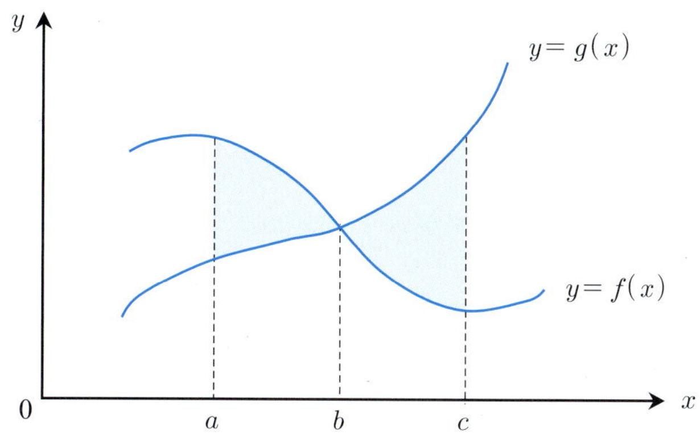

이 경우에는 폐구간 $[a, c]$를 $[a, b]$, $[b, c]$의 두 소구간으로 나누어 면적을 구하면 된다. 즉

$$\int_a^b [f(x) - g(x)]\,dx + \int_b^c [g(x) - f(x)]\,dx$$

가 바로 색깔 있는 부분의 면적이 된다.

3. 정적분의 특성

앞절에서 살펴본 부정적분공식과 정적분의 정의를 이용하면 다음과 같은 정리가 성립함을 쉽게 알 수 있다.

➡ 정적분공식

(a) $\int_b^a f(x)\,dx = -\int_a^b f(x)\,dx$

(b) $\int_a^a f(x)\,dx = 0$

(c) $\int_a^d f(x)\,dx = \int_a^b f(x)\,dx + \int_b^c f(x)\,dx + \int_c^d f(x)\,dx$

(d) $\int_a^b -f(x)\,dx = -\int_a^b f(x)\,dx$

(e) $\int_a^b kf(x)\,dx = k\int_a^b f(x)\,dx$ (단, k는 실수)

(f) $\int_a^b [f(x)+g(x)]\,dx = \int_a^b f(x)\,dx + \int_a^b g(x)\,dx$

(g) $\int_a^b f(x)g'(x)\,dx = f(x)g(x)\Big|_a^b - \int_a^b f'(x)g(x)\,dx$

예제 13.8

다음을 계산하여라.

(a) $\int_0^1 x^2(x^3+1)^{20}\,dx$

(b) $\int_0^1 x^2 e^{2x}\,dx$

(c) $\int_0^1 (e^x+e^{-x})^2\,dx$

(d) $\int_0^3 |x-\sqrt{x}|\,dx$

(e) $\int_{-1}^1 |3^x-2^x|\,dx$

(f) $\int_1^4 \frac{1}{\sqrt{x}}e^{\sqrt{x}}\,dx$

풀이

(a) 우선 $u=x^3+1$이라 놓으면 $du=3x^2dx$가 되므로, 이를 이용하면

$$\int_0^1 x^2(x^3+1)^{20}\,dx = \int_0^1 \left(\frac{1}{3}\frac{du}{dx}\right)u^{20}\,dx$$

$$= \int_1^2 \frac{1}{3}u^{20}\,du = \frac{1}{3}\frac{u^{21}}{21}\Bigg|_1^2 = \frac{(2)^{21}-1}{63}$$

이 된다. (여기서 $x=0$일 때 $u=1$, $x=1$일 때 $u=2$이다)

(b) 우선 $f(x)=x^2$, $g'(x)=e^{2x}$라 하면, $f'(x)=2x$이고 $g(x)=\dfrac{e^{2x}}{2}$임을 알 수 있으므로

$$\begin{aligned}\int_0^1 x^2 e^{2x}\,dx &= x^2\frac{e^{2x}}{2}\bigg|_0^1-\int_0^1(2x)\left(\frac{e^{2x}}{2}\right)dx\\ &=\frac{e^2}{2}-\int_0^1 x\,e^{2x}\,dx\end{aligned}$$

가 된다. 이번에는 $f(x)=x$, $g'(x)=e^{2x}$로 놓으면 $f'(x)=1$, $g(x)=\dfrac{e^{2x}}{2}$에서

$$\begin{aligned}\int x\,e^{2x}\,dx &= (x)\left(\frac{e^{2x}}{2}\right)-\int\frac{e^{2x}}{2}(1)\,dx\\ &=\frac{1}{2}x\,e^{2x}-\frac{1}{4}e^{2x}+c\end{aligned}$$

가 됨을 알 수 있다. 따라서

$$\begin{aligned}\int_0^1 x^2e^{2x}\,dx &= \frac{e^2}{2}-\int_0^1 x\,e^{2x}\,dx\\ &=\frac{e^2}{2}-\frac{1}{2}xe^{2x}\bigg|_0^1+\frac{1}{4}e^{2x}\bigg|_0^1\\ &=\frac{e^2}{2}-\frac{e^2}{2}+\frac{e^2}{4}-\frac{1}{4}=\frac{e^2}{4}-\frac{1}{4}\end{aligned}$$

(c) $\displaystyle\int_0^1(e^{2x}+2+e^{-2x})\,dx=\left[\frac{1}{2}e^{2x}+2x-\frac{1}{2}e^{-2x}\right]_0^1=\frac{1}{2}e^2+2-\frac{1}{2}e^{-2}$

(d) $\displaystyle\int_0^1\{-(x-\sqrt{x})\}\,dx+\int_1^3(x-\sqrt{x})\,dx$

$$=\left[-\frac{1}{2}x^2+\frac{2}{3}x^{\frac{3}{2}}\right]_0^1+\left[\frac{1}{2}x^2-\frac{2}{3}x^{\frac{3}{2}}\right]_1^3=\frac{29}{6}-2\sqrt{3}$$

(e) $\displaystyle\int_{-1}^0(-3^x+2^x)\,dx+\int_0^1(3^x-2^x)\,dx$

$$=\left[-\frac{3^x}{\ln3}+\frac{2^x}{\ln2}\right]_{-1}^0+\left[\frac{3^x}{\ln3}-\frac{2^x}{\ln2}\right]_0^1=\frac{4}{3\ln3}-\frac{1}{2\ln2}$$

(f) $\sqrt{x}=t$라 하면 $\dfrac{1}{2\sqrt{x}}\,dx=dt$ 이므로

$$\int_1^2 e^t\,2\,dt=\left[2e^t\right]_1^2=2(e^2-e)$$

예제 13.9

한국정공은 새로운 첨단자동화설비의 구입을 고려하고 있다. 이 자동화설비로 인한 매출액의 증가율은 $R'(t) = 625 + \frac{2,500}{t+1}$으로 추정되며, 설비유지 및 보수비용의 증가율은 $M'(t) = 700 + 100t$로 추정되고 있다. 여기서 t의 단위는 年이다. 이 회사는 보수·유지비용이 매출액의 80%를 초과하게 되면 설비를 처분할 계획을 수립하고 있다.

(a) 설비의 구입비용을 고려하지 않는다면 언제 설비를 처분해야 하는가?

(b) 설비를 처분할 때까지의 순이익을 구하여라.

풀이

(a) 설비의 처분시점은 $M'(t) = 0.8R'(t)$를 만족할 때이므로

$$700 + 100t = 0.8\left(625 + \frac{2,500}{t+1}\right)$$

에서 $t^* = 3$년이 된다.

(b) 3년도 말까지의 순이익은 다음과 같다.

$$\begin{aligned}\int_0^3 [R'(t) - M'(t)]dt &= \int_0^3 \left[\frac{2,500}{t+1} - 75 - 100t\right] dt \\ &= \left[2,500\ln(t+1) - 75t - 50t^2\right]_0^3 \\ &= (2,500)\ln 4 - (75)(3) - (50)(9) \\ &= 2,791\end{aligned}$$

예제 13.10

(주)디지털게임이 생산·판매하는 게임기의 한계생산비용함수와 한계수입함수가 다음과 같이 추정된다. (단위 : 만원)

$$MC(q) = 30q\sqrt{q^2 + 400}$$

$$MR(q) = 6q(q^2 + 400)^{\frac{3}{4}}$$

$q = 0$일 때의 고정비용이 100,000만원이라 할 때, 이익을 극대화하는 생산량수준과 이에 대응하는 총생산비용을 구하여라.

풀이

$MC = MR$에서 $30q\sqrt{q^2+400} = 6q(q^2+400)^{\frac{3}{4}}$이 되므로 이를 정리하면 $q^* = 15$가 도출된다. 총생산비용 $TC(q)$를 구해보면 다음과 같다.

$$\begin{aligned} TC(q) &= \int 30q\sqrt{q^2+400}\,dq \\ &= \int 30q(q^2+400)^{\frac{1}{2}}dq \\ &= 15\int 2q(q^2+400)^{\frac{1}{2}}dq \\ &= 10(q^2+400)^{\frac{3}{2}} + c \end{aligned}$$

$TC(0) = 100{,}000$이므로 $c = 20{,}000$이 도출된다. 따라서

$$TC(15) = 10\left(15^2+400\right)^{\frac{3}{2}} + 20{,}000 = 176{,}250$$

제4절 이상적분

제14장에서 간략히 다루겠지만 경우에 따라서는 정적분 $\int_a^b f(x)\,dx$의 적분상한인 b값이나 적분하한인 a값이 $+\infty$ 또는 $-\infty$값을 취할 수도 있다. 예를 들어 $x \geq 1$을 정의역으로 두었을 때 곡선 $y = \frac{1}{x^2}$의 아래 면적의 넓이를 구해야 하는 상황을 가정해 보자. 적분구간으로 정의된 공간이 무한영역이라 곡선으로 형성된 면적의 넓이가 무한일 것이라 생각할 수 있다. 하지만 이 같은 경우 함수의 극한값에 따라 정적분값으로 나오는 면적의 넓이가 수렴할 수도 있고 발산할 수도 있다. 따라서 이 같은 경우에는 $b = \infty$ 또는 $a = -\infty$라고 간주하기보다는 $b \to \infty$, $a \to -\infty$로 생각하여 $\int_a^b f(x)\,dx$를 계산한 다음 극한값을 구하면 된다. 다시 말해

$$\int_a^{\infty} f(x)\,dx \equiv \lim_{b\to\infty}\int_a^b f(x)\,dx$$

$$\int_{-\infty}^{b} f(x)\,dx \equiv \lim_{a\to-\infty}\int_a^b f(x)\,dx$$

$$\int_{-\infty}^{\infty} f(x)\,dx \equiv \lim_{\substack{a\to-\infty \\ b\to+\infty}}\int_a^b f(x)\,dx$$

로 생각해야 한다. 이와 같이 정적분의 적분상한이나 적분하한이 ∞ 또는 $-\infty$인 것을 이상적분(improper integral)이라 한다.

예제 13.11

다음의 이상적분을 계산하여라.

(a) $\int_4^{\infty} x^{-\frac{1}{2}}\,dx$ (b) $\int_{-\infty}^{0} e^x\,dx$ (c) $\int_1^{\infty} \frac{1}{x^2}\,dx$

풀이

(a) $\int_4^{\infty} x^{-\frac{1}{2}}\,dx = \lim_{t\to\infty}\int_4^t x^{-\frac{1}{2}}\,dx = \lim_{t\to\infty}[2t^{\frac{1}{2}}]-4$

따라서 $\int_4^{\infty} x^{-\frac{1}{2}}\,dx$의 값은 존재하지 않는다.

(b) $\int_{-\infty}^{0} e^x\,dx = \lim_{t\to-\infty}\int_t^0 e^x\,dx = \lim_{t\to-\infty}(1-e^t) = 1$

(c) $\int_1^{\infty} \frac{1}{x^2}\,dx = \lim_{t\to\infty}\int_1^t \frac{1}{x^2}\,dx = \lim_{t\to-\infty}(1-\frac{1}{t}) = 1$

예제 13.12

$f(x)$가 다음과 같이 정의될 때 $\int_{-\infty}^{\infty} f(x)\,dx$를 구하여라.

$$f(x)=\begin{cases} 4x^{-3} & (x \geq 2\text{일 때}) \\ 0 & (x < 2\text{일 때}) \end{cases}$$

풀이

$$\begin{aligned}\int_{-\infty}^{\infty} f(x)\,dx &= \lim_{t\to\infty}\int_{2}^{t} 4x^{-3}\,dx + \lim_{t\to-\infty}\int_{t}^{2} 0\,dx \\ &= \lim_{t\to\infty}\left[\frac{1}{2} - 2t^{-2}\right] + 0 = \frac{1}{2}\end{aligned}$$

CHAPTER 13

연습문제

1. 다음에 주어진 부정적분을 계산하여라.

(a) $\int x^3 dx$

(b) $\int e^{-3y} dy$

(c) $\int 3^x dx$

(d) $\int \frac{2}{u^7} du$

(e) $\int 2e^{-x} dx$

(f) $\int (3p^2 - p + 1) dp$

(g) $\int \left(2\sqrt{t} - \frac{2}{\sqrt{t}}\right) dx$

(h) $\int (x^{\frac{2}{5}} + 8x^{-\frac{9}{5}}) dx$

(i) $\int \left(12x^5 - 2x^3 - x + \frac{1}{x}\right) dx$

(j) $\int \frac{x^4 - 2x^2 + 3}{x} dx$

2. $f''(x) = x^2 - 10x + 1$, $f'(3) = -23$, $f(0) = -2$일 때 $f(x)$를 구하여라.

3. 어느 기업의 한계생산비용이 $C'(Q) = \frac{1}{50}Q^2 - 2Q + 107$로 주어져 있으며 $Q = 0$일 때의 생산비용이 2,000만원이라 한다.

(a) 총생산비용을 구하여라.

(b) 31번째 제품을 생산하는 데 소요되는 실제 비용을 계산하고, 이 값과 $C'(30)$을 비교하여라.

4. 어느 기업의 한계수입함수 $R'(Q)$와 한계비용함수 $C'(Q)$가 다음과 같이 주어져 있다.

$$R'(Q) = 150 - Q$$

$$C'(Q) = \frac{1}{10}Q^2 - 4Q + 110$$

30개를 생산할 때 소요되는 총생산비용이 3,000만원이라 가정하고 다음 물음에 답하여라.

(a) $Q = 0$일 때의 생산비용(즉 고정비용)을 구하여라.

(b) 이 기업의 이윤을 Q의 함수로 나타내어라.

(c) 이윤을 최대화할 수 있는 생산량수준 Q^*를 구하여라.

5. 다음의 부정적분을 치환적분법을 이용하여 계산하여라.

(a) $\int x(x^2-4)^8\,dx$

(b) $\int 12x^3(x^4+1)^5\,dx$

(c) $\int (t^3-t)^{-\frac{1}{8}}(6t^2-2)\,dt$

(d) $\int (6-y)^{-\frac{2}{3}}\,dy$

(e) $\int \frac{2}{3-4w}\,dw$

(f) $\int \frac{\ln x}{x}\,dx$

(g) $\int \frac{1}{x\ln 2x}\,dx$

(h) $\int \frac{e^{\sqrt{x}}}{\sqrt{x}}\,dx$

(i) $\int \frac{e^x}{(4+e^x)^5}\,dx$

(j) $\int \frac{e^x-e^{-x}}{e^x+e^{-x}}\,dx$

(k) $\int 2x^2(5+x)^{\frac{3}{2}}\,dx$

(l) $\int (x^2+1)\sqrt{x-2}\,dx$

(m) $\int \frac{p-1}{\sqrt{2p-4}}\,dp$

(n) $\int x\sqrt{1-x^2}\,dx$

(o) $\int \frac{1}{\sqrt{x-1}}\,dx$

(p) $\int x^3(2x^4+5)^5\,dx$

(q) $\int \frac{e^{-x}}{e^{-x}+3}\,dx$

(r) $\int \frac{e^x}{(e^x+2)^2}\,dx$

6. 다음의 부정적분을 부분적분법을 이용하여 구하여라.

(a) $\int x\,e^{x^2}\,dx$

(b) $\int x\sqrt{x+1}\,dx$

(c) $\int x\,e^{3x}\,dx$

(d) $\int (6x+1)e^{3x}\,dx$

(e) $\int x^3\ln x\,dx$

(f) $\int (u-2)^2\ln u\,du$

(g) $\int 2x^3(\ln x)^2\,dx$

(h) $\int x\,e^{2x+1}\,dx$

(i) $\int x^2 e^{2x+1}\,dx$

(j) $\int \frac{\ln x}{\sqrt{x}}\,dx$

7. 함수 f가 다음과 같이 정의될 때 $x=0,\ x=3,\ y=0$과 함수 f의 그래프로 둘러싸인 면적을 구하여라.

$$f(x)=\begin{cases} x^2 & (x\leq 1) \\ x & (x>1) \end{cases}$$

8. 다음 정적분을 계산하여라.

(a) $\displaystyle\int_1^5\left(\frac{2}{u}+\frac{u}{2}\right)du$　　(b) $\displaystyle\int_8^{27}4x^{\frac{1}{3}}dx$

(c) $\displaystyle\int_2^8 3e^{\frac{x}{2}}dx$　　(d) $\displaystyle\int_0^1(e^x+e^{-x})dx$

9. 다음 정적분을 구하여라(치환적분법을 이용하여 부정적분부터 구하여라).

(a) $\displaystyle\int_2^6 x\sqrt{2x^2-8}\,dx$　　(b) $\displaystyle\int_1^2\frac{x^2}{(9-x^3)^{\frac{1}{3}}}dx$

(c) $\displaystyle\int_1^3\frac{\ln x}{x}dx$　　(d) $\displaystyle\int_1^5\frac{3}{(2x-1)^{\frac{3}{2}}}dx$

10. 다음 정적분을 구하여라(부분적분법을 이용하여 부정적분을 구하여라).

(a) $\displaystyle\int_0^2 xe^{-2x}dx$　　(b) $\displaystyle\int_1^4\sqrt{x}\ln x\,dx$

(c) $\displaystyle\int_0^2 e^x x^2 dx$　　(d) $\displaystyle\int_0^1 6x\,e^{x^2}dx$

11. 어느 기업의 한계생산비용이 $C'(Q)=50+\dfrac{630}{Q^2}$으로 추정될 때, 30개를 생산한 직후 5개를 추가생산할 때 소요되는 비용을 구하여라.

12. 2016년을 기점으로 하여 제3세계에 속하는 국가들이 t년 후에(2016+t) 감행할 연간 투자액의 추정치가 $I(t)=200+50t$ (단위 : 억 달러)로 주어져 있을 때 2031년에서 2036년까지 이들 국가들이 투자할 금액을 구하여라.

13. 첨단 정수기를 생산 · 판매하는 한국통상은 한계비용이 $C'(Q) = \frac{1}{5}Q^2 - 10Q + 135$인 것으로 분석하였다. 한국통상이 이 제품을 55만원에 팔 수 있다고 가정하고 다음 물음에 답하여라.

(a) 한계수입함수와 한계생산비용함수를 그래프로 나타내어라.

(b) 이익을 최대화할 수 있는 생산량수준을 구하여라.

14. 강원도에서 고령토 광업권을 획득한 한국광업은 수익의 증가율이 $R'(t) = \frac{100}{\sqrt{t+2}}$(단위 : 백만원)으로 나타날 것으로 분석하고 있다. 연간 조업비용이 20백만원으로 추정된다고 가정하고 앞으로 34년간 조업할 때 기대되는 순이익을 계산하여라.

15. (주)포에버가 새로 개발한 전기자동차의 월간 판매액(단위 : 억원)이 다음 함수와 같을 것으로 추정하고 있다.

$$S'(t) = 4e^{-0.08t},\ 0 \le t \le 24$$

여기서 t는 전기자동차의 출시 후의 시점으로 단위는 월이다. 단 $t=0$일 때, 판매는 0으로 가정한다.

(a) t개월 후의 자동차 총판매액은 얼마가 될 것인가?

(b) 12개월 후의 판매액을 계산하여라.

(c) 누적판매액이 40억원이 되려면 어느 정도의 시간이 소요되는가?

16. 태평양의 어느 소왕국의 인구가 116,000명이지만, 매년 1.07%의 비율로 증가할 것으로 예상하고 있다. 현재의 증가율이 유지될 때 인구가 2배가 되는 데 어느 정도의 시간이 걸릴 것인가?

17. 매년 D년씩 향후 y년간 계속적으로 수익이 발생한다고 가정해 보자.

(a) 할인율이 r이라 할 때 y년간의 수익의 현가를 구하여라.

(b) $D = 1,000$, $r = 0.10$, $y = 10$일 때의 현가를 구하여라.

18. 곰인형을 생산하는 (주)글로벌은 노동력 투입으로 인한 한계생산량을 $MP = 8L - L^2 + 20$으로 보고 있다.

(a) 아무도 없는 상태에서 3명을 신규로 고용한다면 생산량은 어느 정도가 될 것인가?

(b) 얼마나 많은 직원을 투입해야 생산량을 극대화할 수 있는가?

19. (주)글로벌머신이 이번에 새롭게 도입한 전자부품 생산설비는 기술자의 역량에 따라 생산성이 달라진다. 이 설비를 처음 다루는 기술자는 시간당 25개 정도 가공할 수 있다고 하며, 시간(t)이 흘러감에 따라 $N'(t) = 7e^{-0.1t}$의 비율로 생산량이 증가한다고 한다. t기 후에는 몇 개 정도의 부품을 가공할 수 있겠는가?

20. (주)글로벌전자는 주력제품인 슈퍼컴퓨터의 한계생산비용함수와 한계수입함수를 다음과 같이 추정하고 있다.

$$MC(q) = 15q\sqrt{q^2 + 225} \quad \text{(단위 : 만원)}$$

$$MR(q) = 3q(q^2 + 225)^{\frac{3}{4}} \quad \text{(단위 : 만원)}$$

여기서 q는 생산대수이며, $q = 0$일 때의 고정비용은 20,000만원으로 알려져 있다. 이익을 극대화하는 생산량 규모를 계산하고, 이때 발생하는 총비용을 구하여라.

21. 서해안 인근의 섬에서 온천수가 발견되었다. 현재 온천수량을 $x(0) = K$로 정의하고 $x(t)$를 t기에 남아 있는 온천수량으로 정의하기로 하자. 온천수 사용량을 $\mu(t) = \overline{\mu}e^{-at}$로 가정한다면 $x(t)$는 어떻게 정의되는가? 또한 어떤 조건하에서 이 온천수는 절대 고갈되지 않을 것인가?

22. 다음과 같이 주어진 이상적분을 계산하여라.

(a) $\displaystyle\int_1^{\infty} \frac{1}{x^4}\,dx$

(b) $\displaystyle\int_{-\infty}^{-2} \frac{1}{x^2}\,dx$

(c) $\displaystyle\int_0^{\infty} e^{-\frac{x}{2}}\,dx$

(d) $\displaystyle\int_2^{\infty} \frac{1}{x(\ln x)^2}\,dx$

(e) $\displaystyle\int_{-\infty}^{\infty} f(x)\,dx$, 여기서 $f(x) = \begin{cases} x^{-\frac{4}{3}} & (x \geq 8) \\ 0 & (x < 8) \end{cases}$

(f) $\displaystyle\int_{-\infty}^{\infty} f(x)\,dx$, 여기서 $f(x) = \begin{cases} x^3 - 2x & (2 \leq x \leq 4) \\ 0 & (x > 4,\ x < 2) \end{cases}$

CHAPTER

14 적분의 응용

본서의 마지막 부분인 본장에서는 적분의 개념을 응용하여 경영 · 경제분야에서 많이 다루어지는 **함수의 평균치, 소비자잉여, 현가문제** 등에 대해 살펴본 뒤, 통계학의 기초를 이루는 **확률변수와 확률밀도함수**의 개념, 그리고 몇 가지 **확률분포의 평균과 분산**을 계산하는 방법을 소개하고자 한다.

제 1 절 Riemann 합과 정적분

제13장에서 정적분의 개념을 소개하면서 함수 f와 $x=a$, $x=b$, $y=0$으로 둘러싸인 면적은 n차 Riemann 합(Riemann sum)을 이용하여 근사적으로 계산할 수 있다는 것을 설명한 바 있다.

본절에서는 이와 같은 논리를 연속함수의 평균, 소비자잉여, 현가의 계산 등에 관한 문제에 적용해 보고자 한다.

1. 연속함수의 평균

n개의 관측치 x_1, x_2, $\cdots$, x_n이 주어져 있을 때 이들의 평균(산술평균) $\bar{x}$는

$$\bar{x}=\frac{1}{n}(x_1+x_2+\cdots+x_n)$$

으로 정의된다. 만약 연속함수인 f가 폐구간 $[a, b]$에서 정의될 때 f의 평균값은 얼마가 될 것인가? 구간 $[a, b]$에 포함된 x값이 무수히 많으므로 이들 각각의 함숫값인 $f(x)$를 구해 평균을 구할 수는 없다.

그러나 적분의 정의에서와 같이 구간 $[a, b]$를 크기가 같은 n개의 소구간으로 나누고, 이들 각 소구간을 대표하는 x값을 선택함으로써 평균의 근사치를 구할 수 있다. x_i를 i번째 소구간의 오른쪽 끝점이라 한다면, 평균의 근사치는 다음과 같아진다.

$$\begin{aligned}&\frac{1}{n}[f(x_1)+f(x_2)+\cdots+f(x_n)]\\&\qquad=\left(\frac{1}{b-a}\right)\left(\frac{b-a}{1}\right)\frac{1}{n}[f(x_1)+f(x_2)+\cdots+f(x_n)]\end{aligned}$$

$$= \left(\frac{1}{b-a}\right)\left(\frac{b-a}{n}\right)[f(x_1)+f(x_2)+\cdots+f(x_n)]$$
$$= \frac{1}{b-a}S_n$$

여기서 S_n은 [그림 14-1]에서와 같이 $x=a$, $x=b$, $y=0$ 그리고 $f(x)$로 둘러싸인 면적합의 근사치라 할 수 있다. 따라서 n이 무한대로 접근하게 되면 위에서 구한 평균의 근사치는 곧 f의 평균값에 접근하게 된다.

그림 14-1

$f(x)$의 평균값 계산

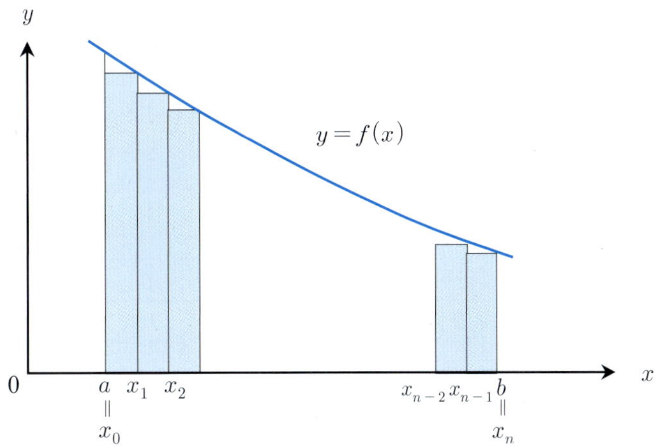

정의

구간 $[a, b]$상에 정의된 함수 f의 평균값은 다음과 같이 정의된다.

$$\frac{1}{b-a}\int_a^b f(x)\,dx$$

예제 14.1

$f(x) = x^2$이 구간 [0, 2]에서만 정의될 때 $f(x)$의 평균값을 구하여라.

풀이

$$\text{평균} = \frac{1}{2}\int_0^2 x^2\,dx = \left(\frac{1}{2}\right)\left(\frac{8}{3}\right) = \frac{4}{3}$$

2. 소비자잉여와 생산자잉여

제품에 따라서 소비자는 현재의 시장가격보다 높은 가격을 지불하더라도 구입할 용의가 있는 경우가 많다. 소비자집단이 지불할 용의가 있는 가격과 실제 그들이 지불하는 가격의 차이를 소비자잉여(consumer's surplus)라 한다.

예를 들어 시장가격이 5,000원이고 소비자의 수요함수 $Q = D(p)$가 다음과 같이 주어져 있다고 생각해 보자.

가격(단위 : 천원)	5	6	7	8	9
수요량	14	10	5	2	0

현재의 시장가격을 5라 할 때 $D(5) = 14$이므로 실제총구입비용은 $14 \times 5 = 70$이 된다. 여기서 $H(p)$를 가격이 p일 때에는 팔리나, 가격이 p보다 높을 때에는 팔리지 않는 제품의 수량이라 정의해 보자. 예를 들어 가격 $p = 7$일 때 총수요량은 5이나 이 중에서 2단위는 $p = 8$이더라도 팔릴 수 있으므로 $H(7) = 5 - 2 = 3$이 된다. 마찬가지로 $H(6) = 10 - 5 = 5$가 된다. 따라서 소비자가 지불할 용의가 있었던 제품의 최대총구입비용은

$$\sum_{p=5}^{8} pH(p) = 5(14 - 10) + 6(10 - 5) + 7(5 - 2) + 8(2 - 0) = 87$$

그림 14-2

소비자잉여의 근삿값

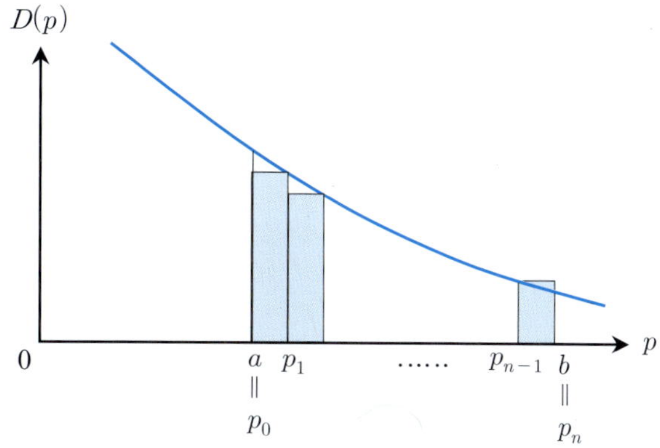

이 되나, 실제 70만큼만을 지불하게 되므로 소비자잉여는 87−70=17이 된다.

만약 가격과 수요량 간의 관계가 이와 같이 불연속적으로 변하지 않고 $D(p)$가 연속함수라면 소비자잉여는 어떻게 구해야 하는가? [그림 14-2]에서 알 수 있듯이 $p=a$를 현재시장가격이라 하고, $p=b$를 수요가 0일 때의 가격으로 설정한다면 구간 $[a, b]$를 크기가 같은 n개의 소구간으로 나누어 소비자잉여의 근사치를 구할 수 있다. 각 소구간의 왼쪽 끝점을 $p_0, p_1, \cdots, p_{n-1}$로 정의한다면 소비자잉여는 다음의 근사식을 이용하여 구할 수 있다.

$$\sum_{i=1}^{n} p_{i-1}[D(p_{i-1})-D(p_i)]-p_0 D(p_0)$$

한편 n번째 소구간의 오른쪽 끝점은 p_n으로 이때의 수요는 $D(p_n)=D(b)=0$으로 정의되어 있으므로

$$\sum_{i=1}^{n} p_{i-1} D(p_{i-1})=\sum_{i=0}^{n-1} p_i D(p_i)+p_n D(p_n)=\sum_{i=0}^{n} p_i D(p_i)$$

가 되며, $p_0 D(p_0)=aD(a)$, $p_i-p_{i-1}=\dfrac{b-a}{n}$인 점을 이용하면 소비자잉여는 다음

과 같이 계산된다.

$$\begin{aligned}&\sum_{i=1}^{n} p_{i-1}[D(p_{i-1})-D(p_i)]-p_0 D(p_0)\\&=\sum_{i=0}^{n} p_i D(p_i)-\sum_{i=1}^{n} p_{i-1} D(p_i)-p_0 D(p_0)\\&=\sum_{i=1}^{n} p_i D(p_i)+p_0 D(p_0)-\sum_{i=1}^{n} p_{i-1} D(p_i)-p_0 D(p_0)\\&=\sum_{i=1}^{n}[p_i-p_{i-1}]D(p_i)=\frac{b-a}{n}\sum_{i=1}^{n} D(p_i)\end{aligned}$$

따라서 n이 무한대로 접근한다면 다음 결과가 성립한다.

$$\lim_{n\to\infty}\frac{b-a}{n}\sum_{i=1}^{n} D(p_i)=\int_a^b D(p)\,dp$$

예제 14.2

수요함수가 $D(p)=50-2p$로 주어져 있다.

(a) $p=20$일 때 소비자잉여를 구하여라.

(b) $p=15$일 때 소비자잉여를 구하여라.

(c) 가격이 20에서 15로 하락했을 때 소비자잉여는 얼마나 증가했는가?

풀이

(a) 수요가 0일 때의 가격을 구해보면 $50-2p=0$에서 $p=25$임을 알 수 있다. 따라서 소비자잉여는 다음과 같이 구할 수 있다.

$$\int_{20}^{25}(50-2p)dp=(50p-p^2)\Big|_{20}^{25}=25$$

(b) $\int_{15}^{25}(50-2p)dp=(50p-p^2)\Big|_{15}^{25}=100$

(c) 앞에서 구한 결과를 이용하면 100−25=75임을 쉽게 알 수 있지만, 선행결과가 없더라도 [그림 14-3]에서와 같이

$$\int_{\text{하락한 가격}}^{\text{원래 가격}} D(p)\,dp = \int_{15}^{20} (50-2p)\,dp = 75$$

가 됨을 알 수 있다.

그림 14-3

소비자잉여의 변화량

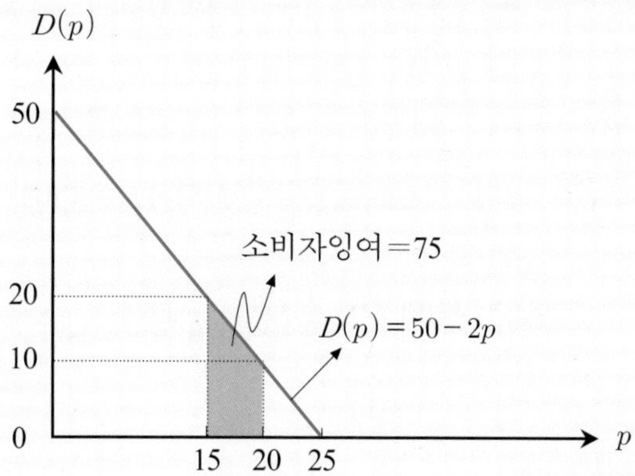

예제 14.3

수요함수가 $D(p)=36-\frac{1}{4}p^2$, 공급함수가 $S(p)=5p-20$일 때 소비자잉여를 구하여라.

풀이

우선 수요와 공급이 일치할 때의 균형가격 p^*를 구해보면

$$D(p)=36-\frac{1}{4}p^2=5p-20=S(p)$$

에서 $p^*=8$이 됨을 알 수 있다. 또한 $D(p)=36-\frac{1}{4}p^2=0$을 이용하면 $p=12$가 될 때 수요가 0이 됨을

알 수 있다. 따라서 소비자잉여는 아래와 같이 구할 수 있다.

$$\int_{8}^{12}\left(36-\frac{1}{4}p^2\right)dp=\left(36p-\frac{p^3}{12}\right)\Bigg|_{8}^{12}=42.67$$

소비자잉여의 도출과정에서 주의해야 할 점은 수요함수가 $p=f(D)$의 형태로 주어져 있으면 계산방식이 다소 달라진다는 것이다. 예를 들어 수요함수가 $p=100-D-\frac{1}{2}D^2$으로 주어져 있으며, 수요와 공급이 일치할 때의 균형가격이 40이라 한다면, 소비자잉여는 [그림 14-4]에서의 색깔 있는 부분에 해당한다. 따라서 이 경우 소비자잉여는 다음과 같이 구할 수 있다.

$$\int_{0}^{10}(100-D-\frac{1}{2}D^2)\,dD-(40)(10)$$

$$=(100D-\frac{1}{2}D^2-\frac{1}{6}D^3)\Bigg|_{0}^{10}-(40)(10)=383.3$$

그림 14-4

수요량 D가 x축에 위치한 경우

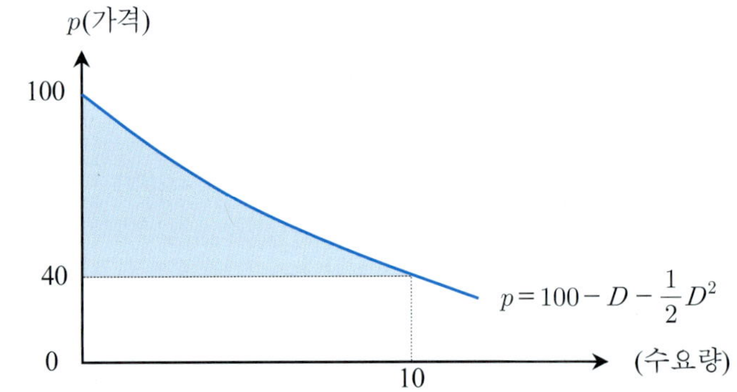

예제 14.4

국내외에 첨단디지털콘텐츠 송신설비를 판매하는 (주)글로벌은 수요함수를 $p = 60 - 2q^2$(여기서 q는 1주일간 생산량을 의미함)으로 추정하고 있다. 거의 독점시장을 장악하고 있는 (주)글로벌은 국내 수요업체에는 42억원에 판매하고 있지만, 외국의 대형 통신업체에는 10억원에 판매하고 있다. 국내기업들이 과다한 제품가격을 지불함으로써 손해 보는 잉여분은 얼마인가?

풀이

국내기업의 경우 $p = 42$이므로 $60 - 2q^2 = 42$에서 $q = 3$이 도출된다. 이 경우 소비자잉여를 계산해 보면,

$$\int_0^3 (60 - 2q^2)\, dq - (42)(3) = 60q - \frac{2}{3}q^3 \Big|_0^3 - 126$$
$$= (60)(3) - \frac{54}{3} - 126 = 36$$

국외기업의 경우, $p = 10$에서 $60 - 2q^2 = 10$을 이용하면 $q = 5$이다. 국외기업의 소비자잉여는 수요함수의 적분값에서 지불원가를 뺀 값이다.

$$\int_0^5 (60 - 2q^2)\, dq - (10)(5) = 60q - \frac{2}{3}q^3 \Big|_0^5 - 50$$
$$= \frac{500}{3} \approx 166.67$$

만약 같은 가격을 지불할 수 있었다면 구매량도 늘어났을 것이고($q = 3$에서 $q = 5$로 증가), 결과적으로 소비자잉여는 166.67−36=130.67만큼 증가했을 것이다.

소비자잉여의 개념과 계산과정이 이해된다면 소비자에 대응하는 생산자 입장에서의 잉여, 즉 생산자잉여(producer's surplus)도 쉽게 계산할 수 있다. 생산자잉여는 그들이 실제 생산 또는 판매해서 얻는 순이익으로서 실제 받은 금액과 생산(또는 판매)에 들어간 비용의 차이이다. 예를 들어 [그림 14-5]에서와 같이 한계비용함수가 주어져 있다고 생각해 보자. 총생산량 또는 판매량이 q^*라면 총비용은 $\int_0^{q^*} MC(q)\, dq$이며, 시장에서의 판매가격이 p^*라면 생산자잉여는 다음과 같이 정의된다.

그림 14-5

생산자잉여의 개념

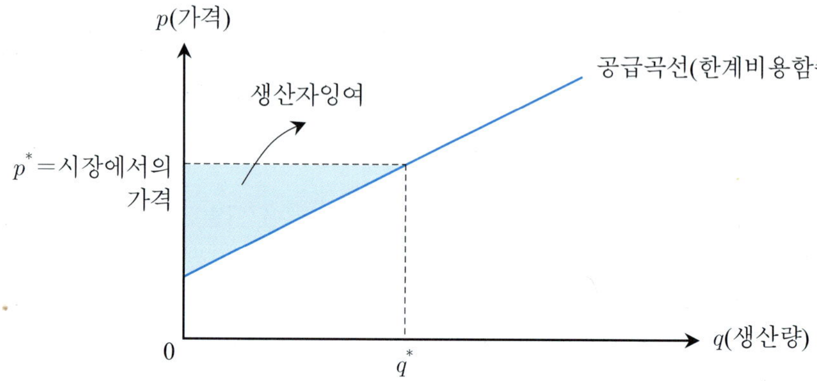

$$생산자잉여 = p^* q^* - \int_0^{q^*} MC(q)\, dq$$

참고로 개별기업의 한계비용함수를 합한 것이 공급함수이다.

생산자잉여의 경우도 공급함수가 $q(p) = p$의 형태로 주어져 있다면 계산방식이 다소 달라져야 한다. [그림 14-5]에 제시된 함수의 두 축 위치를 바꾸어 놓은 모양이 되는데, 이 경우 생산자잉여는 그림에서도 알 수 있듯이

$$\int_{p_0}^{p^*} q(p)\, dq$$

의 형태를 취한다. p_0는 공급량 $q(p) = 0$이 될 때의 가격을 의미한다.

예제 14.5

(주)디지털게임은 자사가 판매하는 게임해설서의 수요함수와 공급함수가 다음과 같은 형태를 취하는 것으로 가정하고 있다.

$$S(p) = 5p - 30,\ D(p) = 120 - p^2$$

여기서 수급량의 단위는 만권이며 가격단위는 천원이다. 소비자잉여와 생산자잉여를 구하여라.

풀이

수요량=공급량에서 $5p-30 = 120-p^2$을 풀면 $p^2+5p-150=0$으로 정리되므로 이를 만족하는 가격 p는 $p^* = 10$이며 균형수급량은 $5p^*-30 = 20$이 된다.

$$\text{생산자잉여} = \int_6^{10} (5p-30)\, dp = \frac{5}{2}p^2 - 30p \Big|_6^{10} = 40$$

$$\text{소비자잉여} = \int_{10}^{\sqrt{120}} (120-p^2)\, dp = 120p - \frac{p^3}{3} \Big|_{10}^{\sqrt{120}}$$

$$= 80\sqrt{120} - 1{,}200 + \frac{1{,}000}{3} \approx 9.69$$

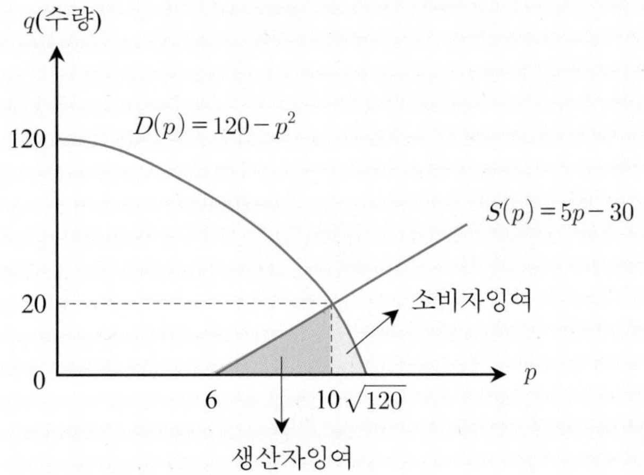

예제 14.6

(주)디지털IoT는 자사의 첨단센서기의 수요와 공급 함수가 다음과 같은 형태(가격이 y축에 위치하고 있음)를 취하는 것으로 가정하고 있다.

$$p = D(x) = 20 - 0.05x \ (\text{수요})$$
$$p = S(x) = 2 + 0.0002x^2 \ (\text{공급})$$

균형가격과 소비자잉여, 생산자잉여를 구하여라.

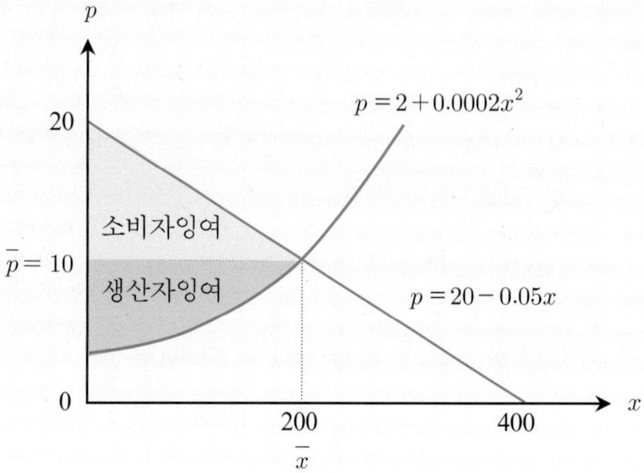

풀이

균형점을 도출하면,

$$\begin{aligned}&20-0.05x=2+0.0002x^2\\&\Rightarrow x^2+250x-90{,}000=0\\&\Rightarrow x=200,\ -450\end{aligned}$$

x는 음수가 될 수 없으므로 균형가격은 $\bar{p}=10$, 생산량은 $\bar{x}=200$이 된다. 그래프를 참조하면

$$\begin{aligned}\text{소비자잉여} &= \int_0^{200}[D(x)-10]\,dx=\int_0^{200}(20-0.05x-10)dx\\&=10x-0.025x^2\Big|_0^{200}=2{,}000-1{,}000=1{,}000\end{aligned}$$

$$\begin{aligned}\text{생산자잉여} &= \int_0^{200}[10-S(x)]\,dx=\int_0^{200}(10-2-0.0002x^2)dx\\&=8x-(0.0002)\left(\frac{x^3}{3}\right)\Big|_0^{200}=1{,}600-\frac{1{,}600}{3}\\&\approx 1{,}067\end{aligned}$$

3. 현가의 계산

제8장에서 t년 후에 받게 될 A원을 r%의 할인율로 계속적으로 할인하여 현가를 구하면 Ae^{-rt}가 된다는 것을 살펴본 바 있다. 만약 t년 후에 연간 수익이 연속함수인 $f(t)$로 주어진다면, 앞으로 x년 동안 벌어들이게 될 수익을 현가로 계산하면 얼마가 될 것인가?

이 문제를 분석하기 위해서는 우선 x년을 각 구간의 길이가 $\frac{x}{n}$년인 n개의 소구간으로 나누어 생각해 보면 된다. i번째 소구간의 오른쪽 끝점을 t_i라 하면 이 소구간 동안 벌어들일 수익의 근사치는 [그림 14-6]에서와 같이 $f(t_i)\frac{x}{n}$가 된다.

따라서 x년간의 총수익의 현가는 다음 식에 의해 근사적으로 계산할 수 있다.

$$p_n = \sum_{i=1}^{n} f(t_i)\frac{x}{n}e^{-rt_i}$$

한편, n이 무한대로 커지게 되면 다음과 같은 결과가 구해진다.

그림 14-6

총수익 근사치의 현가계산

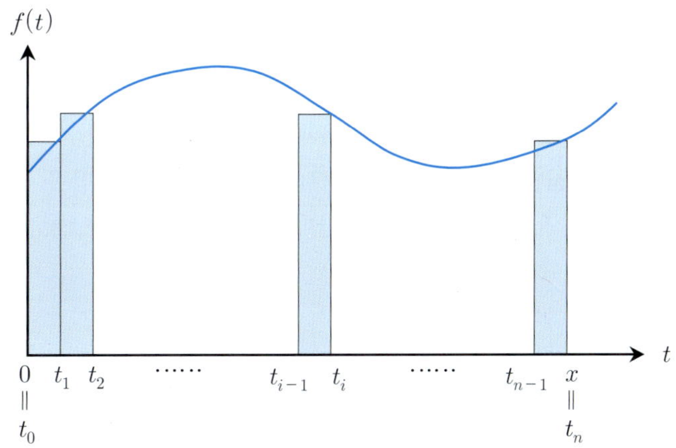

$$p = \lim_{n \to \infty} p_n = \int_0^x f(t) e^{-rt} dt$$

예제 14.7

한국주물은 이번에 10년을 계약기간으로 하여 자동주물설비를 리스할 계획으로 있다. 계약금으로 우선 16천만원을 지불하고, 매년 2천만원씩을 리스료로 지불해야 하는데 이 설비를 사용함으로써 앞으로 10년간 매년 5천만원의 추가이익이 생길 것으로 기대하고 있다. 이 설비를 리스하는 것이 타당한지를 분석하여라. 단 연간 이자율은 15%로 하며, 연속적인 이자계산방법(continuous interest rate)을 채택한다.

풀이

매년 기대되는 순이익이 3천만원이지만 이 3천만원이 매년 말에 발생하지 않고 1년에 걸쳐 지속적으로 발생한다고 가정한다면 10년간의 순이익의 현가는 다음과 같이 구할 수 있다.

$$\begin{aligned}\int_0^{10} (5-2) e^{-0.15t}\, dt &= -20 e^{-0.15t} \Big|_0^{10} \\ &= -20 e^{-1.5} + 20 \\ &= 15.538\end{aligned}$$

그러나 계약금으로 16천만원을 지불해야 하므로 현가로 계산하여 16−15.538=0.462천만원의 손실을 가져오게 된다. 따라서 이 자동설비는 리스하지 않는 것이 낫다.

예제 14.8

남해안에서 역사상 처음으로 발견된 유전에서 원유가 $n(t) = 2te^{-0.1t}$의 속도로 나오고 있다고 한다. 여기에서 t는 년(year)을 나타내며, $n(t)$는 원유추출개시시점을 $t=0$이라 할 때 t년 시점에서 뽑아낼 수 있는 연간 원유추출량(단위 : 백만배럴)으로 정의된다. 첫 10년 동안 우리나라는 이 유전에서 얼마나 많은 양을 뽑아 쓸 수 있는가?

풀이

$\int_0^{10} 2t \cdot e^{-0.1t}$이므로 $u=t$ 그리고 $\frac{dv}{dt} = e^{-0.1t}$로 설정해 놓으면 $\frac{du}{dt} = 1$, $v = -10e^{-0.1t}$가 된다.

$\int_a^b udv = uv\Big|_a^b - \int_a^b vdu$의 공식을 이용하면,

$$\int_0^{10} 2te^{-0.1t}\,dt = (-20)\,te^{-0.1t}\Big|_0^{10} - (2)\int_0^{10}(-10e^{-0.1t})\,dt$$
$$= -200e^{-1} - 200e^{-0.1t}\Big|_0^{10}$$
$$= -400e^{-1} + 200 \approx 52.85\text{백만배럴}$$

예제 14.9

어느 가상기업의 수요함수가 $q(t) = a - bp(t)$로 주어져 있다. 여기서 가격은 $p(t) = mt + 1$로 정의되며, 시간의 흐름에 따라 변하는 것으로 알려져 있다. 한편, 단위당 평균생산비용은 $c(t) = mt$이다. 이자율을 r이라 할 때 앞으로 발생할 총이익의 현가를 구하여라.

풀이

$$q(t) = a - b(mt+1) = a - bmt - b$$
$$\text{총이익} = \pi(t) = (p-c)\,q = (mt+1-mt)q = q$$
$$= a - bmt - b$$

현가를 구해보면 $\int_0^{\infty}(a-b-bmt)e^{-rt}dt$로 정의된다.

$$u = a - b - bmt \Rightarrow du = (-bm)\,dt$$
$$v = \frac{-e^{rt}}{r} \Rightarrow dv = e^{-rt}dt$$

따라서

$$\int_0^{\infty}(a-b-bmt)e^{-rt}dt$$
$$= -(a-b-bmt)\frac{e^{-rt}}{r}\Big|_0^{\infty} - \int_0^{\infty} bm\frac{e^{-rt}}{r}dt$$
$$= \frac{a-b}{r} + b\frac{me^{-rt}}{r^2}\Big|_0^{\infty} = \frac{a-b}{r} - \frac{bm}{r^2}$$

예제 14.10

대학식당 입구에 새로 설치한 음료자판기의 수익성을 다음 식으로 나타낼 수 있다고 한다.

$$f(t) = 5{,}000\, e^{0.04t} \text{ (단위 : 천원)}$$

이 식에서 t는 자판기 설치 이후의 운영시점을 의미한다.

(a) 향후 5년 동안의 수익은 얼마가 될 것인가?

(b) 연 12%의 이자율로 연속적 이자계산방식을 적용한다면 5년 후의 수익은 얼마가 될 것인가?

풀이

(a) $\int_0^5 5{,}000e^{0.04t}\,dt$

$= 125{,}000e^{0.04t}\Big|_0^5$

$= 152{,}675 - 125{,}000$

$= 27{,}675$ (단위 : 천원)

(b) 미래수익은

$$\int_0^T f(t)\, e^{r(T-t)}\, dt = e^{rT}\int_0^T f(t)\, e^{-rt}\, dt$$

의 형태를 취하게 되므로 5년 후 총수익은 다음과 같다.

$$e^{(0.12)(5)}\int_0^5 5{,}000(e^{0.04t})(e^{-0.12t})\,dt$$

$$= (5{,}000)\, e^{0.6}\int_0^5 e^{-0.08t}\,dt$$

$$= (5{,}000)\, e^{0.6}\left(\frac{e^{-0.08t}}{-0.08}\right)\Bigg|_0^5$$

$$= (5{,}000)\,(e^{0.6})(-12.5\,e^{-0.4} + 12.5)$$

$$= 37{,}545$$

제 2 절 확률변수와 이상적분

본절에서는 제13장에서 간략히 살펴본 이상적분을 이용하여 통계학에서 흔히 접하게 되는 확률변수의 개념과 기대치, 분산 등에 대해 설명하고자 한다.

1. 확률변수의 개념

확률이란 똑같은 조건하에서 표본추출이나 실험을 계속 반복할 때 어떤 결과 또는 사건(event)이 나올 상대빈도수 또는 비율을 의미한다. 예를 들어 주사위 1개를 무한히 계속 던져볼 때 2의 값이 나올 빈도수는 6번 중에 1번 정도일 것이며, 이에 따라 2가 나올 확률은 1 ÷ 6이라 생각할 수 있다. 확률은 언제나 0(0%)과 1(100%) 사이의 값을 취하며, 일어날 수 있는 모든 가능한 사건들의 확률의 합은 1(100%)이 되어야 한다.

한편 확률변수(random variable)란 어떤 특정값을 취할 가능성이 확률로 표시될 수 있는 사건 또는 사상을 의미한다. 예를 들어 주사위 1개를 던졌을 때 나타날 수 있는 결과를 확률변수 X로 정의한다면 X는 1, 2, 3, 4, 5, 6 중의 한 값을 취하게 되며 각 값이 나올 확률은 $\frac{1}{6}$이 된다. 확률변수는 변수가 취할 수 있는 값의 범위에 따라 이산확률변수와 연속확률변수로 나눌 수 있는데, 이산확률변수는 주사위를 던졌을 때 나올 수 있는 결과와 같이 확률변수가 취할 수 있는 값의 집합이 유한한 변수를 의미하며, 연속확률변수는 중량이나 시간과 같이 무한히 많은 값 중에서 아무 값이나 취할 수 있는 확률변수를 의미한다.

확률분포(probability distribution)란 확률변수 X의 값 x_i와 X가 그 값을 가질 확률인

$$p_i = P(X = x_i) \quad (i = 1,\ 2,\ \cdots,\ n)$$

의 대응관계를 나타낸 분포로 다음의 기본적인 확률법칙을 만족시켜야 한다.

$$0 \leq p_i \leq 1$$

$$\sum_{i=1}^{n} p_i = 1$$

확률분포는 분포의 정의에 사용되는 확률변수의 종류에 따라 이산확률분포(예 : 이항분포)와 연속확률분포(예 : 정규분포)로 나누어지는데, 본절에서는 이 중 적분의 개념이 응용된 연속확률분포에 대해서만 살펴보고자 한다.

연속확률변수인 X의 값이 연속함수 $f(x)$에 의해 결정되며 X가 a와 b 사이의 값을 가질 확률이

$$P(a \leq X \leq b) = \int_a^b f(x)\,dx$$

로 정의될 때 함수 f를 확률밀도함수(probability density function)라 하며, b 대신 변수 x를 사용하여 나타낸 함수

$$P(X \leq x) = \int_{-\infty}^{x} f(x)\,dx$$

를 X의 누적분포함수(cumulative distribution function)라 한다.

한편 확률의 합은 확률법칙에 의해 1(100%)이 되어야 하므로

$$P(-\infty < X < \infty) = \int_{-\infty}^{\infty} f(x)\,dx = 1$$

이 성립해야 한다.[1]

---

1) 확률변수가 X와 Y로 두 개가 고려되는 경우, 두 개 변수의 결합확률분포함수를 다음과 같이 정의할 수 있다.

$$P(-\infty < X < \infty, -\infty < Y < \infty) = \int_{-\infty}^{\infty}\int_{-\infty}^{\infty} f(x, y)\,dxdy = 1$$

결합확률분포함수 역시 확률법칙에 의해 합이 1(100%)이 되어야 하며, 이를 Y의 범위에 대하여 적분함으로써 X만의 확률분포함수를 유도할 수 있다.

예제 14.11

확률변수 X가 다음과 같은 확률변수를 취한다고 한다.

$$f(x)=\begin{cases} cx^2 & (0\le x\le 3) \\ 0 & (x>3,\ x<0) \end{cases}$$

(a) c값을 구하여라.
(b) $P(0\le x\le 2)$를 구하여라.
(c) $P(x\ge 4)$를 구하여라.

풀이

(a) 확률의 합은 1이 되어야 하므로 $\int_{-\infty}^{\infty} f(x)\,dx=\int_0^3 cx^2\,dx=9c=1$에서 $c=\frac{1}{9}$임을 알 수 있다.

(b) $\int_0^2 \frac{1}{9}x^2\,dx=\frac{8}{27}$

(c) $\int_4^{\infty} 0\,dx=0$

예제 14.12

한국전기가 생산하고 있는 형광등의 수명 x(단위 : 개월)는 다음과 같은 확률밀도함수를 갖는 것으로 추정하고 있다.

$$f(x)=\begin{cases} \frac{1}{10}e^{-\frac{x}{10}} & (x\ge 0) \\ 0 & (\text{그 외의 경우}) \end{cases}$$

(a) 수명이 6개월이 못 되는 형광등 수의 비율을 구하여라.
(b) 임의로 추출된 형광등의 수명이 10개월을 넘을 확률을 구하여라.

풀이

(a) $P(x\le 6)=\int_{-\infty}^{6} f(x)\,dx=\int_0^6 \frac{1}{10}e^{-\frac{x}{10}}dx$

$$= -e^{-\frac{x}{10}}\Big|_0^6 = 1 - e^{-0.6} = 0.4512$$

(b) $P(x \geq 10) = \int_{10}^{\infty} \frac{1}{10} e^{-\frac{x}{10}} dx = -e^{-\frac{x}{10}}\Big|_{10}^{\infty} = e^{-1} = 0.3679$

2. 연속확률변수의 기대치와 분산

확률변수와 확률밀도함수의 개념을 이용하면 연속확률변수의 중앙치와 평균을 쉽게 구할 수 있다. 우선 이들 두 개념부터 정의해 보기로 하자.

정의

연속확률변수 X의 확률분포가 확률밀도함수 $f(x)$에 의해 정의될 때

(a) X의 중앙치는 다음을 만족하는 m값이며

$$\int_{-\infty}^{m} f(x)\,dx = \frac{1}{2}$$

(b) X의 기대치(평균) μ는 다음과 같이 계산된다.

$$\mu = \int_{-\infty}^{\infty} x\,f(x)\,dx$$

예제 14.13

확률변수 X가 다음과 같은 분포를 띠는 경우 중앙치의 평균을 구하여라.

$$f(x) = \begin{cases} \frac{x}{24} + \frac{1}{24} & (0 \leq x \leq 6\text{인 경우}) \\ 0 & (\text{그 외의 경우}) \end{cases}$$

풀이

(a) 중앙치 m은 $\int_0^m \left(\frac{x}{24} + \frac{1}{24}\right) dx = \frac{1}{2}$을 만족해야 하므로,

$$\frac{1}{48}m^2+\frac{1}{24}m=\frac{1}{2}$$
$$(m-4)(m+6)=0$$

에서 $m=4$임을 알 수 있다.

(b) $\mu=\int_{-\infty}^{\infty} x f(x)\,dx=\int_0^6 x\left(\frac{x}{24}+\frac{1}{24}\right)dx=\left(\frac{x^3}{72}+\frac{x^2}{48}\right)\Big|_0^6=\frac{15}{4}$

확률변수 X의 평균이 계산되면, 변수 X의 값이 평균을 중심으로 하여 서로 얼마나 멀리 퍼져 있는가를 나타내는 분산(σ^2)을 구할 수 있다.

정의 연속확률변수 X의 확률분포가 확률밀도함수 $f(x)$에 의해 정의되고 X의 평균을 μ라 할 때, X의 분산 σ^2은 다음과 같이 정의된다.

$$\sigma^2=\int_{-\infty}^{\infty}(x-\mu)^2 f(x)\,dx$$

예제 14.14

확률변수 X의 분산이 $\int_{-\infty}^{\infty} x^2 f(x)\,dx-\mu^2$으로 나타낼 수 있음을 보여라.

풀이

$$\begin{aligned}\sigma^2&=\int_{-\infty}^{\infty}(x-\mu)^2 f(x)\,dx\\&=\int_{-\infty}^{\infty}[x^2-2\mu x+\mu^2]\,f(x)\,dx\\&=\int_{-\infty}^{\infty}x^2 f(x)\,dx-2\mu\int_{-\infty}^{\infty}x f(x)\,dx+\mu^2\int_{-\infty}^{\infty}f(x)\,dx\\&=\int_{-\infty}^{\infty}x^2 f(x)\,dx-2\mu\mu+\mu^2(1)\\&=\int_{-\infty}^{\infty}x^2 f(x)\,dx-\mu^2\end{aligned}$$

예제 14.15

확률변수 X가 다음과 같은 분포를 띠는 경우 X의 분산을 구하여라.

$$f(x)=\begin{cases} \dfrac{x}{24}+\dfrac{1}{24} & (0 \le x \le 6\text{인 경우}) \\ 0 & (\text{그 외의 경우}) \end{cases}$$

풀이

[예제 14.13]에서 X의 평균이 $\mu=\dfrac{15}{4}$임을 알 수 있으므로 분산은 다음과 같다.

$$\begin{aligned}\sigma^2 &= \int_0^6 x^2\left(\frac{x}{24}+\frac{1}{24}\right)dx-\left(\frac{15}{4}\right)^2 \\ &= \left(\frac{x^4}{96}+\frac{x^3}{72}\right)\Bigg|_0^6-\left(\frac{15}{4}\right)^2 \\ &= \frac{6^4}{96}+\frac{6^3}{72}-\frac{225}{16}=2.44\end{aligned}$$

이제 다음의 예제들을 통해 몇 가지 확률밀도함수의 평균과 분산을 구해보도록 하자.

예제 14.16

연속함수 f가 폐구간 $[a, b]$에서 다음과 같이 정의될 때 f를 $[a, b]$에서 정의되는 균등분포(uniform distribution)라 한다.

$$f(x)=\begin{cases} \dfrac{1}{b-a} & (a \le x \le b) \\ 0 & (x < a,\ x > b) \end{cases}$$

이 확률밀도함수의 평균은 $\dfrac{b+a}{2}$이며 분산은 $\dfrac{(b-a)^2}{12}$임을 보여라.

풀이

$$\begin{aligned}
\text{평균}(\mu) &= \int_{-\infty}^{\infty} x\,f(x)\,dx \\
&= \int_a^b x\left(\frac{1}{b-a}\right)dx + \int_{-\infty}^{a}(x)(0)\,dx + \int_b^{\infty}(x)(0)\,dx \\
&= \left(\frac{1}{b-a}\right)\frac{x^2}{2}\Big|_a^b = \frac{b^2-a^2}{2(b-a)} = \frac{b+a}{2} \\
\text{분산}(\sigma^2) &= \int_{-\infty}^{\infty}(x-\mu)^2 f(x)\,dx = \int_{-\infty}^{\infty} x^2 f(x)\,dx - \mu^2 \\
&= \int_a^b (x^2)\left(\frac{1}{b-a}\right)dx - \left(\frac{b+a}{2}\right)^2 \\
&= \left(\frac{1}{b-a}\right)\frac{x^3}{3}\Big|_a^b - \left(\frac{b+a}{2}\right)^2 \\
&= \frac{a^2+ab+b^2}{3} - \frac{a^2+2ab+b^2}{4} = \frac{(b-a)^2}{12}
\end{aligned}$$

예제 14.17

지수분포(exponential distribution)는 확률밀도함수 f가 다음과 같이 정의되는 분포이다. 이 분포의 평균과 분산을 구하여라.

$$f(x) = \begin{cases} ke^{-kx} & (x \geq 0) \\ 0 & (x < 0) \end{cases}$$

풀이

(a) $\text{평균}(\mu) = \int_{-\infty}^{\infty} x\,f(x)\,dx = \int_0^{\infty} x\,ke^{-kx}\,dx$이므로 부분적분법을 이용하여 $\int_0^{\infty} x\,ke^{-kx}dx$를 구해야 한다. 이를 위해 $f(x) = x,\ g'(x) = e^{-kx}$라 하면 $f'(x) = 1,\ g(x) = -\dfrac{e^{-kx}}{k}$가 되므로

$$\begin{aligned}
\text{평균}(\mu) &= \int_0^{\infty} k\,xe^{-kx} = k\left[-(x)\left(\frac{e^{-kx}}{k}\right)\Big|_0^{\infty} - \int_0^{\infty}\left(-\frac{e^{-kx}}{k}\right)1\,dx\right] \\
&= k\left[0 + \frac{e^{-kx}}{-k^2}\Big|_0^{\infty}\right]
\end{aligned}$$

$$= k\left[0+0-\left(\frac{1}{-k^2}\right)\right] = \frac{1}{k}$$

(b) 분산 $(\sigma^2) = \int_0^\infty x^2 f(x)\,dx - \mu^2 = \int_0^\infty kx^2 e^{-kx}\,dx - \left(\frac{1}{k}\right)^2$이므로 우선 $\int_0^\infty x^2 e^{-kx} dx$를 부분적분법을 이용하여 계산하면,

$f(x) = x^2$, $g'(x) = e^{-kx}$라 할 때 $f'(x) = 2x$, $g(x) = -\frac{e^{-kx}}{k}$가 되므로

$$\int_0^\infty x^2 e^{-kx}\,dx = (x^2)\left(-\frac{e^{-kx}}{k}\Big|_0^\infty\right) - \int_0^\infty \left(-\frac{e^{-kx}}{k}\right)(2x)\,dx$$

$$= 0 + \int_0^\infty \frac{2x}{k} e^{-kx}\,dx = \frac{2}{k}\frac{1}{k^2} = \frac{2}{k^3}$$

가 된다. 따라서

$$\text{분산}(\sigma^2) = k\int_0^\infty x^2 e^{-kx}\,dx - \left(\frac{1}{k}\right)^2$$

$$= (k)\left(\frac{2}{k^3}\right) - \left(\frac{1}{k}\right)^2 = \frac{1}{k^2}$$

3. 기대치의 최대 · 최소

경영 · 경제분야에서 접하는 문제들 중에는 불확실성이 개입되어 의사결정의 결과에 영향을 미치는 경우가 많다. 예를 들어 계절별 수요의 변동폭이 큰 에어컨이나 전열기 등과 같은 제품의 생산계획은 수요가 얼마나 될지 정확히 추정하기 어려우므로 재고부족으로 인한 손실액과 재고과잉으로 인한 손실액을 감안하여 결정된다. 이 경우 최적 생산량은 이 두 가지 유형의 손실액 기대치를 최소화하는 값이 된다.

이처럼 목적함수가 확률변수의 기대치로 구성되어 있는 경우, 다시 말해 목적함수에 적분의 개념이 가미되어 있는 경우에는 지금까지 논의한 방법으로는 최적해를 구할 수 없다.

이제 간단한 예를 통해 이와 같은 문제의 구조부터 살펴보기로 하자.

예제 14.18

한국가전은 이번 여름에 판매할 에어컨의 생산량을 결정하기 위해 과거 자료를 수집·분석한 결과 에어컨의 수요 D는 확률밀도함수 $f(D)$를 따를 것임을 알 수 있었다. 또한 수요가 생산량을 초과할 경우, 즉 재고부족이 발생할 때에는 에어컨 1대당 100,000원의 판매손실을 가져오며, 수요가 생산량에 미치지 못해 재고가 남는 경우에는 대폭적인 할인판매로 인해 1대당 약 50,000원의 손실을 가져올 것이라 추정하고 있다. 생산량을 x라 할 때 올여름 에어컨 재고의 과부족으로 인해 발생할 기대손실을 x와 D의 함수로 나타내어라.

풀이

수요가 생산량에 정확히 일치하는 경우에는 전혀 손실이 발생하지 않지만 그렇지 않은 경우에는 대당 100,000원 또는 대당 50,000원의 손실을 보게 된다. 생산량 규모를 x라 하고 수요를 D라 한다면 손실액 $L(x,\ D)$는 다음과 같이 나타낼 수 있다.

$$L(x,\ D)=\begin{cases}50,000(x-D) & (D\le x)\\ 100,000(D-x) & (D>x)\end{cases}$$

즉, $D\le x$일 때에는 총 $(x-D)$개가 재고로 남게 되며, $D>x$일 때에는 생산량이 수요에 미치지 못해 총 $(D-x)$개가 재고부족량으로 나타나게 된다.

따라서 기대손실을 최소화하는 최적 주문량 x^*를 구하기 위해서는 다음 함수를 최소화하는 x값을 구해야 한다.

$$\begin{aligned}K(x)&=\int_{-\infty}^{\infty}L(x,\ D)\,f(D)\,dD\\&=\int_{0}^{x}(50,000)(x-D)\,f(D)\,dD+\int_{x}^{\infty}(100,000)(D-x)\,f(D)\,dD\end{aligned}$$

이와 같은 유형의 함수가 주어져 있을 때 최댓값 또는 최솟값은 다음의 정리를 이용하면 쉽게 구할 수 있다.

정리

$a(y)$와 $b(y)$를 y의 함수라 할 때 $H(y)$를 다음과 같이 정의하면

$$H(y)=\int_{a(y)}^{b(y)}f(x,\ y)\,dx$$

$\dfrac{dH(y)}{dy}$는 다음 식을 통해 구할 수 있다.

$$\frac{dH(y)}{dy}=\int_{a(y)}^{b(y)}\frac{\partial f(x,\ y)}{\partial y}dx+f[b(y),\ y]\frac{db(y)}{dy}-f[a(y),\ y]\frac{da(y)}{dy}$$

이 정리를 [예제 14.18]에서 설정한 목적함수에 적용해 보면 다음과 같다. 우선

$$L_1 = \int_0^x (x-D)f(D)\,dD$$
$$L_2 = \int_x^\infty (D-x)f(D)\,dD$$

라 하면

$$\begin{aligned}\frac{dL_1}{dx} &= \int_0^x f(D)\,dD + (x-x)f(x)\frac{dx}{dx} - (x-0)f(0)\frac{d0}{dx} \\ &= \int_0^x f(D)\,dD \\ \frac{dL_2}{dx} &= \int_x^\infty -f(D)\,dD + (\infty - x)f(\infty)\frac{d\infty}{dx} - (x-x)f(x)\frac{dx}{dx} \\ &= \int_x^\infty -f(D)\,dD\end{aligned}$$

가 됨을 알 수 있다. 여기서 $(\infty - x)$, $\frac{d\infty}{dx}$, $f(\infty)$는 $\lim_{0\to\infty}(D-x)$, $\lim_{0\to\infty}\frac{dD}{dx}$, $\lim_{0\to\infty} f(D)$이어야 하나 편의상 ∞를 하나의 실수처럼 사용하였음을 명기한다.

위의 중간과정을 이용하여 $\frac{dK(x)}{dx}$를 구해보면

$$\begin{aligned}\frac{dK(x)}{dx} &= 50{,}000\int_0^x f(D)\,dD + 100{,}000\int_x^\infty -f(D)\,dD \\ &= 50{,}000\int_0^x f(D)\,dD - 100{,}000\left[1-\int_0^x f(D)\,dD\right] \\ &= 0 \quad \left(\text{여기서 } \int_x^\infty f(D)\,dD = 1-\int_0^x f(D)\,dD\text{이다}\right)\end{aligned}$$

따라서 다음 결과가 도출된다.

$$\int_0^{x^*} f(D)\,dD = \frac{100{,}000}{100{,}000 + 50{,}000} = 0.667$$

제2차 충분조건을 확인해 보면

$$\begin{aligned}\frac{d^2K(x)}{dx^2} &= (150{,}000)\frac{d\left[\int_0^x f(D)\,dD\right]}{dx} \\ &= (150{,}000)\left[\int_0^x \frac{df(D)}{dx}\,dD + f(x)\frac{dx}{dx} + 0\right] \\ &= (150{,}000)\,[0 + f(x) + 0] > 0\end{aligned}$$

이 되어, $\int_0^{x^*} f(D)\,dD = 0.667$을 만족하는 x^*가 총손실을 최소화하는 최적 생산량 규모임을 알 수 있다.

예제 14.19

한국베이커리는 매일 아침 식빵을 구워내 판매하고 있다. 식빵의 제조원가는 개당 1,300원이며 판매가격은 2,500원이다. 판매 후 남은 식빵은 개당 1,100원에 빵가루 제조업체에 넘기고 있다. 식빵의 수요 D가 다음과 같은 확률분포를 따른다고 가정하고 적정생산량을 구하여라.

$$f(D) = \begin{cases} \dfrac{1}{200} & (100 \le D \le 300) \\ 0 & (\text{그 외의 경우}) \end{cases}$$

풀이

수요가 생산량에 못 미칠 경우 발생하는 손실액은 1,300−1,100=200원이며, 수요가 생산량을 초과할 경우에는 개당 2,500−1,300=1,200원의 미실현이익이 손실액으로 나타난다고 볼 수 있다. 따라서 총손실의 기대치를 구해보면

$$K(x) = \int_0^x (200)(x - D)\,f(D)\,dD + \int_x^\infty (1{,}200)(D - x)\,f(D)\,dD$$

가 된다.

$$\begin{aligned}\frac{dK(x)}{dx} &= 200\int_0^x f(D)\,dD + 1{,}200\int_x^\infty - f(D)\,dD \\ &= 200\int_0^x f(D)\,dD - 1{,}200\left[1 - \int_0^x f(D)\,dD\right] \\ &= (200 + 1{,}200)\int_0^x f(D)\,dD - 1{,}200 = 0\end{aligned}$$

에서 x^*는 $\int_0^{x^*} f(D)\,dD = \frac{1{,}200}{1{,}400} = 0.857$을 만족해야 함을 알 수 있다.

또한

$$\begin{aligned}\int_0^{x^*} f(D)\,dD &= \int_0^{100} 0\,dD + \int_{100}^{x^*} \frac{1}{200}\,dD \\ &= 0 + \frac{1}{200}(x^* - 100) = 0.857\end{aligned}$$

에서 손실의 기대치를 최소화하는 x^*는 100+(200)(0.857)=271.4≒271(반올림)이 됨을 알 수 있다.

예제 14.20

88화원은 카네이션을 매일 1번씩 77농장에서 1다발당 1,500원을 주고 구입하여 3,000원에 판매한다. 하루 내에 판매하지 못할 경우에는 근처 사무실에 다발당 500원에 할인판매한다. 다음 주 수요가 다음과 같을 때 최적 주문량은 얼마인가?

$$f(D) = 0.1e^{\frac{-D}{10}}$$

풀이

수요가 준비한 카네이션 재고에 못 미칠 경우 발생하는 손실액은 1,500−500=1,000원이며, 수요가 재고를 넘어서는 경우에는 3,000−1,500=1,500원의 미실현이익이 나타난다. 따라서 총손실의 기대치함수를 구하고, 이 함수가 최소일 때의 주문량을 구하면 다음과 같다.

$$K(x) = \int_0^x (1{,}500 - 500)(x - D)f(D)\,dD + \int_x^\infty (3{,}000 - 1{,}500)(D - x)f(D)\,dD$$

$$\begin{aligned}\frac{dK(x)}{dx} &= 1{,}000\int_0^x 0.1e^{-\frac{D}{10}}dD - 1{,}500\int_x^\infty 0.1e^{-\frac{D}{10}}dD \\ &= 1{,}000\int_0^x 0.1e^{-\frac{D}{10}}dD - 1{,}500\left[1-\int_0^x 0.1e^{-\frac{D}{10}}dD\right] = 0 \\ &\Rightarrow 1{,}500 = (1{,}000+1{,}500)\int_0^x 0.1e^{-\frac{D}{10}}dD \\ &\Rightarrow \frac{15}{25} = 1-e^{-\frac{x}{10}} \\ &\Rightarrow x^* = 9.563 \fallingdotseq 10\end{aligned}$$

4. 서비스 수익성 제고를 위한 산출관리

순수 서비스를 제공하는 기업의 경우 고객이 예약을 지키지 않았더라도 고객서비스 차원에서 특별한 재정적 부담을 물리지 않는다. 우리나라의 경우 승객이 비행기를 예약할 때 만약에 대비하여 여러 좌석을 예약하고 이를 취소하지 않고 떠나도 별다른 조치를 취하지 않는다. 물론 여행사를 통해 단체여행을 하는 경우처럼 미리 여행사에 할당된 할인 항공표를 이용하는 경우를 제외하고는 별다른 문제가 되지 않는다.

그렇지만 예약하고도 나타나지 않는 손님이 많을수록 손실은 커진다. 따라서 신용카드 등을 이용하여 예약한 서비스에 대해 일정부분 비용을 미리 청구하여, 예약을 하고도 나타나지 않는 고객에 대해 벌금을 물게 할 수 있는 방안이 없다면 예약은 당연히 100%를 넘는 수준에서 받아야 한다. 예를 들어 설날이나 추석과 같이 비행기표를 구하기 거의 힘든 시기에도 예약승객의 실제 탑승률은 90%가 되지 못한다. 예약한 손님이 나타나지 않는 경우 그 시설을 신축적으로 다른 용도로 활용하기 힘든 경우 어느 정도 좌석수를 초과하여 예약을 받을 수도 있다.

외국계 항공사에서는 이러한 노쇼(no-show) 현상 때문에 초과예약(overbooking) 제도를 일찍부터 도입하였다. 실제 제공가능한 좌석보다 많은 예약을 받음으로써 상당한 수의 노쇼에 대비하고 있다.[2] 그러나 지나치게 많은 좌석을 초과예약받을 경우 예약한 승객에 대해 좌석을 배정하지 못할 위험이 커진다. 서비스 기업에서는 예약하고도 서비스를 받지 못한 고객들에게는 별도의 무료 또는 저가의 대체 서비스를 제공하기도 한다. 예를 들어 항공권의 경우 무료로 다음 비행기편에 좌석을 배정해 주기도 하며, 호텔의 경우 근처에 있는 동급 호텔에 무료로 객실을 마련해 주기도 한다.

바람직한 초과예약전략은 유휴서비스 능력의 기회비용과 예약거절에 따른 기회비용을 최소화하는 것이다. 이제 한계효용의 개념을 활용한 초과예약규모의 결정방법에 대해 알아보기로 하자.

예제 14.21

한국항공은 서울-제주간을 운행하는 지역항공사이다. 예약부도율이 높지만 이에 대한 패널티를 물리기는 어려워 이번부터 좌석에 대한 예약률을 좌석수 이상으로 높이기로 했다. 다음은 서울-제주 노선에 100% 예약을 받아들였음에도 불구하고 실제로 나타나지 않는 고객의 수($=D$)를 과거 자료를 이용하여 추정한 확률분포이다.

$$f(D)=\begin{cases} \dfrac{1}{10} & (0 \leq D \leq 10) \\ 0 & (\text{그 외의 경우}) \end{cases}$$

여기서 충분히 예약을 받지 않아 실제 탑승률이 100% 미만일 때 발생하는 좌석당 손실, 즉 판매손실은 60,000원 정도로 추정된다. 한편 100% 이상 예약을 받았으나 실제 좌석수를 넘는 승객들이 나타남으로 인해 비행기를 타지 못한 고객에게 패널티로 지불하는 비용은 왕복항공푯값 및 선물티켓을 포함하여 140,000원 정도인 것으로 추정된다. 몇 좌석이나 초과예약을 받아야 하는가?

풀이

분석의 편의상 C_u와 C_o를 다음과 같이 정의한다.

C_u=충분히 예약을 받지 않아 실제 탑승률이 100% 미만일 때 발생하는 좌석당 기회비용=60,000원

C_o=100% 이상 예약을 받았으나 좌석수를 넘는 승객들이 나타남으로 인해 고객에게 패널티로 지불하는 비용으로 왕복항공푯값 및 선물티켓을 포함한 비용=140,000원

초과예약해야 하는 좌석수를 x(즉, 총예약수는 좌석수용규모$+x$)라 한다면 100% 이상의 초과예약률이

2) 본 소절의 내용은 다음 책을 주로 참조하였음. Fitzsimmons, J. and M. Fitzsimmons, *Service Management*, 8th ed., McGraw-Hill, 2013.

높을수록 C_o 관련 손실이 커지고, 초과예약률이 낮을수록 역으로 C_u 관련 기회비용이 커진다. 총손실의 기대치를 구해보면 다음 식과 같다.

$$K(x) = \int_0^x (140{,}000)(x-D)f(D)dD + \int_x^\infty (60{,}000)(D-x)f(D)dD$$

최적해 x^*는 $\int_0^{x^*} f(D)\,dD = \frac{60{,}000}{60{,}000+140{,}000} = 0.3$을 만족해야 하므로 손실의 기대치를 최소화하는 x^*는 $0+(10)(0.3)=3$좌석이 된다.

서비스 기업의 경우 산출관리(yield management)는 매우 중요한 관리영역이다. 재고로 저장이 불가능한 서비스에 대한 효율적 가격책정시스템을 통해 수익을 극대화하고자 하는 도구로서 다양한 분야에 활용된다. 예를 들어 항공사들은 같은 노선이라도 성수기와 비성수기의 요금이 다르다. 또한 여행사를 통해 단체여행을 가는 경우의 비행기 요금과 항공사로부터 직접 구입하는 경우의 비행기 요금도 다르다. 기간별, 노선별, 미할당좌석의 여유분 정도에 따라 요금을 달리하고 각 요금별로 할당가능한 좌석수를 미리 계산함으로써 수익극대화를 도모하고 있다. 항공사들은 일정비율의 좌석을 여행사들에게 미리 할당하여 판매함으로써 수익의 안정성을 도모할 수 있고, 여행사들은 충분한 좌석을 확보한 상태에서 여행객들을 모집함으로써 가격이나 스케줄 측면에서 상당한 신축성을 발휘할 수 있다. 물론 여행사들은 소비자 가격보다 훨씬 저렴한 가격으로 좌석을 구입하지만 나중에 이 좌석을 고객에게 판매하지 못하더라도 미리 계약된 가격은 지불해야 한다.

산출관리를 통해 서비스 기업은 고객에게 부과되는 가격, 세분화된 고객그룹, 서비스 시설의 가동률 간의 최적 균형을 도모하게 된다. 산출관리의 개념은 항공사들이 처음 개발하였지만 이제는 호텔이나 렌터카회사 혹은 유람선 등과 같이 서비스 능력이 제한되어 있는 다양한 서비스 산업에서 활용하고 있다. 유람선의 경우 똑같은 공간 내라 할지라도 좌석을 일반석, 관광객석, 할인석 등과 같이 세분화하여 가장 수익성이 높은 방법으로 좌석을 할당한다. 이제 다음 예제를 통해 예약제도의 운영효율성을 검토해 보기로 하자.

예제 14.22

한국항공은 50명을 태울 수 있는 항공기의 제주노선에 대한 할인판매를 계획하고 있다. 탑승시점보다 60일 전에 비행기 요금을 지불하는 경우 10만원짜리 비행기표를 7만원에 할인하여 팔기로 했다. 너무 많은 좌석을 할인가격에 판매하는 경우 정상가격에 팔 수 있는 좌석수가 모자랄 수도 있지만, 반대로 필요 이상으로 정상가격에 판매할 좌석을 남겨두는 경우 가격에 민감한 손님들의 거부로 좌석이 남을 수도 있다. 물론 할인가격에 다 판매하지 못한 자리는 정상가격용 좌석으로 전환된다. 수요 불충분으로 빈자리로 가는 경우 좌석당 4만원의 손실이 발생하는 것으로 추정하고 있다.
단, 할인가격에 구입하지 못한 손님 중 50%는 여행을 포기하고, 나머지 50%는 정상가격에 구입하여 여행할 것이라 가정한다. 즉, 할인가격에 팔기 위해 남겨놓은 좌석이 너무 적은 경우 이 가격에 예약하지 못한 고객의 50%는 비싼 가격을 주고 티켓을 구입하고 나머지 50%는 여행을 포기한다. 과거 자료를 분석한 결과 정상가격에 탑승하는 승객수의 확률분포는 다음과 같았다.

$$f(D)=\begin{cases}\dfrac{1}{10} & (35 \le D \le 45)\\ 0 & (\text{그 외의 경우})\end{cases}$$

정상가격에 판매할 좌석수를 구하여라.

풀이

정상가격에 판매할 좌석수를 x라 하자. 우선 정상가격에 팔기 위해 남겨놓은 좌석이 너무 많아 빈자리로 갈 때(즉, 할인해서 팔면 다 팔 수 있었는데, 할인용으로는 너무 적은 수의 좌석을 할당한 경우) 발생하는 손실부터 계산하면 다음과 같다.

- 할인가격으로 구입하지 못하면 여행 포기시 빈자리로 가야 할 때 발생하는 손실=4만원
- 할인가격으로 구입하지 못하더라도 정상가격으로 구입하는 경우의 손실(이 경우 득이 됨)
  =7만원−10만원=−3만원

정상가격에 팔기 위해 남겨놓은 좌석이 너무 많아 빈자리로 갈 때 발생하는 손실은 4만원 혹은 −3만원이다. 각각의 가능성이 50%이므로 손실의 기대치는 다음과 같다.

$$C_o=(0.5)(4)+(0.5)(-3)=0.5\text{만원}$$

한편 정상가격에 팔기 위해 남겨놓은 좌석이 불충분해서(즉, 너무 많은 좌석을 할인해서 판매한 경우) 발생하는 손실은 3만원이다. 즉 10만원에 팔 수 있는 좌석을 7만원에 팔았으므로 그 차이인 3만원이 손실로 발생한다.

$$C_u=10\text{만원}-7\text{만원}=3\text{만원}$$

앞의 예제에서의 계산방식을 활용하면, 총손실의 기대치는 다음과 같이 정의된다.

$$K(x) = \int_0^x (0.5)(x-D)f(D)dD$$
$$+\int_x^\infty (3)(D-x)f(D)dD$$

최적해 x^*는 $\int_0^{x^*} f(D)dD = \frac{3}{3+0.5} = 0.857$을 만족하므로,

$$x^* = 35 + (10)(0.857) = 43.57 \fallingdotseq 44$$

이므로 할인가격에 예약이 가능한 좌석수는 50−44=6석에 불과하다.

제3절 수치적분의 이해

1. 사다리꼴 공식을 이용한 적분

실제 데이터를 좌표상에 그린 후 함수를 추정하거나 표의 형태로 $(x, f(x))$가 주어진 경우 적분을 하기는 어렵다. 앞에서 학습한 적분법칙들이 통용될 수 없기 때문이다. 수치적분(numerical integration)은 이런 경우에 유용하게 적용될 수 있다.

[그림 14-7]에 예시된 $f(x)$를 이용하여 $\int_a^b f(x)\,dx$를 구하는 대신 $y = L(x)$를 이용하여 근삿값을 구하는 경우를 생각해 보자. a와 b 그리고 $L(x)$로 구성된 사다리꼴의 넓이는 다음과 같다.

$$\frac{1}{2}(b-a)[f(a)+f(b)]$$

그림 14-7
사다리꼴 공식의 예시

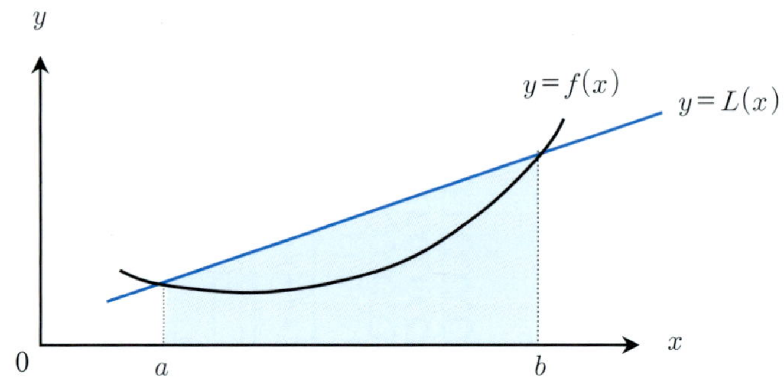

사다리꼴 공식(trapezium rule)은 a와 b 구간에서 $f(x)$곡선 밑의 면적을 바로 이 사다리꼴의 넓이로 대체하는 것이다. 즉,

$$\int_a^b f(x)dx \approx \frac{1}{2}(b-a)[f(a)+f(b)]$$

사다리꼴 공식은 a와 b의 두 점만을 이용했지만, 이 개념을 확장하면 a, b, c의 세 점을 이용할 수도 있다. 예를 들어 $c=\frac{1}{2}(a+b)$로 설정해 보기로 하자. a와 c를 이용하여 해당구간의 면적을 추정하고, c와 b를 이용하여 나머지 반의 면적을 계산할 수도 있다. 이 경우 다음과 같은 법칙이 성립한다.

$$\int_a^b f(x)dx \approx \frac{1}{6}(b-a)[f(a)+4f(c)+f(b)]$$
단, $c=\frac{1}{2}(a+b)$

이 법칙은 심슨의 법칙(Simpson's rule)이라고도 불리는데, 도출과정을 정리하면 대략 다음과 같다.

우선 $h = \frac{1}{2}(b - a)$라 하자. y축은 분석 자체에 영향을 주지 않으므로 편의상 $c = 0$으로 설정하기로 한다. 그렇다면 $a = -h$, $b = h$가 된다.

$Q(x) = \alpha x^2 + \beta x + \gamma$로 설정한다면,

$$f(0) = Q(0) = \gamma, \; f(h) + f(-h) = Q(h) + Q(-h) = 2(\alpha h^2 + \gamma)$$

따라서

$$\begin{aligned} 2\alpha h^2 &= f(h) + f(-h) - 2f(0) \\ \gamma &= f(0) \end{aligned}$$

결과적으로,

$$\begin{aligned} \int_a^b Q(x)dx &= \int_{-h}^{h} (\alpha x^2 + \beta x + \gamma)dx \\ &= \frac{2}{3}\alpha h^3 + 2\gamma h \\ &= h\left[\frac{1}{3}[f(h) + f(-h) - 2f(0)] + 2f(0)\right] \\ &= \frac{1}{3}h\,[f(-h) + 4f(0) + f(h)] \\ &= \frac{1}{6}(b - a)\,[f(a) + 4f(c) + f(b)] \end{aligned}$$

만약 분석구간을 5개의 점으로 나눈다면 더 복잡한 심슨의 법칙이 나타난다.

$$\int_a^b f(x)dx \approx \frac{h}{3}(y_0 + 4y_1 + 2y_2 + 4y_3 + y_4)$$

여기서 $h = \frac{1}{4}(b - a)$, $y_k = a + kh$ $(k = 0, 1, \cdots, 4)$로 정의한다.

예제 14.23

심슨의 법칙을 이용하여 다음의 적분의 근사치를 구하여라.

$$\int_0^1 \frac{4}{1+x^2}\,dx$$

풀이

$$\begin{aligned} I &\approx \frac{1}{6}\left[f(0)+4f\left(\frac{1}{2}\right)+f(1)\right] \\ &= \frac{2}{3}\left(1+\frac{16}{5}+\frac{1}{2}\right)=1+\frac{32}{15}\approx 3.133 \end{aligned}$$

5개의 점으로 나누어 분석한다면

$$\begin{aligned} I &\approx \frac{1}{12}\left[f(0)+4f\left(\frac{1}{4}\right)+2f\left(\frac{1}{2}\right)+4f\left(\frac{3}{4}\right)+f(1)\right] \\ &= \frac{1}{3}\left(1+\frac{64}{17}+\frac{8}{5}+\frac{64}{25}+\frac{1}{2}\right) \\ &\approx 3.14157 \end{aligned}$$

2. 로렌츠곡선과 지니계수

실물경제에서 흔히 등장하는 로렌츠곡선(Lorenz Curve)은 소득분포의 불평등한 정도를 나타내는 개념으로, 인구의 누적백분율을 횡축에 표시하고 소득금액의 누적백분율을 종축에 표시해 각각에 대응되는 점을 이용해 소득분포곡선을 나타낸 것이다. 누적인구수와 누적소득액이 같은 비율로 증가하는 45° 대각선으로 표시된다면 이는 소득이 고르게 분포되어 있는 상태인 완전평등 상태를 나타낸다.

이 45° 대각선을 완전평등선이라고 부르고, 이 직선과 로렌츠곡선이 이루는 면적을 불평등면적이라고 한다.

로렌츠곡선과 함께 많이 쓰이는 용어는 다음과 같이 정의되는 지니계수(Gini coefficient)이다. 지니계수는 0과 1 사이의 값을 가지며 값이 클수록 소득분배가 불평등하다는 것을 보여준다.

그림 14-8

로렌츠곡선과 완전평등선

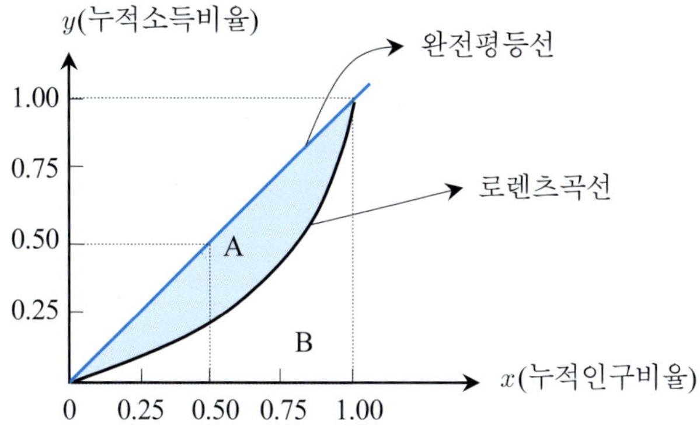

$$\text{지니계수 } G = \frac{\text{로렌츠곡선과 완전평등선 사이의 면적}}{\text{완전평등선 아래의 면적}}$$

$$= \frac{\int_0^1 (x - \text{로렌츠곡선})\, dx}{0.5}$$

예제 14.24

태평양의 어느 소왕국의 2024년도 로렌츠곡선이 $f(x) = x^{2.6}$으로 주어져 있으며 2030년도에서는 $g(x) = x^{1.8}$로 변화할 것으로 예측되고 있다. 각 경우의 지니계수를 구하여라.

풀이

$$2024\text{년도} : 2\int_0^1 [x - f(x)]\, dx = 2\int_0^1 (x - x^{2.6})\, dx$$

$$= 2\left(\frac{1}{2}x^2 - \frac{1}{3.6}x^{3.6}\right)\Bigg|_0^1$$

$$\fallingdotseq 0.444$$

$$2030\text{년도} : 2\int_0^1 [x-g(x)]\,dx = 2\int_0^1 (x-x^{1.8})\,dx$$
$$= 2\left(\frac{1}{2}x^2 - \frac{1}{2.8}x^{2.8}\right)\Big|_0^1$$
$$\fallingdotseq 0.286$$

2024년도보다는 2030년도의 소득분포가 다소 평등해질 것으로 예측된다.

예제 14.25

다음과 같이 로렌츠곡선이 주어져 있을 때 지니계수를 구하여라.

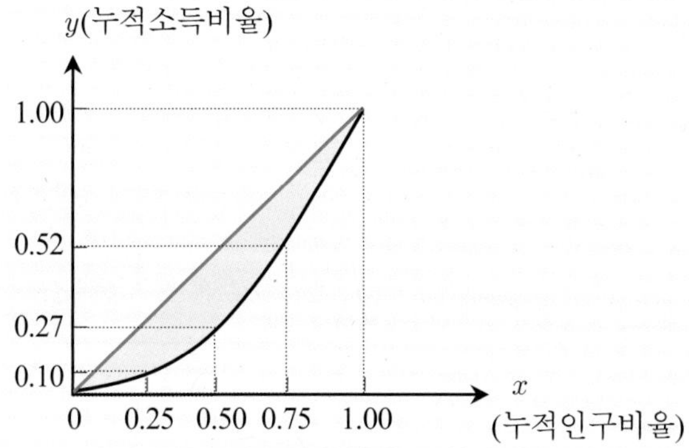

풀이

심슨의 법칙을 이용하여 로렌츠곡선 아래의 면적을 추정하면 다음과 같다.

$$B \approx \frac{25}{3}[0+4g_1+2g_2+4g_3+100]$$

지니계수를 구하는 공식에 B를 치환하면 지니계숫값은 대략 0.33이 된다.

$$G = 1 - \frac{B}{(100)(100)/2}$$
$$\approx \frac{1}{300}(250-2g_1-g_2-2g_3)$$
$$= \frac{1}{300}[250-(2)(10)-27-(2)(52)]$$
$$= 0.33$$

보론 적률생성함수

적률생성함수(Moment Generating Function : MGF)는 확률변수의 모든 적률(moment)을 생성하는 함수이며, 적률이란 확률분포의 특징을 설명하는 수학적 통계량으로, $E(X^k)$를 X의 k차 적률이라고 표기한다.

적률생성함수($M(t)$)는 확률변수가 존재하는 범위의 모든 t에 대해 존재하고, t에 대한 함수로서 다음과 같이 정의된다.

$$M(t) = E(e^{tX})$$

이 함수를 특정값 t에 대해 미분하면, t에 대한 적률들의 미분값을 구할 수 있다.

$$M'(t) = \frac{dE(e^{tX})}{dt} = E\left[\frac{de^{tX}}{dt}\right] = E[Xe^{tX}]$$

여기서, t에 0을 대입하면 $M'(0) = E(X)$가 됨을 쉽게 알 수 있다.

적률생성함수를 2번 미분하는 경우

$$M''(t) = \frac{dE(Xe^{tX})}{dt} = E\left[\frac{dXe^{tX}}{dt}\right] = E[X^2e^{tX}]$$

이므로 $M''(0) = E(X^2)$이 됨을 보일 수 있다. 이러한 과정을 k번 반복하면 k차 적률을 생성할 수 있다.

$$M^k(0) = E(X^k)$$

보론예제 14.1

확률변수 x가 균등분포를 따르며 폐구간 $[a,\ b]$에서 정의될 때 적률생성함수를 이용하여 x의 기댓값을 구하여라.

풀이

균등분포의 정의에 의하여 확률밀도함수는 다음과 같이 표기할 수 있으며,

$$f(x)=\begin{cases}\dfrac{1}{b-a} & (a\le x\le b)\\ 0 & (x<a,\ x>b)\end{cases}$$

적률생성함수의 정의에 의해, $M(t)=\int_a^b \frac{e^{tx}}{b-a}dx=\frac{e^{bt}-e^{ba}}{(b-a)t}$이다.

$M(t)$를 일차미분하면 $M'(t)=\frac{b^2e^{bt}-a^2e^{at}}{b-a}-M'(t)\mid_{t=0}=a+b-M'(0)$이 된다.

따라서 $M'(0)=E(x)=\frac{a+b}{2}$이다.

CHAPTER 14

연습문제

1. 다음과 같이 정의되는 함수의 평균값을 구하여라.

(a) $f(x) = 3x + 1 \qquad (-1 \le x \le 2)$

(b) $f(x) = 3x^2 - x \qquad (0 \le x \le 5)$

2. 연이자율 4%를 연속적으로 복리계산하여 원금에 더해 주는 투자대안에 1,000만원을 투자하였다. 2년간 원금과 이자를 찾지 않을 때 투자가치의 평균값을 구하여라.

3. 소비자의 수요함수가 $p = 16 - Q^2$이고 시장가격이 $p = 7$일 때의 소비자잉여를 구하여라.

4. 수요함수가 $D(p) = 36 - \frac{p^2}{4}$이고 공급함수가 $S(p) = 5p - 20$으로 주어져 있을 때 소비자잉여를 계산하여라.

5. 어느 디지털제품의 수요함수가 $P(q) = 600 - 3q^2$으로 주어져 있으며, 현재 시장가격은 300만원이다. 소비자잉여를 구하여라.

6. 어느 전자제품의 공급함수가 $S(q) = 2 + \frac{q^2}{50}$으로 주어져 있을 때 시장가격이 20만원이라 가정하고, 생산자잉여를 구하여라.

7. 방위물자를 생산하는 (주)디펜스는 자사가 공급하는 첨단기기의 수요함수와 공급함수를 다음과 같이 추정하고 있다.

$$D(q) = \frac{24}{q+2}, \qquad S(q) = -8 + 3q$$

여기서 q는 수요량, 공급량을 의미하며 D와 S는 결과적으로 가격을 의미한다. 균형상태가 성립되었을 때 소비자잉여와 생산자잉여를 구하여라.

8. 인터넷전화용 설비를 생산하는 (주)글로벌전자는 총비용함수를 다음과 같이 추정하고 있다.

$$TC = \frac{q^3}{3} - 9q^2 + 160q + 20$$

여기서 q는 인터넷전화용 설비대수를 의미한다. 이 회사가 시장수요에 맞추어 12대를 생산하고자 한다.

(a) 판매가격이 270(단위 : 만원)이라면 생산자잉여는 얼마인가?
(b) 설비에 대한 특별소비세 부과로 인해 수요가 줄어들어 판매량이 12대에서 9대로 줄어들었다. 생산자잉여는 얼마나 줄어들었는가?

9. (주)글로벌디지털의 첨단무선인터넷설비의 수요함수와 공급함수는 각각 다음과 같다.

$$D(q) = 300 - q^2, \ S(q) = 10q + 100$$

총사회적 잉여(total social surplus)를 구하여라. 사회적 잉여는 소비자잉여와 생산자잉여의 합을 의미한다.

10. 한국피자는 연평균 10억원의 순이익을 올린다고 한다. 연이자율 20%로 연속적으로 할인한다고 할 때 향후 8년간 기대할 수 있는 순이익의 현가를 구하여라.

11. 순돌이가 유산으로 받은 금광에서 나오는 수익을 추정해 보니 $R(t) = (5{,}000)e^{-0.2t}$로 추정되었다. t는 연도(year)를 의미하며 $R(t)$의 단위는 백만원이다. 연이자율을 8%로 설정했을 때 이 금광가치의 현가를 구하여라.

12. 한국유통은 수도권의 수요를 효율적으로 충족시키기 위해 대형창고를 6년간 1억 6천만원에 임대하기로 계약하였다. 앞으로 연간 3천 6백만원의 비용절감을 기대할 수 있을 때 이 계약의 경제성을 분석하여라. 단 연간 할인율은 12%로 하며, 연속적인 이자계산방식을 채택한다.

13. 매년 D원만큼의 현금이 계속적으로 유입된다고 할 때, 15%를 연간 이자율(할인율)로 사용하여 y년간 들어올 현금의 현가를 구하여라. 단 매년 유입될 현금총액은 D원이지만 매년말이나 매년초처럼 일정시점에 한꺼번에 유입되지 않고 1년에 걸쳐 지속적으로 유입된다고 가정한다. 만약 y가 무한대로 커지게 되면, 현가는 얼마나 되는가?

14. 연속적인 이자계산법을 통해 미래수익을 추정하고자 한다. 이자율은 3.95%이며 수익은 $f(t)=1{,}000-200t$(단위 : 만원)의 형태로 시간 t의 함수이다. 향후 5년 동안 기대할 수 있는 수익의 5년 후 가치를 계산하여라.

15. 다음에 주어진 함수들은 모두 확률밀도함수이다. 각 문제에서 $p(0\le x\le 3)$과 $p(1\le x\le 5)$를 구하여라.

(a) $f(x)=\begin{cases}\dfrac{1}{2}x^{-\frac{1}{2}} & (1\le x\le 4)\\ 0 & (x<1,\ x>4)\end{cases}$

(b) $f(x)=\begin{cases}e^{-x} & (x\ge 0)\\ 0 & (x<0)\end{cases}$

(c) $f(x)=\begin{cases}\dfrac{1}{12} & (-3\le x\le 1)\\ \dfrac{1}{6} & (2\le x\le 6)\\ 0 & (x<-3,\ 1<x<2,\ x>6)\end{cases}$

16. 다음에 주어진 함수들이 확률밀도함수가 될 수 있도록 k값을 계산하여라.

(a) $f(x)=\begin{cases}kx & (2\le x\le 4)\\ 0 & (x<2,\ x>4)\end{cases}$

(b) $f(x)=\begin{cases}\dfrac{k}{x} & (1\le x\le 2)\\ 0 & (x<1,\ x>2)\end{cases}$

17. 한국식품에서 생산하는 파인애플 캔의 중량(단위 : 100g)은 다음과 같은 확률밀도함수를 갖는 것으로 추정하고 있다.

$$f(x)=\begin{cases}\dfrac{1}{3}x-\dfrac{x^2}{36}-\dfrac{3}{4} & (3\le x\le 9)\\ 0 & (\text{그 외의 경우})\end{cases}$$

(a) 파인애플 캔을 임의로 하나 추출했을 때 그 캔의 중량이 6(600g)을 초과할 확률을 계산하여라.

(b) 만약 2,400개의 파인애플 캔이 출고되었다면 이 중 중량이 6(600g)을 초과하는 캔의 개수를 구하여라.

18. 통계적 품질관리에서 사용되는 신뢰도(reliability)란 주어진 부품이 t시간 이상 작동할 확률을 의미한다. 한국전기가 생산하는 전자부품의 수명이 다음과 같은 확률밀도함수를 갖는다고 할 때 이 부품의 신뢰도를 구하여라.

$$f(x)=\begin{cases} \frac{1}{10}e^{-\frac{x}{10}} & (x \geq 0) \\ 0 & (\text{그 외의 경우}) \end{cases}$$

19. 다음과 같은 균등확률밀도함수가 주어져 있을 때 평균과 분산을 구하여라.

$$f(x)=\begin{cases} \frac{1}{10} & (1 \leq x \leq 11) \\ 0 & (\text{그 외의 경우}) \end{cases}$$

20. 연속확률변수 X와 Y의 결합확률분포가 주어졌을 때, X의 주변확률밀도함수를 구하여라.

$$f_{x,\ y}(x,\ y)=\begin{cases} 6x & (0 < x < y < 1) \\ 0 & (\text{그 외의 경우}) \end{cases}$$

21. 한국자동차가 생산하는 파워 윈도우 부품의 수명이 다음과 같은 지수함수형태의 확률밀도함수를 따른다고 할 때 아래 물음에 답하여라.

$$f(x)=\begin{cases} \left(\frac{1}{25}\right)e^{-\frac{x}{25}} & (x \geq 0) \\ 0 & (\text{그 외의 경우}) \end{cases} \qquad (\text{단, } x\text{의 단위는 年})$$

(a) 이 부품이 6년 이상 작동할 확률은 얼마인가?

(b) 이 회사의 보증기간 안에 부품이 고장날 경우 무상으로 교체해 주기로 광고를 하고 있다. 최소한 90% 이상의 부품이 보증기간 안에 고장이 나지 않도록 하기 위해서는 보증기간을 얼마나 길게 설정해야 하는가?

22. (주)디지털뱅크가 새롭게 개발한 전자저금통의 판매증가율이 $S'(t)=-4t\,e^{0.1t}$로 추정되었다. $S(t)$는 t월에 팔린 전자저금통 대수를 의미한다. 이 회사는 월간 판매대수가 800대에 도달하면 더 이상 생산 · 판매를 하지 않을 계획이며, $t=0$인 현재 판매량이 2,000대에 이르고 있다.

(a) $S(t)$를 구하여라.

(b) 얼마 동안 생산을 지속하게 되는가?

23. 21세기 글로벌통상은 PC제조에 필요한 부품을 외국제조업체에서 한 달에 1번 공급받아 국내 PC 제조업체에 판매하고 있다. 구입가격은 부품 1개당 10,000원이며 국내 PC업체에는 15,000원에 팔고 있다. 만약 수요예측의 오류로 인해 필요량을 공급하지 못하는 경우에는 경쟁업체로부터 부품 1개당 13,000원에 구입하여 국내 PC업체에 공급하며, 지나치게 많이 구입하여 재고로 남는 경우에는 중앙전자상가에 개당 9,000원에 할인 판매한다. 이번 달 수요가 다음과 같을 때 최적 주문량을 구하여라.

$$f(D) = 0.1\,e^{-\frac{D}{10}}$$

24. 문제 23에서 수요분포가 다음과 같다면 적정주문량은 얼마로 변하겠는가?

$$f(D) = \begin{cases} \dfrac{1}{200} & (100 \le D \le 300) \\ 0 & (\text{그 외의 경우}) \end{cases}$$

25. $f(\theta)$를 확률변수 θ의 확률밀도함수라 할 때

$$\int_{-\infty}^{\infty} k\,(a-\theta)^2 f(\theta)\,d\theta$$

를 최소화하는 a값을 구하여라.

26. 한국항공은 서울-제주간을 운행하는 지역항공사이다. 다음은 100명 좌석의 서울-제주노선에 100% 예약을 받아들였음에도 불구하고 실제로 나타나지 않는 고객의 수를 과거 자료를 이용하여 추정한 확률분포이다.

$$f(D) = \begin{cases} \dfrac{1}{20} & (0 \le D \le 20) \\ 0 & (\text{그 외의 경우}) \end{cases}$$

여기서 충분히 예약을 받지 않아 실제 탑승률이 100% 미만일 때 발생하는 좌석당 손실, 즉 판매손실은 80,000원 정도로 추정된다. 한편 100% 이상 예약을 받았으나 실제 100명을 넘는 승객들이 나타남으로 인해 비행기를 타지 못한 고객에게 패널티로 지불하는 비용은 왕복항공푯값 및 선물티켓을 포함하여 100,000원 정도인 것으로 추정된다. 몇 좌석이나 초과예약을 받아야 하는가?

27. 한국항공은 100명을 태울 수 있는 항공기의 방콕노선에 대한 할인판매를 계획하고 있다. 탑승 시점보다 60일 전에 비행기 요금을 지불하는 경우 18만원짜리 비행기표를 12만원에 할인하여 팔기로 했다. 할인가격에 다 판매하지 못한 자리는 정상가격용 좌석으로 전환된다. 수요 불충분으로 빈자리로 가는 경우 좌석당 10만원의 손실이 발생하는 것으로 추정하고 있다. 단, 할인가격에 구입하지 못한 손님 중 70%는 여행을 포기하고, 나머지 30%는 정상가격에 구입하여 여행할 것이라 가정한다. 과거 자료를 분석한 결과 정상가격에 탑승하는 승객수의 확률분포가 다음과 같았다.

$$f(D)=\begin{cases}\dfrac{1}{20} & (80\le D\le 100)\\ 0 & (\text{그 외의 경우})\end{cases}$$

정상가격에 판매할 적정좌석수를 구하여라.

28. 고속도로 사고전담회사인 (주)카레크는 0시를 기준으로 매 24시간 기간 동안 사고가 발생할 가능성을 $f(t)=\dfrac{t}{288}$(단, t는 0과 24 사이의 값)으로 추정하고 있다.

(a) 지금을 0시라 할 때 앞으로 12시간 이내에 고속도로 사고가 1건 발생할 확률은 얼마인가?
(b) 지금을 0시라 할 때 12시간 후부터 24시간 이내에 사고가 날 확률은 얼마인가?

29. 사다리꼴 공식을 이용하여 $\int_1^{49}\dfrac{1}{1+\sqrt{x}}\,dx$의 근사치를 구하여라.

30. 남태평양 소왕국의 소득분포가 다음과 같다. 로렌츠곡선과 지니계수를 구하여라.

누적인구비율	0	25	50	75	100
누적소득비율	0	13	32	56	100

31. 어느 태평양 소왕국의 경제관련 데이터를 분석한 결과 로렌츠곡선이 $y=x\,e^{x-1}$로 추정되었다. 이 나라의 지니계수를 구하여라.

찾아보기

저자소개

김 태 웅

- 서울대학교 언론정보학과 졸업
- 미국 인디애나대학교 경영대학원 경영학석사
- 미국 퍼듀대학교 대학원 경영학박사
- 현, 성균관대학교 경영대학 명예교수
- 경영학원론(신영사, 2023)
- 생산 · 공급망관리의 이해(신영사, 2023)
- 엑셀과 R Commander를 활용한 통계(신영사, 2023)
- 품질경영의 이해(신영사, 2021)

장 영 봉

성균관대학교 경영대학 교수

- 미국 캘리포니아대학교 어바인캠퍼스에서 경영학박사학위 취득 후 캐나다의 브리티시 컬럼비아대학교 및 울산과학기술대학교(UNIST)에서 근무하였음
- 성균관대학교 부임 후 10여 년 동안 생산공급망관리론, 경영통계, 경영학원론 및 수리적 분석방법론 등을 강의하고 있음
- 현재, ICT 산업에 대한 경제학적 실증분석을 토대로 ICT 기반 산업의 투자 · 경쟁분석, 스타트업 가치 · 위험분석, 인수 · 합병전략 등에 대한 관심을 가지고 관련 연구를 진행중임

제3판 경영수학의 이해

2015년 7월 15일 제1판 1쇄 발행
2024년 7월 15일 제3판 1쇄 인쇄
2024년 7월 20일 제3판 1쇄 발행

저　　자　김태웅 · 장영봉
발 행 인　권　영　섭
발 행 처　(주)신　영　사
경기도 파주시 심학산로 12(출판문화단지)
등　　록 : 1988. 5. 2/제406-1988-000020호
전　　화 : 031-946-2894(代)
F A X : 031-946-0799
e-mail : sys28945@naver.com
홈페이지 : http://www.shinyoungsa.co.kr

정가 30,000원　　ISBN 978-89-5501-856-1